Christa Cremer-Renz | Bettina Jansen-Schulz [Hrsg.]

Von der Internationalisierung der Hochschule zur Transkulturellen Wissenschaft

Wissenschaftliche Konferenz 2010 an der Leuphana Universität Lüneburg

Nomos

Fotos: Leuphana Universität Lüneburg

Die internationale Konferenz und diese Publikation wurden gefördert durch
- das Ministerium für Wissenschaft und Kultur des Landes Niedersachsen (MWK)
- den Verein „Internationale Frauenuniversität" (ifu)
- den Deutschen Akadademischen Austauschdienst (DAAD)
- die Leuphana Universität Lüneburg

Die Deutsche Nationalbibliothek verzeichnet diese Publikation in der Deutschen Nationalbibliografie; detaillierte bibliografische Daten sind im Internet über http://dnb.d-nb.de abrufbar.

ISBN 978-3-8329-6371-2

1. Auflage 2012

Inhalt

Transkulturelle Wissenschaft im europäischen Diskurs

Transkulturelle Wissenschaft in Bewährung

Innovations-Inkubator-Projekte der Leuphana Universität Lüneburg

Christa Cremer-Renz, Bettina Jansen-Schulz

Paradigmenwechsel – Aufbruch zu einem transkulturellen Wissenschaftsverständnis für das 21. Jahrhundert

1. Aufnahme einer internationalen Perspektive im deutschen Wissenschaftssystem

Betrachten wir die Hochschulentwicklungskonzepte in Deutschland seit 1945 (Pasternack/von Wissel 2011: 21-72), so zeigt sich für die Zeit nach dem zweiten Weltkrieg zunächst bis zum Beginn der 70er Jahre die hochschulpolitische Durchsetzung von programmatischen Konzepten, die den Fokus vorrangig auf Fragestellungen des Verhältnisses der Mitgliedsgruppen untereinander thematisiert und den damit verbunden Macht- und Entscheidungskonstellationen.

Die Befassung mit sich selbst als Organisation der Hochschule stellt sich bald dar als eine verdeckte Debatte von Inklusion und Exklusion und damit der Eröffnung einer Kritik an einer Elitenausbildung. Das „Bürgerrecht auf Bildung“, die Beteiligung der Arbeiterkinder an der Hochschulausbildung, die Durchlässigkeit des Bildungssystems prägt die Hochschulreformen in den 8oer Jahren. Bis heute sind die in dieser Debatte thematisierten Problemstellungen nicht wirklich gelöst. Dies betrifft die Aufhebung sozialer Ungleichheiten sowohl im Zugang zu den Hochschulen als auch im Studium (Heine 2011: 73-111). Die kumulierenden Effekte einer von ausgrenzenden Faktoren einer Bildungspolitik, die Zugänge und erfolgreiche Studienabschlüsse erschwert, ist auch nach vielen Jahrzehnten massiver Kritik auf der politischen Agenda. Eine weitere bedeutsame Debatte für die hochschulischen Entwicklungskonzepte im Ausgang des 20.Jhd. sind die organisationalen und inhaltlichen Aspekte der Fragen zur Geschlechtergerechtigkeit der Hochschulen in Deutschland. Eine Debatte, die nicht nur Fragen der Repräsentanz bzw. Unterrepräsentanz von Wissenschaftlerinnen im Lehrkörper, sondern auch den Geschlechterbias in den jeweiligen Wissenschaftsdisziplinen in den Blick nimmt. Während gesetzliche Weichenstellungen die Zugänge der Wissenschaftlerinnen zum Wissenschaftssystem in Deutschland sichern sollen und die Frauenbewegung sich zunehmend mit der politischen Teilhabe im Rahmen der Frauenförderung und Gleichstellungsgesetze auseinandersetzt, befassen sich insbesondere die Kultur- und Sozialwissenschaftlerinnen mit Fragen der Frauen- und Geschlechterforschung und arbeiten an der internationalen Vernetzung Ihrer Forschungslandschaft. Die wissenschaftlichen Arbeiten von Frauen- und Geschlechterforscherinnen führen in vielen Bundesländern, so auch in Niedersachsen zu einer wachsenden Frauenforschungsszene und zu einer systematischen Befassung mit Fragen der Hochschulreform und Kritik der Hochschulstrukturen (vgl. Niedersächsisches Ministerium für Wissenschaft und Kultur, 1994). Kritische Analysen der Ausgrenzungsmechanismen von Wissenschaftlerinnen durch männlich dominante Selbstverwaltungs- und Rekrutierungsstrukturen an Universitäten und Hochschulen gestalten einen akademisch fundierten Protest, der seine Wirkung in der Reaktion der politisch Handelnden hervorruft. Insbesondere haben die Protagonistinnen des Arbeitskreises Wissenschaftlerinnen in Niedersachsen im Bündnis mit der Landeskonferenz der Frauenbeauftragten der Universitäten und Hochschulen in einer Resolution im Februar 1992 -also genau vor 20 Jahren- zum Hochschulentwicklungsplan der damaligen Landesregierung Stellung bezogen. „Wir bedauern es außerordentlich, dass diese Gelegenheit nicht dazu verwendet werden soll, auch im Bereich der Gleichstellung der Geschlechter neue Akzente zu setzen. Der Versuch, die Hochschulen zu konsolidieren erscheint uns unsinnig, solange nicht damit auch der Versuch gemacht wird, einen Beitrag zur Konsolidierung im Geschlechterverhältnis zu erreichen. Hochschulpolitik kann heute nur noch dann ihre Zielvorgaben erreichen, wenn sie zugleich Frauenförder- und Gleichstellungspolitik ist." (Clemens 1992) Die Forderungen in der Resolution beziehen sich nicht nur auf die Einrichtung von Frauenbüros und Frauenbeauftragten zur infrastrukturellen Sicherung von Partizipation mit der Möglichkeit zur hochschulpolitschen Einflussnahme auf Entscheidungen der Gremien in der Selbstverwaltung, sondern auch auf den Auf- und Ausbau von Frauenforschung in Niedersachsen. Jede Hochschule soll mit einer Frauenforschungsprofessur ausgestattet werden, damit neue und zukunftsweisende Perspektiven in die Wissenschaftslandschaft eingebracht werden können. Forderungen, die u.a. auch einmündeten in die Entwicklung der programmatischen Präsentation eines Hochschulentwicklungskonzepts einer Frauenuniversität für Deutschland, welche bewusst sich an den monoedukativen Modellen von Universitäten im Ausland orientiert und Studium und Lehre, sowie Forschung und Entwicklung an international relevanten Fragestellungen und globalen Zusammenhängen ausrichtet. Internationalität, Interkulturaltität und Interdisziplinarität werden als Leitmotive formuliert und in ein neues Modell einer innovativen Universität nur für Frauen implementiert (Neusel 2000: 33ff).

Die Frauenforscherinnen nehmen in ihren Netzwerkdiskursen thematisch vorweg, was Beck Jahre später in Thesen zur „Weltrisikogesellschaft" formuliert hat. In den letzten Jahren sind hierzu weltweite Diskurse zur Risikogesellschaft entstanden, die heftige Debatten in verschiedensten Fachdisziplinen ausgelöst haben (so z. B. in Soziologie, Politik, Rechts- und Geschichtswissenschaften, Philosophie, Anthropologie, Ökologie, Klimatologie etc.). Die hiermit verbundenen Veröffentlichungen von Forschungsergebnissen in mehr als 30 Sprachen haben die Grenzen der rein nationalen Wissenschaftsperspektiven deutlich konturiert und die Notwendigkeit einer übergreifenden Erörterung der Weltgefahren sichtbar werden lassen (Beck 2008: 94 ff.). Bedingt durch die Innovationen der Kommunikationstechnologie hat sich die Welt in so hohem Maße vernetzt, dass zum ersten Mal in der Geschichte der Weltbevölkerung alle ethnischen und religiösen Gruppen eine gemeinsame Gegenwart erfahren, so dass erlebte Gefahren wie Klimakatastrophen, Terrorismus, Kriege etc. sowie generelle globale Gefahren in den jeweiligen Nahraum einer gemeinsamen Gegenwart rücken. Trotz dieser anwachsenden Nähe treten die Gegensätze zwischen den Kulturen, den religiösen Unterschieden sowie den sozialen Differenzen deutlicher hervor, insbesondere die jeweilig kulturell variierenden Beurteilungen von Risiken im Zeitalter der Globalisierung. Im internationalen und interkulturellen Dialog sind deutliche Unterschneidungen hinsichtlich der Deutung von Gefahren sowie ihrer Begegnung und ihrer globalen Folgewirkungen oft nur schwer unterscheidbar (Beck 2008: 34 ff.) In den wissenschaftlichen Diskursen, die sich auf die besonderen globalen Herausforderungen richten, wird kritisch vorgetragen, dass die globalen Entwicklungen der Weltgemeinschaft mit den vielfältigen Krisenausprägungen und den Problemen der ökosozialen Anpassung, die die verschiedensten Gesellschaften und Länder dieser Welt zu vollziehen haben, die Hochschulen und Wissenschaftseinrichtungen in besonderer Weise herausgefordert sind. In der Diskussion stehen Fragen nach einer stärkeren Nachhaltigkeitsausrichtung des Wissenschaftssystems als „kreative Antwort auf die aktuellen hochschulpolitischen Herausforderungen" (Schneidewind 2009: 11). Vor allem in der deutschen Hochschullandschaft finden wir in nur geringem Umfang die systematische Aufnahme dieser Diskurse in Konsequenz für die Entwicklung neuer Leitbilder sowie neuer Forschungs- und Lehrstrukturen (hierzu notwendige Reformvorschläge von Uwe Schneidewind in seinem Buch zur Nachhaltigen Wissenschaft 2009). Eine der wichtigsten Thesen ist hierbei, dass die Wissenschaft und die Hochschulen in Deutschland wieder zu „Vordenkern von alternativen Zukünften" werden sollen. Wissenschaft gerade in Zeiten globaler Risiken erfordert eine Vordenker- und Vernetzerfunktion, um gesellschaftliche Problem- und Schlüsselfragen kreativ und nachhaltig zu entwickeln und zu lösen (Schneidewind 2009: 12 f.).

Das Wissenschafts- und Hochschulsystem hat vor diesem Hintergrund eine Selbsterneuerungsaufgabe und bedarf der Transdisziplinarität in Lehre, Forschung und Weiterbildung. Sie versteht sich in diesem Kontext als „kritisches Geschäft", welches die Versäulung der Disziplinenenge durchbricht (Bogner u. a. 2010: 249). Hierbei wird Transdisziplinarität im doppelten Sinne verstanden. Einmal als wissenschaftskritische Positionierung, die sowohl die Theorien, die Subjekte und Objekte der Forschung als auch die Grenzen der Disziplinen übersteigt. Zum zweiten im Sinne einer stärkeren Demokratisierung des Wissenschaftsprozesses, der eine stärkere Partizipation außerwissenschaftlicher Gruppierungen befördert zum Zwecke einer stärkeren Validierung und Anerkennung der jeweiligen wissenschaftlichen Ergebnisse. Dies auch mit der Intention, die Umsetzung der Forschungsergebnisse (Transferwissen) zu erhöhen (Bogner u. a. 2010: 249).

Das Plädoyer für einen Paradigmenwechsel hinsichtlich der Reformierung des Wissenschafts- und Hochschulsystems in Deutschland sieht verschiedenste Ansatzpunkte zur nachhaltigen Optimierung. Dies ist zum einen die Verstärkung der Nachhaltigkeitsforschung sowie die inhaltliche Veränderung im Bereich der forschungsorientierten Lehre, der Aufbau neuer Studiengänge für Nachhaltigkeit und die Veränderung des Weiterbildungsportfolios an den Universitäten. Der Paradigmenwechsel im Wissenschaftssystem erfordert neue Steuerungsinstrumente und Grundüberlegungen im Hochschulgouvermentsystem sowie den Aufbau von nationalen bzw. internationalen Netzwerken, die eine Qualifizierung des wissenschaftlichen Nachwuchses und die Berufungspraxis neu beleben können (Schneidewind 2010: 61 – 263).

Transdisziplinäre Forschungs- und Wissenschaftsentwicklung, die sich den globalen Fragen der „Weltrisikogesellschaft“ stellt, wird nur mit einem neuen Kulturverständnis den Erfahrungen der Individuen und den Gesellschaften dieser Welt näher kommen. In der neueren Diskussion des Kulturbegriffs wird vor allem seine „Engführung“ kritisiert. Kultur wird nicht mehr nur als ein Teilgebiet verstanden (wie Theater oder Kunst etc.) sondern als Inbegriff menschlicher Lebensform. Gerade die Entstehung der cultural studies versucht diesem Wandel gerecht zu werden. In den wissenschaftlichen Diskursen wird heute der Begriff der „Transkulturalität“ erörtert, dies meint u. a. ihre Verbundenheit und Verflochtenheit und damit ihr „Hybridisierung“. Es ist ein Verdienst der Frauen- und Geschlechterforschung, die Verwobenheit der Kategorie Geschlecht mit den Differenzierungen hinsichtlich Ungleichheit und transkultureller Strukturdifferenz erörtert zu haben. Insbesondere der antirassistische und kritische Feminismus hat hier seine richtungsweisende Bedeutung einbringen können. Die deutschen Hochschulen sind in besonderer Weise sowohl als Europäer als auch als Teil der Weltgemeinschaft aufgefordert, im wissenschaftlichen Dialog sich mit den kulturellen Identitäten und Differenzen der jeweiligen (nationalen) „Kulturen“ auseinander zu setzen. Die transkulturelle Verfassung von Kulturen war immer schon ein Zeichen gesellschaftlicher Realität, wurde jedoch im Kontext eher nationalistisch motivierter kultureller Deutungen vernachlässigt (Michiko Mae u. a. 2007: 25).

Der kulturelle Austausch zwischen Ländern und Kontinenten eröffnet Chancen, kulturelle Gemeinsamkeiten und Diversitäten zu entdecken, die Anschluss- und Übergangsmöglichkeiten hinsichtlich des Verstehens und der Verfasstheit jeweiliger Kulturen eröffnen und damit u. a. auch die zunehmenden Migrationsbewegungen dieser Welt als Folgen der Zunahme von Weltrisiken begreifbar und diskutierbarer zu machen.

2. Transkulturelle Perspektiven in der Wissenschaft und Hochschulentwicklung

Es ist insbesondere ein Verdienst von Welsch darauf hingewiesen zu haben, dass der Kulturbegriff seit dem 18. Jahrhundert einer Modellvorstellung folgt, die in ihrem traditionellen Kern entlang der Logik „Homogenität und Abgrenzung“ verläuft und damit die Focussierung auf die je eigene Kultur eines Volkes in strikter Grenzziehung zu anderen festlegt. Damit wird alles was außerhalb des eigenen Kulturraumes als Fremd wahrgenommen und als solches etikettiert. Er konstatiert, dass mit der Globalisierung einhergegangen ist, dass sich die Kulturen in vielfältiger Ausprägung überschneiden, bis hin zur Durchdringung. Er prägt hierfür den Begriff er „Transkulturalität“ und meint damit ein enges System von Überlappungen ja „Verflechtungen“ von Beziehungen, Kommunikationen. Diese Struktur ist eher als „Geflecht“ eine Netzstruktur denkbar, denn als Kugel (Welsch 2010: 42).

Diese engere Form der Verbindung – gedacht als Netzwerk kultureller Beziehungsstrukturen ist die konzeptionelle Entwicklungsperspektive für das 21.Jhd. und beschreibt damit kulturelle Äußerungsformen, die sich im Außengefüge weniger Abgrenzen und in ihrer Binnenstruktur hybridisieren, d.h. kulturelle Entwicklungen der Außenwelten, werden in die Verfügung der je eigenen Kultur integriert, z.B. ähnliche Waren und Güter, Formen der Kommunikationsmedien. Er sieht dies als Folge der digitalen Kommunikationswelt und der Globalisierung der Märkte. Die hiermit verbundenen gesellschaftlichen Veränderungsprozesse betreffen nicht nur die Alltagskultur der Menschen, sondern auch auf die Hochkultur: Theater, Wissenschaft, Musik etc. Diese engen Verflechtungen zwischen den verschiedenen kulturellen Äußerungsformen menschlicher Gesellschaften in dieser Welt führen, das betont Welsch ausdrücklich, zu ähnlichen politischen Diskursen und Prozessen, wenn es um Grundfragen menschlicher Existenz und Lebenssicherung geht. “Identische Problem- und Bewusstseinslagen treten heute in den angeblich so verschiedenen Kulturen auf – man denke etwa an Menschenrechts-Diskussionen, an die feministische Bewegung oder das ökologische Bewusstsein. Sie stellen mächtige Wirkfaktoren quer durch die verschiedenen Kulturen dar“ (Welsch 2000: 45). Welsch entwickelt sein Konzept der Transkulturalität auf der so genannten “Makroebene“ weiter, bis auf die individuelle Mikroebene der jeweiligen Personen. Er verweist darauf, dass die meisten Menschen durch mehrere kulturelle Herkünfte und Wurzeln geprägt sind, er nennt sie „kulturelle Mischlinge“ und meint damit die Prägung der Individuen durch mehrere, vielgestaltige Kulturmuster, die die Menschen vor dem Hintergrund ihrer jeweiligen Biographien in sich tragen. Sie sieht er besonders dafür prädestiniert in der kommunikativen Begegnung Haltungen der Feindlichkeit gegenüber Fremden aufzugeben oder anderen Kulturformen mit Offenheit und Zugewandtheit zu begegnen. (Welsch 2000: 46)

Transkulturelle Entwicklungen in der Geschichte der Menschheit der Kunst und auch der Wissenschaft ist keine zeitgenössische Erfindung, dies betont er an vielen Beispielen aus Kunst, Kultur und Geschichte, jedoch seien die „kulturellen Durchdringungen (…) heute weltweit stärker, als sie je zuvor waren.“ (Welsch 2000: 52)

In konsequenter konzeptioneller Weiterentwicklung sieht er die Notwendigkeit für die Wissenschaft in Analogie zu dieser Betrachtung, dass die wissenschaftlichen Disziplinen auch ihre Strategie der Separierung, Abschottung und die fachkulturelle Versäulung aufgeben müssen. Dies umso mehr, da die Problemlösung hochkomplexer Fragestellungen längst nicht mehr durch monodisziplinäre Antworten bearbeitbar sind, sondern nur transdisziplinär.

Eine Erkenntnis, die die disziplinär ausgerichtete Hochschulpolitik und die damit einhergehenden universitären Organisationsstrukturen einer transkulturellen kritischen Analyse unterziehen müssen (Welsch 2000: 56ff) Zugespitzt formuliert er: "Die disziplinäre Aufteilung des Wissenschaftskosmos ist antiquiert". Ihm ist dahingehend zuzustimmen, dass die nachhaltige, weltweite Gestaltung der Zukunft veritables Wissen voraussetzt, welches transdisziplinär, transkulturell erworben wurde. Transdisziplinarität als Strukturprinzip einer Universität oder Hochschule bedeutet, die mutige Entwicklung von innovativen Hochschul- und Universitätsmodellen, die die Erfahrung internationaler Begegnungen nicht nur als zeitlich befristete Grenzüberschreitung zwischen Fachdisziplinen sehen, mit relativ wirkungsloser Unverbindlichkeit, sondern die die systematische Umwandlung einer Universitätskultur, die in Lehre, Forschung, Organisationsaufbau, Personalstruktur und in ihrem Ausbildungs- und Qualitätsselbstverständnis die Transkulturalität und die Transdisziplinarität lebt und weiterentwickelt.

Das Projekt der Frauenuniversität hatte diesen innovativen Grundtenor. Das Ergebnis des Projektes hat die Zielsetzung und Grundrichtung innovativer Zukunftsentwürfe für die Wissenschaft des 21. Jhd. gewiesen. Eine politische Zukunft war ihr nicht beschieden in einem Land, in dem die Koedukation im 20. Jhd. als Teil der freiheitlichen Entwicklung einer Gesellschaft gesehen wurde. Damit ist auch in Verbindung zu bringen, dass die Gleichstellung der Frauen im Wissenschaftssystem bis heute nicht realisiert ist. Somit bleibt als Auftrag auch für das 21. Jhd. der Kampf und den Platz am „Katheder" und in den Führungspositionen der Universitäten, Hochschulen und Wissenschaftsverbände.

Andere, neue Universitätsmodelle greifen Denktradition und Denkrichtung der internationalen Frauenforschung sowie begründete Perspektivmuster auf und entwickeln diese weiter. Die Leuphana Universität in Lüneburg ist hierfür ein beredtes Beispiel. In ihrer noch jungen Geschichte, zeigt sie ihre Stärken in der Entwicklung von Leitbildern, Profilkonturen, den Aufbau innovativer Organisationsstrukturen- den Schools, sowie den Aufbau von klar strukturierten Studiengängen, die sich der Nachhaltigkeit und der Transdisziplinarität sowie der Internationalität verpflichtet wissen. Sie schafft eine „Marke" mit Breitenwirkung. Sie nutzt die Chancen des Bolognaprozesses und beschleunigt den Aufbau von Forschungsperspektiven, die den Fokus auf gesellschaftlich relevante Entwicklungsfelder legen, die sowohl national als auch internationale Bedeutung haben. Das die Leuphana Universität als Modellhochschule im Bolognaprozess die Konferenz zum Thema: „Von der Internationalisierung der Hochschule zur transkulturellen Wissenschaft" ausgerichtet hat ist eine konsequente Fortsetzung ihrer Verbindung zu den im Netzwerk agierenden Wissenschaftlerinnen, die vor 20 Jahren die entscheidenden Wege zur Erneuerung der Hochschullandschaft in Niedersachsen, aber auch bundesweit gelegt haben. Im Zusammenhang öffentlicher Diskussionen um Profilbildung von Universitäten bis hin zum Diskurs über „Elitehochschulen" in Deutschland und den Forderungen nach Innovationsentwicklungen im Universitäts- und Hochschulbereich fällt auf, dass Themen und Forschungsgegenstände, die in spezifischen Netzwerken und Teams gefördert und unterstützt werden, insbesondere die Ergebnisse von Frauen- und Geschlechterforscherinnen mit erstaunlichem Innovationspotential, nicht nachhaltig in Reformdiskurse zur Entwicklung der Deutschen Hochschullandschaft eingebettet werden.

Seit den 90er Jahren wird über die Ausblendung von Wissenschaftlerinnen aus dem System der deutschen Universitäten und Hochschulen kritisch berichtet. Nur durch aktive Netzwerkbildung der Wissenschaftlerinnen selbst, durch politische Rahmensetzung und der Etablierung von Interventionsmöglichkeiten bei Personalrekrutierung an allen Hochschulen und Universitäten in Deutschland konnten hier Veränderungen auf den Weg gebracht werden. Möglich wurde dies durch Reformen, die an den Strukturen der Universitäten selbst ansetzten. Durch Verankerung von Frauen- bzw. Gleichstellungsbeauftragten konnte in den letzten 20 Jahren die Personalstruktur in der Professorenschaft zu Gunsten der weiblichen Wissenschaftlerinnen sichtbar verändert werden, wenn auch „die Hälfte aller Plätze“ im Lehrkörper eine Wunschphantasie geblieben ist und bis heute nicht erreicht werden konnte, ist der politische Auftrag des Gesetzgebers und der Wille der Betroffenen nach wie vor ungebrochen, mehr Frauen im Lehrkörper deutscher Hochschulen zu verankern. In die laufende Profilbildungsdebatte gelang es nur selten, Reformimpulse aus der Frauenforschung, den internationalen Erfahrungen und den eigenen Feldexperimenten – wie die Erfahrungen der Internationalen Frauenuniversität „Technik und Kultur“ in Denkwerkstätten deutscher Hochschulreformer und Hochschulentwickler einzubringen. Dies obwohl der wissenschaftliche Erkenntnisgewinn durch die interdisziplinär aufgestellte und international ausgewiesene Frauenforschung in unterschiedlichsten Disziplinen ihre wissenschaftlichen Stärken mit außerordentlichem Innovationspotential der scientific community fortlaufend zur Verfügung stellt. Es nimmt somit nach wie vor wunder, dass Denkerinnen aus den Natur- und Geisteswissenschaften so wenig an den öffentlichen Debatten nicht nur in Deutschland sondern auch in Europa zur Reform der Entwicklung des Hochschulsystems beteiligt werden. Sicherlich muss konstatiert werden, dass offenbar die Netzwerke der Fachkulturen der Disziplinen ganze Gruppen von Wissenschaftlerinnen ausgrenzen, so dass deren Forschungsergebnisse an den Rand der Disziplinen gedrängt werden und sich hiermit bestätigt, was Thomas Kuhn und auch Pierre Bourdieu an anderer Stelle erörtert haben, Wissenschaft ist ein sozialer Prozess in dem die Beteiligung an der wissenschaftlichen Wahrheitssuche auch gekoppelt ist mit Einbindung oder Ausgrenzung von Wissenschaftsteams. Der sich in diesen Prozessen abbildende kulturelle Habitus von Wissenschaften im Wettbewerbsprozess, der nicht mehr nur nationale oder europäische Züge trägt, sondern sich im internationalen weltweiten Spannungsverhältnis zeigt, offenbart nach wie vor den Charakter einer männlichen Dominanzkultur in Wissenschaftssystemen, die Hinsichtlich des Geschlechterverhältnisses unter der Gleichberechtigungsperspektive verändert werden muss. Gesellschaften und ihre Wissenschaften im globalen Diskurs ringen um ökonomische, ökologische und soziale Fragestellungen zu lösen bzw. neues Wissen zu Problemlösungen bereitzustellen. Sie können sich nicht erlauben, die produktive und innovative Forschungsleistung von weiblichen Wissenschaftlerinnen nicht angemessen zu berücksichtigen und sie zur Marginalie werden zu lassen. Viele Wissenschaftlerinnen der Leuphana Universität sind seit Jahren einem Netzwerk von Frauenforscherinnen, Gleichstellungsbeauftragten, Gender- und Diversity- Expertinnen, Nachhaltigkeitswissenschaftlerinnen und politisch aktiven Frauen verbunden. Diese Verbindungen sind seit Jahren eine Plattform für gemeinsame wissenschaftliche, aber auch frauenpolitisch innovative Projekte die mit Blick auf Hochschulreformen, Wissenschaftskritik oder Hochschulentwicklungen bzw. Praxisprojektvorhaben auf nationaler, aber auch auf internationaler Ebene, eine Vielfalt von neuen Erkenntnissen in Forschung, Lehre, Weiterbildung und Praxistransfer hervorgebracht haben.

Beratungen im Netzwerk von Wissenschaftlerinnen der Leuphana Universität, dem Gleichstellungsbüro und dem Ministerium für Wissenschaft und Kultur Niedersachsen (MWK) haben zu der Überlegung geführt, dass im Rahmen einer internationalen wissenschaftlichen Konferenz zu Fragen der Internationalisierungsdebatte im Kontext der europäischen Forschungs- und Innovationspolitik und den damit verbundenen impliziten Fragestellungen zur Gleichstellungspolitik und den Ergebnissen der seit Jahren geförderten Frauen- und Gleichstellungsforschung in Niedersachsen, ein wissenschaftlicher Diskurs im Rahmen eines Symposiums stattfinden sollte. Es ging hierbei vor allem darum, die Protagonistinnen und Förderer der großen Niedersächsischen Projekte zur Internationalen Frauenforschung und die sich in diesem Feld engagierenden Wissenschaftlerinnen und die Vertreterinnen des Ministeriums, die über viele Jahre die beratende Expertise auf Landesseite wahrgenommen haben, zu einem Fachdiskurs über Ergebnisse und notwendige Perspektiventwicklungen zusammenzubringen. Die Phase der Planung und Durchführung der Projekte war längst abgeschlossen. Seitdem zeigen sich in verstärktem Maße an den beteiligten Universitäten im Land unterschiedlich eingeschlagene Wege, die Ergebnisse aus der internationalen Frauen- und Geschlechterforschung in Lehre und Forschung zu berücksichtigen.

Die vorgenommene öffentliche Ausschreibung bezog insbesondere die Wissenschaftlerinnen der Internationalen Frauenuniversität aus dem Jahre 2000 ein, die im Rahmen der EXPO in Hannover ihre wissenschaftlichen Beiträge vorgestellt und seit 10 Jahren weiterentwickelt haben. Darüber hinaus wurden über 100 Wissenschaftlerinnen aus den verschiedensten Nationen angesprochen, die als Gastprofessorinnen an den Hochschulen Niedersachsens im Rahmen des Maria-Goeppert-Mayer-Programms in der Zeit von 2001- 2010 an Niedersächsischen Hochschulen in Lehre und Forschung tätig waren. Ausgewählte Beiträge aus dem umfangreichen inhaltlichen Programm der Konferenz mit dem Titel „ Von der Internationalisierung der Hochschule zur transkulturellen Wissenschaft“ sind in diesem Buch zusammengestellt worden und repräsentieren wissenschaftspolitische Debatten zu Fragen von Internationalisierungsstrategien an Hochschulen in Deutschland, die sich als treibender Motor für die europäische Forschungs- und Innovationspolitik positionieren wollen, um weltweit entstehendes Wissen für Deutschland und die europäische Forschungslandschaft zu erschließen.

Im Kontext dieser Konferenz sind die Entwicklungslinien der Paradigmenwechsel in der Internationalisierungsdebatte der 80-iger und 90-iger Jahre ins Bewusstsein zu rufen, die hauptsächlich dem Prozess der europäischen Integrationsbemühungen geschuldet sind. Für das 21. Jahrhundert stellen sich neue Leitmotive, die die deutschen und europäischen Hochschulen für den internationalen Wettbewerb stärken sollen. Länderüberschreitende Entwicklungen wie sie im Rahmen der Globalisierung und der damit verbundenen Weltwirtschaftsrisiken sichtbar werden, fordern Forschung, Lehre und Weiterbildung an den Hochschulen und Universitäten in besonderer Weise heraus. Die Wissenschaftseinrichtungen in Deutschland sehen sich aufgerufen, sich mit den Grenzen und der Kritik hegemonialer Wissenschaftskonzepte kritisch auseinander zu setzen. In diesem Kontext sind vor allem diejenigen Erfahrungen und wissenschaftlichen Ergebnisse der international vernetzen Frauen- und Genderforschung gefragt, die seit vielen Jahren zur Aufgabe einer verengten ethnozentristisch- universalistischen Perspektive aufgefordert haben. Sie konnten exemplarisch den Nachweis erbringen, dass die Aufgabe hegemonialer Wissenschaftspraxen und ihre Umformung in Prozesse transkultureller Wissenschaftsarbeit möglich sind und hierbei neue, nachhaltigere Ergebnisse erzielt werden können. Vor diesem Hintergrund hatte die Konferenz das Ziel neue stringentere Denkhorizonte zu entfachen, um die nationalen Begrenztheiten zu reflektieren und transkulturelle wissenschaftliche Arbeit in ihren Chancen und Möglichkeiten sichtbar werden zu lassen, um somit die Folgen für die Entwicklung einer förderlichen Hochschul- und Wissenschaftskultur zu erörtern. Im Zusammenhang der Erörterung grundsätzlicher Fragen zur politischen und wissenschaftlichen Bedeutung transkultureller Zusammenarbeit in der Wissenschaft bot die Konferenz auch ein Diskussions- und Reflektionsforum zur Auswertung des Maria-Goeppert-Mayer-Programms an niedersächsischen Hochschulen an. Hierbei wurde das Ziel verfolgt, insbesondere über Fragen einer nachhaltigen strukturellen Verankerung einer internationalen und transkulturellen Perspektive in der Frauen- und Geschlechterforschung nachzudenken und hierbei die produktiven Erfahrungen von Wissenschaftlerinnen der Internationalen Frauenuniversität einzubeziehen.
Ingesamt haben über die 3 Tage der Konferenz durchschnittlich 130 Wissenschaftlerinnen, Wissenschaftler und Studierende der niedersächsischen Hochschulen/DAAD – Förderung an der Konferenz teilgenommen.
Vertreten waren Wissenschaftlerinnen und Wissenschaftler aus Indien, Afrika, Russland/Tjumen, Niederlande, Japan, Afrika, Thailand, Türkei und Iran, USA. Die Relevanz der Fragestellung und die Konferenzinhalte wurden insbesondere von den Forschungseinrichtungen für interdisziplinäre Frauen- und Geschlechterforschung sehr hoch eingeschätzt. Insbesondere die grundsätzlichen Überlegungen zu Fragen geeigneter innovativer Förderstrategien für Wissenschaftlerinnen an niedersächsischen Hochschulen im Rahmen einer neuen Förderlinie zur Fortsetzung des Maria-Goeppert-Mayer-Programms fand große Beachtung.

Neue Impulse konnten aufgrund der Auswertung des bisherigen Förderprogramms erörtert werden, so dass die Frage einer nachhaltigeren Wirkung der Programmförderungen im Dialog miteinander in den verschiedensten Arbeitsgruppen erörtert werden konnte.
Der Tagungsablauf folgte den Planungen und der gesamten Logistik für die Durchführung wissenschaftlicher Konferenzen. Dank eines engagierten Einsatzteams aus Mitgliedern mehrerer Organisationseinheiten der Leuphana Universität, einem großen Engagement von Studentischen Hilfskräften und Mitarbeiterinnen der Universität konnte die Tagung erfolgreich abgeschlossen werden. Die Rückmeldungen von Tagungsteilnehmerinnen und -teilnehmern, Referentinnen und Referenten war außerordentlich positiv und ermutigend. Die Fotodokumentation belegt eindringlich das außerordentlich positive und konzentrierte Arbeitsklima sowie die besonderen Momente der persönlichen Begegnung von Wissenschaftlern – und Wissenschaftlerinnen aus unterschiedlichen Ländern. Die Simultandolmetscherinnen haben es im gesamten Prozess in herausragender Weise geschafft, den Dialog zwischen den Teilnehmerinnen und Teilnehmern der verschiedensten Nationen fachlich- inhaltlich versiert zu befördern. Es hat sich wieder einmal gezeigt, dass die Entscheidung im Vorfeld für diese Vorgehensweise sich bewährt hat und der Erfolg der Konferenz u.a. daran gelegen hat, dass das gegenseitige Verstehen (sprachlich und inhaltlich) eine wesentliche Brücke für eine gelungene Verständigung war.
Nicht zuletzt kann festgestellt werden und die hier publizierten Beiträge belegen, dass die Konferenz schon 2010 einen Ausblick gab auf das jetzt in 2012 laufende Jahr der transdisziplinären Nachhaltigkeit in der Wissenschaft, wie es vom BMBF ausgerufen wurde.

Danksagung

Wir danken allen Helferinnen und Helfern, allen Teilnehmerinnen und Teilnehmern, den Referentinnen und Referenten für das Gelingen der internationalen Konferenz und den Autorinnen und Autoren für die Ermöglichung dieser Kongresspublikation. Ein weiterer Dank geht an die beiden Dolmetscherinnen des Kongresses, Hilla Widemann und Dr. Martje Postma, letztere hat auch die englischen Artikel für diese Publikation korrigiert und einen Text aus dem Englischen ins Deutsche übersetzt. Danken möchten wir auch ganz besonders der Korrekturleserin Kathleen Battke, Roswitha Lemmermann und Heike Klemm für das Layout der Beiträge und Kathrin Eismann für die Umschlaggestaltung. Ohne die Finanzierung durch das MWK, den Verein der ifu, die Leuphana Universität und den DAAD wären weder die Konferenz noch diese Publikation möglich gewesen. Ihnen und den dahinter stehenden Personen sei besonders gedankt. Nicht zuletzt geht unser Dank an den Nomos Verlag und die geduldige Begleitung dieses Werkes.

Lüneburg, im Februar 2012: Christa Cremer-Renz und Bettina Jansen-Schulz

Überblick über die Beiträge

Sascha Spoun und Alexander Pfannenberg geben einen Einblick in schon entwickelte und geplante Konzepte und Projekte einer transkulturellen Hochschule, die über eine einfache Internationalisierung durch ein Auslandsstudium hinaus reichen. Sie zeigen zum Einen an den für das deutsche Hochschulsystem neuen Hochschulstrukturen der Leuphana Universität die transkulturellen Ansätze und Möglichkeiten auf, die sowohl im Studien-, Fakultäts- als auch im Schoolsystem stecken. Transkulturelle und transdisziplinäre Ansätze werden in den Forschungen und Projekten in der Kombination disziplinübergreifender Professuren, Arbeitsgebiete und Institutionen sichtbar und ermöglichen den Forschenden und den Studierenden in der globalisierten Welt vielfältige inter- und transkulturelle Erfahrungen und die Entwicklung transkultureller Kompetenzen. Die Studienstruktur der Leuphana ermöglicht zum Anderen neue Formen transkultureller Lehre, die in vielen Dimensionen aufgenommen und gelebt wird und den Studierenden vom ersten Tag an nicht nur internationales sondern auch interdisziplinäres Lernen, transdisziplinäres Handeln und die Entwicklung transkultureller Haltungen ermöglicht. Nicht zuletzt schafft das EU-Großprojekt „Innovations-Inkubator" den Blick über den wissenschaftlichen Tellerrand hinaus in die Region mit einer großen Anzahl von transdisziplinären und internationalen Projekten, die sowohl in die Region als auch in die Lehr- und Forschungskultur hineinwirken.

Johanna Wanka, seit 2010 Niedersächsische Ministerin für Wissenschaft und Kultur gibt einen kurzen Überblick über die Entwicklung der Frauen- und Genderforschung in Niedersachsen und stellt diese als Impulsgeberin für Hochschulentwicklung dar. Sie schlägt den Bogen von der ersten Genderforschung und den ersten Genderstudies in Niedersachsen seit 1990 über die beiden über Niedersachsen hinaus wegweisenden Studien zu Genderforschung (1994) und zu Genderforschung in den Naturwissenschaften (1997) zur Internationalen Frauenuniversität (ifu), die 2000 in Hannover wegbereitend für internationale und interkulturelle Genderforschung und Genderstudies war. Die ifu war Grundlage für weitere hochschulpolitische Aktivitäten wie die Gründung in 2001 des Maria-Goeppert-Mayer-Programms für innovative Gastprofessuren und die zeitgleiche Gründung von fünf Genderforschungszentren. Weitere spätere Weiterentwicklungen waren dann u.a. der Ansatz des Integrativen Genderings an der Leuphana Universität, der die Integration der Erkenntnisse der Genderforschung in die Lehre auch über Niedersachsen hinaus begründete und zur Zeit der hier vorgestellten Konferenz auch Diversity-Ansätze berücksichtigte und somit den internationalen und interkulturellen Standard der Genderforschung in der Lehre weiterentwickelt.

Ayla Neusel Begründerin der internationalen Frauenuniversität (ifu) und eine unermüdliche Verfechterin der Interkulturalität in der Wissenschaft, war zur Zeit der Begründung der ifu und der späteren Durchführung der ifu mit ihren Ideen weit der Zeit in der Wissenschaftsdebatte voraus. Die Impulse dieses einzigartigen Projekts werden an vielen Stellen der Reformdebatte sichtbar. Ihr Beitrag ist als grundlegend für die Idee der Interkulturalität und – weiter – der Transkulturalität – zu sehen. Sie entfaltet in diesem Buch die Facetten einer Wissenschaftsphilosophie, die dem Transkulturalitätsgedanken der Wissenschaft zugrunde liegt. Ausgehend von den ersten visionären Gedanken zur ifu über heutige sozialwissenschaftliche Erkenntnisse der gesellschaftlichen Ungleichheit und der kritischen Betrachtung der Internationalität der Studierendenschaft und des wissenschaftlichen Personals entwickelt sie eine konsequente und innovative Idee der transkulturellen Wissenschaft, wie sie in der heutigen globalen Wissensgesellschaft und Wissenschaftsgesellschaft nach wie vor nicht in allen (notwendigen) Facetten gelebt und nur selten formuliert wird. Es war auch Ayla Neusel, die dieser internationalen Konferenz und dieser Publikation den Namen gegeben hat, ihre Philosophie dazu legt sie in ihrem beeindruckenden Beitrag hier dar.

Parto Teherani-Krönner öffnet uns mit ihrem Beitrag über nachhaltige Bildung und transkulturelle Wissenschaftsentwicklung die Augen über vordergründig erfolgreiche Bildungsanstrengungen in Entwicklungsländern und ihre z.T. damit einhergehende Verfestigung von Geschlechterverhältnissen. Die „Education for all"-Bewegung hat zwar dazu geführt, dass viele Kinder eine schulische Grundausbildung erhalten, jedoch nach der Schule keine adäquaten Erwerbsmöglichkeiten finden, insbesondere betrifft dies jüngere Schülerinnen und Schüler. Aber auch Mädchen, die einen universitären Abschluss erlangen, finden keine Anstellung in den Städten, die jungen Männer wandern aus in westliche Länder. So wirkt sich das „westliche Bildungssystem" nicht immer hilfreich aus in den Entwicklungsländern – so ihre Kritik. Unter Bezugnahme auf ältere und neuere kritische Bildungsansätze und Theorien der Human- und Kulturökologie sowie der Interdependenz- und Intersektionalitätsforschung aus der Genderforschung entwirft Parto Teherani-Krönner ein interessantes Konzept einer nachhaltigen Bildung.

Sigrid Metz-Göckel hat das niedersächsische Maria-Goeppert-Mayer-Programm von Beginn an (2001) im Rahmen ihrer Beiratsfunktion kollegial begleitet. Sie untersucht und analysiert das Programm sehr kritisch aus drei unterschiedlichen Perspektiven der Gastprofessorinnen, der gastgebenden Hochschule und der Landeshochschulpolitik. Nach einem Rückblick auf die Entstehungsgeschichte und der Intentionen des Programms geht sie auf der Grundlage hochschulforschungsrelevanter Erkenntnisse, hochschulischer Entwicklungsprozesse und hochschulischer Steuerungsprozesse auf die Fragen der Auswirkungen des Programms auf die gastgebenden Hochschulen und die Gastprofessorinnen ein. Ihre Erkenntnisse aus der Befragung der Gastprofessorinnen und der Hochschulen sind eher ernüchternd, führen jedoch auch zu neuen hochschulpolitischen Forderungen der strukturellen Integration von Genderforscherinnen und Genderforschung in die Hochschulen und in die Wissenschaft, um das Ziel, eine internationale und interkulturelle Forschung, die durch Genderforschung gestärkt wird, zu erreichen.

Barbara Hartung nimmt seit vielen Jahren im niedersächsischen Ministerium für Wissenschaft und Kultur die inter-link-Position zwischen den Genderforscherinnen/Gleichstellungsbeauftragten der Universitäten und Hochschulen und der Ministerialverwaltung ein. Sie analysiert neben dem Maria-Goeppert-Mayer-Programm, dessen politische Durchführung in ihrer Verantwortung lag und liegt, auch die anderen hochschulpolitischen Ansätze der Genderforschung in Niedersachsen. In ihrer Bilanz zieht sie ein kritisches aber positives und auf die Zukunft der Genderforschungspolitik in Niedersachsen ausgerichtetes hoffnungsvolles Fazit zur internationalen Entwicklung der Gender-Hochschulpolitik in Niedersachsen. Ohne ihren unermüdlichen Einsatz für die Genderforschung auf ministerieller Ebene wäre weder die ifu, noch das Maria-Goppert-Mayer-Programm, noch viele weitere Genderprojekte – auch nicht die hier publizierte Konferenz – in Niedersachsen möglich geworden.

Waltraud Ernst betreute das Maria-Goeppert-Mayer-Programm. Eine ihrer Aufgaben war es, die Ergebnisse der Frauen- und Gender-Forschung in Niedersachsen für zukünftige Studierende und Forschende im Rahmen einer Buchreihe festzuhalten. In ihrem Beitrag stellt sie die thematische Spannbreite der Publikationen vor. Es werden sowohl Themen zur Konstruktionen von Geschlecht in Naturbildern und Lebensgrundlagen behandelt, Transformationen von Geschlechterordnungen in Wissenschaft und anderen sozialen Institutionen untersucht, die Geschlechterdiskurse zwischen Fiktion und Faktizität kritisch beforscht, als auch die Verhältnisse von Geschlecht und Technik-Naturwissenschaft und Geschlechterverhältnisse und -konstruktionen zwischen Kulturen, Räumen und Globalisierung, in Medizin, Ethik und Politik untersucht. Waltraud Ernst kommt nach der Übersicht über das breite Spektrum der Frauen- und Genderforschung im Rahmen des Maria-Goeppert-Mayer-Programms zu dem interessanten Schluss, dass diese Forschung eine Transdisziplin ist, die Forschungsgrenzen überwindet.

Angela Franz-Balsen argumentiert in ihrem Beitrag, dass eine Ausrichtung von Universitäten an den globalen Leitbildern „Nachhaltige Entwicklung“ und „Geschlechtergerechtigkeit“ eine globalisierte und transkulturelle Hochschulentwicklung und Wissenschaft befördern kann. Sie geht insbesondere auf die Hochschuldidaktik als wichtige Institution der Innovation von Hochschullehre ein, die eine nachhaltige ökologische, ökonomische und soziale Geschlechtergerechtigkeit mit befördern kann. An den drei hochschulischen Beispielen aus Manila, Luxemburg und Deutschland (Leuphana Universität) verdeutlicht sie ihre Vision von einer Transkulturalität von Lehre und Hochschuldidaktik unter Berücksichtigung von Gender-Diversity-Aspekten, bzw. Gender-Mainstreaming-Prozessen und stellt damit eine Verbindungslinie zwischen diesen Bereichen her.

Bettina Jansen-Schulz entwickelt diese Vision transkultureller Lehre ganz konkret für Hochschulen weiter. Ausgehend von langjährigen Erfahrungen in verschiedenen Hochschulen und in der Hochschuldidaktik und ausgehend von Theorien der Diversity-, Heterogenitäts- und Intersektionalitätsforschung legt sie offen, welche Gender-Diversity-Konzepte deutsche Hochschulen, insbesondere solche im Bundesland Nordrheinwestfalen, z.Zt. verfolgen. Sie beschließt ihren Beitrag mit einer Visionsskizze zu einer transkulturellen Hochschule, in der alle Aktionsfelder und alle Akteurinnen und Akteure auf allen Statusebenen einer Hochschule einbezogen sind.

Silvie Klein-Franke fordert einen Perspektivenwechsel und eine Perspektivenvielfalt auf wirtschaftliche und wissenschaftliche gesellschaftliche Zusammenhänge. Mithilfe einer multidisziplinären Analyse entwickelt sie eine Vision für eine nachhaltige Nutzung von Gemeingütern. Ausgehend von wirtschaftswissenschaftlichen Erkenntnissen und internationalem Management, die die Vielfalt von Perspektiven (auch durch mehr Frauen in Spitzenpositionen) beforschen, über organisations- sozialpsychologische Perspektiven, zu pädagogischen und neurophysiologischen Erkenntnissen, die auf vier menschliche Lernstile (Kolb 1964) abzielen (personen-, sach-, aktions- und reflexionsorientiert) kommt Silvie Klein-Franke zu einer gesellschaftlichen und wirtschaftlichen Analyse der Perspektivenvielfalt, die sie auf der Grundlage der vier Lernstile, Diversität und Heterogenität durch in-group- und out-group-Verhältnisse analysiert. Ihr positives Fazit für wissenschaftliche Einrichtungen, wie Hochschulen, zielt auf eine Führung von heterogenen Teams, die durch die Vielfalt der Teammitglieder und ihrer damit verbunden vielfältigen Perspektiven auch eine kulturelle Veränderung nachhaltiger gesellschaftlicher Handlungsmuster möglich macht.

Uwe Schneidewind analysiert „Transdisziplinarität" für die Wissenschaft als kulturelle Haltung und nicht als Methode. Aufgrund des anstehenden umfassenden sozio-technischen und gesellschaftlichen (Werte)Wandels müssen andere und vielfältige Wissensformen – auch inter- und transdisziplinäre Wissensmöglichkeiten - gefördert werden. In seinem Beitrag zeigt er auf, warum transdisziplinäre Wissensformen dringlicher werden, welches diese Wissensformen sein können, welchen Gütekriterien diese unterliegen und welche Anforderungen an das Wissenschaftssystem damit verknüpft sind. Am Beispiel einer transdisziplinären Nachhaltigkeitsforschung entwickelt Uwe Schneidewind verschiedene Wissensformen, unterzieht diese den von Bergmann u.a (2010) und ihm selbst entwickelten Gütekriterien und bezieht diese dann auf das strukturelle Wissenschafts- und Lehr-Lernsystem von Hochschulen.

Für **Michiko Mae** überschreiten in der globalisierten Welt heute auch die Wissenschaftsdisziplinen Grenzen und müssen transkulturell werden. Michiko Mae geht dabei noch einen Schritt weiter und weist darauf hin, dass auch die Gegenstandsbereiche, Methoden und Theorien der Wissenschaftsdisziplin ihre Grenzen überschreiten. In den Kultur- und Sozialwissenschaften kann dies an ihren Mehrdeutigkeiten, Kombinationen unterschiedlicher Codes und Zugehörigkeitsmustern deutlich werden. Gerade die Genderforschung hat schon sehr früh disziplinübergreifende Strukturen, Theorien und Methoden angewandt. Auf der Suche nach den inneren Zusammenhängen zwischen Transkulturalität und Transdisziplinarität beschreibt Michiko Mae am Beispiel der Asienwissenschaft und der Zivilgesellschaft Japans die Entwicklung der Genderforschung in Japan. Sie, die Genderforschung macht deutlich, dass es nicht nur um kulturelle Globalisierung sondern auch um Individualisierungsprozesse der Transkulturalität geht. Das in Japan neue „Gender-Free"-Konzept ist für die Autorin so ein Beispiel der Weiterentwicklung der Genderforschung im Sinne des Prinzips der Intersektionalität und Diversity-Strukturen zu einer transkulturellen Wissenschaft.

Namrata Pathak bettet nicht nur ihre eigene Bildungsbiografie in das Indische Bildungssystem, die Bildungspolitikentwicklung in Indien ein. Sie zieht auch Verbindungslinien vom Indischen Bildungssystem zu globalisierten ökologischen Bildungskonzepten – insbesondere für Wissenschaftlerinnen – wie sie die Internationale Frauenkonferenz 2000 geboten hat, und deren Konzepte heute noch in vielen Ländern und in ihr persönlich nachwirken. Ihre Bildung und akademische Erfahrung hat sie zu einem transkulturellen Austausch und zur Erweiterung ihres Horizontes geführt, so schließt sie ihren Beitrag ab und gibt damit ein gutes Beispiel für die Bildungseffekte, die eine solche transkulturelle Bildung haben kann.

Ida Sabelis und ihre Kollegen Frans Kamsteeg und Harry Wels entwerfen ein Konzept, wie lokale Probleme der Wissenschaft, Forschung und Lehre, der Beziehungen zwischen Lehrenden und Lernenden mit globalen Ansätzen des Diversity, der diversen Ansichten auf Probleme gelöst werden können. Sowohl die transkulturelle Wissenschaft als auch Prozesse der Internationalisierung können davon profitieren, dass sie in unterschiedlichen Ländern und im lokalen Bezug diskutiert werden, so das Fazit dieser interessanten Vision und Darstellung einer gerade erst begonnenen transkulturellen Debatte.

Vathsala Aithal bezieht sich in ihrem Beitrag auf eines der Workshopthemen der Konferenz „Provincialising Europe". Ausgehend von der Kritik am europäischen Denken als globales Denken von verschiedenen Richtungen aus, wie z.B. aus der feministischen Theorie oder Theorien der Nachhaltigkeit, hofft sie auf eine Erweiterung der Kritik am Europazentrismus durch post-colonials kritische Theorien oder durch die zunehmend wachsende transkulturelle Wissenschaft. Am Beispiel Indien macht sie zum Einen deutlich wie soziale Konstruktionen von Armut, Indien als armes Land, Wasser als soziale Ressource, Dritte-Welt-Frauen, Analphabetentum zu bestimmten eingeschränkten Wissensmustern (nach Europäischen Standards) führen. Die Autorin reflektiert über die historische Einbettung der Internationalen Frauenuniversität kurz nach der deutschen Wiedervereinigung in eine monokulturelle und monolinguistische Wissenschaft und die sich – auch durch die ifu angestoßene – Internationalisierung und Transkulturalisierung der Wissenschaft, die inzwischen von anderen Kulturen (z.B. auch dem Orientalismus) lernt. Dennoch ist die Wissenschaft nach Meinung von Vathsala Aithal noch weit entfernt von einer tatsächlichen Transkulturalität. Noch verharrt sie in der Internationalität. Sie fordert eine hochschuldidaktische transkulturelle Weiterbildung der Lehrenden als Ziel für eine transkulturelle Hochschule und transkulturelle Studierende.

Karen van Dyck unternimmt den spannenden und revolutionär anmutenden Beitrag, Literatur und Übersetzungen unter transkulturellen Aspekten zu betrachten. Sie bietet den Leserinnen und Lesern einen ganz neue Sicht auf Transkulturalität. Karen van Dyck forscht zu Literatur, „die ganz offensichtlich in **einer** Sprache geschrieben wurde, doch unter dem Einfluss einer **anderen** steht und sich dieser bedient, um etwas zu tun, das sie ohne diese nicht könnte" (Karen van Dyck). Dies beschreibt sie am Beispiel griechischer und englischer (amerikanischer) Literatur und Übersetzungen. Sie versucht, die Sprache aus ihrem engen einsprachigen – landessprachigen - Kontext herauszubrechen und in eine translinguale Sprache zu verwandeln. Sie fordert, dass die translingualen Sprachen und Texte als kulturelle Leistung anerkannt und diese Hybrid-Sprachen gleichermaßen neben anderen Sprachen in der Literatur und in der Alltagssprache akzeptiert werden.

Khin Ni Ni Thein und Brigitte Urban stellen einen ersten Dialog aus einer Serie von Dialogen zu transkultureller Wissenschaft aus der Perspektive internationaler Organisationen vor, um die Idee der Internationalen Frauenuniversität weiter zu entwickeln. Ihre Kommunikation beruht auf den vier Lernprinzipien, die die UNESCO als Kommunikationsprinzipien nutzt: 1. Learning to know, 2. Learning to do, 3. Learning to live together, 4. Learning to be. Sie diskutieren über Umweltfragen und nachhaltige Entwicklung. Diese Themen spielen in der Entwicklung transkultureller Wissenschaft, Forschung und Bildung in internationalen Organisationen eine wichtige Rolle. Transkulturelle Bildung wird in internationalen Organisation durch medizinische Versorgung und Forschung zu Wasser und Umwelt, Landschaftsplanung und Nahrungsmittelschutz betrieben. Insbesondere die heute wichtigen Fragen zu und Verbindungen zwischen Energie (Fuel), Finanzen und Nahrungsmittel diskutieren die beiden Autorinnen in diesem Beitrag, mit der Hoffnung, dass diese ifu-Ideen auch die deutsche Wissenschaft transkultureller macht.

Daniel Fischer, Gerd Michelsen, Horst Rode kritisieren zunächst die Unschärfe des Begriffs „nachhaltiger Konsum", um daran eine eigene Definition und das Konzept „Nachhaltiger Konsum als Bildungsherausforderung" zu entwickeln. Mit diesem Konzept zielen sie auf die didaktische Gestaltung informeller Lernräume der Universität für gezieltes und für beiläufiges Lernen zur nachhaltigen Konsumhaltung von Studierenden. Im Rahmen eines BMBF-geförderten Großprojektes zur sozialökologischen Forschung haben die Autoren das Konzept in verschiedenen hochschulischen und schulischen Einrichtungen erfolgreich erprobt. Ein nächster Schritt ist nun, weitere Akteurinnen und Akteure, so genannte change agents auszubilden, um das Konzept in die Breite der Institutionen zu transferieren.

Sacha Kagan beschreibt am Beispiel eines inter- und transkulturellen Projektes in Ost-Afrika wie seiner Meinung nach transkulturelle Wissenschaft aussehen kann. Die „Karamoja-Campaign" ist eine Kampagne zur Bewusstwerdung in Europa über die gesellschaftlichen und sozialen Zustände in Ost-Afrika, die der Autor zusammen mit einem Kollegen in 2008-2009 durchgeführt hat. Mit dem Syndromansatz von deutschen Umwelt-Forschungseinrichtungen wird in der Kampagne mit vielfachen ungewöhnlichen und aufmerksamkeitserregenden Methoden gearbeitet. Die Komplexität der gesamten Kampagne und der inter- und transkulturellen Methoden schildert der Autor in seinem Beitrag unter Bezugnahme auf Theorien interkultureller Bildungs- und Kulturforschungsansätze.

Gesa Jones, Tim Kawalun, Andrea Japsen, Petra Dehm, Karin Beck, Eva Maria Silies und Ursula Zipperer erläutern stellvertretend für ein großes Team das einmalige europäische Großprojekt „Innovations-Inkubator“ (bis 2015) an der Universität Lüneburg, welches diese zusammen mit dem Land Niedersachsen und der Europäischen Kommission durchführt, um exemplarisch die strukturschwache Region Lüneburg zu stärken und zukunftsträchtige Arbeitsplätze für innovative Projekte in Wirtschaft und Wissenschaft zu schaffen. In dem Großprojekt forschen neben vielen wissenschaftlichen Mitarbeiterinnen und Mitarbeitern und Wissenschaftlerinnen und Wissenschaftlern 20 internationale Gastprofessinnen und -professoren, wurden 50 Innovationsprojekte in 16 Teilmaßnahmen aufgelegt. Auf der konzeptionellen Grundlage wissensbasierter Wirtschaftsförderung soll eine gründungsfreundliche Region entstehen. Es sollen durch den Innovationsinkubator die Aus- und Weiterbildung, die Forschungsneigung regionaler Klein- und Mittlerer Unternehmen gefördert, das Gesamtbildungsniveau in der Region gehoben und international renommierte Forschungseinrichtungen geschaffen werden.

Literatur

Beck, Ulrich (Hrsg.) (2008): Weltrisikogesellschaft, Suhrkamp Verlag Frankfurt a.M.

Bogner, Alexander/Kastenhofer, Karen/Torgersen, Helge (Hrsg.) (2010): Inter- und Transdisziplinarität im Wandel? Nomos Verlag Baden Baden

Clemens, Bärbel (1992): Resolution zum Hochschulentwicklungsplan,12. Treffen der Landeskonferenz der Frauenbeauftragten und Kontaktfrauen an niedersächsischen Hochschulen und des Arbeitskreises Wissenschaftlerinnen Niedersachsen am 1.2. 1992 in Braunschweig.

Haß, Ulrike/Müller-Schöll, Nikolaus (Hrsg.) (2009): Was ist eine Universität? Schlaglichter auf eine ruinierte Institution, Transcript Verlag Bielefeld 2009

Mae, Michiko/Saal, Britta (Hrsg.) 2007: Transkulturelle Genderforschung. Ein Studienbuch zum Verhältnis von Kultur und Geschlecht. VS Verlag, Wiesbaden

Neusel, Ayla (Hrsg.) (2000): Die eigene Hochschule, Internationale Frauenuniversität „Technik und Kultur“, Leske und Budrich Verlag Opladen

Niedersächsisches Ministerium für Wissenschaft und Kultur (1994): Frauenförderung ist Hochschulreform- Frauenforschung ist Wissenschaftskritik, Bericht der niedersächsischen Kommission zur Förderung von Frauenforschung und zur Förderung von Frauen in Lehre und Forschung, Hannover 2. Auflage

Pasternack, Peer/von Wissel, Carsten (2012): Programmatische Konzepte der Hochschulentwicklung in Deutschland seit 1945, in: Hans-Böckler-Stiftung (Hrsg.): Expertisen für die Hochschule der Zukunft, Demokratische und soziale Hochschule, Klinkhardt Verlag Bad Heilbrunn

Schneidewind, Uwe (2009) . Nachhaltige Wissenschaft: Plädoyer für einen Klimawandel im deutschen Wissenschafts- und Hochschulsystem, Metropolis Verlag Marburg

Welsch, Wolfgang (2010): Was ist eigentlich Transkulturalität? In: Darowska, Lucyna/Lüttenberg, Thomas/Machold, Claudia (Hrsg.) (2010): Hochschule als transkultureller Raum? Kultur, Bildung und Differenz in der Universität, Transcript Verlag Bielefeld S. 39-66

Sascha Spoun, Alexander Pfannenberg

Die Leuphana Universität Lüneburg und transkulturelle Wissenschaft

1. Ein globalisierter Lebens- und Bildungsraum als Herausforderung

So wie vor bald 150 Jahren an der Schwelle von lokalen Territorien zu Nationalstaaten, stehen wir heute erfreulicherweise bereits jenseits der Schwelle von Nationalstaaten zu Regionen (z.B. EU) und – dank des Untergangs des Kommunismus und der Revolution des Internets – an der Schwelle zu *einer* Welt. Für den deutschen Hochschulsektor bedeutet eine sich zunehmend globalisierende Gesellschaft in allen Sektoren und damit gerade in Bildungsfragen als dem Fundament der Zukunft, dass sich insbesondere junge Hochschulen wie die Leuphana Universität Lüneburg, deren Wahrnehmung nicht auf langjähriger akademischer Tradition bzw. Profil- und damit Markenbildung beruhen kann, konsequenter als bisher international ausrichten müssen, um ihre Aufgaben in Forschung und Lehre überhaupt erfüllen zu können. Ganz abgesehen davon, dass auch sie im Wettbewerb um interessierte Studierende, um innovative Wissenschaftlerinnen und Wissenschaftler sowie um Finanzierung (sog. Drittmittel) erfolgreich sein müssen.

Die wachsende Zahl von Bildungseinrichtungen verschiedener Qualität lassen die Beurteilung immer schwieriger werden, während zugleich die Sorge der Studienbewerbenden und Studierenden um die Teilhabe an der richtigen Hochschule steigt; deshalb erlangen internationale Rankings und Publikationen mit hartem Auswahlprozess so große Bedeutung, weil sie einfache, klare Signale setzen, auch wenn für dieses Urteil viele wichtige Aspekte unberücksichtigt bleiben. Die zunehmend international ausgerichtete Strategie von Forschungs- bzw. Bildungsförderinstitutionen (ERC, DFG, SNF, BMBF bis hin zu privaten Stiftungen) sind in diesem Zusammenhang maßgebliche Treiber des Prozesses. Gleichzeitig darf die Internationalisierung einer Hochschule nie zum Selbstzweck erhoben werden. Sie muss sich als Querschnittsfunktion in die Gesamtstrategie der Universität einpassen, indem internationale Bezugspunkte als Chance zur inhaltlichen und methodischen Stärkung bestehender Themen, Ziele und Prozesse in Forschung und Lehre begriffen werden.

Nicht erst im Zuge der jüngsten studentischen Bologna-Proteste im Herbst 2009 wurde vielfach kritisiert, dass uns die Globalisierung im Bildungsbereich nicht nur eine internationale Erweiterung unseres akademischen Horizonts gebracht hat, sondern auch eine deutliche Verschärfung des Wettbewerbs zwischen den Universitäten. Zudem ist ein neuer Grad der erwarteten, messbaren Leistungen bis hin zu deren Verwertbarkeit erreicht worden, was als unangemessene Ökonomisierung gebrandmarkt wird. Es wäre naiv zu sagen, dass mittelgroße und vergleichsweise junge Universitäten sich globalen Trends verschließen könnten. Dazu fehlt – in der Sprache der Ökonomen – die notwendige Marktmacht bzw. anders formuliert die Stilbildungskraft oder die Größe für einen Paradigmenwechsel. Zudem ist festzustellen, dass die Politik mit der Exzellenzinitiative den Prozess von Konzentration, Differenzierung und Selektion in Deutschland bereits vor Jahren bewusst gefördert hat, um die Wettbewerbsfähigkeit des deutschen Wissenschaftsstandorts, den man, in den Worten des deutschen Stanford-Professoren und ehemaligen Präsidenten der Viadrina Universität, Hans Weiler, „oft noch in einem selbst gefertigten Naturschutzgebiet vermutet hatte", (Weiler 2008) gezielt zu erhöhen.

Es wäre aber auch gar nicht wünschenswert, sich dem internationalen Hochschulwettbewerb zu entziehen. Denn bei aller notwendigen kritischen Beobachtung der sich globalisierenden Wissensgesellschaft sollten wir eines nicht vergessen: ein gesunder internationaler Wettbewerb in Forschung und Lehre ist sehr zu begrüßen, fördert er doch jene Kreativität und Innovationskraft, ohne die unser Fortschritt als Menschheit nicht denkbar wäre. Gleichzeitig müssen wir insbesondere im Umgang mit unseren Studierenden darauf achten, dass wir einen geschützten Raum schaffen, der sich ökonomischen Nutzenlogiken entzieht, einen Raum, in dem es nicht einfach um die Vermittlung berufsrelevanter Inhalte und die Optimierung des Lebenslaufs geht. In dieser Hinsicht wurde Internationalisierung in der Vergangenheit all zu oft zum Selbstzweck bzw. auf den Karriere-Baustein „Auslandserfahrung" reduziert. Es sollte vielmehr darum gehen, Studierende in ihrer akademischen und persönlichen Entwicklung durch anspruchsvolle transkulturelle Bezüge gezielt zu fördern, d. h. es geht um die Interpretation des Humboldt'schen Bildungsideals für die moderne, globale Gesellschaft.

Unser Gemeinwesen ist – ob lokal, national oder international – mit komplexen Herausforderungen konfrontiert, welche nicht nur räumliche Grenzen überschreiten, sondern auch jene traditioneller Wissens- und Funktionsbereiche in Politik, Wirtschaft und Gesellschaft. In der Folge unterliegen die Regulierungs- und Steuerungsformen unserer Gesellschaftsordnung einem Wandel, der bei vielen Menschen Unsicherheit, Vertrauensverlust und Zukunftsängste auslöst. In diesem Umfeld stellt die Motivation der einzelnen Bürgerinnen und Bürger, sich für Dritte und die Gemeinschaft als Ganzes stark zu machen, eine wichtige gesellschaftliche Konstante dar, um Vertrauen und Zusammenhalt zu sichern, gesellschaftliche Gestaltungsmöglichkeiten zu erkunden und wirkungsvolle Entscheidungsprozesse zu gewährleisten. Die Zivilgesellschaft wird so zum Nukleus von gesellschaftlichen Veränderungsprozessen im 21. Jahrhundert und stellt an das Selbstverständnis von Universitäten neue Anforderungen. Um die Legitimität ihres Handelns sowie ihre gesellschaftliche Bedeutung langfristig zu rechtfertigen, müssen Universitäten sich in Zukunft stärker als bisher in Lehre und Forschung mit drängenden gesellschaftlichen Herausforderungen auseinandersetzen und wechselseitige Lernprozesse mit der Zivilgesellschaft fördern. So entsteht gesellschaftlich robustes Wissen, welches einen substantiellen Beitrag zur Bewältigung der jeweiligen Herausforderung leisten kann.

2. Die Leuphana Universität Lüneburg – eine Hochschule mit transkulturellem Selbstverständnis

Als öffentliche Universität für die Zivilgesellschaft des 21. Jahrhunderts verortet sich die Leuphana Universität mit ihren Aktivitäten in Forschung, Lehre und weitern Transferaktivitäten über nationale und kulturelle Grenzen hinaus; sieversteht sich als ein Impulsgeber in der Wissenschaft wie auch für Politik und Wirtschaft. Dabei thematisieren Wissenschaftlerinnen und Wissenschaftler der Leuphana Universität in den vier Schwerpunkten Bildung, Kultur, Wirtschaft und Nachhaltigkeit zentrale Forschungsfragen: Welche kulturellen Grundlagen und Veränderungen prägen unsere Gesellschaft? Wie erhalten wir uns zukünftige Gestaltungsmöglichkeiten durch nachhaltiges Handeln? Wie entsteht unternehmerische und soziale Wertschöpfung? Wie schaffen wir möglichst große Bildungs- und Zukunftschancen für alle?

Dabei orientiert die Leuphana Universität Lüneburg sich in ihren Aktivitäten an den drei Leitlinien Humanismus, Nachhaltigkeit und Handlungsorientierung. Als humanistische Universität verbindet sie in ihrem Bildungsverständnis Fachausbildung und Persönlichkeitsbildung. Es geht nicht um die Ausbildung der Studierenden für den Arbeitsmarkt, sondern um Bildung durch Wissenschaft. Studierende sollen so im Zuge ihrer fachlichen und persönlichen Entwicklung selbständig ein Interesse für individuelle internationale Bezüge entwickeln. Die vielfältigen Kombinationsmöglichkeiten innerhalb des Studienmodells, beispielsweise zwischen Majors und Minors im Leuphana Bachelor sowie im Komplementärstudium, erlauben mannigfache internationale bzw. transkulturelle Perspektivenwechsel. Darüberhinaus legt die Leuphana Universität besonderen Wert darauf, ihren Studierenden die Orientierung in der globalen Gesellschaft durch spezifische Lehrformate wie den „Global Classroom“ (s. u.) zu erleichtern.

Als nachhaltige Universität leistet die Leuphana Universität durch Bildung und Forschung, aber auch durch ein umwelt- und ressourcenschonendes Campusleben einen Beitrag zur nachhaltigen Entwicklung unserer Gesellschaft und greift damit eine der drängenden grenz- und kulturübergreifenden Herausforderungen in integrierter Weise auf. Die Leuphana Universität Lüneburg verpflichtet sich selbst, handlungsorientierte Persönlichkeiten auszubilden, die über Kreativität, Reflexivität sowie den Willen und die Fähigkeiten zur schöpferischen Gestaltung der Gesellschaft verfügen. Dazu fördert sie beispielsweise alle Mitglieder der Universität bei Gründeraktivitäten im unternehmerischen (Entrepreneurship) und gesellschaftspolitischen Bereich (Social Entrepreneurship). Oft bieten gerade diese Aktivitäten einzigartige Gelegenheiten für transkulturelle Erfahrungen. So gründeten Studierende im Rahmen des von Prof. Dr. Markus Beckmann initiierten „Social Change Hub“ die studentische Initiative „Amikeco“, die sich für die Verbesserung der Völkerverständigung an der Universität und in der Stadt Lüneburg sowie insbesondere für Kinder geduldeter Ausländer einsetzt.

Um die Schaffung transkultureller Bezüge auch organisatorisch zu fördern, hat sich die Leuphana Universität Lüneburg das Ziel gesetzt, den im Kern fruchtbaren Reformprozess von Bologna, der zur Entwicklung eines einheitlichen europäischen Hochschulraums beitragen sollte, noch einmal neu zu denken und vorhandene Defizite durch einen sehr viel weiter gehenden Ansatz zu beheben. So besteht die Struktur der Universität neben den Fakultäten aus drei Schools, die sich gemäß internationalen Standards an den entsprechenden akademischen Zielgruppen orientieren: ein College für das fachübergreifend einheitlich und interdisziplinär organisierte Erststudium, eine Graduate School, die in den Forschungsschwerpunkten der Universität ausgewählte Master- und Promotionsprogramme anbietet und dabei Master- und Promotionsstudium als zweite und dritte akademische Bildungsstufe miteinander verzahnt, sowie eine Professional School, die unter ihrem Dach Weiterbildung und Wissenstransfer sowie Gründungsaktivitäten bündelt und damit optimale Voraussetzungen für lebenslanges Lernen und die Vernetzung zwischen Universität und Region ermöglicht.

3. Transkulturalität und Transdisziplinarität als wechselseitige Impulsgeber in der Wissenschaft

Bereits lange bevor viele Universitäten die Internationalisierung ihrer Forschungs- und Lehraktivitäten zum expliziten Ziel erklärten, haben viele wissenschaftliche Disziplinen realisiert, dass die Überschreitung nationaler Grenzen und die Infragestellung eigener kultureller Bezugspunkte die große Chance bieten, Erkenntnishorizonte zu verschieben und zu erweitern. Dies mag auch darin begründet liegen, dass die Vielschichtigkeit und Komplexität vieler Problemstellungen rasant zugenommen hat und sich letztere sowohl rein disziplinären Methoden als auch kulturell einlinigen Betrachtungsweisen entziehen. Zudem erfordern der lebensweltliche Ursprung vieler aktueller Fragestellungen, ihre unklare Eingrenzung und Kontextabhängigkeit sowie ihre systemische Vernetzung und laufende Veränderung, dass man die Grenzen der eigenen Wissenschaftsdisziplin überschreitet und einen auch in kultureller Hinsicht mehrdimensionalen Blickwinkel zulässt. Insofern besteht eine enge Beziehung zwischen Transkulturalität und Transdisziplinarität, d. h. in gleichem Maße, wie sich das kulturelle Prisma unserer Forschungsmethodik erweitern muss, sollten wir uns gegenüber der Praxis als Ursprung und Adressat von Wissenschaft öffnen. Forschung wird dadurch komplexer, aber auch aussagekräftiger und damit relevanter – ganz im Sinne des Diktums des amerikanischen Ökonomen und Soziologen Thorstein Veblen: „Ernst zu nehmende Forschung erkennt man daran, dass plötzlich zwei Probleme existieren, wo es vorher nur eines gegeben hat." (Veblen 1908: 32-55)

An der Leuphana Universität betrachten wir die Internationalisierung unserer Forschungsaktivitäten und -initiativen daher nicht als losgelöste Aufgabe einer Stabsstelle, sondern als integrativen Bestandteil eines grundsätzlich transdisziplinär und transkulturell verstandenen Forschungsverständnisses. Ein Beispiel hierfür ist die seit Oktober 2010 bestehende Fakultät für Nachhaltigkeit, die auf der langjährigen erfolgreichen Tradition der Umweltwissenschaften in Lüneburg aufbauen kann. Hier befassen sich Forscherinnen und Forscher mit drängenden Umwelt- und Gesellschaftsproblemen des 21. Jahrhunderts. Dabei orientiert sich die Fakultät an der normativen Leitidee einer Nachhaltigen Entwicklung, d. h. die Integration sozialer, kultureller, ökologischer und ökonomischer Ziele wird bei der Definition, Analyse und Lösung der zu bearbeitenden Problemkomplexe in den Mittelpunkt gestellt. Dabei nimmt sie notwendigerweise eine transkulturelle Sicht ein, da sich globale Herausforderungen wie beispielsweise die Ursachen, Folgen und Anpassungsstrategien im Hinblick auf den Klimawandel nur auf diese Weise in ihrer Komplexität erfassen lassen.

Der dafür an der Leuphana gewählte transdisziplinäre Ansatz unterscheidet sich von multi- und interdisziplinären Ansätzen unter anderem dadurch, dass Praxisakteurinnen und -akteure, die von lebensweltlichen Problemen betroffen sind oder über Nutzen stiftendes Erfahrungswissen verfügen, systematisch in den wissenschaftlichen Problemlösungsprozess einbezogen werden. Es soll vorhandenes Wissen genutzt, integriert und auf den Kontext des konkreten lebensweltlichen Problems angewendet werden. Ergebnisse transdisziplinärer Forschung sind eigene theoretische Strukturen, Forschungs- und Lehrmethoden sowie Handlungsorientierungen für die Praxis basierend auf Wissen, das sich in der Regel keiner einzelnen Disziplin zuordnen lässt. Eine besondere Notwendigkeit besteht dabei in der Initiierung und Realisierung von wechselseitigen Lernprozessen zwischen unterschiedlichen wissenschaftlichen Disziplinen sowie zwischen Wissenschaft und gesellschaftlicher Praxis. Mit der durch Prof. Dr. Daniel Lang bereits besetzten Professur für „Transdisziplinäre Nachhaltigkeitsforschung" und der mit Prof. Dr. Ulli Vilsmaier besetzten Juniorprofessur für „Transdisziplinäre Methoden" sowie der einmaligen Fakultätsstruktur, in welcher Forscherinnen und Forscher aus den Humanwissenschaften (mit einem Fokus auf verschiedene gesellschaftliche Akteursperspektiven) und aus den Naturwissenschaften (mit einer thematischen Perspektive auf Nachhaltigkeitsprobleme) inter- und transdisziplinär zusammenarbeiten, hat die Leuphana hierfür die institutionellen Rahmenbedingungen geschaffen. Kooperationen mit ausländischen Universitäten wie der University of Nottingham oder der Arizona State University sowie internationale Konferenzformate, wie dem unter der Leitung von Prof. Dr. Harald Heinrichs und Meinfried Striegnitz organisierten Leuphana Sustainability Summit, der unter dem Titel „Enabling a Transdisciplinary Approach" 2012 erstmalig stattfinden wird, oder den von Prof. Dr. Ute Stoltenberg organisierten Sustainability Lectures, fördern gezielt den transkulturellen Austausch.

Ein weiteres Beispiel für den über kulturelle Grenzen hinweg initiierten Austausch zwischen Wissenschaft und Praxis stellt der Innovations-Inkubator Lüneburg dar, mit dem die Leuphana Universität Lüneburg und das Land Niedersachsen ein Vorhaben entwickelt haben, das durch Forschungskooperationen als Initialzündung für eine wissenschaftsgetriebene regionale Wirtschaftsentwicklung in der strukturschwachen Region fungieren soll. Gefördert wird der Innovations-Inkubator durch Mittel aus dem Europäischen Fonds für Regionale Entwicklung

(EFRE) sowie durch das Land Niedersachsen. Das Investitionsvolumen beträgt rund 100 Millionen Euro. Das Herzstück des Innovations-Inkubators Lüneburg bilden bis zu 14 international besetzte und transdisziplinär ausgerichtete Kompetenztandems, die auf forschungsbasierte Geschäftsentwicklungen abzielen. Internationale Forscher und gegebenenfalls auch ihre Teams sollen sich dazu an der Leuphana Universität Lüneburg ansiedeln und in enger Zusammenarbeit mit Forschern der Universität und Praktikern Frage- und Problemstellungen der Praxis wissenschaftlich begegnen und wirtschaftlich verwerten. In dieser Weise sollen die Kompetenztandems das Zusammenwirken von Wissenschaft und Wirtschaft über nationale Grenzen hinweg nachhaltig forcieren und durch die Stärkung der Forschungskraft zur Schaffung und Sicherung dauerhafter regionaler Arbeitsplätze in zukunftsorientierten Branchen beitragen.[1]

Zwei Schwerpunkte haben sich dabei bereits entwickelt, die interessante transkulturelle Anknüpfungspunkte bieten: So untersuchen die Forscherinnen und Forscher im Bereich Digitale Medien auf einer Online-Forschungsplattform die Produktionsprozesse, das Rezipientenverhalten und die Geschäftsmodelle im Bereich nutzer-generierter Videos.[2] Im Schwerpunktbereich Gesundheit erforschen die beteiligten Wissenschaftlerinnen und Wissenschaftler, wie eine flächendeckende gesundheitliche Versorgung mit hoher Qualität in Zeiten des demographischen Wandels und zunehmend kostenintensiver Untersuchungsmethoden durch webbasierte Systeme der Gesundheitsversorgung, effektivere Steuerungsmechanismen im Gesundheitssystem und eine höhere Gesundheitskompetenz der Bevölkerung sichergestellt werden könnte.[3] Insbesondere im Bereich digitale Medien ist eine transkulturelle Herangehensweise erfolgskritisch, wenn man sich vor Augen führt, welche grenz- und kulturübergreifende Reichweite das Internet schon heute besitzt. Aber auch bei der Analyse des Gesundheitssystems sind transkulturelle Bezüge wertvoll, wenn man bedenkt, mit welch unterschiedlichen Erwartungen beispielsweise Bürgerinnen und Bürger mit Migrationshintergrund das deutsche Gesundheitssystem in Anspruch nehmen. Zudem ermöglicht ein internationaler vergleichender Ansatz vielversprechende Perspektiven im Hinblick auf die Weiterentwicklung des deutschen Gesundheitsmodells. Ausgehend von den genannten Beispielen transdisziplinärer und transkultureller Forschung an der Leuphana Universität Lüneburg stellen sich für die zukünftige Entwicklung vielfältige Fragen: Wie können wir beispielsweise unseren methodischen Baukasten um transdiszplinäre und transkulturelle Werkzeuge erweitern, die der gewachsenen Komplexität der Untersuchungsgegenstände gerecht werden? Mit der Einrichtung eines Methodenzentrums als zentraler universitärer Einheit konnte die Leuphana Universität Lüneburg in dieser Hinsicht bereits eine institutionelle Grundlage schaffen. Im Methodenzentrum können sich Forscherinnen und Forscher aus allen Fachbereichen, aber auch Studierende aller Studiengänge sowohl beim Einsatz als auch bei der Entwicklung wissenschaftlicher

1 http://www.leuphana.de/inkubator.html
2 http://www.leuphana.de/inkubator/digitale-medien.html
3 http://www.leuphana.de/inkubator/gesundheit.html

Methoden beraten lassen. Ziel ist es, die Methodenausbildung fachübergreifend zu fördern und den Diskurs zu geeigneten Methoden zu fördern.[4] Neben der Förderung des Dialogs und der Ausbildung zu transdisziplinären und transkulturellen Methoden stehen wir vor der Herausforderung, die bis heute sehr disziplinär und kulturell eingegrenzten Forschungsförderstrukturen und -anreize in einer Weise zu verändern, dass transdiszplinären und transkulturellen Projekten mehr Entfaltungsspielraum gewährt wird. Denn es zeigt sich zunehmend, dass es meist nicht an Willen und Begeisterung mangelt, disziplinäre und kulturelle Grenzen zu überschreiten, sondern vielmehr an den dafür notwendigen Rahmenbedingungen.

4. Transkulturelle Erfahrungen in der Lehre

Nicht nur die Wissenschaft globalisiert sich, auch das Studium öffnet sich stetig für den internationalen Austausch. Allein zwischen 2000 und 2009 ist die Zahl von Studierenden, die außerhalb ihres Herkunftslandes studierten, von 2,1 auf 3,7 Millionen gestiegen (OECD 2011). Für das Jahr 2020 sagt die UNESCO eine Steigerung auf 7 Millionen voraus (UNESCO 2009). Nun geben diese quantitativen Indikatoren noch keine Auskunft über die Qualität der transkulturellen akademischen Erfahrung, die Studierende während ihres Auslandsaufenthalts machen. Wie eingangs bereits angeführt, besteht die Tendenz, dass internationale Erfahrungen all zu oft zum Selbstzweck bzw. auf den Karriere-Baustein „Auslandserfahrung" reduziert werden. Vielmehr sollte es darum gehen, Studierende in ihrer akademischen und persönlichen Entwicklung durch anspruchsvolle transkulturelle Bezüge gezielt zu fördern. Zudem sollten sich diese nicht auf Erfahrungen im Austauschsemester beschränken, sondern auch im Curriculum der Heimatuniversität verankert sein. Bisher sind fremdsprachige Lehrveranstaltungen und intensive Kooperationen mit internationalen Universitäten in der deutschen Hochschullandschaft jedoch immer noch begrenzt vorzufinden. Dies mag dazu beitragen, dass der Anteil der internationalen Studierenden, die ihren Auslandsaufenthalt an einer deutschen Universität verbringen, zwischen 2000 und 2009 von 10% auf 7% gesunken ist (OECD 2011). Oftmals wird der Aufbau von Austauschpartnerschaften nicht als integraler Bestandteil der Gesamtstrategie einer Universität verstanden, sondern beruht auf persönlichen Kontakten einzelner Lehrstuhlinhaberinnen und Lehrstuhlinhaber. Gleiches gilt für die Erweiterung einzelner Veranstaltungen um transkulturelle Perspektivenwechsel, wobei dies kein spezifisch deutsches Problem darstellt. So integrierte die Harvard University erst mit der letzten Reform ihres Undergraduate Curriculums im Jahre 2007 einen verpflichtenden Bestandteil „Societies of the World", der den Studierenden die Orientierung in einer globalen Gesellschaft erleichtern soll: „Courses in Societies of the World provide students with an international perspective by acquainting them with values, customs, and institutions that differ from their

4 http://www.leuphana.de/zentren/methodenzentrum.html

own, and help students to understand how different beliefs, behaviors, and ways of organizing society come into being. These courses may focus primarily on a single society or region, or they may address topics that transcend national boundaries, analyzing the flow and transformation of money, goods, people, resources, information, or ideas between and among different societies. The courses may take a variety of disciplinary approaches, and may treat topics from a contemporary perspective or a historical one. Students will develop an awareness of the diversity of ways in which human beings have organized their social existence". [5]

An der Leuphana Universität Lüneburg steht ab dem ersten Semester die Frage im Zentrum, wie die intellektuelle, persönliche und moralische Entwicklung der Studierenden über transkulturelle und transdisziplinäre Bezüge so gefördert werden kann, dass sie im Sinne des Ideals von aktiven und verantwortungsvollen Bürgerinnen und Bürgern der Zivilgesellschaft des 21. Jahrhunderts lernen und handeln. So bearbeiten beispielsweise alle Erstsemester im College in einer fachübergreifenden Startwoche ein erstes gemeinsames Projekt, anhand dessen sie nicht nur erste Kenntnisse der Universität, sondern vor allem auch eine erste Einführung in das wissenschaftliche Arbeiten und die Arbeit im Team erhalten. Dabei spielen transkulturelle Bezüge eine wichtige Rolle. So wurden im Rahmen der unter dem Titel „ARTotale" im Jahre 2009 organisierten Startwoche 35 international renommierte Street-Art-Künstler nach Lüneburg eingeladen. Diese brachten an verschiedenen Orten in der Stadt ihre Kunstwerke an und die Aufgabe der Erstsemester-Studierenden bestand darin, jeweils einen internationalen Künstler durch Lüneburg zu begleiten und dessen Arbeit und Interaktion mit den Bürgerinnen und Bürgern der Stadt Lüneburg medial in Form eines Kurzfilms zu dokumentieren. Dabei mussten sich die Studierenden in die unterschiedlichen kulturellen Bezugspunkte ihrer Künstler hineinversetzen, um deren Kommunikationskonzepte zu verstehen und diese im Rahmen ihres selbst konzipierten Films zu unterstützen.

Ein besonders ambitioniertes Projekt zur Förderung transkultureller Lehre, dass sich momentan in der Vorbereitungsphase befindet, besteht in der Schaffung eines „Global Classrooms" in Kooperation mit der Arizona State University und der deutschen Stiftung Mercator. Ziel dieser strategischen Kooperation ist es, dass Studierende beider Universitäten disziplinübergreifend gemeinsame Seminare absolvieren, in denen sie in transatlantischer Zusammenarbeit Formen und Methoden wissenschaftlichen Arbeitens über Länder- und Kulturgrenzen hinweg erlernen. Die beteiligten Studierenden sollen so auf ganz praktische Weise die Fähigkeit erwerben, sich in einem interkulturellen Kontext gemeinsam Wissen zu erarbeiten und über diese Erfahrung sowie die eigenen kulturellen Vorprägungen und Annahmen in den Dialog zu treten. Dabei werden die Studierenden ermuntert, ihre kulturellen und fachlichen Gewohnheiten, neudeutsch „comfort zone" genannt, zu verlassen und sich mit der gesteigerten Komplexität aufgrund interkultureller Verständigungs- und Wertkonflikte intensiv auseinanderzusetzen.

5 http://webdocs.registrar.fas.harvard.edu/courses/SocietiesoftheWorld.html

Dabei profitieren sie davon, dass sowohl die Leuphana Universität Lüneburg als auch die Arizon State University im Rahmen ihres Neuausrichtungsprozesses in Forschung und Lehre einen besonderen Schwerpunkt im Bereich der Nachhaltigkeit und einer transdisziplinären Forschungsausrichtung gesetzt haben, so dass sich inhaltlich vielfältige Anknüpfungspunkte und Synergieeffekte ergeben. Sollte sich das Modell bewähren und Unterstützer finden, würde der Global Classroom durch die Teilnahme weiterer Hochschulen aus anderen Ländern und Kulturkreisen erweitert werden können. Auf diese Weise könnte ein für die deutsche und europäische Hochschullandschaft impulsgebendes Projekt zur Verwirklichung transkultureller Lehre entstehen.

5. Nächste Schritte

Der Rahmen einer sich dynamisch, auch erratisch entwickelnden Welt, mit Krisen und Chancen wird Konstante auch für Fragen der Universitätsentwicklung. Umso wichtiger wird das Selbstverständnis und die Identität einer Universität, kurz deren Erkennbarkeit und Bindungskraft für Themen wie Mitglieder. Je stärker sich durch Transkulturalität bestehende Bindungen, (implizite) Regeln und Grenzen auflösen in der Gesellschaft, umso wichtiger wird die Stärke einer Universität als Organisation, um erkannt und wertgeschätzt werden zu können. Die dafür nötige Arbeit kann kaum noch durch klassische Forschung und Lehre alleine geleistet werden, sondern Bedarf entsprechender Methoden, Themen, Didaktiken, Formaten der Zusammenarbeit und Mut, Neues auszuprobieren, die in verschiedenen disziplinären und kulturellen Kontexten verstanden werden können.

Dazu dienen (temporäre) übergreifende Formate der Zusammenarbeit, wie erstens das Methodenzentrum, in dem an Methoden interessierte WissenschafterIinnen verschiedener Disziplinen zusammenarbeiten und niederschwellige Angebote für Studierende entwickeln, die sich für ihr Fach, ihre Themen und konkreten Fragen weiterentwickeln wollen, um präziser und anders sehen zu können, tiefgreifender und umfassender analysieren zu können, verschiedene Interpretationen erstellen und auswerten zu können und sich Vorgehensweisen anzueignen, die Scheu vor neuen Problemen genauso kleiner werden lässt wie die Chancen auf weitere (unerwartete) Ergebnisse steigen lässt. Zweitens der Innovations-Inkubator Lüneburg, der Wissenschaft und Praxis verbindet, regionale Lebenswelt und internationale Wissenschaftskulturen, reale und virtuelle Welt, bestehende Unternehmen und sich in Gründung befindliche, Bedürfnisse und Erfüllungsoptionen, der vor allem ein Nachdenken über Grundfragen und Modelle einer digitalen Welt und gesundhaltserhaltende Systeme, die sich jeweils finanzieren können, sich als Aufgaben stellt. Damit stellt er Verbindungen rasanter Entwicklungen weltweit und einer sich auf Entwicklungssuche befindlichen Region her.

Dazu dient aber auch ein Verständnis des Studiums als eine Chance auf Erfahrungen, die innerhalb und ausserhalb der Universität in verschiedenen Kontexten gewonnen wurden und werden. Das geht auch bezüglich Internationalisierung weit über Fremdsprachen- oder Kulturraumkenntnisse hinaus, hin zu Formaten, sich den grossen Herausforderungen unserer Gesellschaft zu stellen und dazu reale wie virtuelle Formate einzeln und in verschieden umfangreichen Gruppen zu nutzen. Auf so einem Weg der permanenten Suche, Überprüfung und eigenen Weiterentwicklung der Inhalte, Vorgehensweisen. Kooperationsformen, Vernetzungen und Anwendungen, ohne defätistisch nur Grundsatzfragen zu stellen, sondern jeweils die nächsten, schwierigeren Probleme adressierend, befindet sich die Universität und wird durch diese, durchaus unangenehme und anstrengende Entwicklung nicht nur in ihrer Kompetenz und Identität, sondern auch Attraktivität und Bedeutung gestärkt, gerade angesichts des schnellen Wandels, den zu gestalten eine zentrale Aufgabe ist, so dass nachfolgende Generationen mindestens unsere Chancen haben.

Literatur

OECD. (2011). Bildung auf einen Blick (1. Aufl.). Bertelsmann Bielefeld:.

UNESCO. (2009). Trends in Global Higher Education: Tracking an Academic Revolution.

Veblen, T. B. (1908). The Evolution of the Scientific Point of View. The University of California Chronicle, 10(4), 32-55.

Weiler, H. N. (1. April 2008). Exzellenzinitiative – Der Blick von außen. Vortrag beim Stifterverband für die Deutsche Wissenschaft, Berlin.

http://www.leuphana.de/inkubator.html
http://www.leuphana.de/inkubator/digitale-medien.html
http://www.leuphana.de/inkubator/gesundheit.html
http://www.leuphana.de/zentren/methodenzentrum.html
http://www.leuphana.de/zentren/methodenzentrum.html

Johanna Wanka

International, interdisziplinär, innovativ – Genderforschung als Impuls für die Hochschulentwicklung[1]

Die Leuphana-Universität Lüneburg stellt einen hervorragenden Platz dar, um über zukunftsweisende Impulse für die Hochschulentwicklung zu sprechen. Denn seit ihrer Gründung 2005, d.h. der Zusammenführung von Fachhochschule Nordostniedersachsen und Universität Lüneburg, ist sie als „Bologna-Universität" zu einer wichtigen Impulsgeberin für die niedersächsische Hochschulentwicklung in einem europäischen Hochschulraum geworden. Und in diesem Profilierungsprozess hatte auch die Genderforschung und Genderperspektive ihren Platz. Bereits im Rahmen der Konferenz „Zukunft Bologna!?" 2006 wurde das Thema „Gender und Nachhaltigkeit" als Leitidee für eine neue Hochschulkultur erörtert.

Genderforschung und Genderstudies sind in Niedersachsen bereits Anfang der 1990er Jahre intensiv in die hochschulpolitische und wissenschaftliche Diskussion einbezogen worden. Der Bericht der ersten Frauenforschungskommission von 1994 „Frauenförderung ist Hochschulreform, Frauenforschung ist Wissenschaftskritik" hat in beiden Bereichen – Hochschulentwicklung und Wissenschaftsentwicklung – nachhaltige Anstöße gegeben. Viele Empfehlungen wurden umgesetzt – in Programmen, aber vor allem auch in konkretem Handeln.

Mit den „Berichten aus der Frauenforschung: Perspektiven für Naturwissenschaften, Technik und Medizin" (vorgelegt 1997) hat die zweite Frauenforschungskommission in Niedersachsen ihren Blick auf die inhaltlichen Perspektiven der Forschung gerichtet. Gerade in den Natur- und Technikwissenschaften ist das Selbstverständnis ausgeprägt, Forschungsgegenstände, Ansätze, Methoden und Arbeitsweisen seien geschlechtsneutral. Die Genderforschung stellt dieses Selbstverständnis in Frage; sie wendet gleichsam die Relativitätstheorie auf die Wissenschaft selbst an. Sie geht davon aus, dass der kulturelle Ort und damit die normative Verfassung des Beobachters für den Prozess der Entstehung von Wissen konstitutiv ist und auf die Ergebnisse dieses Prozesses entscheidende Auswirkungen hat.

Zugleich stellt sie auch die Institutionen der Wissenschaft einschließlich der Machtverteilung in Frage. Sie fordert zu einem Paradigmenwechsel auf: Statt danach zu fragen, wie sich Wissenschaftlerinnen in die bestehenden Einrichtungen integrieren können, lautete der neue Fokus: Wie muss die Institution beschaffen sein, in der sich Wissenschaftlerinnen frei entfalten können? Aus klassi-

1 Vortrag auf der internationalen Konferenz „Von der Internationalisierung der Hochschule zur transkulturellen Wissenschaft" in Lüneburg, September 2010

scher Frauenförderpolitik wurde ein Hochschulreformprojekt. Bereits in diesem Bericht wurde auch der Vorschlag einer Frauenuniversität als Idee formuliert. Es gelang dann, während der EXPO 2000 die „Internationale Frauenuniversität Technik und Kultur - ifu“ als Modellprojekt für drei Monate durchzuführen. In sechs Projektbereichen wurden die Themen Arbeit, Information, Migration, Körper, Wasser und Stadt fächerübergreifend mit einem interdisziplinären Ansatz bearbeitet. Diese Themenfelder können in ihrer Komplexität nicht von einer Einzeldisziplin allein bewältigt werden. Alle Krisen und Umwälzungen, die im Mittelpunkt dieser Themen stehen, wirken sich auf das Geschlechterverhältnis aus – so die Annahme, Frauen seien von ihnen anders betroffen als Männer. Gerade von den Natur- und Technikwissenschaften werden Lösungen für Probleme erwartet, die ebenso von ihnen selbst produziert worden wie von gesellschaftlichen Prozessen bestimmt sind. Wissenschaft bewirkt soziale Änderungen – und umgekehrt wirken gesellschaftliche Machtverhältnisse und Interessenlagen auf den Mainstream der Wissenschaft ein.

Innovativ war die ifu auch im Hinblick auf ihre Strukturen. So wurden die Projektbereiche von jeweils zwei Dekaninnen, einer internationalen und einer deutschen Wissenschaftlerin, geleitet. Als Studierende hat die ifu sich dezidiert die Besten ausgesucht und sich insbesondere auf die Gruppe der Postgradualen fokussiert. Unter dem Motto „Dienstleistung statt Verwaltung“ integrierte ein Servicecenter Aufgaben, die bislang Einrichtungen wie Auslandsprüfungs- und Immatrikulationsamt, Studienberatung und Studentenwerk erbrachten. Insofern war die ifu auch ein Trendsetter, denn heute finden sich „Servicecenter“ an den meisten – jedenfalls niedersächsischen – Hochschulen. Die Idee einer integrativen Beratung aus einer Hand hat sich durchgesetzt.

Der homosoziale Ansatz – eine Universität nur für Frauen – wurde als „paradoxe Intervention“ verstanden: Geschlechtszugehörigkeit war Zulassungskriterium, aber gleichzeitig sollte das Geschlecht als Kulturmoment in der Gesellschaft beseitigt werden.

Was Internationalisierung wirklich bedeutet, wurde im Rahmen der ifu besonders deutlich: Studierende und Lehrende aus 115 Ländern von allen Kontinenten kamen zusammen und suchten gemeinsam nach einer Verständigung.

Welche Wirkungen die ifu in breiteren nationalen und internationalen Perspektiven hatte, wird sicherlich Frau Neusels Beitrag beleuchten. Ich möchte auf die niedersächsische Perspektive eingehen: Wie wurden die Anregungen und Ergebnisse der ifu aufgegriffen?

Das Maria-Goeppert-Mayer-Programm für internationale Frauen- und Genderforschung

2001 wurde in Niedersachsen das Maria-Goeppert-Mayer-Programm für internationale Frauen- und Genderforschung gestartet. Ziele des Programms waren die

- Einführung der Standards internationaler Frauen- und Genderforschung in Niedersachsen,
- Intensivierung der im Rahmen der ifu geknüpften internationalen Kontakte,
- strukturelle Verankerung der Genderforschung in Lehre und Forschung,
- Nachwuchsförderung und
- Interdisziplinarität.

Finanziert wurde es zunächst (bis 2006) aus Mitteln des Hochschulwissenschaftsprogramms. Dort war im Programmteil Chancengleichheit die Förderung der Frauen- und Genderforschung als ein Schwerpunkt vorgesehen. Ab 2007 wurden ausschließlich Landesmittel eingesetzt. Im Rahmen des Programms wurden Gastprofessuren und Lehraufträge vergeben und fünf Zentren für Frauen- und Geschlechterforschung gefördert.

In den vergangenen zehn Jahren kamen 115 Gastprofessorinnen und Gastprofessoren (112 Frauen und drei Männer) nach Niedersachsen, die Hälfte von ihnen aus dem Ausland; es waren insgesamt 25 Nationen von allen Kontinenten vertreten.

Damit wurde in der Breite der niedersächsischen Hochschulen eine beachtliche Wirkung erzielt — zunächst ein hoher Aufmerksamkeitswert für die Gastprofessorinnen bzw. Gastprofessoren. In der Regel standen sie in engem Kontakt mit dem Zentrum für Genderforschung an der jeweiligen Hochschule, aber auch mit dem Netzwerk der Zentren in Niedersachsen. Sie hielten nicht nur Vorlesungen und Seminare an der „eigenen" Hochschule, sondern waren auch mehrfach bei anderen Hochschulen in Niedersachsen und in ganz Deutschland zu Gast. Für etliche Gastprofessorinnen erwies sich das Programm als wichtiges Element in ihrer Karriere, da sie anschließend einen Ruf auf eine feste Stelle erhielten.

Gerade in der Phase der Umstellung der Studiengänge auf Bachelor-/Master-Strukturen gaben die Gastprofessuren wichtige Impulse zur Integration von Genderaspekten in die Curricula. Gleichwohl ist hier noch einiges zu tun. Ein besonders gutes Beispiel ist das Integrative Gendering, wie es an der Universität Lüneburg entwickelt wurde und umgesetzt wird. Die systematische Überprüfung aller Studiengänge auf die Möglichkeit, Genderperspektiven zu integrieren und Module unter entsprechenden Fragestellungen zu konzipieren, halte ich für zukunftsweisend.

Zentren für Frauen- und Genderforschung

Seit 2001 haben sich auch fünf Zentren für Frauen- und Genderforschung bzw. Genderstudies gegründet, unterstützt durch eine Anschubfinanzierung des Landes. Ein weiteres Institut, das Forschungszentrum Musik und Gender an der Hochschule für Musik und Theater, wird von der Marian-Stegmann-Stiftung mit 100.000 € pro Jahr finanziert – ein Vorbild für weitere private Förderer. 2007 hat sich die Landesarbeitsgemeinschaft der Einrichtungen für Frauen- und Geschlechterforschung in Niedersachsen (LAGEN) gegründet.

Ich freue mich, dass es gelungen ist, die Fortführung dieser Zentren nach der Phase einer zehnjährigen Anschubfinanzierung durch die Hochschulen ab 2011 sicherzustellen. Dies haben wir in den Zielvereinbarungen 2010 ff., die wir gerade mit den Hochschulen abschließen, festgelegt.

Perspektiven

Mit dem Zukunftsvertrag II, den das Land mit den Hochschulen im Juli 2010 unterzeichnet hat, ist es gelungen, den Hochschulen Planungssicherheit bis 2015 zu gewährleisten. Dies betrifft nicht nur die Hochschuletats, sondern auch die sogenannten strukturrelevanten Ansätze. Hierzu gehören auch die Mittel für Frauen- und Geschlechterforschung, aus denen bislang das Maria-Goeppert-Mayer-Programm finanziert wurde. Ich beabsichtige daher, dieses Programm in den Jahren 2011 bis 2015 fortzuführen. Allerdings möchte ich gerne das Programm stärker fokussieren. Nach der relativ langen Phase einer Förderung in der Breite möchte ich nun auf eine noch nachhaltigere Perspektive setzen. Deshalb verfolge ich den Ansatz, auf der Ebene der Professuren den Hochschulen eine Anschubfinanzierung anzubieten, damit sie Professuren für eine Teildenomination mit Genderforschung einrichten können. Ich werde hierzu unverzüglich in Gespräche mit den Hochschulen und insbesondere den Gleichstellungsbeauftragten eintreten.

Genderforschung

Die Genderforschung ist in Niedersachsen Teil der Forschungslandschaft. Sie trägt mit zur Schärfung und Profilierung der Forschungsschwerpunkte bei. Die Berücksichtigung von Genderperspektiven in der Forschung selbst, bei der Formulierung von Forschungsthemen wird in Zukunft an Bedeutung zunehmen. Dies sehen wir an den Anforderungen, die von europäischer Seite gestellt werden. Die Deutsche Forschungsgemeinschaft hat mit den forschungsorientierten Gleichstellungsstandards einen Schritt in diese Richtung getan, wenn hier auch noch die Perspektive der Gleichstellung, d.h. der stärkeren Beteiligung von Frauen an den Forschungsprozessen im Vordergrund steht.

Genderforschung ist ein wichtiger Impuls für die Hochschulentwicklung: Mit ihrer Internationalität gibt sie ein Beispiel dafür, nationale Grenzen zu überwinden. Die deutsche Debatte in der Frauen- und Genderforschung ist gerade durch die angloamerikanischen Diskussionen außerordentlich vorangebracht worden. Zukünftig wird es wichtig sein, diese Perspektive zu erweitern, um Ansätze auch aus den Ländern des Südens und des Ostens mit einzubeziehen: Gerade Frauenforschung und Genderforschung stellt Fragen in den Grenzbereichen der Disziplinen und sucht vor allem übergreifende Fragestellungen zu beantworten. Sie ist damit ein hervorragendes Beispiel für interdisziplinäre Wissenschaft.

Genderforschung ist innovativ, weil sie neue Perspektiven auf Problemlagen eröffnet. Sie stellt bisherige Tradierungen der Wissenschaft, aber auch der Strukturen, die Wissenschaft bedingen, in Frage. Sie ordnet sich damit ein in die Diskussion um die Krise des modernen Wissenssystems. Feministische Kritik zielte von Anfang an auf das Infragestellen des Wissens der Natur- und Geisteswissenschaften. Konstitutiv für die Wissenschaften ist die Kraft, immer wieder neue Fragen zu stellen, immer wieder zu neuen Ufern aufzubrechen. Dies gilt aber nicht nur für inhaltliche Fragen, sondern auch für die Strukturen. Und damit eng verknüpft ist dann die Frage „whose knowledge matters“, also: Wessen Wissen zählt? Hierarchisch strukturierte Wissensordnung und Macht sind nicht von einander getrennt zu behandeln. Und hier wird auch deutlich, warum Genderforschung es bislang so schwer hatte: Sie stellt nicht nur das Wissen der bisherigen – männlichen – Machteliten in Frage, sondern auch die Strukturen und insbesondere die Verteilung von Geld und Macht.

Genderforschung stellt vielfältige, komplexe Fragen. Sie ist oftmals an den Rändern der Disziplinen angesiedelt, also vom Machtzentrum entfernt. Gleichzeitig gelingt es ihr aber, Grenzen zwischen den Fächern zu überwinden und eine interdisziplinäre Verständigung herzustellen, was angesichts der unterschiedlichen „Wissenschaftssprachen" kein leichtes Unterfangen ist. Aus dieser Veständigung kann dann ein umfassenderes Verstehen erwachsen.

Wenn wir lebensfähige und zukunftsfähige Hochschulen und Wissenschaftsinstitutionen als Element des europäischen und globalen Hochschul- und Forschungsraumes wollen, müssen wir uns allen diesen Fragen offen stellen. Monokultur – sei sie nach Geschlecht definiert, nach Nation oder nach Disziplin – ist keine zukunftsfähige Bewirtschaftungsform mehr. Schon gar nicht für die Wissenschaft.

Literatur

Niedersächsiches Ministerium für Wissenschaft und Kultur (1994): Frauenförderung ist Hochschulreform- Frauenforschung ist Wissenschaftskritik, Bericht der niedersächsischen Kommission zur Förderung von Frauenforschung und zur Förderung von Frauen in Lehre und Forschung, Hannover 2. Auflage

Niedersächsisches Ministerium für Wissenschaft und Kultur (Hg.) (1997): Berichte der aus der Frauenforschung: Perspektiven für Naturwissenschaften, Technik, Medizin. Bericht der niedersächsischen Kommission zur Förderung der Frauenforschung in Naturwissenschaften, Technik, Medizin, Hannover

Aylâ Neusel

Von der Internationalisierung der Hochschule zur transkulturellen Wissenschaft

1. Einleitung

Wie die transkulturelle Wissenschaft in der internationalen Hochschule vorangetrieben werden kann, ist das Thema dieses Beitrags. Die Frage wird entlang der drei großen Reformprojekte aus den letzten zehn Jahren der niedersächsischen Hochschulreformen diskutiert.

Beim ersten Projekt handelt es sich um die Internationale Frauenuniversität Technik und Kultur (*ifu*), die als ein großer Reformversuch gestartet wurde. Mit dem herausragenden Kennzeichen der „Internationalität" sollte sie „in 100 Tagen für 100 Jahre" ein außergewöhnliches Konzept zur Förderung von Frauen und von Frauenforschung realisieren.

Das zweite Beispiel verbindet Gender- und Diversity-Fragen in der Personalstruktur und in der Wissenschaft. Es ist das Maria-Goeppert-Mayer-Programm zur Förderung des Professorinnennachwuchses, gleichzeitig zur Förderung einer interdisziplinären und internationalen feministischen Forschung an niedersächsischen Hochschulen.

Das dritte Projekt ist die Leuphana Universität selbst – als „Gesamtreformwerk". Besonders im Großprojekt „Innovations-Inkubator Lüneburg" ist ein europaweit einmaliges Konzept zur Regionalentwicklung entstanden, mit dem innovative Forschungskooperationen, zukunftsweisende Aus- und Weiterbildungsangebote sowie flankierende Infrastrukturmaßnahmen eine nachhaltige Entwicklung der regionalen Wirtschaft und des Arbeitsmarkts befördern soll. Im Folgenden werden die drei Reformprojekte zunächst kurz skizziert.

1.1 Die internationale Frauenuniversität (ifu) 2000

Im Jahre 2000 wurde in Niedersachsen ein großes Reformprojekt gestartet, das ein außergewöhnliches Konzept zur Förderung von Frauen und von Frauenforschung mit dem herausragenden Merkmal der „Internationalität" realisieren sollte.

Zweifellos ging die Idee, eine Frauenuniversität zu gründen, zunächst auf die Ungleichheitserfahrungen von Frauen beim Zugang zur Bildung und Wissenschaft zurück. Doch sie war weit mehr: Sie war ein Versuchslabor für Reformen, für die nachhaltige inhaltliche und strukturelle Modernisierung des gesamten Hochschulwesens. Sie kann als eine Institution beschrieben werden, die sich als eine Forschungsuniversität besonderer Ausprägung profiliert hat, indem sie

- ein Laboratorium zur Produktion neuen Wissens zu brisanten Themen dieser Welt anbot,
- durch den weltumspannenden Such- und Findungsprozess der Beteiligten im Ergebnis eine „Weltgesellschaft“ bildete,
- die Akteurinnen nach strengen Qualitäts- und Exzellenzkriterien in eigener Definition auswählte,
- zur Öffnung der Wissensproduktion in die Gesellschaft verschiedene Foren anbot, in denen multiple Sichtweisen artikuliert und Einsprüche geltend gemacht wurden[1].

1.2 Das Maria-Goeppert-Mayer-Programm

Das Maria-Goeppert-Mayer-Programm ist ein Projekt des Landes Niedersachsen zur Förderung des Professorinnennachwuchses – gleichzeitig zur Entfaltung von interdisziplinärer und internationaler feministischer Forschung – an niedersächsischen Hochschulen[2]. Jeweils neun niedersächsische Hochschulen erhalten die Möglichkeit, Wissenschaftlerinnen auf eine Maria-Goeppert-Mayer-Professur zu berufen. Voraussetzung ist die feste Verankerung der Genderforschung im Rahmen der Struktur- oder Entwicklungsplanungen der Hochschule. Die Beiträge der Gastprofessorinnen sind in sechs Sammelbänden zusammengefasst, die bis in die Naturwissenschaften und Technik sowie Medizin hineinreichen[3].

Das Programm ist nach der Physikerin und Nobelpreisträgerin Maria Goeppert-Mayer benannt, deren Wissenschaftlerinnenbiografie in ihrer Generation nicht hätte typischer sein können[4]: 1906 als einziges Kind in eine Familie hineingeboren, deren väterliche Linie in siebter Generation einer ununterbrochenen Abstammungslinie von Professoren zugehörte, konnte sie Mathematik und Physik an der Universität Göttingen studieren. Sie promovierte 1930 beim späteren Nobelpreisträger Max Born; an ihrem Rigorosum beteiligten sich auch James Franck und Adolf Windaus – beide Physiker und Chemiker und spätere Nobelpreisträger.

Sie heiratete den Kommilitonen Joseph Edward Mayer und ging 1930 mit ihm in die USA. Verspätet, erst 1946, wurde sie ordentliche Professorin an der University of Chicago. Dort entwickelte sie die Theorie vom zwiebelartigen Aufbau des Atomkerns, wofür sie 1963 mit Eugene Wigner und Hans Jensen den Nobelpreis bekam.

1 So hatte ich sie an einem anderen Ort beschrieben (vgl. Neusel 2007)
2 http://www.mwk.niedersachsen.de/live/live.php?navigation_id=6344&article_id=19046&_psmand=19
3 http://www.lit-verlag.de/isbn/3-8258-9235-2
4 http://www.nobelprize.org/nobel_prizes/physics/laureates/1963/mayer-bio.html

1.3 Das Inkubator-Projekt der Leuphana Universität

Das Großprojekt Innovations-Inkubator Lüneburg ist ein europaweit größtes Projekt zur Regionalentwicklung durch Wissenschaft und wurde mit einem hohen Investitionsvolumen von insgesamt 100 Millionen Euro ausgestattet. Das Ziel sei, so die Leuphana Universität, dass innovative Forschungskooperationen, zukunftsweisende Aus- und Weiterbildungsangebote sowie flankierende Infrastrukturmaßnahmen eine nachhaltige Entwicklung der regionalen Wirtschaft und des Arbeitsmarkts befördern. Das gemeinsame Entwicklungsprojekt des Niedersächsischen Ministeriums für Wissenschaft und Kultur und der Leuphana Universität markiere den Ausbau der Hochschule zu einer Modell-Universität in Deutschland und deren führende Rolle als Motor regionaler Wirtschaftsentwicklung[5].

Die Universität sieht darin einen Meilenstein „auf dem Weg zur führenden Einrichtung für anwendungsorientierte Wissenschaft und zur Etablierung internationaler Spitzenforschung. Die klare Ausrichtung auf den Wissens- und Technologietransfer und die Stärkung der transdisziplinären Forschung werden zu weiteren Impulsen in der Lehre führen", so Leuphana-Präsident Sascha Spoun.

2. Gesellschafts- und wissenschaftspolitische Diskurse, die diese drei großen Projekte verbinden

Mit meiner Einführung möchte ich versuchen, die Frage „was haben diese drei Großprojekte gemeinsam?“ zu beantworten, und dabei drei miteinander verschränkte, sich gegenseitig bedingende gesellschaftliche und wissenschaftliche Diskurse aufgreifen, die uns gegenwärtig beschäftigen. Es handelt sich erstens um die Gleichheits-/Ungleichheits-/Gerechtigkeits-Diskussionen im internationalen Maßstab – bezogen auf die neue Rolle der Universitäten in der globalen Wissensgesellschaft. Zugleich bilden sie die Quelle für die beiden folgenden Diskurse. Zweitens geht es um die Wissenschaft, die in der Gesellschaft ankommt, um eine weitere neue Rolle der Universität und Wissenschaft, Wissen im „mode two“ (Gibbons et. al. 1994) zu produzieren – im Sinne von „transdisziplinärer Forschung“ (Bergmann et al. 2007) oder von „robustem Wissen“ (Nowotny 2004). Schließlich komme ich zu der Frage, wie die transkulturelle Wissenschaft in der internationalen Hochschule vorangetrieben werden kann.

5 http://www.leuphana.de/inkubator.html

2.1 Transnationalisierung der Ungleichheit und sozial inklusive Hochschule

Seit ihrem Bestehen sind moderne Gesellschaften bestrebt, die Gleichheit aller ihrer Mitglieder beim Zugang zu den gesellschaftlichen Gütern wie Bildung, Beruf, Einkommen, soziale Sicherheit herzustellen. Ausgangspunkt in der abendländischen Tradition bilden zwei unterschiedliche Gleichstellungspostulate, die bis heute unsere gesellschaftspolitischen Überlegungen beeinflussen: die amerikanische Unabhängigkeitserklärung von 1776 und die Erklärung der Menschen- und Bürgerrechte der Französischen Revolution von 1789.

Die Unabhängigkeitserklärung der USA enthält das Recht auf „Life, Liberty and Pursuit of Happiness", was auf den frühliberalen englischen Denker der Aufklärungsphilosophie John Locke (1632-1704) zurückgeführt wird, der die Tetrade der Menschenrechte „Life, Health, Liberty and Property" erklärte. Übersetzt bedeutet „pursuit of happiness" das Recht und die Pflicht, „alles, was einem ‚zu eigen' ist, [nicht nur an Gütern, sondern auch] an Begabungen, Bestrebungen, Entfaltungschancen" zum eigenen und zum Gemeinwohl zu nutzen (Leicht 2010). In der „Déclaration des Droits de l'Homme et du Citoyen" der Französischen Revolution, die mit der Zusicherung beginnt: „Les hommes naissent et demeurent libres et égaux en droits" (von ihrer Geburt an sind und bleiben die Menschen frei und an Rechten einander gleich) spielen drei Begriffe eine zentrale Rolle: „liberté" (Freiheit des Einzelnen), „égalité" (Gleichheit der Bürger vor dem Gesetz) und „fraternité" (Brüderlichkeit aller Menschen). „Die Egalität aller Menschen" sah Frauenrechte nicht vor. Daher wurde die Erhebung der Déclaration in den Verfassungsrang von Protesten der Bürgerinnen begleitet[6].

Noch heute ist in unseren Gleichstellungsdiskussionen dieser Unterschied zwischen der liberalen und der jakobinischen Haltung präsent. Es scheint aber, dass heute angesichts der Differenzierung von Lebenslagen und der Transnationalisierung von Ungleichheiten die Wertschätzung der Vielfalt zugenommen hat, ebenso wie das Recht auf die Freiheit verschieden zu sein, aber auch die Pflicht „aus sich" etwas zu machen.

„Die Neuvermessung der Ungleichheit" (Beck 2008)

Indes greifen die Ungleichheitsfragen heute weiter: Weltweite Probleme wie Umweltschäden, Wasser- und Energieknappheit, Ungleichheiten zwischen den Geschlechtern, Generationen und Weltregionen, religiöse und ethnische Konflikte, Asyl und Migrationsfragen, weltweite ökonomische und kriegerische Krisen zeugen davon (Beck 1986). So werden gesellschaftliche Ungleichheiten in

6 Eine feministische Antwort auf die Menschenrechtserklärung verfasste OLYMPE DE GOUGES 1791, die „Déclaration des droits de la Femme et de la Citoyenne" (Erklärung der Rechte der Frau und Bürgerin), in der sie das Recht auf Freiheit, Sicherheit, Eigentum, Bildung, das Wahlrecht und das Recht auf freie Meinungsäußerung für Frauen forderte. Das Datum wird von manchen Historikerinnen als Beginn der Frauenemanzipationsbewegung angesehen

einen erweiterten Kontext gestellt (Schwinn 2007, Solga et al. 2009). Die Diskussionen um die Individualisierung sozialer Ungleichheit (Beck 1983), um das Geschlecht als Schließungskategorie (Heintz 2001), um das Verhältnis von Klasse, Rasse und Geschlecht (Klinger 2003) erweitern den Begriff der Ungleichheit um geschlechtsspezifische und globale Ungleichheitsstrukturen und um regionale bzw. globale Aspekte (Beck 1997). Dass der Hochschulbereich bei der Erzeugung von sozialen Ungleichheiten eine wichtige Rolle spielt, ist mehrfach untersucht worden (Teichler 1974, 1978). Dass dies in besonderem Maße auf das Geschlecht als Ungleichheitskategorie zutrifft, beschäftigt die Frauen- und Geschlechterforschung seit ihren Anfängen. (vgl. Bock et al. 1983, Clemens et al. 1986, Hausen/Nowotny 1986, Schulz 1991, Onnen-Isemann/Oswald 1991, Wetterer 1992)[7].

Inzwischen haben Expansion, Reformen und Internationalisierung und die damit wachsende Vielfalt von Personen, ihrer Themen, Aspirationen und Interessen eine neue Realität in Hochschulen geschaffen. Diese Entwicklung wird in der Forschung und Politik wiederholt auf der Folie der Defizite behandelt. Hier soll im Gegenteil auf die innovativen Effekte der Differenzierung der Hochschulpopulation hingewiesen werden.

Wachstum und Differenzierung der studentischen Population

Im letzten halben Jahrhundert (1960-2010) hat sich die Gesamtzahl der Studenten an bundesdeutschen Hochschulen mehr als versiebenfacht (Multiplikation mit dem Faktor 7,3), während die Zahl der Studentinnen in diesem Zeitraum doppelt so schnell gewachsen ist (sie hat sich fast verfünfzehnfacht = Multiplikation mit einem Faktor 14,6) und sich das Ausländerstudium erst in der Internationalisierungsphase nach den späten 1990er Jahren stärker entwickelt hat[8].

Heute (2010) studieren über zwei Millionen (2,121178) deutsche und ausländische Frauen und Männer an Hochschulen, darunter über eine Million (1,014728) deutsche und ausländische Frauen (48 %) und 244775 Studierende mit einer ausländischen Staatsangehörigkeit (11,5 %).

Das Deutsche Studentenwerk (DSW, 2009) gibt uns mit einer repräsentativen Befragung aller Studierenden an deutschen Hochschulen differenzierte Zahlen an die Hand[9]:

---

7 Die Mechanismen des Ausschlusses von Frauen aus der Bildung und Wissenschaft sind bis in unsere Tage ein vielseitig beleuchtetes Thema geblieben. Vgl. u.a. Allmendinger et al. 1999, Gottschall 2000, Macha et al. 2000, Krais 2000, Zimmermann 2000, Engler 2001, Wobbe 2003, Heintz et al. 2004

8 Angaben über ausländische Studierende aus DAAD: Wissenschaft weltoffen 2011, Stand 15.8.2011; Angaben über Studentinnen aus verschiedenen Jahrgängen der Grund- und Strukturdaten bzw. aus Datenportal des BMBF, Stand 1.8.2011

9 Die 19. Sozialerhebung des deutschen Studentenwerks von 2009 unterscheidet drei Gruppen unter den Studierenden, unter denen relativ starke soziale Differenzen bestehen: 1. (deutsche) Studierende ohne Migrationshintergrund, 2. (deutsche und ausländische) Studierende mit Migrationshintergrund sowie 3. internationale Studierende, die zum Zwecke des Studium nach Deutschland gekommen sind. Wenn nichts anders angegeben, sind die folgenden Daten der 19. Sozialerhebung entnommen

1. Die Reformdiskussionen in den 1960er Jahren haben die Benachteiligung in Bildung und Hochschule zum Thema gemacht. Ob Pichts „deutsche Bildungskatastrophe“ (1964), ob die sozialdemokratische Politik für „Arbeiterkinder an die Universität“ oder Dahrendorfs „Bildung ist Bürgerrecht“ (1965) – bei den Reformen war die soziale Ungleichheit das Schlüsselthema, allerdings mit einem ökonomischen Primat.

   Wenn wir die Entwicklung verfolgen, stellen wir einen mäßigen Erfolg bei der Gleichstellung der „Arbeiterkinder“ fest: Zwar hat sich in den letzten 40 Jahren die Inklusion von Studierenden aus den „sozial benachteiligten“ Gruppen verbessert. Waren 1970 unter den Studierenden nur 5 Prozent des relevanten Jahrgangs aus „Arbeiterfamilien“, sind es heute 13 Prozent aus „niedriger sozialer Herkunft“[10]. In neueren Erhebungen des DSW wird auch der Bildungsstand der Eltern erfasst. Der Anteil von „Akademikerkindern“ unter den Studierenden von 51 Prozent zeigt die Verschiebung des Primats der Benachteiligung in „bildungsferne Schichten“.

2. Drei Zeiträume sind für das Frauenstudium von Bedeutung (die 1970er, 1990er und 2000er Jahre): Von der Expansion und Öffnung der Hochschulen in 1960-1975 haben Frauen überproportional profitiert. Die Zahl der Studierenden hat sich in diesem Zeitraum verdreifacht, die Zahl der studierenden Frauen ist dabei doppelt so schnell gewachsen wie die der Männer (Neusel 1987). Die Frauenbewegung hat in den späten 1970er Jahren die Ungleichheit entlang der Trennlinie der Geschlechter thematisiert. Ab Mitte 1980 setzte eine intensive Frauenförderung in den Hochschulen ein; mit der Integration der ostdeutschen Universitäten nach 1992 und der ab 2000 einsetzenden Phase der Internationalisierung sowie den Bologna-Reformen (2000-2010) stieg die Zahl der Studentinnen weiter.

   Das Resultat ist außerordentlich: 1960 waren mehr als ein Viertel (28 %), 1980 mehr als ein Drittel (37 %) der Studierenden Frauen. Nach 30 Jahren, 2010, nehmen genauso viele Frauen (49,8 %) wie Männer ein Studium auf; unter den Studierenden sind Frauen mit einem Anteil von 47,8 Prozent vertreten. Mit 51 Prozent schließen mehr Frauen als Männer ihr Studium erfolgreich ab. An manchen Hochschulen mit einem klassischen Fächerspektrum nehmen mehr Frauen als Männer ein Studium auf, und sie studieren erfolgreicher (z.B. bildeten im Studienjahr 2007-08 an der Universität Wien Frauen unter den Studierenden mit 64,7 Prozent, im Erstsemester mit 66,3, unter den Absolventinnen und Absolventen mit 68,1 und in Doktoratsstudien mit 53,8 Prozent die Mehrheit)[11]. Die Studentinnen und Absolventinnen stellen auch

10 Zu berücksichtigen ist jedoch, dass die Konstruktion „niedriger sozialer Herkunft“ aus der Sozialerhebung des Studentenwerkes mit dem Begriff „Arbeiterkinder“ aus der Hochschulstatistik der 1970er Jahre nicht identisch ist

11 Gender im Fokus. Frauen und Männer an der Universität Wien. Wien 2009

an den deutschen „Exzellenz“-Universitäten die Mehrheit (z.B. an der Universität Heidelberg 57,1/55,6 %, TU München 62,3/61,0 %, Humboldt Universität Berlin 57,0/61,4 %)[12].

3. Die gegenwärtige Diskussion über die Bildungsarmut der Nachkommen von Migrantinnen und Migranten zeugt davon, dass die Ungleichheiten im Bildungssystem ein nachhaltiges Thema bleiben. Dennoch wird allein die defizitäre Betrachtung des Hochschulerfolgs von Studierenden mit Migrationshintergrund der differenzierten Lage an Hochschulen nicht gerecht. Der sozioökonomische und der Bildungshintergrund sind wichtige Indikatoren des Bildungserfolgs, der neben dem „Migrationshintergrund“ zu berücksichtigen ist[13].

Die Sozialerhebung des DSW gibt an, dass während 51 Prozent der Studierenden ohne Migrationshintergrund (d.h. deutsche Studierende) Akademikerkinder sind, 61 Prozent hoher und gehobener sozialer Herkunft und nur 13 Prozent aus niedrigen sozialen Schichten kommen, der Anteil mit „niedriger sozialer Herkunft“ bei Studierenden mit Migrationshintergrund mit 34 Prozent wesentlich höher ist. Hervorzuheben ist, dass der Frauenanteil unter den Studierenden mit Migrationshintergrund mit 50,2 Prozent höher ist als bei deutschen Studierenden mit 47,6 Prozent.

Die „internationalen Studierenden“ (im Sinne der Definition der 19. Sozialerhebung des DSW 2009, vgl. Fußnote 5) stammen aus bildungsnahen Elternhäusern (60 % Akademikerkinder), haben einen höheren Frauenanteil (51 %) als die deutschen Studierenden (47,6 %) und als die Studierenden mit Integrationshintergrund (50,2 %). Verglichen mit internationalen Studenten kommen internationale Studentinnen aus Ländern mit höherem Pro-Kopf-Einkommen (w: 57,5 %, m: 42,5 %); mehr Frauen als Männer kommen aus Nordamerika (w: 56 %, m: 44 %) und Europa (w: 62 %, m: 38 %). Frauen studieren eher an einer Universität als ihre männlichen Kommilitonen (w: 53 %, m: 47 %).

12 Aktuelle Frauenanteile unter den Studierenden (Gesamtzahlen: deutsche und ausländische Studierende). Statistisches Bundesamt 2011, Stand 1.8.2011

13 In einer aktuellen Studie gehen Griga und Mühleck (2011) diesem Argument nach und untersuchen die (positiven und negativen) Einflussfaktoren, „die Herkunft aus der sozialen Schicht“ und „die institutionellen Bedingungen im Schulsystem“ (z.B. Übergänge im Schulsystem, mehrgliedriges Schulsystem) neben dem des Migrationshintergrunds bei der Teilhabe an höherer Bildung. Sie stellen einen komplexen Zusammenhang zwischen den Kontextfaktoren, der Abhängigkeit von der Migrantengeneration und von der Familienstruktur sowie von dem sozioökonomischen Hintergrund fest. Vgl. auch Wolter (2011)

Das „unbekannte" internationale wissenschaftliche Personal

Während wir durch die Sozialerhebung des DSW relativ differenzierte Angaben über die Struktur und soziale Lage der Studierenden haben[14], existieren keine Informationen über die Grundgesamtheit des internationalen wissenschaftlichen Personals an deutschen Hochschulen[15]. Die Hochschulstatistiken (BMBF 2011) zählen nur eine Teilgruppe: das wissenschaftliche Personal mit einem ausländischen Pass[16]. Nach dieser Zählung waren 2009 unter dem wissenschaftlichen und künstlerischen Personal 28640 Personen ausländischer Staatsangehörigkeit (14.4 %) und 2246 (5,6 %) unter den ProfessorInnen an deutschen Hochschulen. Der Frauenanteil unter dem ausländischen wissenschaftlichen und künstlerischem Personal betrug 35,0 Prozent und unter den ProfessorInnen 18,2 Prozent[17].

Erste eigene Recherchen weisen darauf hin, dass die andere Teilgruppe des wissenschaftlichen Personals mit deutschem Pass, aber ausländischem Hintergrund größer ist als die Gruppe der Ausländerinnen und Ausländer.

Wenn auch die Grundgesamtheit der internationalen Population an Hochschulen nicht präzise definiert ist und die darüber vorhandenen Angaben (z.B. des Statistischen Bundesamtes, aus den Grund- und Strukturdaten des BMBW, von „Wissenschaft weltoffen" des DAAD, aus den Sozialerhebungen des DSW und den Berechnungen von CEWS) entweder unvollständig erhoben sind oder sich widersprechen (auch ein Desiderat!), so kann davon ausgegangen werden, dass die Internationalisierung sich in die Richtung einer nicht mehr zu vernachlässigenden Größe bewegt. Wenn es gelänge, die Grundgesamtheit der internationalen Wissenschaftlerinnen und Wissenschaftler in die Statistik aufzunehmen, könnte sich herausstellen, dass ein Viertel der Studierenden, ein Drittel der Wissenschaftlerinnen und Wissenschaftler sowie ca. ein Zehntel der Professorinnen und Professoren (so die Einschätzung) einen ausländischen Hintergrund haben.

14 Das Statistische Bundesamt Deutschland erfasst auch bei der Studentenschaft nur die ausländischen StudentInnen. Demnach hatten 2009 11,5 Prozent der Studierenden (244775 von 2,12117) einen ausländischen Pass

15 Mit dem Begriff „internationales Wissenschaftliches Personal" wird hier die Gesamtheit aller Personen in den Hochschulen bezeichnet, die im Mikrozensus als „Personen mit Migrationshintergrund" definiert sind, d.h. alle an deutschen Hochschulen tätigen Wissenschaftlerinnen und Wissenschaftler mit Herkunft aus einem anderen Land, unabhängig von der aktuellen Staatsangehörigkeit und vom Zeitpunkt der Zuwanderung

16 Erst seit vier Jahren erhebt das Statistische Bundesamt in Deutschland die Staatsangehörigkeit von Wissenschaftlerinnen und Wissenschaftlern an Hochschulen. Die Angaben in Hochschulstatistiken berücksichtigen nur die Personen, die im Zeitraum der Erhebung ausländische Staatsbürgerinnen oder Staatsbürger sind

17 CEWS (2008) zählt auf der Grundlage der Daten des Statistischen Bundesamts 2005 folgende Anteile von Menschen mit Migrationshintergrund bei der jeweiligen Grundgesamtheit an Hochschulen: 23,6 Prozent bei Studierenden, 33,3 bei Doktorandinnen/Doktoranden und 12,9 bei Forscherinnen/Forschern sowie 6,5 bei beamteten Forscherinnen/Forschern, wobei sich die Kategorien des Wissenschaftlichen Personals nicht mit denen der Hochschulstatistiken decken

Inklusion und Differenzierung

Inzwischen wird in der Hochschulforschung „Inklusion", gepaart mit „Differenzierung", als Leitbegriff diskutiert (Teichler 2005). Dieser Prozess ist grundsätzlicher Art. Ich zitiere an dieser Stelle gern Stichweh (2001): *„Inklusion von Institutionen und Personen [ist] ein dominanter Trend moderner Universitäten für die (westliche) Universitätsentwicklung in den letzten einhundert Jahren"* (S. 352). Das führe unabwendbar zur internen Differenzierung des Universitätssystems. Die sozial inklusive, internationale Hochschule führt aber über die strukturelle Betrachtung hinaus: *„Eine Universität muss in einem sachthematischem Sinn inklusiv sein, sie muss heterogene Themen und Wissenssysteme, Handlungs- und Interaktionsformen einzubinden bereit sein, sofern sie sozial inklusiv sein will (...)"* (ebd., S. 353). Diesen Schluss möchte ich festhalten: Inklusion führt zu Differenzierung.

Die drei Projekte – die Internationale Frauenuniversität Technik und Kultur (ifu) (Neusel 2000, 2007), das Maria-Goeppert-Mayer-Programm genauso wie das Lüneburger Inkubator-Projekt – verbinden in unterschiedlicher Weise diesen Aspekt der Inklusion von Personen in die Universität und als Folge die Differenzierung der universitären Aufgaben in Lehre, Forschung und Nachwuchsförderung sowie der Internationalisierung. Ministerin Helga Schuchardt antwortete, wenn sie wegen ihrer Zustimmung zur ifu gefragt wurde: *„Frauen stellen andere Fragen an die Wissenschaft, Technik und Medizin"*. Das meint eben auch Stichweh.

Wenn also die soziale Zusammensetzung der Hochschulpopulation sich ändert, zunehmend Frauen – immerhin machen sie inzwischen die Hälfte der Studentinnen aus –, zunehmend internationale WissenschaftlerInnen – vermutlich 30 Prozent des wissenschaftlichen Personals – in der Hochschule arbeiten, zunehmend Studieninteressierte aus „bildungsfernen" Familien mit „niedrigem sozialen Hintergrund" eingeworben werden, jene mit Migrationshintergrund fast ein Viertel der Studierenden ausmachen, zunehmend Berufstätige und Studienanfängerinnen/-anfänger ohne Abitur studieren, müsste man damit rechnen, dass sie alle ihre Themen, Werte, Interessen und Aspirationen in die Hochschule mitbringen. Davon handeln die beiden folgenden Diskurse.

2.2 Die Wissenschaft, die in der Gesellschaft ankommt

Die homosoziale Welt der (deutschen) Universität der 1950er Jahre – bestehend aus einer ausgewählten Elite männlichen Nachwuchses, überwiegend aus akademischen Kreisen, überwiegend aus Deutschland, wenige aus anderen westlichen Ländern – ist also brüchig geworden. Wie ich bisher aufzuzeigen versuchte, hat sich heute, nach mehr als einem halben Jahrhundert die (zumindest studentische) Population der Universität deutlich differenziert und globalisiert. In welcher Weise die Universität deren Themen, Werte, Interessen und Aspirationen in die Hochschule und ihre Wissensproduktion aufzunehmen bereit ist bzw. schon aufgenommen hat, soll hier diskutiert werden.

In diesem halben Jahrhundert, besonders nach den Reformen der 1960er Jahre, begann eine Diskussion um die „gesellschaftliche Relevanz" der Wissenschaft, die bis heute in wechselnder Gestalt geführt wird. Gegenwärtig gibt es eine Diskussion um die „robuste Wissenschaft" (Nowotny et al. 2004:209-223 und Nowotny 2004:176ff), die deshalb so spannend ist, weil sie einer fünfzigjährigen Auseinandersetzung ganz neue Impulse gibt.

Zur „Ko-evolution von Wissenschaft und Gesellschaft" schreibt Nowotny:
„Seit mehr als einem halben Jahrtausend hat die Wissenschaft mit wachsender Eindringlichkeit und Überzeugungskraft zur Gesellschaft gesprochen. (...) Im vergangenen Halbjahrhundert hat die Gesellschaft ihrerseits begonnen, mit gleicher Intensität und Überzeugungskraft zur Wissenschaft zu sprechen, (...) [so] dass die Produktion von Wissen noch stärker als in der Vergangenheit zu einer sozialen, in hohem Grade verzweigten und radikal reflexiven Aktivität geworden ist (...)." (Nowotny et al. 2004:9)

Ihre Schlussfolgerung lautet, dass die immer engere Interaktion zwischen Wissenschaft und Gesellschaft Indikator für das Auftauchen einer neuen Art von Wissenschaft ist: „einer kontextualisierten beziehungsweise kontextsensitiven Wissenschaft" (ebd., S.7). Die Diskussion über den Wandel der Wissenschaft unter Einflüssen von unvorhersehbar gewordenen globalen, gesellschaftlichen, zivilisatorischen, technologischen Risiken führt zu einem Begriff von Wissen, „der sich sowohl durch einen höheren Grad von Differenzierung (...) als auch durch ein größeres Maß an Kontingenz (…) auszeichnet" (Weiler 2002). Der Begriff der „Kontingenz", d.h. Verlust der Gewissheit von Aussagen, somit Verlust der Möglichkeit der verlässlichen Vorhersage, wird auch von anderen Autoren im Bezug auf das gegenwärtige Verhältnis von Gesellschaft und Wissenschaft diskutiert (für einen Überblick über die Diskussion vgl. Heidenreich 2003). Wissen biete häufig nun nicht mehr ein höheres Maß an Sicherheit, sondern führe zu einer sukzessiven Zunahme kognitiver und normativer Ungewissheiten (Holzinger et al. 2010). Heute erfolge die Rede über die Zukunft im Konjunktiv. Zukunft würde in Plural verwendet: „Unsicherheit und Kontingenz, mögliche Alternativen, Wunschvorstellungen und Wahrscheinlichkeiten durchziehen das Bild und drücken sich auf vielfältige Weise aus" (Nowotny 2005:131).

Auf der anderen Seite wird durch mehr Wissen der Optionsspielraum der Gegenwartsgesellschaft maßgeblich ausweitet. „Die Zerbrechlichkeit der modernen Gesellschaft" (Stehr 2000), d.h. die Unfähigkeit großer gesellschaftlicher Institutionen wie Wissenschaft, Parlament, Kirche, Justiz und Wirtschaft, führe im Gegenspiel zu größeren Handlungsspielräumen der Individuen und Gruppen

(Akteure) in der Zivilgesellschaft. „Es sind rasant wachsende Handlungsfähigkeiten und nicht etwa deren Verschwinden, welche die Institutionen der Moderne entscheidend verändern (...)“ (Stehr 2001:11). Erst Wissen erhöhe das Demokratiepotenzial liberaler Gesellschaften. Indem sich die Voraussetzungen einer effektiven Partizipation an politischen Entscheidungen durch Wissen erhöhe, stiegen auch die Möglichkeiten, Widerstand zu leisten (ebd., S.12)[18].

Produktion des Neuen Wissens

In der Wissensforschung wird mit Begriffen wie „Wissensproduktion im Mode 2“ (Gibbons et al. 1994, Nowotny 1999), „transdisziplinäre Forschung“ (Bergmann/Schramm 2008, Jahn 2008, Krohn 2008) und „robuste Wissenschaft“ (Nowotny et al. 2004 und Nowotny 2004:171-195) die Entstehung einer neuen Wissensproduktion vorausgesehen. Wissenschafts- und Technikforscherinnen bzw. -forscher – wie M. Gibbons und H. Nowotny – stellen den Wandel bei der Erzeugung von Wissen und Technik als eine Abwendung des Wissens vom traditionellen Modus der Wissensproduktion (Mode 1) in einen neuen Modus (Mode 2) dar (vgl. Gibbons et al. 1994, Nowotny 1999). Das führe zu Transdisziplinarität, „die notwendigerweise aus der Gemeinsamkeit der Problemdefinition in einem konkreten Anwendungskontext“ entstehe (Nowotny 1999:71). Transdisziplinarität sei „weitaus offener für gesellschaftliche Erwartungen und Ansprüche“ (Nowotny 1999:68). Dabei entstehe durch das Infiltrieren des naturwissenschaftlichen und technischen Wissens in die gesellschaftlichen Kontexte ein „robustes Wissen“. So können „die wissenschaftlichen Tatsachen mit rechtlichen, politischen, kulturellen oder ethischen Institutionen oder Normen konfrontiert, neu ausgehandelt und abgesichert werden“ (Nowotny 2004:177).

Die Universitäten sind Orte der Wissenschaft – jahrzehntelang wurde die Wissensproduktion als die vornehmste Aufgabe der Universitäten wahrgenommen. Diese Annahme scheint sich heute in ihr Gegenteil zu verkehren. Wir stehen gegenwärtig „inmitten eines tiefgreifenden Veränderungsschubs der epistemischen Institution Wissenschaft, die aus dem Lösungsdruck [gesellschaftlicher] Probleme resultiert“ (Nowotny 1999:66). Es sei ein Transformationsprozess in Gang gekommen, in dem sich die neue Form der Wissensproduktion vollziehe: Sie öffnet sich „gegenüber ihrem gesellschaftlichen Umfeld und hört dabei auf, eine in sich geschlossene Tätigkeit zu sein“. Die Wissensforschung diskutiert unter dem Konzept eines Modus 2, eines „new mode of knowledge production“, über eine komplexe Situation von Wissensproduktion. Der Gehalt des Wissens verändere sich bei diesem Modell genauso wie sein Produktionsprozess. Gleichzeitig öffne sich die Universität als Stätte der Wissenschaft. So expandiere „die Generierung des neuen relevanten Wissens aus dem Wissenschaftssystem heraus in alle denkbaren gesellschaftlichen Bereiche und vervielfältigt sich in ‚multiple centers of expertise‘“ (Jasanoff 1990).

---

18 Wie mehr Wissen die Partizipation an politischen Entscheidungen erhöhen kann, wird aktuell weltweit von „Stuttgart 21“ bis zur arabischen Emanzipationbewegung sehr anschaulich praktiziert

Ich füge hinzu: Letztlich wird die Öffnung der Wissenschaft in die Gesellschaft durch die sozial inklusive Hochschule herausgefordert. Denn hier kommen Studierende und Wissenschaftlerinnen bzw. Wissenschaftler mit differenten Erfahrungen zusammen, die unterschiedliche Sichten auf die gesellschaftlichen Probleme haben und offener sind durch die heterogenen gesellschaftlichen Erfahrungen. Das erleichtert die Zusammenarbeit mit einer Vielfalt von gesellschaftlichen Akteurinnen und Akteuren. So können neue Foren mit unterschiedlichen sozialen Gruppen von Wissenschaftlerinnen und Wissenschaftlern, Expertinnen und Experten, Nutzerinnen und Nutzern, Betroffenen, Politikerinnen und Politikern sowie Aktivistinnen und Aktivisten entstehen, die auch ihrerseits ihr Problembewusstsein, ihr Wissen, ihre Interessen, ihre Netzwerke in den Prozess einbringen. Die zentrale Erwartung ist es, auf diese Art günstige Rahmenbedingungen zu entwickeln, um das Wissen in die politische Praxis zu transformieren – dahin, wo die maßgebenden Entscheidungen getroffen werden.

Die ifu war ein temporärer Versuch, eine transdisziplinäre (und transnationale) Forschung zu erproben. Sie hat vielfältige Räume für Wandlungsprozesse im Wissenssystem zur Verfügung gestellt, multiple Orte für Gespräche eröffnet. Dabei wurden Wissensbestände aus fremden Disziplinen (aus der Technik, Medizin, den Natur- und Kulturwissenschaften, Gender Studies, Cultural Studies, aus Künsten und Medien) genauso integriert, wie Personen aus der gesamten Welt einbezogen wurden: aus fremden Orten, aus Universitäten und Forschungseinrichtungen, aus NGOs, Bürgerinitiativen, politischen Institutionen wie UNO, UNESCO, ILO, aus nationalen Regierungen, Ministerien und andere mehr (Neusel 2000, 2007).

Das Inkubator-Projekt ist das jüngste, umfassende und radikal konsequente Beispiel, wie eine Universität sich in eine Mode2-Universität transformieren könnte. Man kann gespannt sein.

2.3 Von der Internationalität der Hochschule zur transkulturellen Wissenschaft

Der dritte Diskurs handelt vom Wandlungsprozess der Hochschulen unter dem Einfluss der Öffnung von nationalen Grenzen.

In der Hochschulforschung wird dieser Prozess in den letzten 20 Jahren intensiv beobachtetet[19]. „Internationalisierung bildet heute ein begriffliches Dach für ganz unterschiedliche Phänomene, deren Gemeinsamkeit in (…) der Annäherung verschiedener nationaler Hochschulstrukturen liegt“ (Lanzendorf 2008:403). Das schließt unterschiedliche Phänomene wie Internationalisierung, Entnationalisierung, Globalisierung, Transnationalisierung ein. Der Begriff „Internationalisierung“ wird von Teichler (2003) vorrangig für die vielfältigen nationalen Strategien grenzüberschreitender wissenschaftlicher Aktivitäten benutzt (wie z.B. studentische Mobilität, wissenschaftlicher Austausch, englischspra-

19 Zur Entwicklung der Forschung über die Internationalisierung der Hochschulen vgl. zuletzt Kehm (2011)

chige Studiengänge). Unter „Globalisierung“ diskutiert er vor allem die wettbewerblichen Strategien der nationalen Staaten und anderer Stakeholder auf dem globalen Bildungs- und Hochschulmarkt (kommerzieller Wissenstransfer, Verkauf von Studiengängen u.a.). Diese Diskussion wird durch Knight (1994, 1999) erweitert. Von ihr wird “Internationalisierung” als ein Prozess der Integration definiert, der eine interkulturelle Dimension in Lehre, Forschung und Servicefunktionen der Institution einschließt und auch kulturelle und ethnische Minderheiten innerhalb eines Landes einbezieht (Knight 1999:16).

Die Bewegung zu mehr Internationalität hat zweifellos das deutsche Hochschulsystem beflügelt. Die internationale Öffnung, der intensive Austausch von Studentinnen und Studenten sowie Wissenschaftlerinnen und Wissenschaftlern, die verstärkte Kooperation mit anderen Ländern und Hochschulen, die Bildung des Europäischen Hochschul- und Wissenschaftsraums, der Bologna-Prozess haben Spuren hinterlassen. Die internationale Begutachtung (etwa bei der Exzellenzinitiative oder der Pisa-Studie) und der Vergleich mit anderen Bildungs- und Hochschulsystemen haben die Selbstgewissheit in Frage gestellt. Wenn auch die Unsicherheit produktiv war – z.B. dass auswärtige Gutachter das Fehlen von weiblichen Lehrstuhlinhabern und internationalen Professorinnen bzw. Professoren an den Wettbewerbshochschulen bemängelten, hat dazu geführt, dass die Hochschulen Gleichstellungs- und Internationalisierungsaspekte bevorzugt behandelt haben und als Folge neue Professuren für Frauen (wenn auch auf Zeit) entstanden sind sowie mehr als früher internationale Berufungen realisiert wurden – so scheint es mir, dass der Weg von der Internationalität der Hochschule zur transkulturellen Wissenschaft noch nicht eingeschlagen wurde. Denn die grenzüberschreitenden Veränderungen der Politiken und Strukturen von Hochschulen schaffen nicht zwangsläufig einen transnationalen Bildungs- und Wissenschaftsraum. Was gehört mehr dazu? Welcher Schritt fehlt ihnen zur transkulturellen Wissenschaft?

Drei Konstituenzien zur Genese der transkulturellen Wissenschaft

Die bisherigen Überlegungen in diesem Beitrag sollen für die Entwicklung einer transkulturellen Wissenschaft fruchtbar gemacht werden: Die sozial inklusive Hochschule, die durch die Integration von international mobilen Studierenden wie Wissenschaftlerinnen und Wissenschaftlern und durch die zunehmende Mobilität der Akteure entsteht, führt zur Vielfalt der Fragen und ihrer Lösungen in der Forschung, führt zur Heterogenität von Wissenssystemen, zu kulturellen Unterschieden in den Kommunikations-, Handlungs- und Interaktionsformen, zu unterschiedlichen Interessen und Aspirationen der Akteurinnen und Akteure. Diese verändern nicht nur die Strukturen der Hochschule, sondern auch die Fragestellungen, Theorien und Methoden der Wissenschaft. Die „robuste Wissenschaft“ schließlich könnte ein Vorgehen sein, das Transkulturalität einschließt – wobei die Kulturunterschiede sich sowohl auf die Wissenschaftsdisziplinen beziehen, als auch auf nationale und ethnische Differenzen.

Im folgenden Entwurf einer transkulturellen, inklusiven wissenschaftlichen Institution möchte ich drei Konstituenzien herausarbeiten, die dazu gehören, um den Prozess der Transkulturalisierung der Wissenschaft in der internationalen, sozial inklusiven Hochschule aufzuzeigen. Es sind Kontextbedingungen, die es begünstigen können, dass weltweite Phänomene mit neuer Qualität kommuniziert und erforscht werden können.

1. Konstituens: Die sozialwissenschaftliche Forschung erweist sich dabei als produktiv. Sie untersucht die Transnationalisierung der zeitgenössischen Gesellschaft, in der die nationale Einheitlichkeit durch die zunehmende kulturelle und soziale Diversität aufgebrochen wird und die durch die globalen ökonomischen Verflechtungen zunehmend in übernationale Abhängigkeiten gerät, in denen staatenübergreifende normative Ordnungen die nationalen Regelungen überschreiben[20]. So sollen den Ausgangspunkt zur Entwicklung einer transkulturellen Wissenschaft die weltweiten gesellschaftlichen, ökologischen, ökonomischen, technologischen Probleme bilden: Umweltprobleme wie die Ölkatastrophe vor der Küste am mexikanischen Golf, der Tsunami vor der Küste Südost-Asiens, die Kriege in Afghanistan und Irak, weltweite Wirtschafts- und Bankenkrisen, politische Radikalismen, internationaler Terror und Kriminalität. Diese halten sich nicht an die Grenzen der Nationalstaaten; vielmehr ist ein Charakteristikum ihr globales Auftreten, wenngleich auch regionale, politische und kulturelle Unterschiede bei der Wahrnehmung, Formulierung und Lösung der Forschungsfragen bestehen.

2. Konstituens: Die Forschungsthemen sollen in einem „Center of Excellence“ (Jasanoff) unter Wissenschaftlerinnen und Wissenschaftlern, Politikerinnen und Politikern, Expertinnen und Experten, Nutzerinnen und Nutzern, Betroffenen u.a. aus aller Welt zu einer „robusten Wissenschaft“ (Nowotny) „ausgehandelt“ werden. Dieses Center könnte ein internationales, d.h. einen übernational ausgesuchten bzw. sich zusammenschließenden Kreis umfassendes Forschungszentrum sein, eine ganze Universität, ein Think Tank, ein Forschungs-Cluster. Wichtig ist ein Aufeinandertreffen in einem konkreten „Übersetzungsraum“ als Basis für die „Aushandlung“ einer transkulturellen Wissenschaft, die voller Reibungen und Widersprüche stecken kann bzw. muss. Wenn auch die potenziellen Dissonanzen nicht verleugnet werden sollen, geht es hier um die Wertschätzung der Produktivität einer sozialen und strukturellen Vielfalt. Ein solcher Raum zeichnet sich aus „durch die Momente des Unvorhersehbaren und der Verfehlungen, die sich jeder kulturellen, strukturellen und kategorialen Festschreibung widersetzen“ – so würde Homi Bhabha (2000) den „Third Space“ beschreiben. Dieser „dritte Ort“ bedeutet, dass die Universität wie ein Transformator funktioniert, um neues Wissen herzustellen.

20 So die Einladung zum 35. Kongress der Deutschen Gesellschaft für Soziologie 2010 mit dem Schwerpunkt „Transnationale Vergesellschaftungen“

Umgekehrt, so möchte ich hinzufügen, muss eine Universität bereit sein Wissenschaftlerinnen und Wissenschaftler aus aller Welt zu integrieren, wenn sie transkulturelle Wissenschaft betreiben will. Ich möchte ja nicht fordern, dass 11 von 23 Spitzenwissenschaftlerinnen und –wissenschaftlern an unseren Universitäten Boateng, Podolski, Khedira, Özal, Gomez, Cacao oder Marin heißen sollen. Aber warum berufen wir nicht eine Nilüfer Göle, die uns die Belebung des Islam als Folge der Moderne interpretiert? Warum nicht eine Mirjana Morakvasic, um über die weltweite Migration zu verhandeln? Warum nicht einen Samuel N. Eisenstadt, der uns auf die Vielfalt der Moderne hinweist?

Die Entwicklung lässt aber hoffen, denn auch an deutschen Hochschulen ist ein Prozess im Gange, der unvermeidlich zu einem transkulturellen Dialog führen wird. So zielt auch das Maria-Goeppert-Mayer-Programm auf die Öffnung der internationalen wissenschaftlichen Zusammenarbeit in der Frauen- und Geschlechterforschung, die, folgerichtig konzipiert, zu einer Transkulturalisierung des Wissens führen kann – und bei Verstetigung führen wird.

3. Konstituens: Es soll den Kritikerinnen und Kritikern an der Tradition der „Einheit der Wissenschaft“ ein entsprechend wichtiger Platz eingeräumt werden; kritische Stimmen aus den verschiedenen kulturellen Traditionen der Wissenschaftstheorien sollen einbezogen werden. Beispiele kommen aus anderen nationalen Hochschultraditionen: Gayatri Chakravarty Spivak etwa, geboren in Calcutta, Literaturprofessorin an der Columbia University, mit ihrem provozierenden Hauptwerk „Can the subalterns speak?“ Oder der heimatlose Palästinenser Eduard Said, der Professor an der Chicago University war, den Tony Judt (2010) einen der klügsten Kopfe des 20. Jahrhunderts nannte und der als erster den „orientalism“ der westlichen Wissenschaft scharf und präzise herausarbeitete. Oder Shalini Raderia, Tochter indischer Eltern, Professorin an der Universität Zürich, die eine „Dekolonialisierung der Theorie“ fordert. Oder Dipesh Chakrabarty, Historiker aus Bengalen, Professor an der University of Chicago, der „Europa provinzialisieren“ möchte und dabei darüber diskutiert, dass viele der durch die westlichen Erfahrungen geprägten Begriffe wie Nation, Staat, Geschichte, nicht einfach universalisierbar sind. Oder Aziz Al-Azmeh, Professor an der School of History and Interdisciplinary Historical Studies an der Central European University in Budapest, der mit einer Neubewertung der Spätantike die Perspektive zur ökumenischen Einheit zwischen dem Mittelmeerraum und West-Asien eröffnet – jenseits der Konstruktion Orient und Okzident. Und viele andere.

Die zentrale Erwartung ist der gegenseitige Erkenntnisgewinn über vorgeprägte Denkweisen und deren Folgen sowohl für die wissenschaftlichen Konstrukte wie auch für deren gesellschaftliche Folgen. In diesem Sinne waren die Ziele der Internationalen Frauenuniversität Technik und Kultur (ifu) weiter gesteckt als in den üblichen Diskussionen über Internationalität. Die ifu war ein gutes Beispiel dafür, wie mit der „Neukonzeptualisierung der Bildungs- und Forschungsinhalte" ein sehr anspruchsvoller Aspekt der Internationalität formuliert wurde; eine Herausforderung von großer Reichweite, die ich als den vielleicht größten Gewinn einer Globalisierung im Wissenschaftsbereich bezeichnen möchte. Diesen Anspruch haben auch die beiden anderen Großprojekte, das Maria-Goeppert-Mayer-Programm und das Inkubator-Projekt der Leuphana Universität.

3. Zum Schluss

Zum Schluss bin ich nicht pessimistisch, wenn ich in die Zukunft der Hochschule und Wissenschaft blicke. Es gibt viele Anzeichen für einen Entwicklungsprozess, der unumkehrbar ist. Neben den hier beispielhaft behandelten drei Vorhaben, der Internationalen Frauenuniversität Technik und Kultur (ifu) des Jahres 2000, dem Maria-Goeppert-Mayer-Programm der Niedersächsischen Landesregierung und dem Innovations-Inkubator-Projekt der Leuphana Universität, sind nicht nur weitere Großprojekte, sondern auch viele kleinere und größere Vorhaben der Hochschulen Zeugen davon.

Zum Beispiel hat die „unbeliebte" Exzellenzinitiative, die fächerübergreifende Fragestellungen in Bezug auf die aktuellen gesellschaftlichen, wissenschaftlichen Herausforderungen gefördert hat, die Aufmerksamkeit für Defizite an der Beteiligung von Wissenschaftlerinnen an der Spitzenforschung erhöht und Wege zu transkulturellen wissenschaftlichen Karrieren geöffnet. Am Beispiel der Exzellenzcluster genannten Förderlinie lässt sich zeigen, dass es nicht darum geht, „ein bestimmtes Teilgebiet eines Faches zu bearbeiten, sondern vielmehr hervorragend ausgewiesene Wissenschaftler zu einem Thema von gesellschaftlicher oder wirtschaftlicher Relevanz zusammenzubringen, das gemeinsam bearbeitet wird.

Dabei sind strukturelle Auswirkungen auf das organisatorische Gefüge einer Universität ausdrücklich gewollt"[21]. Zum Beispiel die Forschungsprogramme der Bundesregierung und der Europäischen Union: Stellvertretend kann eine aktuelle Ausschreibung des BMBF genannt werden, die den Schwerpunkt legt auf die Anbahnung und Weiterentwicklung strategischer Partnerschaften in Wissenschaft und Forschung zwischen deutschen Organisationen und Einrichtungen aus denjenigen Ländern, die zur "Union für das Mittelmeer" (UfM) zählen, wobei

21 www.dfg.de/exzellenzinitiative, Stand 3.9.2011

die Maßnahmen in sechs Schwerpunktbereichen umgesetzt werden sollen: Initiativen zum Schutz vor natürlichen und von Menschen verursachten Katastrophen, Entwicklung eines Solarenergieplans für den Mittelmeerraum, Bildung und Forschung sowie Unterstützung der Europa-Mittelmeer-Universität in Slowenien, Wirtschaftsförderung für den Mittelmeerraum unter besonderer Berücksichtigung von kleinen und mittleren Unternehmen einschließlich Kleinstunternehmen[22].

Zum Beispiel die zunehmenden Großkongresse: Mit der Veranstaltung „Our Common Future" zehn Jahre nach der EXPO (und der ifu) bot die Volkswagen-Stiftung zusammen mit der Mercatorstiftung 2010 erneut ein Forum, „um uns den großen Fragen unserer Gesellschaft zu stellen". „Zehn Jahre nach der EXPO 2000 haben wir hier erneut die Chance, die wichtigsten globalen Herausforderungen zu identifizieren, interdisziplinär zu diskutieren und Lösungswege zu entwickeln." Als Beispiele werden genannt: „Reichen technische Innovationen aus, um den Klimawandel einzudämmen, oder bedarf es eines tiefer greifenden Wandels? Das ist eine Frage, auf die wir eine Antwort brauchen"[23].

Diese Aufzählung soll reichen, um meinen Optimismus zu begründen.

Literatur

Allmendinger, Jutta/von Stebut, Nina/Fuchs, Stefan/Hornung, Marion (1999): Eine Liga für sich? Berufliche Werdegänge von Wissenschaftlerinnen in der Max-Planck-Gesellschaft. In: Neusel, Aylâ/Wetterer, Angelika (Hg.): Vielfältige Verschiedenheiten. Geschlechterverhältnisse in Studium, Hochschule und Beruf. Campus, Frankfurt a.M./New York, S. 193-222

Beck, Ulrich (1983): Jenseits von Stand und Klasse. In: Kreckel, Reinhard (Hg.): Soziale Ungleichheiten. Soziale Welt, Sonderband 2, Göttingen, S. 35–53

Beck, Ulrich (1986): Risikogesellschaft. Auf dem Weg in eine andere Moderne. Suhrkamp, Frankfurt a.M.

Beck, Ulrich (1997): Was ist Globalisierung? Edition Zweite Moderne. Suhrkamp, Frankfurt a.M.

Beck, Ulrich (2008): Die Neuvermessung der Ungleichheit unter den Menschen. edition suhrkamp, Frankfurt a.M.

Bergmann, Matthias/Schramm, Engelbert (2008) (Hg): Transdisziplinäre Forschung. Integrative Forschungsprozesse verstehen und bewerten. Campus, Frankfurt a.M./ New York

Bhabha, Homi, K. (2000): Die Verortung der Kultur. Stauffenburg, Tübingen

22 Aus der Bekanntmachung des Bundesministeriums für Bildung und Forschung (BMBF) zur Richtlinie zur Förderung der internationalen Zusammenarbeit in Wissenschaft und Forschung im Rahmen der Union für das Mittelmeer vom 30. Juni 2010

23 vgl. die Ausschreibung der Veranstalter: http://www.ourcommonfuture.de/, Stand 3.9.2011

Bock, Ulla/Braszeit, Anne/Schmerl, Christiane (Hg.) (1983): Frauen an den Universitäten. Zur Situation von Studentinnen und Hochschullehrerinnen in der männlichen Wissenschaftshierarchie. Campus, Frankfurt a.M./New York

Bundesministerium für Bildung und Forschung (2011), Datenportal: http://gus.his.de/Daten-Portal/K2.open, Stand 22.8.2011

CEWS, Center of Excellence Women and Science (Hg.)(2008): Wissenschaftlerinnen mit Migrationshintergrund. cews.publik, Nr. 12, Bonn

Clemens, Barbara/Metz-Göckel, Sigrid/Neusel, Aylâ/Port, Barbara (Hg.)(1986): Töchter der Alma Mater. Frauen in der Berufs- und Hochschulforschung. Campus, Frankfurt a. M./New York

DAAD, Deutscher Akademischer Austauschdienst: Wissenschaft weltoffen 2011. http://www.wissenschaft-weltoffen.de/daten, Stand 15.8.2011

Dahrendorf, Rolf (1965): Bildung ist Bürgerrecht. Plädoyer für eine aktive Bildungspolitik. Nannen, Hamburg

de Gouges, Olympe (2003): Déclaration des Droits de la Femme et de la Citoyenne (1791). 1001nuits, Paris

Deutsches Studentenwerk (2009): Die wirtschaftliche und soziale Lage der Studierenden in der Bundesrepublik Deutschland. 19. Sozialerhebung des Deutschen Studentenwerks, durchgeführt durch das HIS Hochschul-Informations-System, Bundesministerium für Bildung und Forschung (BMBF), Berlin

Engler, Steffani (2001): „In Einsamkeit und Freiheit“? Zur Konstruktion der wissenschaftlichen Persönlichkeit auf dem Weg zur Professur. UVK Verlagsgesellschaft, Konstanz

Gibbons, Michael/Limoges, Camille/Nowotny, Helga/Schwartzman, Simon/Scott, Peter/ Trow, Martin (1994): The New Production of Knowledge. The Dynamics of Science and Research in Contemporary Societies. London

Gottschall, Karin (2000): Soziale Ungleichheit und Geschlecht. Leske+Budrich, Opladen

Griga, Dorit/Mühleck, Kai (2011): Der Einfluss des Migrationshintergrundes auf die Teilhabe an höherer Bildung im europäischen Vergleich. In: Leszczensky, Michael /Barthelmes, Tanja (Hg.): Herausforderung Internationalisierung. Die Hochschulen auf dem Weg zum Europäischen Hochschulraum. Stand und Perspektiven. HIS Hochschul-Informations-System GmbH., Forum Hochschule 8, Hannover, S. 63-77

Hausen, Karin/Nowotny, Helga (Hg.)(1986): Wie männlich ist die Wissenschaft? suhrkamp wissenschaft, Frankfurt a.M.

Heidenreich, Martin (2003): Die Debatte um die Wissensgesellschaft. In: Böschen, Stefan/Schulz-Schäfer, Ingo (Hg.): Wissenschaft in der Wissensgesellschaft. Westdeutscher Verlag, Opladen

Heintz, Bettina (Hg.) (2001): Geschlechtersoziologie. In: KZfSS, Sonderheft 41. Westdeutscher Verlag, Wiesbaden

Heintz, Bettina/Merz, Martina/Schumacher, Christina (2004): Wissenschaft, die Grenzen schafft. Geschlechterkonstellationen im disziplinären Vergleich. Transkript Verlag, Bielefeld

Holzinger, Markus/May, Stefan/Pohler, Wiebke (2010): Weltrisikogesellschaft als Ausnahmezustand. Velbrück Wissenschaft, Weilerswist

Inkubator Projekt Leuphana Universität Lüneburg: http://www.leuphana.de/gender-diversity-portal/forschung/innovations-inkubator.html, Stand 14.4.2011

Jahn, Thomas (2008): Transdisziplinarität in der Forschungspraxis. In: Bergmann/ Schramm, a.a.O. S.21-38

Jasanoff, Sheila (1990): American Exceptionalism and the Political Acknowlegment of Risk. In: Proceedings of the American Academy of Arts and Sciences, Vol.119, S. 61-81

Judt, Tony (2010): Eduard Said, der heimatlose Weltbürger. In: Dies.: Das vergessenen Jahrhundert. Die Rückkehr des politischen Intellektuellen, München, S. 166-182

Kehm, Barbara (2011): Forschung zu Fragen der Internationalisierung von Hochschulen im Kontext des Bologna-Prozesses. In: Leszczensky/Barthelmes, a.a.O. S. 11-24.

Klinger, Cornelia (2003): Ungleichheit in den Verhältnissen von Klasse, Rasse und Geschlecht. In: Axeli-Knapp, Gudrun/Wetterer, Angelika (Hg.): Achsen der Differenz. Westfälisches Dampfboot, Münster, S. 14-48

Knight, Jane (1994): Internalization: Elements and Checkpoints. Research Monograph No.7, Canadian Bureau for International Education, Ottawa

Knight, Jane (1999): Internationalization of Higher Education. In: Quality and Internationalization in Higher Education. OECD, Paris

Krais, Beate (Hg.)(2000): Wissenschaftskultur und Geschlechterordnung. Über die verborgenen Mechanismen männlicher Dominanz in der akademischen Welt. Campus, Frankfurt a.M./New York

Krohn, Wolfgang (2008): Epistemische Qualitäten transdisziplinärer Forschung. In: Bergmann/Schramm, a.a.O. S. 39-68

Lanzendorf, Ute (2008) Internationalität – Transnationalität – Non-Nationalität: Wechselspiele etablierter und neuer Phänomene in einer globalen Hochschulwelt. In: Kehm, Barbara (Hg.): Hochschule im Wandel. Die Universität als Forschungsgegenstand. Campus, Frankfurt/New York, S. 403-418

Leicht, Robert (2010): Liberaler Irrflug. In: Der Tagesspiegel vom 26.4.2010, Berlin

Locke, John (1690): Two Treatises of Government (Zwei Traktate über die Regierung). London

Macha, Hildegard und Forschungsgruppe (2000): Erfolgreiche Frauen. Wie sie wurden, was sie sind. Campus, Frankfurt/New York

Maria-Goeppert-Mayer-Programm des Ministeriums für Wissenschaft und Kultur, Niedersachsen:
http://www.mwk.niedersachsen.de/live/live.php?navigation_id=6344&article_id=19046&_psmand=19, Stand 15.4.2011

Neusel, Aylâ (1987): Hochschulentwicklung und Frauenstudium. In: Clemens, Bärbel/ Metz-Göckel, Sigrid/Neusel, Aylâ/Port, Barbara: Spaß am Denken – sparsam denken? Frauenpolitik als Hochschulpolitik. Bärenreiter Verlag, Kassel, S. 53-70

Neusel, Aylâ (2000): Die Internationale Frauenuniversität „Technik und Kultur". Das Besondere des Konzepts. In: Dies.: Die Eigene Hochschule. Leske+Budrich, Opladen, S. 33-56

Neusel, Aylâ (2007): „Die Internationale Frauenuniversität ‚Technik und Kultur' 2000 als Versuchslabor für nachhaltige inhaltliche und strukturelle Modernisierung des Hochschulwesens". In: Dudeck, Anne/Jansen-Schulz, Bettina (Hg.): Zukunft Bologna? Gender und Nachhaltigkeit als Ideen für eine neue Hochschulkultur. Peter Lang Verlag, Frankfurt a.M., S. 103-114

Nowotny, Helga (1999): Es ist so. Es könnte auch anders sein. edition suhrkamp, Frankfurt a.M., S. 66-71

Nowotny, Helga (2004): Der imaginäre Dialog zwischen Wissenschaft und Öffentlichkeit. Von imaginierten Laien zur sozialen Robustheit des Wissens. In: Gisler, Priska et al. (Hg.): Imaginierte Laien. Die Macht der Vorstellung in wissenschaftlichen Expertisen. Velbrück Wissenschaft, Weilerswist, S. 171-195

Nowotny, Helga (2005): Unersättliche Neugier. Innovation in einer fragilen Zukunft. Kulturverlag Kadmos, Berlin

Nowotny, Helga/Scott, Peter/Gibbons, Michael (2004): Wissenschaft neu denken. Wissen und Öffentlichkeit in einem Zeitalter der Ungewissheit. Velbrück Wissenschaft, Weilerswist

Onnen-Isemann, Corinna/Oswald, Ursula (1991): Aufstiegsbarrieren für Frauen im Universitätsbereich. Schriftenreihe „Studien zu Bildung und Wissenschaft" Bd. 99, Bundesministerium für Bildung und Wissenschaft, Bonn

Picht, Georg (1964): Die deutsche Bildungskatastrophe. Walter Verlag, Olten/Freiburg i.Br.

Schulz, Dagmar (1991): Das Geschlecht läuft immer mit... Arbeitswelt von Professorinnen und Professoren. Centaurus-Verlagsgesellschaft, Pfaffenweiler

Schwinn, Thomas (2007): Soziale Ungleichheit. Transcript Verlag, Bielefeld

Solga, Heike/Powel, Justin/Berger Peter A. (Hg.)(2009): Soziale Ungleichheit. Klassische Texte zur Sozialstrukturanalyse. Campus, Frankfurt/New York

Statistisches Bundesamt Deutschland (2011): https://www-genesis.destatis.de, Stand 15.8.2011

Stehr, Nico (2000): Die Zerbrechlichkeit moderner Gesellschaften. Velbrück Wissenschaft, Weilerswist

Stehr, Nico (2001): Moderne Wissenschaften. In: „Aus Politik und Zeitgeschichte", Beilage zur Wochenzeitung „Das Parlament", herausgegeben von der Bundeszentrale für Politische Bildung, B36/2001. S. 7-14, http://www.bpb.de/publikationen/CNVB91,0,Moderne_Wissensgesellschaften.html. Stand 29.8.2011

Stichweh, Rudolf (2001): Die moderne Universität in einer modernen Gesellschaft. In: Stölting, Erhard/Schimank, Uwe (Hg.): Die Krise der Universitäten. Leviatan Sonderheft 20/2001. Westdeutscher Verlag, Wiesbaden, S. 346-358

Teichler, Ulrich (1974): Struktur des Hochschulwesens und ‚Bedarf' an sozialer Ungleichheit. In: Mitteilungen aus der Arbeitsmarkt- und Berufsforschung, Jg. 7, H. 3, S. 197–209

Teichler, Ulrich (1978): Bildungssystem, Beschäftigungssystem und soziale Struktur. In: Die Deutsche Universitätszeitung 17, S. 534-539

Teichler, Ulrich (2003): Europäisierung, Internationalisierung, Globalisierung – quo vadis, Hochschule? In: Teichler (2007), a.a.O. S. 52-60

Universität Wien (Hg.)(2009): Gender im Fokus. Frauen und Männer an der Universität Wien

Weiler, Hans (2002): Wissen, Herrschaft und Kultur. Die internationale Politik der Wissensproduktion und die Zukunft der Hochschulen. Vortrag auf der Internationalen Konferenz „Rethinking University" am 31.5./1.6.2002 in Berlin. http://www.vifu.de/ifu-today/ifu-doku/festreden.html, Stand 2003

Wetterer, Angelika (Hg.)(1992): Profession und Geschlecht. Campus, Frankfurt/New York

Wobbe, Theresa (Hg.)(2003): Zwischen Vorderbühne und Hinterbühne. Beiträge zum Wandel der Geschlechterbeziehungen in der Wissenschaft vom 17. Jahrhundert bis zur Gegenwart. Transkript Verlag, Bielefeld

Wolter, Andrä (2011): Hochschulzugang und soziale Ungleichheit in Deutschland. In: Heinrich Böll Stiftung (Hg.): Öffnung der Hochschule. Chancengerechtigkeit, Diversität, Integration. Dossier, Berlin, S. 9-15, http://www.migration-boell.de/web/integration/47_2759.asp

Zimmermann, Karin (2000): Spiele mit der Macht in der Wissenschaft. Passfähigkeit und Geschlecht als Kriterien für Berufungen. Edition Sigma, Berlin

Parto Teherani-Krönner

Nachhaltige Bildung und transkulturelle Wissenschaftsentwicklung

1. Bildung

1.1 Die Verheißung auf das Paradies?

In diesem Beitrag will ich zunächst auf die Frage der Bildung bzw. nachhaltigen Bildung im 21. Jahrhundert aus einer postkolonialen Perspektive eingehen. Bildungsanstrengungen wurden im 20. Jahrhundert als Schlüssel zum wirtschaftlichen und politischen Erfolg propagiert und gefördert. Sowohl auf der individuellen Ebene als auch gesamtgesellschaftlich sollte der Modernisierungsprozess der Entwicklungsländer – so wurden sie damals bezeichnet - über den Ausbau des Bildungssystems erfolgen. Das Ziel der Alphabetisierung wird auch weiterhin auf nationaler wie internationaler Ebene verfolgt. So wurde z.B. der 8. September 2008 zum UNESCO-Welttag der Alphabetisierung ausgerufen:

„Die Vereinten Nationen haben für den Zeitraum 2003 bis 2012 die Weltdekade der Alphabetisierung ausgerufen, deren Federführung die UNESCO übernommen hat. Ziel der Dekade ist es, die AnalphabetInnenrate bei Erwachsenen bis zum Jahr 2015 um die Hälfte zu redu-zieren. Immer noch sind weltweit 770 Milionen Erwachsene von Analphabetismus betroffen, zwei Drittel von ihnen sind Frauen. Die AnalphabetInnenrate liegt weltweit bei 18 Prozent, das heißt, fast jeder fünfte Erwachsene kann nicht lesen und schreiben. Etwa 77 Millionen Kinder wachsen ohne Schulbildung auf." (UNESCO 2008, http://www.unesco.de/ua22-2008.html?L=0, Zugriff 06.06.2011)

Zwar gibt es immer noch die hohe Zahl derjenigen, die keine Schulbildung erfahren, doch dürfen wir die enormen Anstrengungen der letzten Dekaden, die in vielen Ländern zur Einschulung der Kinder und zur Alphabetisierung unternommen wurden, nicht übersehen. Beachtliche Fortschritte sind auch in ländlichen Räumen gemacht worden. Viele Länder verzeichnen mittlerweile große Erfolge bei der Einschulung von Kindern – auch der Mädchen.

Trotz der formellen Lernmittelfreiheit entstehen den Familien oft erhebliche Kosten für den Schulbesuch der Kinder, und sei es auch nur dadurch, dass die Kinder während der Schulzeit nicht bei dringenden Arbeiten auf dem Feld mithelfen können. Dennoch nehmen Familien auch in armen Regionen oft große Entbehrungen auf sich, um ihren Kindern den Schulbesuch zu ermöglichen[1].

---

1 Hans Krönner, den ich gebeten hatte, die ersten Abschnitte dieses Beitrags zu kommentieren, erwähnte die folgende Anekdote, die ein Kollege aus Edinburgh ihm erzählte: In Tansania sind die Kinder fröhlich und singen, wenn sie sich, manchmal ohne Schuhwerk,

Nur: Was passiert mit den erfolgreichen Schülerinnen und Schülern?

Das Bildungssystem erweist sich in vielen Ländern des globalen Südens als eine Sackgasse. Die jungen Menschen ziehen von ihrer Grundschule im Dorf, wenn sie gut sind, in die nächst größere Stadt. Von dort aus können sie dann, wenn sie erfolgreich sind, sogar in die Hauptstadt gelangen. Wenn weiterhin der Fleiß groß ist und die Hoffnung motivierend dazu kommt, schaffen es einige sogar bis zur Universität. Ja, und dann?

An eine Rückkehr ins Dorf ist nicht mehr zu denken; es führt kein Weg zurück, denn das, was sie auf dem Weg mitbekommen, ist wenig tauglich für das Leben auf dem Land, für das Milieu, aus dem sie kommen.

Junge Frauen erweisen sich als besonders ehrgeizig, wenn es um den Zugang zu Universitäten geht. Zum großen Erstaunen sind gerade in den vergangenen Dekaden Frauen in islamischen Ländern diejenigen, die die Mehrzahl der Studierenden stellen. In den letzten Jahren wurde im Iran sogar eine Quote für junge Männer bei der Zulassung zum Studium eingeführt, da die Mehrzahl derjenigen, die die harten Aufnahmeprüfungen der Universitäten bestanden, weiblich war.

Der hohe Anteil von Frauen an Hochschulabsolventen in arabischen Ländern (z.B. Saudi-Arabien, Oman) hat allerdings auch zu einer Verfestigung traditioneller Zuschreibungen beigetragen, denn Berufsperspektiven haben diese Frauen dann nahezu ausschließlich im Bildungswesen, zu geringen Anteilen auch im Gesundheitswesen.

Das Bildungssystem ist universitär ausgerichtet. Alles Streben gilt einem Abschluss an einer Universität. Das hat etwas damit zu tun, dass wir große Hoffnungen in die höhere 'Bildung' setzen – ohne danach zu fragen, welche Bildung das ist und wem sie etwas nützen wird.

Hierzu haben von den Kolonialmächten tradierte Klischees beigetragen. Für den Bereich der ländlichen Entwicklung und der Geschlechterarrangements hat Ester Boserup (1970/82) Großartiges geleistet, indem sie die Auswirkungen der Kolonialisierung und Modernisierung der Landwirtschaft auf Arbeitsbedingungen der Bäuerinnen in Asien, Afrika und Lateinamerika untersucht hat. Bekannt ist auch, dass schwere körperliche Arbeit in erster Linie von der lokalen Bevölkerung verrichtet werden musste; den Kolonialbeamten in den Büros, Verwaltungen und Bildungseinrichtungen blieb sie erspart. So richtet sich alles Streben darauf, auch einen ‚white collar job' zu besetzen. „Berufsschulen" gab es zur Kolonialzeit nur für die Qualifikationen, die in der Kolonialverwaltung eingesetzt werden konnten:

auf den langen morgendlichen Fußmarsch zur Schule machen. In Europa sind die Schüler fröhlich, wenn der Unterricht ausfällt.

"In most African countries, especially in Sub-Saharan Africa, the old, formal TVET[2] *systems only play a minor role in qualification and entry into employment. A legacy from the colonial period, this type of education and vocational training – integrated into the education system – was designed to provide the theoretical and practical knowledge needed to enter the modern economy and public administration."* (vgl. Hoppers 2008: 125)

Die Weltbank hat sich bis zum Beginn der 1990er Jahre sogar gegen den Ausbau von Berufsschulen gewandt, weil sie wesentlich teurer als allgemeinbildende Schulen sind.

Die "Education for All" - Bewegung hatte den Nebeneffekt, dass alle verfügbaren Ressourcen auf die Grundbildung konzentriert wurden. Nun wird die Frage immer dringender, was eigentlich nach der Grundbildung mit den Kindern geschehen soll. Für den Arbeitsmarkt können sie mit 12 bis 15 Jahren noch nicht eingesetzt werden. Diese Frage hat zu dem Thema „Post-Primary Education in Africa - Challenges and Approaches for Expanding Learning Opportunities" geführt (ebenda).

Bildung wird als Rettungsanker gesehen. Doch ist das, was meist vermittelt wird, wenig 'funktionale Bildung', wenig eingebettet in regionale Bedürfnisse und die Umwelt, in der die Menschen leben. Auch entsteht kaum ein Bezug zum lokalen Wissen und zu bewährten Techniken der Ressourcennutzung. Gerade im Bildungssystem begegnen wir dem kolonialen Erbe, das Strukturen geprägt hat und immer noch wirksam ist.

Das beginnt bereits mit der **Sprache**: In vielen afrikanischen Ländern, aber auch in Indien begegnen wir Französisch oder auch Englisch als Kommunikationssprache. **Uns** macht es das Leben leichter, wenn **wir** in einen Wissenschaftsaustausch treten wollen – vieles aber geht verloren.

Es gibt einige Ansätze, um das Unterrichtsprogramm an den Gegebenheiten des Landes auszurichten. In Namibia beispielsweise ist mittlerweile die Konsequenzen gezogen worden, etwa 20 Prozent des Lehrplans vor Ort gestalten zu lassen, damit die lokalen Bedingungen berücksichtigt werden können. Diese 20 Prozent werden dann an der Küste deutlich anders gestaltet als in den wüstennahen, ariden Zonen des Landes. Allerdings ist dies ein sehr anspruchsvoller Ansatz, verlangt er doch vom Lehrpersonal vor Ort, den Lehrplan selbst mitzugestalten (Krönner 2011).

Auch ist zu berücksichtigen, dass Disziplinen wie Afrikanistik fast ausschließlich außerhalb Afrikas vertreten sind, wo sie eher selten von Menschen afrikanischen Hintergrunds repräsentiert werden.

Bildung nach westlichem Muster ist – so die Verheißung – der sichere Weg ins Paradies. Dafür werden weltweit große Opfer gebracht, auch von Seiten der Familien. Manch eine Familie mag da ihren letzten Teppich verkauft haben, um den Kindern den Gang zur Universität zu ermöglichen. Doch für die hohe Zahl der Absolventinnen und Absolventen bietet der Arbeitsmarkt der schwachen

2 Technical and Vocational Education and Training

Ökonomien kaum einen geeigneten Arbeitsplatz. So entsteht die absurde Situation, dass die ehemaligen Kolonien hochqualifizierte Fachkräfte für die Metropolen im Westen ausbilden. In seinem Werk *Weltrisikogesellschaft* erwähnt Ulrich Beck eine der Konsequenzen der globalen Ungleichheit:

„In Manchester arbeiten beispielsweise inzwischen mehr malawische Ärzte als in ganz Malawi, einem südostafrikanischen Land mit dreizehn Millionen Einwohnern. Wenn weiter jährlich 20.000 medizinische Fachkräfte aus Afrika auswandern, werden die Entwicklungsziele zu HIV/Aids, Säuglings- und Müttersterblichkeit unerreichbar bleiben.“ (vgl. Beck 2008:302)

"The colonial heritage has continued to influence pedagogical regimes in post-primary education. Regimes such as these are based on teacher-centred learning, memory based rote-learning, strong orientations towards examinations, externally endorsed assessment practices, and their distance from national socio-economic priorities and from local and indigenous knowledge. This trend has prevailed in spite of the large numbers of extensive and high quality efforts made over the decades to adapt programs and teaching-learning styles in all curriculum areas, varying from science and technology, through history and social studies, to ***languages of instruction.****"* (vgl. Lolwane, 2008; WGESA, 2008; ERNESA, 2008, In: Hoppers, Wim 2008:51)

Ein solches Bildungssystem führt dazu, dass hochqualifizierte Menschen in ihren Ursprungsländern fehlen. Sie sind es, die quasi Entwicklungsdienste in den Industrieländern leisten. Absolventinnen und Absolventen der besten Universitäten, sogar im Iran, erhalten Angebote aus den USA. Da scheint die Zusammenarbeit keine Schranken zu kennen. Unter den wertvollen Ressourcen, die abgezogen werden, ist ‚brain drain' einer der folgenschwersten Verluste, denn das Potential zum Aufbau wird dann fehlen.

Ein weiterer Aspekt des urban ausgerichteten Bildungssystems ist, dass weiterführende Bildungsangebote nur in den Metropolen wahrzunehmen sind. Viele Familien zieht es auch aus diesem Grund in die Stadt. So können wir in den letzten Dekaden eine immense Verstädterung beobachten. Mittlerweile, am Beginn des 21. Jahrhunderts, leben erstmals mehr Menschen in Städten als auf dem Land. Vor allem in vielen Ländern des Südens entstehen Mega-Cities, die eine enorme und kaum zu bewältigende Herausforderung für Dienstleistung und Infrastruktur darstellen.

Ferner zu berücksichtigen ist, dass die angebotene Schulbildung ein extrem individualistisches Konzept mit einem bestimmten Weltbild, aber auch ein festgelegtes Menschenbild vermittelt. Es ist weniger gemeinschaftsorientiert, sondern stark auf Konkurrenz ausgerichtet.

Es gibt nur wenige, die sich trauen, an dem Postulat ‚über Bildung ins Paradies gelangen' zu rütteln. Ivan Illich (1971/1995) war einer der großen Denker, der Provokant, der die ‚Entschulung der Gesellschaft' forderte. Seine Thesen – wie auch jene Paulo Freires – sickerten nur langsam in das Bildungskonzept ein.

Sie haben aber wenig Wirkung auf den Mainstream der Bildungskonzepte und Bildungseliten. Interessant in diesem Zusammenhang ist auch der Abschnitt über Bildung in der neuen Arbeit von Ha-Joon Chang (2010), in dem er die Bildungsökonomie auf den Prüfstand und den Zusammenhang von Bildung und ökonomischem Wachstum in Frage stellt (vgl. Chang 2010:239ff). So ist z.B. die Berufsbildung immer noch ein Stiefkind des gesamten Bildungsangebots in Ländern des globalen Südens. Gleichwohl hat sie sich als tragend für die wirtschaftliche Entwicklung der Industrieländer erwiesen. Einer breiteren Ausrichtung des Bildungssystems, die auch die Berufsbildung umfasst und die fachliche Qualifikation von Arbeiterinnen und Arbeitern, Bäuerinnen und Bauern sowie den Ingenieurinnen und Ingenieuren fördert, sollte mehr Ach-tung und gesellschaftliche Anerkennung zuteil werden. Dies aber genau fehlt in den meisten Ländern des globalen Südens.

Gerade bei der beruflichen Bildung ist es jedoch wichtig, die tradierten Formen der Wissensvermittlung zu beachten, zu fördern und – wo erforderlich – dem veränderten Wissensstand behutsam anzupassen. Europäisch geprägte Bildungssysteme haben lange den Blick darauf verstellt, dass Bildung und Lernen nicht nur in der organisierten Schule stattfindet. Die Weitergabe traditioneller und häufig auch besonders nachhaltiger Methoden der Garten- und Landwirtschaft von Vater oder Mutter auf die Kinder wurde wenig beachtet und die dabei erzielten Kompetenzen nicht wahrgenommen.

„Inzwischen setzt jedenfalls bei der Mehrzahl der afrikanischen Bildungsminister ein Prozess des Umdenkens ein: Lernen wird nicht mehr als ein Monopol der staatlichen Bildungseinrichtungen gesehen. Informelles Lernen wird zunehmend wahrgenommen, wie beispielsweise die „apprentissage traditionelle" im frankophonen Afrika, das zuvor stark vom zentral verwalteten Bildungssystem des französischen Modells geprägt war." (Krönner 2011)

Immerhin ist das Konzept vom lebenslangen Lernen („lifelong learning") neu gedacht und auch in der EU in „lifewide learning" umgewandelt worden – in der Hoffnung, dass wir alle auch unseren Horizont erweitern. Dabei ist auch daran gedacht, nicht nur das schulische, sondern auch das informelle Lernen neu zu bewerten (vgl. http://www.lebenslanges-lernen.eu/, Zugriff 06.06.2011)[3].

3 LLP Lifelong Learning Programme 2007-2013. "The Lifelong Learning Programme (LLP) is the successor to the Socrates, Leonardo da Vinci and ICT / Open & Distance Learning (2000-2006). It supports learning opportunities from childhood to old age in every single life situation." http://eacea.ec.europa.eu/llp/index_en.php, Zugriff 06.06.2011

1.2 Nachhaltige Bildung – Verheißung auf das ewige Paradies?

Viele Personen, die an der Konferenz „Von der internationalen Hochschule zur transkulturellen Wissenschaft“ an der Leuphana Universität in Lüneburg 2010 teilgenommen haben, sind selbst Expertinnen und Experten auf dem Gebiet der Nachhaltigkeit. Der Begriff, der seinen Ursprung in der Forstwirtschaft hat, war auf Langfristigkeit hin konzipiert. Doch hat Nachhaltigkeit im Laufe der letzten Dekaden viele, zum Teil unterschiedliche Definitionen erfahren. So können wir auch hier einen Wandel in der Begrifflichkeit mit mehreren Bedeutungen und Deutungen erkennen. Mittlerweile ist Nachhaltigkeit z.B. auch innerhalb der Ökonomie ein gängiger Begriff geworden. Nicht selten wird er benutzt im Sinne eines ständigen wirtschaftlichen Wachstums, auch ohne jeden Bezug zu Umweltfragen. Das aber bedeutet etwas vollkommen anderes, als es ursprünglich bei der Wiederentdeckung des Begriffs intendiert war, wo die Ökologie eng mit der Idee der Schonung und des Schutzes unserer Ressourcen und Umwelt verknüpft wurde. Im Brundtland-Bericht („Unsere gemeinsame Zukunft“ 1983-1987) galt es vor allem der Ökologie – im Gegensatz zur Ökonomie – ein stärkeres Gewicht zu verleihen.

Wie immer wir auch Nachhaltigkeit mit ihren unterschiedlichen Konnotationen definieren: Es geht darum, Sorge für zukünftige Generationen zu tragen. Hier ein Zitat von Martin Albrow aus seinem Buch „Das globale Zeitalter“:

„Auch wenn wir uns nicht auf den Sinn des Lebens einigen können, sollten wir wenigstens dafür sorgen, dass zukünftige Generationen überhaupt ein Leben führen können.“ (vgl. Albrow 2007:345)

Ich denke, dass diese Äußerung von Albrow unsere volle Zustimmung finden kann, oder wie würden wir Nachhaltigkeit sehen? Wir sind uns schnell einig, denn das ist ja auch der Kern der Nachhaltigkeit – unsere Vorsorge für die Nachkommen im Sinne der Generationengerechtigkeit. Es stellt sich dennoch die Frage, um wessen Nachfolge und Wohlergehen wir besorgt sind. Um wen machen wir uns Gedanken? Wen haben wir im Blick – und wen sehen wir nicht?

Judith Butler (2005) hat in einer ihrer letzten Arbeiten die Konstruktion von Leben und Tod am Beispiel des Kriegs in Palästina verdeutlicht. Wir konstruieren unsere Lebenswelt so, dass wir die anderen nicht wahrnehmen, ihr Leid nicht teilen und somit auch nicht in Trauer fallen, wenn sie sterben oder gar umgebracht werden. Nicht jedes Leben, nicht jeder Tod trifft uns – sie existieren nicht für uns.

Mit dem Nachhaltigkeitskonzept wollen wir an die kommenden Kinder denken. Was aber ist mit den Kindern, die schon da sind, geboren sind, aber nicht genug zu essen haben und nicht an sauberes Wasser zum Trinken herankommen? Was machen wir mit den Schattenseiten unserer Entwicklung, unseres Wohlstands? Als Teil der Weltgesellschaft müssten wir zur Erfüllung der existenziellen Bedürfnisse im globalen System die Fortschritte, aber auch die Schattenseiten als wichtige Themen einer nachhaltigen Bildung mit lokaler und globa-

ler Orientierung sehen und behandeln. Wir sind angehalten zu handeln, da wir immer noch mit Armut und unzureichender Ernährung von vielen Menschen konfrontiert sind. Jeden Tag sterben Kinder, auch ohne akute Überschwemmungen, Erdbeben und Tsunami; wir haben eine Milliarde Menschen, die unter Hunger leiden – das ist fast jede sechste Person auf dem Planeten Erde. Ihre Existenz wird von uns kaum noch registriert. Der Begriff der Nachhaltigkeit umfasst diese Menschen fast nicht mehr, sie sind in unserer Welt in weite Ferne gerückt.
Wir mögen zwar in der Zeitachse denken, Wünsche in die Zukunft projizieren, aber wir schotten uns ab – vom Jetzt, vom Elend, das heute besteht. Zum Zeitpunkt der Konferenz in Lüneburg waren aus Pakistan Überschwemmungen gemeldet, doch nach einigen Tagen der Berichterstattung waren kaum noch Bilder aus Pakistan in den Fernsehnachrichten zu sehen. Was ist aus den Menschen geworden? Wie können sie ihr Leben wieder meistern?

Der Begriff der Nachhaltigkeit, der ursprünglich auch die „Entwicklungsländer" mit im Blick hatte, umfasst zwar verbal auch heute noch andere Regionen in der Welt, jedoch ist dieser Aspekt im Alltag der Industrieländer weniger präsent.

„Bildung für nachhaltige Entwicklung" ist ein Bildungskonzept, das Kindern und Erwachsenen nachhaltiges Denken und Handeln vermittelt. Denn wir müssen lernen: Mein heutiges Handeln hat Einfluss auf das Leben meiner Kinder und auf das Leben von Menschen in anderen Weltregionen. Mit der UN-Dekade "Bildung für nachhaltige Entwicklung" (2005-2014) haben sich die Staaten der Vereinten Nationen verpflichtet, dieses Bildungskonzept zu stärken. (vgl. http://www.bne-portal.de/coremedia/generator/unesco/de/02__UN-Dekade_20BNE/Die_20UN-Dekade_20BNE.html, Zugriff 06.06.2011)

In einem Plädoyer für Bildung für nachhaltige Entwicklung müssten wir nach den Konsequenz fragen. Auf alle Fälle brauchen wir einen Nachhaltigkeitsbegriff bzw. eine Interpretation des Begriffs, die weit stärker die Wechselwirkungen im Blick hat, somit auch andere Räume im globalen System erfassen kann und als Teil der eigenen Lebenswelt erkennt. Dann würden wir nicht nur Sorge tragen für die noch nicht geborenen Kinder – unsere Kinder – sondern auch für die, die schon da sind. Das ‚Othering' müssen wir mit in unser Nachhaltigkeitskonzept aufnehmen. Dazu brauchen wir ein transkulturelles Verständnis von Nachhaltigkeit, das es erst noch zu skizzieren gilt, und in dem die so unterschiedlichen Lebenschancen im globalen System präsenter sind. Wir könnten dann die globalen Risikoungleichheiten (Beck 2008:290ff.) weit stärker wahrnehmen und deren Einfluss auf unsere unmittelbare Lebenswelt erkennen. Denn neben der Generationengerechtigkeit ist es wichtig, auch auf globale Gerechtigkeit hinzuweisen (Beck 2008:285ff.). Sie muss integraler Bestandteil einer nachhaltigen Bildung sein.

Abb. 1: Umweltschutz jetzt! Nachhaltigkeit jetzt!

Trauriges Beispiel einer regional begrenzten Öko-Sicht ist der Öko-Sprit – genauer: Agrarsprit! Dieser vernichtet z.B. mit dem Anbau von Jatropha, aber auch von Casava die Ernährungsgrundlage in vielen armen Ländern; es kommt zur Rodung der Wälder und daraufhin zur Bodenerosion und zu noch stärkeren Umweltkatastrophen. Da wäre es begrüßenswert, wenn die so „umweltbewussten" Deutschen etwas über den Tellerrand geschaut und die nachhaltige Entwicklung mit im Blick gehabt hätten. Auch grüner Politik würde etwas globale Sicht gut tun (vgl. die Diskussion zum methodologischen Nationalismus im Kapitel zu Globaler Ungleichheit, lokaler Verwundbarkeit bei Beck 2008:301ff.).

Aktionen der Zivilgesellschaft, wie die Grüngürtel-Bewegung der Nobelpreisträgerin Vangari Maathai in Kenia, können als beispielhaft aufgegriffen werden (http://hirschen.wordpress.com/2008/06/15/the-green-belt-movement-von-wangari-maathai/, Zugriff 06.06.2011). Sie sind ein Hinweis darauf, dass nicht nur schulisches Lernen wertvoll ist. In vielen – auch afrikanischen – Ländern wird daher an neuen Konzepten der Bildung gearbeitet. Denn es gibt noch eine weitere Dimension der Nachhaltigkeit im Bildungswesen. Wenn – wie im Senegal – mehr als die Hälfte der Bevölkerung unter 20 Jahre alt ist, kann der Staat es sich nicht mehr leisten, immer mehr Bildung nach dem bisherigen Modell und zu den bisherigen Pro-Kopf-Kosten bereitzustellen. Hier sind neue Konzepte von Bildungssystemen (nicht Schulsystemen) und ein neues Verständnis von Lernen notwendig. Lernen in der Familie, über Rundfunk, im Dorf, am Arbeitsplatz, in der religiösen Gemeinde; Privatschulen, Produktionsschulen etc. müssen systematisch nutzbar gemacht und gefördert werden.

"High unit costs of secondary education, associated with inefficiency and wastage in public spending on education, imply that unless cost-cutting and efficiency gains are combined with mobilization of additional financial resources, expansion of post-primary – even if only to provide extended basic education for all – will prove unaffordable or unsustainable." (vgl. Hoppers 2008:198)

"Historical experience and ongoing initiatives, both in Africa and beyond, provide successful models for emulating frameworks for policy making that address measures to equitably broaden access to extended basic education for the excluded: in particular, the poor or less economically advantaged, girls and rural populations (Ramanantoanina 2007). These measures include sustainable public provision, encouraging private (civil society) providers, adapting supply to demand through alternative modes of provision, stimu-lating demand, promoting equitable access; all of which can help to achieve equality of treatment and of outcomes." (vgl. Caillods 2008; SEIA 2008 in: Hoppers 2008:201).

Damit wird deutlich, dass nach Alternativen im Bildungsbereich gesucht wird. Das könnte die Chance für eine nachhaltige, transkulturelle Wissenschaftsentwicklung sein. Dazu möchte ich sowohl auf die Gründerväter der Human- und Kulturökologie als auch auf die Bedeutungslehre Jakob von Uexkülls verweisen. Er hat philosophische und wissenschaftstheoretische Grundlagen einer besonderen Umweltforschung entwickelt, die wegweisend sein können.

2. Die Human- und Kulturökologie

Zunächst will ich Konzepte der Human- und Kulturökologie aufgreifen (vgl. auch Glaeser/Teherani-Krönner 1992). Die Humanökologie nahm ihren Ursprung in der Chicago School of Sociology in den zwanziger Jahren des 20. Jahrhunderts. Zwar konnte sie mit der Neuentdeckung der Ökologie – die 1866 mit Haeckel in der Biologie gegründet war – Anfang der 1970er Jahre eine Renaissance erfahren, doch ist es nicht zu einer wirklichen Etablierung als Wissenschaftsdisziplin im europäischen Raum gekommen (Teherani-Krönner 1992a). Ausnahmen gibt es in Schweden, in Österreich und auch zeitweise in Zürich in der Schweiz. In Brüssel dagegen wird das Lehrangebot in Humanökologie eher abgebaut und kann kaum noch weiter verfolgt werden. In Deutschland gibt es neben der Gesellschaft für Humanökologie (http://dg-humanoekologie.de/www/dghde/, Zugriff 06.06.2011) mit ihren jährlichen Tagungen und Publikationen bisher keine Hochschule, die die Humanökologie institutionell verankert hätte (http://coh-europe.de/www/cohde/, Zugriff 06.06.2011). Doch sind die Grundannahmen der Humanökologie gerade in Zeiten globaler Umweltkrisen beachtenswert; auch können wir Anregungen für ein transkulturelles Nachhaltigkeitskonzept bekommen. So dient das humanökologische Dreieck als Orientierungsrahmen, um das Konzept einer nachhaltigen Bildung zu erläutern:

Abb. 2: Dreieck der Human- und Kulturökologie

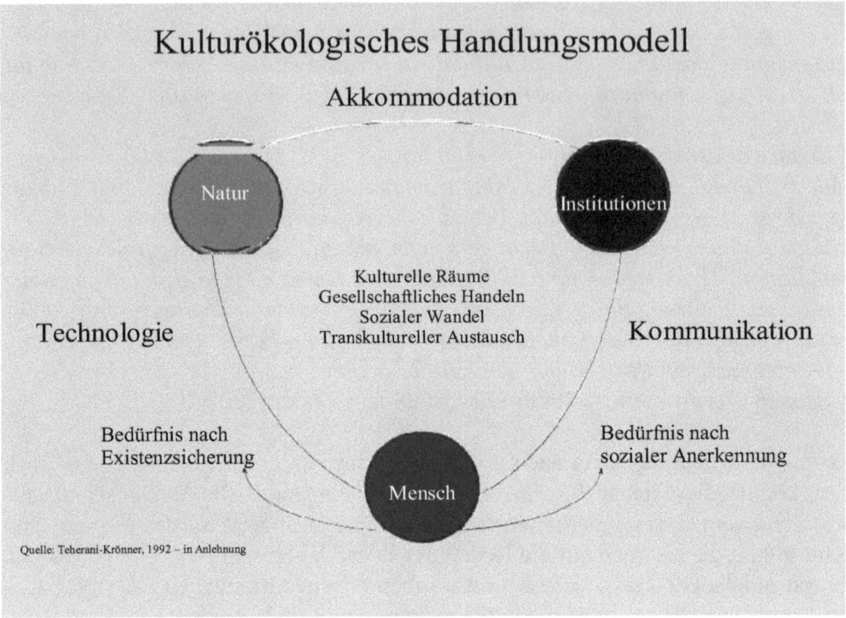

Quelle: Abbildung in Anlehnung an Teherani-Krönner 1992a

Das abgebildete Dreieck – wir können es auch als magisch bezeichnen – bietet uns ein Modell, das ein dynamisches System im Fluss darstellt. Die Wechselwirkungen zwischen den Menschen und ihrer natürlichen wie sozialen Umwelt sind das zentrale Anliegen in der Humanökologie. Neben der Technologie und der Kommunikation habe ich bei den Gründervätern der Humanökologie den Begriff der Akkommodation entdeckt, dessen Gegenstand ich bereits ausführlich beschrieben habe (vgl. Teherani-Krönner 1992 a und 1992b) und deshalb hier nur kurz erläutern werde. Dabei gilt es einiges zu beachten.

2.1 Akkommodation

Anders als in der Ökologie und Biologie, die durch ‚Anpassung' (adaptation) das Überleben der Arten ermöglicht, erfolgt in der menschlichen Auseinandersetzung mit der Umwelt ein besonderer Gestaltungsprozess. Es ist die menschliche Kultur, die sowohl die Naturumwelt als auch die soziale Umwelt zu formen und prägen in der Lage ist. Dieser Prozess wird Akkommodation genannt. Diese gestaltete und konstruierte Umwelt wirkt dann wiederum auf die Lebensbedingungen der Menschen und führt zu den Wechselwirkungen, die wir als kulturschaffend ansehen können. Nach Julian Steward (1955/1972), Vertreter der Kulturökologie, sind sowohl die Umwelt als auch die Kultur aktiv in der Gestaltung der Lebenswelt der Menschen involviert. Wenn wir unter Akkommodation das Arrangement der Gesellschaften mit der Umwelt verstehen, dann müssen wir sicher fragen: Welche Umwelt haben wir im Sinn? Im globalen System sind Grenzen so weitläufig geworden, dass wir die Konsequenzen unseres Handelns nicht (mehr) tragen müssen. Die Emissionen können wir so weit verlagern, dass wir die Auswirkungen kaum noch wahrnehmen und sie somit nicht unmittelbar spüren. Wir können sogar unseren Abfall und unsere Reste verfrachten und verlagern oder verkaufen mit den Folgen, dass andere Lebensräume belastet, zerstört oder gar Ökonomien und damit Lebensgrundlagen vernichtet werden. Im globalen System allerdings werden wir früher oder später mit den Konsequenzen konfrontiert sein, nur ist es möglich, die Folgen zeitlich zu verzögern, so dass wir uns nicht unmittelbar damit befassen müssen.

2.2 Duale Grundbedürfnisse

Sicher brauchen Menschen Nahrung, sauberes Wasser, Kleidung, Behausung – aber auch ihre Gedanken und Phantasie, ebenso Träume und Normen, die sie mit anderen teilen. Daher setze ich die „soziale Anerkennung“ – die Würde des Menschen – auf den gleichen Rang wie die Existenzsicherung. Beides sind Grundbedürfnisse:

- Alle Menschen wachsen in kulturell geprägten gesellschaftlichen Institutionen auf, erfahren eine soziale Bindung und emotionale Zuwendung, ohne die Kinder sich nicht entwickeln können. Diese zweite menschliche Existenzgrundlage gilt es stärker zu beachten und konzeptionell in Mensch-Umwelt-Modelle wie Entwicklungsprojekte einzubinden.
- Würde gehört mit zu den Grundbedürfnissen – es ist wichtig, dass wir erkennen, dass alle Menschen neben den materiellen Bedürfnissen gleichermaßen die **soziale Anerkennung** ihrer Person und ihrer sozialen und kulturellen Umwelt brauchen, um zu überleben.

Ich nenne dies die **'dualen Grundbedürfnisse'.** Auch wenn es diesen Begriff so noch nicht gibt – wir können ihn einführen.

In dieser human- bzw. kulturökologischen Interaktion entstehen und verändern sich die Modalitäten; sie bilden ein dynamisches System: es ist der Raum, in dem kulturelle Prägungen entstehen, die ihre Dynamik entfalten und im Fluss sind.

Wichtig ist auch die Wahrnehmung der Umwelt, die selbst aus diesem Interdependenzsystem hervorgeht. Hierzu werde ich auf die Bedeutungslehre von Jakob von Uexküll sowie auf die Globalisierungsdebatten hinweisen.

2.3 Die Bedeutungslehre von Jakob von Uexküll

Jakob von Uexküll, den ich im Rahmen meiner umweltsoziologischen Recherchen wieder entdeckt habe, ist ein interessanter, aber wenig beachteter Biologe (Teherani-Krönner 1992a und 1992b). Er übernahm 1926 die Leitung eines neu gegründeten Instituts für Umweltforschung der Universität Hamburg. Seine Erkenntnisse haben auch in der neuzeitlichen Umweltdebatte ihre Relevanz nicht verloren und dürften hilfreich sein, um ein transkulturelles Umweltkonzept zu erarbeiten.

Nach Uexküll gibt es keine Umwelt ohne lebende Subjekte. Diese aber haben jeweils eine ihnen eigene Umwelt. Didaktisch bietet er uns das Beispiel mit einer Blume, das ich hier gern zitiere:

„Der Blütenstengel, der in unserer Umwelt der Träger einer Blume ist, wird in der Umwelt der Schaumzikade zu einer mit Flüssigkeit gefüllten Röhre, aus der die Zikade die Flüssigkeit, die sie zur Erbauung ihres aus Schaumbläschen bestehenden Hauses benötigt, herauspumpt. Der gleiche Blütenstengel wird für die Ameise zu einem aufstrebenden Steg, der ihr Heimatnest mit ihrem Jagdgebiet in der Blume verbindet. Für die weidende Kuh wird der Blütenstengel zu einem kleinen Teil ihrer wohlschmeckenden Nahrung, die sie kauend in ihr breites Maul schiebt." (Uexküll 1936/1949:12)

Daraus schlussfolgert Uexküll:

„Ich habe gezeigt, wie der gleiche Gegenstand, in vier verschiedene Umwelten versetzt, vier verschiedene Bedeutungen annimmt und jedes Mal seine Eigenschaften von Grund auf ändert. Dies ist nur dadurch zu erklären, dass sämtliche Eigenschaften der Dinge im Grunde nichts anderes sind als Merkmale, die ihnen vom Subjekt aufgeprägt werden, zu dem sie in Beziehung treten." (Uexküll/Kriszat 1933/1956:154)

Nach diesem Verständnis erfährt die Umwelt durch die Eigenschaften und Wahrnehmung des Subjekts ihre Bedeutung, die eben wandelbar ist. Deshalb wird dieser methodologische Ansatz „Bedeutungslehre" genannt (vgl. Teherani-Krönner 1992a:35ff. und Teherani-Krönner 1992b). Demgegenüber befasst sich die Beziehungslehre mit der Untersuchung der Beziehung der Organismen zu ihrer Umwelt; das ist das Arbeitsgebiet der Ökologie.

So erläutert uns Jakob von Uexküll seine differenzierende Betrachtung nicht nur mit der Blume, sondern auch am Beispiel des Waldes, in dem er die phänomenologische Sicht der Soziologie Werner Sombarts zitiert und übernimmt:

*„Es gibt keinen **Wald** als objektiv fest bestimmte Umwelt, sondern es gibt nur einen Förster-, Jäger-, Botaniker-, Spaziergänger-, Naturschwärmer-, Holzleser-, Beerensammler- und einen Märchenwald, in dem Hänsel und Gretel sich verirren."* (Sombart, zit. in Uexküll/Kriszat 1933/56:108)

2.4 Die Androzentrik der Mensch-Umwelt-Modelle

Mittlerweile ist bekannt, dass unser Wissen von unserem human- und kulturökologischen Umfeld abhängig ist. Um beim Beispiel des Waldes zu bleiben, erwähne ich hier eine aufschlussreiche Untersuchung aus Sierra Leone. Dort waren Frauen in der Lage, 31 Produkte des Waldes zu benennen, wohingegen Männer nur acht Produkte kannten (Sontheimer 1991:69).

Auch aus Asien und Lateinamerika berichten meine Studentinnen ähnliches. In Nord-West-Vietnam wurden Frauen und Männer aus verschiedenen Ethnien nach den Produkten des Waldes befragt. Ergebnis war: Frauen hatten zum Teil ein weit umfangreicheres Wissen über Waldprodukte als Männer (Hoa 1999). Auch die kürzlich bei mir eingereichte Magisterarbeit von Julika Schmitz „Gender, Biodiversität und lokales Wissen…" in Bomboiza/Ecuador unterstreicht diesen Tatbestand.

Diese Erkenntnis und der Ansatz der Bedeutungslehre dürften in der Tat lehrreich sein für eine transkulturelle Wissenschaftsentwicklung, die sich der nachhaltigen Bildung widmen will. Darin können wir eine philosophische Grundlage für die Notwendigkeit der Differenzierung in Richtung auf ‚Diversity' erkennen. Desweiteren will ich noch auf die Geschlechterperspektive verweisen, die in den meisten Modellen der Mensch-Umweltbeziehung bisher wenig Beachtung gefunden hat.

Eine wichtige Ergänzung und Differenzierung der Mensch-Umwelt-Modelle dürfte es sein, im humanökologischen Modell die Unterschiede zu erkennen. Denn die Zugangsmöglichkeiten zu Naturressourcen wie Sozialsystemen stehen nicht allen Menschen in gleicher Weise zur Verfügung.

Da das Mensch-Umwelt-Modell der Human- und Kulturökologie im Zeitpunkt seiner Entstehung von einem männlich dominanten Konzept ausgegangen ist, bleibt es eine wichtige Aufgabe in der Gegenwart und mit Blick auf die Zukunft, die Gender-Dimension als notwendige Ergänzung und Differenzierung einzuführen (Teherani-Krönner 2008).

Auch die besondere Spezifizierung in den Geschlechterstudien, die nicht nur das Geschlecht, sondern auch die gesellschaftliche Konstruktion von anderen Diskriminierungsformen wie ‚Race' und ‚Class' in ihr Konzept aufnimmt, ist ein notwendiger Schritt, um zu gerechteren – ausgewogeneren – Formen des Zusammenlebens zu gelangen. Ein solch kritischer Blick ist letztlich essentiell, um die immer wieder auftauchenden Argumente (Legitimationsschübe) zur Begründung von Ungerechtigkeit und Ungleichverteilung von Lebenschancen überwinden zu können.

Damit bereichern wir unsere Entwicklungsorientierung, indem wir sowohl Umweltschutz als auch Geschlechtergerechtigkeit – mit dem erweiterten Ansatz der Interdependenz bzw. der Intersektionalität – im Auge behalten.

Dies ist dann auch die Aufgabe transkultureller Wissenschaft, die sowohl den Wechselbeziehungen zwischen den verschiedenen Kulturen Rechnung trägt als auch auf die Interdependenzen bzw. die Intersektionalität (entnommen aus dem Angelsächsischen) unserer Kommunikationsstrukturen im globalen System eingeht.

Wir sollten uns darüber im Klaren sein, dass wir es immer auch mit einer konstitutiven Macht des Diskurses zu tun haben. Diese kann sowohl Barrieren als auch Verständigung erzeugen. Im Rahmen unserer Bildungskooperationen und des wissenschaftlichen Austausches mit Ländern des globalen Südens sollten wir auf diese Punkte achten. In diesem Zusammenhang will ich noch auf eine langjährige Kooperation verweisen, an der ich über zehn Jahre gearbeitet habe.

3. Transkulturelle Wissenschaftsentwicklung

Für eine transkulturelle Wissenschaftsentwicklung und Wissensvermittlung würde ich gern auf meine wissenschaftlichen Kooperationsbeziehungen mit verschiedenen Universitäten in Ländern des globalen Südens, vorwiegend islamischen Ländern, verweisen (vgl. Teherani-Krönner/Wörteler 2008). Näher ausführen kann ich hier jedoch nur exemplarisch unsere langjährige Partnerschaft mit der Ahfad-University for Women in Omdurman/Sudan.

3.1 Das Ahfad-Humboldt-Link-Programm

Das Austauschprogramm, die Zusammenarbeit mit einer Frauenuniversität der Ahfad University for Women in Omdurman/Sudan begann Ende der 1990er Jahre und wurde über den DAAD mehr als zehn Jahre gefördert. Im Jahre 2004 hat die KMK, die GTZ und der DAAD unser Austauschprogramm als beispielhaft prämiert (vgl. Teherani-Krönner/Badri 2004).

Das Ahfad-Humboldt-Link-Programm umfasste folgende vier Elemente:

1) Austausch von Studierenden: Sudanesische und deutsche Studentinnen konnten ihren dreimonatigen Aufenthalt im Gastland z.B. auch mit einem Praktikum auf einem Bauernhof, in einem landwirtschaftlichen Betrieb verbinden.
2) Austausch von Wissenschaftlerinnen und Wissenschaftlern: Für Studierende an der Landwirtschaftlich-Gärtnerischen Fakultät der Humboldt-Universität war es sicher in mehrfacher Hinsicht lehrreich, von sudanesischen Dozentinnen unterrichtet zu werden. Sie mussten auf eine neue Art lernen zuzuhören.
3) Durchführung von Summerschools: Abwechselnd konnten wir in Berlin an der Humboldt-Universität und in Omdurman/Sudan an der Ahfad Universtiy

for Women Tagungen und Summerschools organisieren. Durch zusätzliche Drittmitteleinwerbung beim DAAD war es möglich, zu den Veranstaltungen auch Teilnehmerinnen aus anderen Ländern einzuladen. Beteiligt waren Wissenschaftlerinnen aus überwiegend islamischen Ländern, von Malaysia bis Nigeria. Eine unserer Teilnehmerinnen aus Nigeria war dann in den Jahren 2010 bis 2011 mit einem Stipendium der Alexander-von-Humboldt-Stiftung als Gastwissenschaftlerin an unserem Fachgebiet Gender & Globalisierung bei der Landwirtschaftlich-Gärtnerischen Fakultät der Humboldt-Universität zu Berlin.

4) Durchführung kleinerer Forschungsvorhaben im Tandem von Mitarbeiterinnen der Ahfad und der HUB – allerdings nur zu Themen im Sudan. Darauf werde ich noch in meinen Empfehlungen eingehen (zur Kooperation vergleiche auch Badri/Teherani-Krönner 2008).

Das Ahfad-Humboldt-Link Programm hat allen Beteiligten viele neue Erfahrungen gebracht. Mittlerweile ist die Ahfad University for Women eine gefragte Institution im nordafrikanischen Raum. Die Einrichtung unserer Partnerinnen ist zu einer regionalen Institution aufgestiegen und wird großzügig von internationalen Organisationen, insbesondere aus Holland und Norwegen, unterstützt.

Es kommt mir darauf an, die Bedeutung von personellen und strukturellen Beziehungen in dieser Art der Zusammenarbeit zu unterstreichen. Denn eine transkulturelle Wissenschaft und Kommunikation ist nur dann möglich, wenn wir die gegenseitigen Wechselbeziehungen und Wandlungsprozesse auf beiden Seiten im Blick behalten. Es geht dann auch ein stückweit um die Schaffung von Nähe – das Überwinden von ‚Othering' – und teilweise auch um die Herstellung von emotionaler Bindung zu den Menschen und deren Kultur.

3.2 Empfehlungen für eine transkulturell nachhaltige Wissenschaftsentwicklung

Abschließend will ich einige Empfehlungen aussprechen, die ich für die Förderung transkultureller Wissenschaftsentwicklung als wichtig ansehe. Auch wenn wir die optimalen Bedingungen noch nicht vorfinden, so sollten unsere zukünftigen Kooperationsbemühungen aus der gegenseitigen Anerkennung und der gemeinsamen Teilhabe an einer nachhaltigen Bildung im globalen System mit Respekt für die Würde der Menschen und ihr lokales Wissen gestaltet sein.

a) Neue Räume: Zunächst geht es darum, neue Räume zu erschließen oder zu schaffen, in denen Beteiligte ihre Sprache und Ausdrucksform finden. Es sollten, soweit möglich, gemeinsame Räume werden.
b) Handlungsspielräume: Es geht darum, die Optionen und Handlungsspielräume auszuloten. Was ist im Rahmen der Restriktionen machbar?
c) Akkommodation: Es geht nicht um Anpassung und Unterordnung, sondern um einen aktiven gegenseitigen Austausch (vgl. das humanökologische Dreieck).

d) Neue Qualität transkultureller Räume: transkulturelle Räume entstehen nicht durch Addition, sondern sie entwickeln neue Qualitäten; sie werden nicht unbedingt größer, sondern sie verändern ihre Eigenschaften mit ihren Mitgliedern, den Subjekten – so wie die Blume bei Jakob von Uexküll.
e) Faire Spielregeln: Bitte keine fertigen Rezepte liefern; die Spielregeln sind fair und partizipativ auszuhandeln (jedoch ist dies bisher fast ein Ding der Unmöglichkeit, da Machtstrukturen prägend sind und wir nicht in herrschaftsfreien Räumen agieren).
f) Funktionale Bildung: Die Anwendungsorientierung im Kontext der jeweiligen Gesellschaften stellt eine Herausforderung dar, der wir uns gemeinsam stellen können.
g) Lokales Wissen nutzen: Auf bewährtes lokales Wissen aufbauen, falls es nicht schon versandet ist. Jedenfalls gibt es immer noch z.B. im Bereich der Agrarwirtschaft gute Entwicklungspotentiale, die gefördert werden können, ohne dass es nur zur Monokulturalisierung der Flächen kommt.
h) Missbrauch von lokalem Wissen verhindern: Es gibt wieder erschreckende Erfahrungen des Missbrauchs von lokalem Wissen. Dazu sei nur auf die Diskussion zu den Patenten auf Naturgüter verwiesen. Der Neem Baum, aber auch die Aubergine sind zu Themen der Auseinandersetzung zwischen vielen Ländern des Südens und Großkonzernen geworden.[4]
i) Tandem-Kooperationen in Lehre und Forschung fördern: In einer transkulturellen Wissenschaftsentwicklung kann der Austausch dazu führen, Studierende aus den Ländern des Südens zu ermutigen, die deutsche Gesellschaft bzw. andere europäische Kulturen aus ihrem Blickwinkel zu studieren, zu untersuchen und zu beurteilen. Das sollten wir in Gegenseitigkeit fördern – z.B. im Tandem-Verfahren. Das wäre ein neues Konzept von Austauschprogramm mit Ländern des Südens hier bei uns, und es würde eine trankulturelle Wissenschaft beflügeln.

3.3 Transkulturelle Wissenschaft: Hinwendung zu dualen Grundbedürfnissen

Wir schicken oft unsere Studentierenden für ein paar Monate zum Praktikum ins Ausland. Danach schreiben sie ihre BA- oder MA-Arbeiten zu Vietnam, Burkina Faso, Sudan und anderen Ländern. Ich kenne kaum sudanesische Kolleginnen, die über die Situation hier in der Bundesrepublik gearbeitet haben. Warum?

Zu Beginn meines Beitrags habe ich die weltweiten Ernährungsprobleme aufgeführt. Für die, die überlebt haben – die Armen dieser Welt – wird die Lage nun auch noch im Alltag zum Kampf mit hochschnellenden Preisen für Weizen, Reis

4 vgl. hierzu www.welthungerhilfe.de/1391.html (Zugriff 06.06.2011) und http://www.welthungerhilfe.de/uploads/tx_whhmagazin/Welternaehrung_II_2010.pdf (Zugriff 06.06.2011)

und andere Grundnahrungsmittel, die auf den Weltmärkten angeboten werden. Es ist zu hoffen, dass unsere Wissenschaft die **dualen Grundbedürfnisse** nicht geringschätzt, sondern den Fortschritt in diese Richtung formuliert und zu einer Neuorientierung gelangt. Wir können zum Beispiel fragen: Was kann als Innovation angesehen werden? Wofür soll es in Zukunft Auszeichnungen geben? Dem Mond und dem Mars noch näher kommen, über unser Satellitenfernsehen oder ‚street view' die Regionen in der Welt observieren, wenn wir doch nichts zum Abbau von Armut und Elend tun – womit wollen wir das rechtfertigen? Schließlich können wir immer auch bei unseren Kontakten und unseren Kooperationsvorhaben die Fragen stellen:

- Welchen Beitrag leisten wir zur globalen Gerechtigkeit?
- Was können wir von hier aus tun?
- Was tun wir für die Geschlechtergerechtigkeit lokal – hier und jetzt?
- Welche Lehre und Forschung streben wir an?
- Welche Formen der Gratifikation wollen wir in Zukunft verstärken?

Was Hunger und Armut und ungleiche Lebenschancen angeht, gibt es eine verstärkte Diskussion zur Ethik der Hilfe und Philanthropie in den USA, die allerdings nicht die Frage stellt, wie es zu den ungleichen Verhältnissen in der Welt und im globalen System gekommen ist (vgl. Illingworth, Patricia/Pogge, Thomas/Wenar, Leif (eds.) 2011).

Wir können vieles importieren: Die weltweite Ernährungsfrage können wir aber nicht – oder nur in Notsituationen – über unsere Exporte von Weizen und Reis befriedigen. Es ist wünschenswert, dass Länder des Südens die Fähigkeiten wiedergewinnen, sich aus eigener Kraft zu ernähren – vor allem dort, wo keine anderen Produkte hergestellt werden, die den Kauf von Nahrungsmitteln ermöglichen. Ernährungssouveränität ist mehr als die rechnerische Größe des Pro-Kopf-Bedarfs der Bevölkerung.

Auch darüber könnten wir uns einig sein: Menschen brauchen Luft, sauberes Wasser, Nahrung, Wissen und vieles mehr, was in Notsituationen auch importiert werden kann. Aber ihre Würde – die lässt sich nicht einfliegen.

Literatur

Albrow, Martin (2007): Das Globale Zeitalter. Suhrkamp, Frankfurt a.M.

Badri, Balghis /Teherani-Krönner, Parto (eds.) (2008): Women and Gender Studies at the Faculty of Agriculture and Horticulture and the Ahfad-Humbodlt-Link Programme. In: Teherani-Krönner, Parto/Wörteler, Brigitte (Hg.), You can't clap with one hand. Gender Research and Networking. Vol A. Centaurus, Freiburg, S. 23- 44

Beck, Ulrich (2008): Weltrisikogesellschaft. Suhrkamp, Frankfurt a.M.

Boserup, Ester (1970/1982): Die ökonomische Rolle der Frau in Afrika, Asien, Lateinamerika. es.co.edition cordeliers, Stuttgart (Originaltitel: Women's Role in Economic Development, 1970 Cromwell Press London)

Brundtland Bericht (1987): Unsere gemeinsame Zukunft 1983-1987. http://www.bne-portal.de/coremedia/generator/unesco/de/02__UN-Dekade_20BNE/01__Was_20ist_20BNE/Brundtland-Bericht.html (Zugriff 06.06.2011)

Butler, Judith (2005): Gefährdetes Leben. Suhrkamp, Frankfurt a.M.

Chang, Ha-Joon (2010): 23 Lügen, die sie uns über den Kapitalismus erzählen. Bertelsmann, München (Originaltitel: 23 Things They Don't Tell You About Capitalism, 2010)

De Rivero, Oswaldo (2001): The Myth of Development. Zed Books, London and New York

Freire, Paulo (1970/1973): Pädagogik der Unterdrückten. Bildung als Praxis der Freiheit. Rowohlt, Hamburg

Glaeser, Bernhard/Teherani-Krönner, Parto (Hg.) (1992): Humanökologie und Kulturökologie. Westdeutscher Verlag, Opladen

Hoa, Dang Tung (1999): Kulturökologische Untersuchungen zur Waldnutzung der Thai, Hmong und Kinh in der Bergregion Yen Chau im Nordwesten Vietnams unter besonderer Berücksichtigung der Geschlechterbeziehung. Dissertation, TU Dresden

Hoppers, Wim (2008): Post-Primary Education in Africa. Challenges and Approaches for Expanding Learning Opportunities. ADEA (Association for the Development of Education in Africa), Biennale on Education in Africa, Maputo, Mozambique, May 5-9, 2008

Illich, Ivan (1971/1972/1995): Entschulung der Gesellschaft. Eine Streitschrift. Becksche Reihe, München

Illingworth, Patricia/Pogge, Thomas/Wenar, Leif (Hg.) (2011): Giving Well: The Ethics of Philanthropy. Oxford University Press, New York ua.

Krönner, Hans (2011): Persönliches Interview anlässlich der Niederschrift dieses Artikels, April 2011

Krönner, Hans (2005): The Contribution of Technical and Vocational Education and Training to Sustainable Development. International Workshop on Workforce Development for the Knowledge Economy, 7-13 September 2005, Seoul, Republic of Korea, Version of 09 September 2005 in: http://www.intervoc.de/seoul/html/sustainable.html (Zugriff 06.06.2011)

Sontheimer, Sally (ed.) (1991): Women and the Environment: A Reader. Crisis and Development in the Third World. Monthly Review, New York

Steward, Julian (1955/1972): The Theory of Culture Change. The Methodology of Multilinear Evolution. University of Illinois Press, Champaign

Teherani-Krönner, Parto (2008): Geschlechtergerechtigkeit – Zugangsrechte zu Ressourcen, eine humanökologische Aufgabe. In: Bruckmeier, Karl/Serbser, Wolfgang (Hg.): Ethik und Umweltpolitik. Humanökologische Positionen und Perspektiven. Oekom, München, S. 237-260

Teherani-Krönner, Parto (1992a): Human- und Kulturökologische Ansätze zur Umweltforschung. Ein Beitrag zur Umweltsoziologie. DUV, Wiesbaden

Teherani-Krönner, Parto (1992b): Eine Kulturökologie im biologischen Gewandt. Die Uexküllsche Umweltlehre. In: Glaeser, Bernhard / Teherani-Krönner, Parto (Hg.): Humanökologie und Kulturökologie. Westdeutscher Verlag, Oplanden, S. 153-219

Teherani-Krönner, Parto/Badri, Balghis (2004): Das Ahfad-Humboldt-Link Programme. http://www.hrk.de/de/download/dateien/Presentation_WS_3_Afhad_HUB.pdf (Zugriff 06.06.2011)

Teherani-Krönner, Parto/Egger, Kurt (2004): Kulturökologie der Ernährungssicherung und Ernährungssouveränität. Agrarproduktion zwischen Selbstversorgung, Weltagrarmärkten und Geschlechtergerechtigkeit. In: GAIA 13, 1/2004

Teherani-Krönner, Parto/Wörteler, Brigitte (Hg.) (2008): You can't clap with one hand. Gender Research and Networking. Vol A. Centaurus, Freiburg

Uexküll, Jakob von (1936/49): Nie geschaute Welten. Die Umwelten meiner Freunde. Fischer, Berlin/Frankfurt a. M.

Uexküll, Jakob von/Kriszat, G. (1933/1956): Streifzüge durch die Umwelten von Tieren und Menschen, Bedeutungslehre. Spinger, Berlin

UNESCO (2011): Nachhaltige Entwicklung. Magazin der Deutschen UNESCO-Kommission, http://www.unesco.de/fileadmin/pdf/uh2-2011.de.pdf (Zugriff 06.06.2011)

Wuppertal Institute (2005): Fair Future. Begrenzte Ressourcen und globale Gerechtigkeit. Bundeszentrale für politische Bildung. Beck, München

Sigrid Metz-Göckel

Investitionen und Lernprozesse im Kontext der Internationalisierung der Hochschulen. Erfahrungen mit dem Maria-Goeppert-Mayer-Programm in Niedersachsen

1. Das Maria-Goeppert-Mayer-Programm an niedersächsischen Hochschulen

Geschlechterdiskurse zwischen Fiktion und Faktizität lautet der Titel eines von 6 Bänden,[1] in denen 78 Autorinnen, darunter 35 internationale, davon wiederum 16 außereuropäische und 43 deutschsprachig Autorinnen ihre Forschungsergebnisse in einer großen thematischen und disziplinären Spannbreite vorstellen. Es handelt sich um Gastwissenschaftlerinnen im Rahmen des Maria-Goeppert-Mayer-Programms, dessen Ziel es war, die Studienangebote der niedersächsischen Hochschulen um die Perspektive der internationalen Geschlechterforschung zu erweitern. Die Realisierung des Programms bewegt sich zwischen dieser Wunsch-Vorstellung und der Wirklichkeit in den Hochschulen.

Das Ministerium für Wissenschaft und Kultur des Landes Niedersachsen richtete in 2000 ein finanziell relativ gut ausgestattetes Programm ein, das die internationale Ausrichtung der Frauen- und Genderforschung und ihre Integration in die Lehre an den Hochschulen des Landes gefördert hat. Es wurde nach **Maria Goeppert-Mayer** benannt,[2] der ersten Nobelpreisträgerin für Physik des Jahres 1963[3], die bis zu ihrem Nobelpreis ohne formelle Anstellung an einer Universität geforscht hat.

„Nobody, especially no university, would give a paid position to the wife of a professor“: “Instead Hopkins called her „fellow by courtesy“, “voluntary assistant“, „associate“ and refused to pay her or list her in its catalog. These antinepotismus rules – which were not reformed until the 1970s – trapped Maria Mayer for decades“. Maria Goeppert-Mayer selbst sagte dazu: “I never asked for anything, and I never complained“, (Mc Grayne 1995: 426).

1 Es handelt sich um den 3. Band der von Waltraud Ernst und Ulrike Bohle herausgegebenen Dokumentation Internationale Frauen- und Geschlechterforschung in Niedersachsen, Hamburg 2006, die in sechs Bänden erschienen ist, s. Literaturverzeichnis.

2 Sie war als Namensgeberin vom Wissenschaftlichen Beirat vorgeschlagen worden.

3 Maria Goeppert-Mayer hat in Göttingen Physik studiert, ab 1930 in den USA geforscht und mit den wissenschaftlichen Größen ihrer Zeit konferiert. Sie war mit ihrem Ehemann in die USA emigriert, wo sie als Professorin-Gattin keine Anstellung fand.

Im Blick auf diese damaligen Tatbestände – die Einstellung der Universitäten zu weiblichen Wissenschaftlern und die Reaktionen der Wissenschaftlerinnen selbst – ist das nach Maria Goeppert-Mayer benannte Programm aus dem Jahr 2000 knapp 40 Jahre später meilenweit entfernt.[4] Oder auch nicht?

Eingebunden in das Spannungsverhältnis zwischen Wissenschaft und Politik hatte das Maria-Goeppert-Mayer-Programm zum Ziel, der Frauen- und Geschlechterforschung über die wissenschaftliche Kommunikation mit internationalen Forscherinnen breitere Resonanz in den Hochschulen zu verschaffen. Generell ging es darum, das Lehrangebot und die internationale Ausrichtung der Frauen- und Genderforschung (nachfolgend Geschlechterforschung) in den Universitäten und Fachhochschulen zu stärken. In *personeller Hinsicht* zielte es auf die Ausweitung und Intensivierung der internationalen Kontakte und *in institutioneller Hinsicht* auf die strukturelle Verankerung der Genderforschung in Lehre und Forschung, (Studienprogramme, Stellenbeschreibungen, Entwicklung von Gender-Modulen für Studiengänge) sowie auf die Förderung des Nachwuchses und der Interdisziplinarität.

Die Überschrift ‚Investitionen und Lernprozesse' dieses Beitrags ist aus einer organisationssoziologischen Perspektive formuliert und bezieht sich auf die Wirkungen des Programms in den Hochschulen. Lernprozesse von Hochschulen sind durchaus schwierig und können kompliziert sein. Denn kann eine Hochschule lernen? Wer lernt in ihr und wie wird gelernt? Dabei sind eine Außenperspektive und eine hochschulinterne Perspektiven zu unterscheiden, selbst wenn beide nicht immer säuberlich zu trennen sind. Die Hochschulen können sich auch von außen betrachten und ebenfalls in ihr Kalkül einbeziehen, wie sie von außen betrachtet werden, gerade angesichts des Wettbewerbs in der Ranking-Positionierung (Krücken 2008, CEWS-Ranking 2009).

Aus der Perspektive des Wissenschaftsministeriums sollten die Hochschulen über Anreize, hier über Drittmittel dazu veranlasst werden, als Institution professionell und informiert eine Geschlechterperspektive einzunehmen und sich auf allen Ebenen proaktiv zur Gleichberechtigung und Geschlechtergerechtigkeit verhalten, kurz gemäß dem Gender Mainstreaming-Konzept (Roloff/Selent 2003, Macha et. al. 2010) und wissenschaftliche Erkenntnisse der Geschlechterforschung einbeziehen (Müller 2008, Lucke 2004, Kamphans 2008). Mit der Ausschreibung des Maria-Goeppert-Mayer-Programms hat das Wissenschaftsministerium eine aktive Rolle übernommen. Es wurde ein Wissenschaftlicher Beirat eingerichtet, in den fünf Wissenschaftlerinnen und ein Wissenschaftler der Frauen- und Genderforschung aus den Sozial-, Kultur- und Ingenieurwissenschaften von Universitäten und Fachhochschulen berufen wurden. Alle Mitglieder forschten und lehrten außerhalb von Niedersachsen.[5] Der Wissenschaftliche Beirat hat die Anträge der niedersächsischen Hochschulen nicht nur beraten und ausge-

4 Maßnahmen zur Unterstützung von Doppel-Karriere-Paare werden zurzeit als besonders wichtig angesehen, weil Wissenschaftler/innen häufig ein Paar bilden.

5 Die Autorin war 8 Jahre lang Vorsitzende dieses Wissenschaftlichen Beirats.

wählt, sondern auch die Entscheidungen vorbereitet, die dann der Minister traf.[6] Dieser Bericht ist daher aus der Perspektive dieses Beirats geschrieben. Es fließen in ihn aber auch Rückmeldungen der Gastwissenschaftlerinnen und Hochschulleitungen ein (s. Evaluation).

Warum überhaupt das Maria-Goeppert-Mayer-Programm zu diesem Zeitpunkt? Die wissenschaftliche Integration von Frauen ist in Deutschland sehr langsam und überhaupt erst spät erfolgt. In den letzten Jahrzehnten hat sich das akademische Bildungsdefizit der Frauen bei den Studienabschlüssen jedoch nivelliert und ihr wissenschaftliches Qualifikationsniveau erheblich gesteigert. Ihre wissenschaftlichen Karrieren haben sich aber - trotz zahlreicher Maßnahmen und Programme zur Beseitigung der Barrieren für Wissenschaftlerinnen nicht im gewünschten und angestrebten Maße beschleunigt (vgl. Bildungsoffensive, Wissenschaftsrat 2007). Wohl wurden Professuren der Frauen- und Geschlechterforschung (Bock/Heitzmann/Lind 2011) eingerichtet und Programme zur Förderung der Frauenforschung implementiert (z.B. das HWP-Programm, die Schwerpunkt-Programme der Deutschen Forschungsgemeinschaft, Gildemeister/Wetterer 2007, Metz-Göckel 2007) Bock/Heitzmann/Lind 2011), deren wissenschaftliche Ergebnisse in die akademische Ausbildung einfließen sollte. Seit der Jahrtausendwende hat der wissenschaftspolitische Diskurs zur Beteiligung von Frauen eine Kehrtwende gemacht. Frauen werden inzwischen als Ressource für die Wissenschaft betrachtet, deren Potenzial noch weitgehend brach liegt (Wissenschaftsrat 2007).

Diese politischen Bemühungen der Politikverantwortlichen sind insofern gesellschaftlich notwendig, als sich die Geschlechterverhältnisse entscheidend verändert haben und die Hochschulen sich im Wettbewerb befinden, mehr Wissenschaftlerinnen zu gewinnen, zumindest sind sie in ihrer Außenpräsentation dazu herausgefordert (CEWS-Ranking seit 2003, Winnacker 2006).[7] Beim Maria-Goeppert-Mayer-Programm ging es aber nicht primär um die Förderung der wis-

---

6 Im Nachhinein scheint es mir erwähnenswert, dass keine ernsthaften Konflikte im Beirat aufgetreten sind und keine Konkurrenzen und Hahnenkämpfe ausgetragen wurden, obwohl der Beirat die Mittel/Ressourcen verteilt hat. In diesem Sinne könnte man ihn einen ‚herrschafts- und konkurrenzfreien Raum' nennen.

7 Prof. Dr. Ernst-Ludwig Winnacker: „Die Exzellenzinitiative hat einmal mehr gezeigt, welch hohes Potenzial an innovativen Ideen und Konzepten der Wissenschaftsstandort Deutschland zu bieten hat. ...Es gab aber auch kritische Stimmen, die wir ernst nehmen...Das betrifft zum einen das Thema Gleichstellung. Alle Prüfungsgruppen haben mit Nachdruck bemängelt, dass der Aspekt der Gleichstellung in der Mehrzahl der Antragsskizzen völlig unzureichend behandelt worden sei. Man könne sich – so die Ansicht der internationalen Experten – des Eindrucks nicht erwehren, dass dieses Thema vorrangig mit Lippenbekenntnissen als mit konkreten Maßnahmen und Zielvorgaben behandelt würde. Wenn auch diese Kritik nicht überall gleichermaßen zutrifft, so sollten wir sie dennoch ernst nehmen. Erlauben Sie, dass ich an dieser Stelle die Bitte an Sie richte, die Wissenschaftlerinnen und Wissenschaftler an Ihrer Hochschule dabei zu unterstützen, konkrete Zielvorgaben zu formulieren und Maßnahmen zu ergreifen, die uns auch bezogen auf die Frage der Gleichstellung im positiven Sinne in die internationale Spitzengruppe bringen können" (Auszug aus dem Brief vom 3.2.2006 an die Universitäten, die sich an der Exzellenzinitiative beteiligt haben).

senschaftlichen Karrieren von Frauen, auch wenn Nachwuchsförderung ein Ziel war. Vielmehr ging es um eine inhaltliche Erweiterung und - zugespitzt - um eine kritische Erneuerung von Fachgebieten. Prinzipiell ging es auch um eine Förderung der interdisziplinären Wissenschaftsperspektive, da die Geschlechterforschung per se nicht auf eine Disziplin beschränkt ist. Theoretische Deutungen und Erkenntnisse der Geschlechterforschung stellen allerdings das alltagsweltliche Wissen zu Geschlecht, auf das sich die Hochschulen in aller Regel immer noch berufen, in Frage. Gerade im interkulturellen Vergleich bzw. aus globaler Perspektive zeigt sich die Kontext- bzw. Kulturabhängigkeit von Geschlechterzuschreibungen und ihre Verknüpfung mit anderen Ungleichheits-Variablen, kurz: die Geschlechterverhältnisse sind international zu einem multidisziplinären Forschungsgebiet geworden.

Die politischen Bemühungen zur Integration des wissenschaftlichen Geschlechterwissens in die Studiengänge folgten dem Erkenntnisstand der Geschlechterforschung. Zwischen der deutschen und internationalen Geschlechterforschung und ihrer Rezeption war in den Hochschulen und wissenschaftlichen Communities eine krasse Diskrepanz entstanden (Roloff 2002, Lucke 2004, Becker/Kortendiek 2007), die um die Jahrtausendwende kaum mehr zu übersehen war. Über die Gleichstellungspolitik der EU und auf anhaltende Interventionen von Frauenorganisationen wie der Bundeskonferenz und Landeskonferenzen der Gleichstellungsbeauftragten (BuKof und Lakof) hin wurde das aus der Entwicklungspolitik stammende Konzept des Gender Mainstreamings offiziell in das Regierungshandeln übernommen. Es verbindet politische mit wissenschaftlichen Geschlechterfragen und ergänzt die Frauenförderung, da für seine Umsetzung ein differenziertes und flexibles Geschlechterwissen vonnöten ist (Kamphans 2010).

Das Niedersächsische Ministerium für Wissenschaft und Kultur (MWK) veröffentliche 1994 und 1997 zwei Kommissionsberichte zur Frauenforschung und Frauenförderung in den Hochschulen, einer der Berichte konzentrierte sich auf die Naturwissenschaften, Technik und Medizin und beide bildeten eine Grundlage für die Internationale Frauenuniversität und das Maria-Goeppert-Mayer-Programm. Vor allem stellte die „Internationale Frauenuniversität Technik und Kultur“ für die Hochschul- und Wissenschaftspolitik in Niedersachsen eine Herausforderung dar. Sie wurde während der Weltausstellung 2000 in Hannover als gigantisches Projekt einer kritischen Hochschulreform der Frauen und als innovatives globales Hochschulreformprojekt durchgeführt (Neusel 2002 und 2008, Metz-Göckel 2002). Die Internationale Frauenuniversität hat ein Studienangebot für 1000 Studentinnen aus ca. 100 Ländern und allen Kontinenten angeboten und dies mit einem Dozentinnen-Team von knapp 100 Wissenschaftlerinnen aus aller Welt. Nachwirkungen für das Maria-Goeppert-Mayer-Programm bestanden z.B. darin, um ein Ergebnis vorwegzunehmen, dass eine Reihe von internationalen Forscherinnen auch als Gastwissenschaftlerinnen im Rahmen des Maria-Goeppert-Mayer-Programms von den Hochschulen beantragt wurden. Wenn die Formel ‚from the local community to the global society‘ (UNESCO 1996) einen Sinn macht, dann ist die internationale Kooperation und Kommunikation, wie sie die Internationale Frauenuniversität während der Expo 2000 entwickelt hat, Vorreiterin und ein mögliches Modell. Das Maria-Goeppert-Mayer-Programm hat vielfach von der Internationalen Frauenuniversität profitiert und einzelne Hochschulen haben Hervorragendes geleistet, z.B. Länder wie Jemen, Südafrika, Süd-Korea in den europäischen Horizont geholt und osteuropäische Wissenschaftlerinnen in die niedersächsischen Hochschulen integriert.

2. Das Maria-Goeppert-Mayer-Programm als Intervention: Reformbereitschaft und Resistenz der Hochschulen

Das Maria-Goeppert-Mayer-Programm war politisch motiviert und hatte eine Laufzeit von ca. 10 Jahren. Es trat von außen an die Hochschulen heran und hat die Hochschulen als (korporative) Akteure adressiert. Zwar hat es mit zusätzlichen Mitteln gelockt, aber einige Bedingungen formuliert. Die Hochschulen konnten jeweils für ein, maximal zwei Semester Gastprofessuren und Lehraufträge zur Frauen- und Geschlechterforschung beantragen, wobei internationale Wissenschaftlerinnen Vorrang haben sollten. Das Programm berechtigte alle Hochschulen des Landes, Anträge zu stellen und 14 der 16 antragsberechtigten Niedersächsischen Hochschulen haben dies mit unterschiedlicher Intensität und Erfolgschance getan (s. Evaluation).

Es ist durchaus eine legitime Frage, warum die Hochschulen diesen materiellen Anreiz benötigen, um eine wissenschaftliche Innovation wie die Geschlechterforschung zu integrieren. Wie Innovationen in die Hochschule kommen, ist aus organisationaler Perspektive eine Frage der Hochschulsteuerung, mit der sich die Hochschulforschung befasst. Eine weit verbreitete These und Erfahrung ist, dass die Universitäten aus sich heraus ziemlich reformunfähig bzw. reformresistent sind. Veränderungsimpulse kamen bisher meist von außen. Das gilt für die innere Demokratisierung der Hochschulen infolge der Studentenbewegung und auch für die Reform der Studienstruktur im Rahmen des Bologna-Prozesses. Im Blick auf die Internationalisierung der Hochschulen und die Integration von Frauen ist dies jedoch zu differenzieren. Beide wurden sowohl von außen als auch von innen angestoßen.

Die Wissenschaft hat schon immer über Landesgrenzen hinaus kommuniziert, daher ist ihr die internationale Perspektive vertraut. Anders verhält es sich mit der Geschlechterperspektive. Frauen sind Newcomer in der Wissenschaft und die Frauenforschung bekam erste Anstöße aus der neuen Frauenbewegung, vor allem von der Frauenhochschulbewegung (Lenz 20009). Sie wurde anfänglich ganz wesentlich von Studentinnen angeregt und dann von Wissenschaftlerinnen vorangetrieben (Metz-Göckel 2005; Metz-Göckel 2008), bevor sie von den Hochschulen und Wissenschaftsorganisationen in ihr Programm aufgenommen wurde (Wissenschaftsrat 2007). Da die Frauen- und Geschlechterforschung ihre Wurzeln in den Frauenbewegungen hat, begleitet sie das ‚Odium' des Politischen. Das Wissenschaftsministerium wurde aber vor allem deshalb aktiv, weil sich die Hochschulen nur sehr gemächlich anschickten, der Frauen- und Geschlechterforschung einen angemessen Platz einzuräumen. Hochschulen lernen auf unterschiedliche Weise, z.B. aufgrund von *Zwang* und die Bologna-Reform ist eine solche von außen aufgelegte Studienreform. Hochschulen lernen auch über *mimetische Anpassung*, z.B. durch die Orientierung an best practise Beispielen oder auf *normativen Druck* hin, indem sie mit wissenschaftlichem Wissen konfrontiert werden, dem sie sich aus ihrem Selbstverständnis heraus nicht verschließen können. Während sich die Hochschulen an die Gleichstellungsbeauftragten und ihre gesetzliche Verankerung gewöhnt haben, (da per Gesetz auferlegt), ist das Verhältnis zur Frauen- und Geschlechterforschung schwieriger, da diese mit dem alltagsweltlichen Wissen zur Bedeutung des sozialen Geschlechts weitgehend kontrastiert (Dölling 2007).

Aus der Perspektive des Maria-Goeppert-Mayer-Programms sollten die (befristeten) Gastwissenschaftler/innen kollegiale Überzeugungsarbeit leisten, die Studierenden geschlechterkompetent ausbilden und die Geschlechterforschung als innovatives und international differenziertes Forschungsgebiet in den Kreis der Kolleginnen und Kollegen vor Ort einführen.[8]

Es ging also konkret auch um Ressourcenverteilung, um wissenschaftliche Anerkennung eines neuen Forschungsgebiets und insgesamt um einen kulturellen Wandel in den akademischen Geschlechterverhältnissen auf der personellen und inhaltlichen Ebene. Das Maria-Goeppert-Mayer-Programm baute darauf,

- dass die Hochschulen sich tatsächlich als lernende Organisation verhalten (und sich nicht nur rhetorisch als aufgeschlossen präsentieren),
- dass sie zwischen Frauenförderung und Geschlechterforschung zu unterscheiden wissen[9] und einen diskriminierungsfreien Umgang mit Gastwissenschaftlerinnen und Gastwissenschaftlern der Geschlechterforschung pflegen,
- dass sie über die ein- oder mehrmalige Unterstützung von Gastwissenschaftlerinnen hinaus hochschulintern für eine Verstetigung der Geschlechterforschung als Lehrgebiet sorgen.

Die jährlichen Ausschreibungen des Maria-Goeppert-Mayer-Programms, die an die Hochschulen versandt wurden, haben vor Ort in der Regel Wissenschaftlerinnen und Wissenschaftler zur Kenntnis genommen, die bereits für die Geschlechterforschung aufgeschlossen waren. Sie haben die Beantragung für ihre Hochschule initiiert und passende Personen gesucht, vor allem aber waren es die Gleichstellungsbeauftragten in den Hochschulen, die zur Implementierung des

8 In der Tat wäre es interessant, die Motive/Konstellationen vor Ort genauer zu untersuchen.

9 Frauenförderung bezieht sich auf die Gleichstellung und konzentriert sich auf politische Maßnahmen, während die Frauen- und Geschlechterforschung Geschlechterverhältnisse als Forschungsgegenstand behandelt. Häufig betreiben Frauen- und Geschlechterforscherinnen beides in Personalunion, aber weder generell noch zwingend.

Programms beigetragen haben. Eine Hochschulsteuerung über Programme wie das hier vorgestellte setzt somit vor Ort eine personelle Infrastruktur voraus, die interessiert auf die politischen Initiativen reagiert und kompetent auf die veränderten Geschlechterverhältnisse sowie die Entwicklung der Geschlechterforschung eingehen kann, denn es sind potenziell interessierte ‚passende' Wissenschaftlerinnen und Wissenschaftler anzusprechen, Teams zusammen zu stellen und die Antragstellung im sozialen Prozess zu begleiten.

Von den Hochschulen wurden mit der Einwerbung zusätzlicher Mittel Eigenleistungen erwartet und in der Regel auch erbracht. Diese Selbstbeteiligung bestand in

- Investitionen an materiellen Ressourcen (Räume, Sachmittel, Hilfskräfte), aber auch
- Investitionen an Zeit, Fachkenntnissen und kollegiale Kommunikationsbereitschaft, um die Gastwissenschaftlerinnen und –wissenschaftler mit ihren Lehrangebote zu integrieren, vor allem auch
- in einer institutionellen Selbstreflexion oder gar *Selbstüberwindung*, z.B. in welchen Lehrgebieten und Fächern eine Ergänzung sinnvoll sei.

Neben den offiziellen Deklarationen gibt es immer auch eine verdeckte Ebene, vor allem in Anbetracht dessen, dass das Geschlecht ein weitgehend vorbewusstes Strukturierungsmerkmal der Hochschule ist. Aus der Perspektive einer genderbewussten Hochschulforschung ist die Hochschule eine vergeschlechtlichte (gendered) Institution, und dies nicht nur aufgrund ihrer Geschichte, sondern auch in ihren Prozessen und Entscheidungsstrukturen (vgl. Rastetter 2004, Macha et al. 2010). Sie reproduziert eine asymmetrische Geschlechterkultur, die auch Gegenstand der Frauen- und Geschlechterforschung ist und kritisch analysiert wird (Müller 2008). Nicht von der Hand zu weisen ist, dass die Geschlechterforschung der Hochschule einen Spiegel vorhält, in dem sie sehen kann, was sie vielleicht gar nicht sehen will und auf blinde Flecken stößt. Daher ist auch nicht davon auszugehen, dass die Hochschulen mit wehenden Fahnen auf das ministerielle Angebot eingegangen sind. Die zusätzlichen Ressourcen waren ein Lockmittel, aber auch eine Verführung.

Die Antragstellung im Rahmen des Maria-Goeppert-Mayer-Programms sollte Lernprozesse induzieren, die bis zur Selbstüberwindung reichen konnten, weil die Hochschulen bzw. Fakultäten, indem sie eigene Ressourcen beisteuerten, sich für etwas einsetzten, dem sie von sich aus häufig keine hohe Priorität beimaßen. Sozialpsychologisch entspricht diese Art der Förderung den Tatbeständen der ‚Fuß - in - die Tür - Forschung' (Forgas 1987:172 f).[10]

10 Diese Forschungsrichtung ist unter der Fragestellung der konsistenten Eindruckssteuerung in der Sozialpsychologie etabliert. Ein kleiner Anfangsreiz, z.B. ein kleines Geschenk oder eine kleine Bitte begründen die anfängliche Interaktion, der weitere größere Bitten folgen.

In der Tat haben einige Hochschulen im Evaluationsfragebogen von einem Effekt des Türöffnens gesprochen, wobei dies nur eine der möglichen Wirkungen ist.

3. Zur Implementation des Maria-Goeppert-Mayer-Programms in den niedersächsischen Hochschulen – ein Hürdenlauf, trojanisches Pferd oder Türöffner?

Während um die Jahrtausendwende ein kritischer Punkt erreicht schien, der das Wissenschaftsministerium zum handelnden Eingreifen veranlasste, verlagerte die Politik gleichzeitig die Verantwortung für die Hochschulsteuerung zunehmend auf die einzelnen Hochschulen. Bei einer schwierigen Finanzlage der öffentlichen Haushalte und ohne weitere Ressourcenzuwächse schien eine Umverteilung der Ressourcen zwischen den Geschlechtern geboten, aber sehr schwierig. Das Maria-Goeppert-Mayer-Programm sollte gleichzeitig Abhilfe und Akzeptanz in den Hochschulen schaffen.

Zum modernen Hochschulprofil gehört es inzwischen, dass in ihr qualifizierte und motivierte Frauen selbstverständlich willkommen sind. Als Anschub gedacht sollte das Maria-Goeppert-Mayer-Programm über temporär berufene internationale Gastwissenschaftlerinnen und –wissenschaftler wissenschaftliches bzw. theoretisch begründetes Geschlechterwissen in die Lehre integrieren. Tatsächlich ist das Spektrum der Fächer, in denen eine Gastprofessur beantragt wurde, sehr breit und reicht von der Architektur, Theologie über die Mathematik bis zu den Sozial- und Kultur- sowie Ingenieurwissenschaften. Ein Schwerpunkt liegt allerdings in den Sozial- und Kulturwissenschaften (s. Dokumentation und Evaluation). In der Umsetzung glich es für die Initiatorinnen häufig einem innerhochschulischen Hürdenlauf, um ein Bild aus der Leichtathletik zu gebrauchen und manchenorts wurde es eher wie das trojanische Pferd eingeführt, (wenn auch mit anderen Effekten), da einzelne Hochschulen, vor allem einzelne Disziplinen sich sehr schwer damit taten, die Bedeutung der Geschlechterperspektive für ihre Fächer zu erkennen und Ressourcen bereit zu stellen bzw. umzuwidmen. Dennoch haben die Hochschulen das Programm zunehmend und in steigender Qualität nachgefragt. Qualität in dem Sinne, dass die Hochschul- wie die Fakultätsleitungen die Beantragung erkennbar unterstützt haben und eine nachhaltige Wirkung seitens des Wissenschaftlichen Beirats angenommen werden konnte.

Die zunehmende Resonanz auf diesen Steuerungsmodus über Sonder-Programme kann - neo-institutionalistisch betrachtet – jedoch eine gelernte Anpassung an die ministeriellen Außenerwartungen sein, um das Gesicht einer modernen Hochschule zu wahren. Dann hätten die Hochschulen und ihre Akteurinnen und Akteure analog zur Reform-Rhetorik mit äußerlichem Wohlverhalten reagiert, sonst aber alles beim Alten gelassen (Krücken 2008). Für die abschließende Evaluation war dies eine zentrale Frage. Befragt wurden die Hochschulleitungen, geantwortet haben meist die Gleichstellungsbeauftragten – wenn auch z.T. in Vertretung der Hochschulleitungen.

Ich möchte zwei Beispiele herausgreifen, um die institutionelle Bandbreite der Wirkungsweisen des Maria-Goeppert-Mayer-Programms zu verdeutlichen. Die Medizin ist ein Fach voller Merkwürdigkeiten. Aus der internationalen Forschungsperspektive ergeben sich sehr viele Anhaltspunkte, dass in der medizinischen Forschung dem Geschlecht eine differenzierte Aufmerksamkeit gewidmet werden sollte. Bisher wurde aber eine generelle Geschlechtsneutralität unterstellt und z.B. in manchen Fachgebieten lediglich männliche Probanden herangezogen. Auch über eine möglicherweise differenzielle Symptomatik, die z.B. bei Herzerkrankungen von Frauen und Männern unterschiedlich sein kann, sollten die Studierenden der Medizin etwas erfahren. Die Studierenden sind seit Längerem (weit) überwiegend Frauen und großenteils sind es die besten Abiturientinnen. Dennoch klafft in der Medizin die Schere zwischen den Promotionsabschlüssen der Frauen und den Professuren, die sie erreichen, besonders krass auseinander[11]. Neben diesen politischen Bemühungen, mehr Frauen auf Professuren zu berufen, auch in der Annahme, dass einige sich Fragen der Geschlechterforschung widmen würden, gibt es Anzeichen dafür, auch in die Medizinausbildung die Genderperspektive zu integrieren (Miemietz/Verner/Burruano 2007). Daher bestand im Wissenschaftlichen Beirat große Bereitschaft, Anträge aus der Medizin zu fördern. Doch trafen diese äußerst spärlich ein und nicht immer in der gebotenen Qualität. Im Maria-Goeppert-Mayer-Programm wurden zwar zwei Gastprofessuren, eine für Medizin-Geschichte und die andere für Epidemiologie gefördert, aber in dem Bericht der Hochschule heißt es:

„Die Professuren war nicht im Kernbereich der Medizin angesiedelt und scheinen kaum Ausstrahlung dorthin zu haben“ (Medizinische Hochschule, Bericht 2010: 3).

Gefördert wurden zudem folgende Projekte: Eine Umfrage zu geschlechtsspezifischen Lernzielen und eine Tagung zur Epidemiologie sowie ein Projekt zur Implementierung geschlechtsspezifischer Inhalte in das Curriculum des Modell-Studiengangs „Hannibal“. Es dauerte Jahre und bedurfte mehrerer Personalwechsel vor Ort, bis sich auch in diesem Bereich ein Bewusstsein darüber einstellte, dass die Geschlechterperspektive ein sinnvolles und wichtiges Forschungsgebiet konstituiert und in die Lehre einzubringen sei. Inzwischen ist ein Kompetenzzentrum „Medizin und Geschlecht“ an der Medizinischen Hochschule Hannover etabliert, es werden Workshop-Reihen organisiert, auf denen Forschungsbefunde zur Differenzierung zwischen den Geschlechtern aus unterschiedlichen medizinischen Fachgebieten vermittelt werden, und regelmäßig kommt ein Newsletter Medizin und Geschlecht heraus. Manchmal braucht es länger, bis sich neue Erkenntnisse Akzeptanz verschaffen und Wirkungen sind nicht sofort erkennbar.[12]

11 CEWS-Statistik-Portal: http://www.gesis.org/cews/informationsangebote /statistiken/blaettern/ Zugriff 06.06.2011

12 Newsletter aus dem Gleichstellungsbüro: Medizin und Geschlecht der Medizinischen Hochschule Hannover. 1. Ausgabe Sept. 2009, fortlaufend.

Im zweiten Fall stach eine relativ junge Universität besonders durch die Qualität und Originalität ihrer vornehmlich sozial- und kulturwissenschaftlichen Anträge hervor, die sie regelmäßig einreichte, und insgesamt 12 Gastprofessorinnen auch bewilligt bekam. An dieser Hochschule bestand ein Zentrum, das sich in Forschung und Lehre mit Genderfragen befasste und dem auch eine Professur und über sechs Jahre zudem eine Juniorprofessur zugeordnet war. Das Zentrum hat das Maria-Goeppert-Mayer-Programm ausgiebig zur Ausweitung seiner internationalen Kontakte genutzt und Gastwissenschaftlerinnen aus mehreren Kontinenten eingeworben. Dies hat aber nicht dazu geführt, dass die Bereitschaft zur dauerhaften finanziellen und damit auch institutionellen Verankerung des überregional bekannten Zentrums innerhalb der Fakultät und Universität wesentlich gestärkt worden wäre. Im Gegenteil, die Eckprofessur wurde nach der Pensionierung der Professorin umgewidmet und das Zentrum wäre eingetrocknet, hätte es nicht einen anderen aufnehmenden Fachbereich gefunden. Sein Status scheint prekär.

4. Zur Wirksamkeit des Maria-Goeppert-Mayer-Programms in den niedersächsischen Hochschulen

Bisher haben 14 (von 16) Hochschulen in Niedersachsen das Maria-Goeppert-Mayer-Programm für sich in Anspruch genommen. Das Fächerspektrum der Anträge ist breit und darunter befinden sich auch solche Fächer, die sich bisher relativ wenig mit der Geschlechterforschung auseinandergesetzt hatten, wie die Medizin, die Musikwissenschaft, die Ingenieur- und Naturwissenschaften. In seiner fast 10 jährigen Laufzeit haben 115 Wissenschaftlerinnen und drei Wissenschaftler daran teilgenommen. Gefördert wurden neben Gastwissenschaftlerinnen und -wissenschaftler auch 30 Lehraufträge und einige Symposion bzw. Tagungen sowie die Institutionalisierung von 5 Zentren für Frauen- und Geschlechterforschung, die ab 2011 von den Hochschulen weitergeführt werden.

2010 wurden nach Beendigung der ersten Programmphase die Einschätzungen der Hochschulleitungen und der Wissenschaftlerinnen und Wissenschaftler zu ihren Programmerfahrungen mit einem Fragebogen erhoben (vgl. Jansen-Schulz 2010). Die Gastwissenschaftlerinnen und -wissenschaftler erhielten eine deutsche bzw. englische Fassung. Die angeschriebenen Hochschulen haben bis auf zwei alle geantwortet. Von den 86 Professorinnen, die angeschrieben wurden, haben insgesamt 35 geantwortet, 22 englisch-sprachige und 13 deutschsprachige (Gesamtrücklauf 41%).

Die ihnen gestellten Fragen waren weitgehend identisch. Die Antworten, im Folgenden, sehen aus den unterschiedlichen Perspektiven etwas anders aus.

4.1 Die Rückmeldungen der Hochschulleitungen

Die Fragen[13] an die Hochschulleitung bezogen sich auf die Erfüllung der Zielsetzungen, die Nachhaltigkeit und bzw. Verankerung der Geschlechterforschung in den Studiengängen und in der Forschung (Jansen-Schulz 2010).

Die Hochschulleitungen berichten als Feedback von Lernprozessen der beteiligten Institutionen und Personen in der wissenschaftlichen Kommunikation über Genderthemen, auch über eine Ausweitung des Lehrangebots zu Gender Studies in den Studiengängen. Die strukturelle Verstetigung (mit Ausnahme der Etablierung einer Genderprofessur) wird selten erwähnt. Eingeworben wurden allerdings weitere Gastprofessuren.

In den Berichten erscheinen aber auch Resistenzen. Eher sind es weiche Faktoren, die betont worden, z.B. dass die Genderperspektive in die Lehre integriert, das fakultätsübergreifende Lehrangebot bereichert und die Attraktivität von Studiengängen erhöht wurden. Von einem Zielkonflikt berichtet eine Hochschule, der die Anbindung an die Fächer zu eng war und die lieber eine zentrale fakultätsübergreifende Verankerung gesehen hätte. Positiv hervorgehoben wird generell die internationale Perspektiverweiterung sowohl in der Lehre als auch der kollegialen Kommunikation und Forschung. Einzelne Hochschulen haben sich darin auch besonders ausgezeichnet.

4.2 Rückmeldungen der Gastwissenschaftlerinnen

Übereinstimmend besagen die *Rückmeldungen der Gastwissenschaftlerinnen*, dass die Reaktionen bei den Studierenden recht positiv waren. In den durchgeführten öffentlichen Veranstaltungen konnten die Gastwissenschaftlerinnen der Geschlechterperspektive in der wissenschaftlichen Kommunikation eine breitere Anerkennung verschaffen und die Genderexpertinnen vor Ort unterstützen. Vor allem die internationale Ausrichtung eröffnete Vergleichsmöglichkeiten und ein Nachdenken über die eigene Positionierung in der Hochschule.

---

13 Die Fragen lauteten wörtlich:

1. Konnte das Lehrangebot durch die MGM-Professur nachhaltig hinsichtlich Genderaspekte verstärkt werden?
2. Konnten an Ihrer Hochschule die Standards internationaler Frauen- und Geschlechterforschung gestärkt bzw. erweitert werden?
3. Konnten mehr internationale Kontakte geknüpft werden?
4. Konnten strukturelle Verankerungen der Genderforschung in Forschung und Lehre vorangetrieben werden? Wie sehen diese aus?
5. Inwieweit konnte die Nachwuchsförderung gestärkt werden?
6. Inwieweit trug die MGM Professur zur Interdisziplinarität in Ihrer Hochschule bei?
7. Wie war die Einbindung der MGM-Professur in die Dekanate, in die Studiengänge und in die Hochschulverwaltung geplant und wie wurde sie umgesetzt?
8. Wie konnte die kollegiale Einbindung organisiert werden und wie erfolgreich war diese?

Tab. 1: Antwort-Differenzen zwischen deutschsprachigen und Englischsprachigen Gastwissenschaftlerinnen (in %)

Frage	Deutsch(n=13)		Englisch(n=22)	
	ja	nein	ja	nein
1. Zielerreichung	77	33	91	9
2. Strukturelle Verankerung	58	42	55	45
3. Erfahrungen mit den Studierenden (offene Frage)				
4. Produktiver Beitrag zur internationalen Vernetzung	67	33	91	9
5. Einbindung ins Kollegium (offene Frage)				
6. Weiterhin in der Genderforschung	83	17	100	0
7. Nutzen für die eigene Karriere	73	27	80	20
8. Veränderung der wissenschaftstheoretischen Positionen	15	85	62	38
9. Zukünftiger Forschungsbedarf (offene Frage)				
10. Reformbedarf in der Nachwuchsförderung (offene Frage)				
11. Plädoyer für Fortsetzung des MGM Programms	92	8	0	100

Dass sie ihre internationale Kooperation produktiv nutzen konnten, bejahten fast alle internationalen Gastwissenschaftlerinnen (91%), die deutschen deutlich weniger (67%). Ein Drittel verneinte dies. Die meisten Gastwissenschaftlerinnen haben Konferenzen oder Workshops organisiert und weitere Gäste eingeladen. Mit den Studierenden haben sie gute Erfahrungen gemacht.

„We developed a MA in Politics and Gender, with the support of the DAAD, which has led to profitable study tours to other institutions." (Jansen-Schulz 2010:4).

Eine andere Gastwissenschaftlerin beschreibt ihre Erfahrungen etwas skeptischer:

„Everybody was really welcoming. Yet, the changes in the university caused a lot of stress and therefore the exchange could have been better. This probably would have been the same in my home university: bringing in people 'from the side' always takes time – and then, all of a sudden - , the semester is over... (Jansen-Schulz 2010:5).

Alle internationalen Gastwissenschaftlerinnen (100%) und fast alle deutschen (83%) sind 2010 weiterhin in der Genderforschung tätig, was auf die Stabilität dieses Fachgebiets und Forschungsinteresses verweist. Dass sie ihre grundlegenden wissenschaftstheoretischen Positionen verändert hätten, bejahten 15% der deutschen, aber 62 % der internationalen Gastwissenschaftlerinnen. Dies ist erstaunlich und möglicherweise auf ein unterschiedliches Verständnis der Frage zurückzuführen. „Did the international cooperations change your basic theoretical position and your perception and questions in the context?"

Die Antworten der Gastwissenschaftlerinnen lauteten z. B.:
„I learned a lot about the relevance of cultural context which we explored in the international workshops".
Oder:
"I've ticked ‚yes', because there is only no as an alternative. My response would be ‚some shifts and development" rather than change to my basic scientific theoretical position". Oder: "Aspects of comparative research get more important".
Oder:
"Improvement from transdisciplinary discussions" (Jansen-Schulz 2010:6)

Ihre Einschätzung des künftigen Forschungsbedarfs präzisierten die deutschsprachigen Wissenschaftlerinnen vor allem als Forschungsfragen zur sozialen Ungleichheit, zur Institutionalisierung der Genderforschung und zum weiteren Ausbau der Internationalen Kooperation. Die internationalen Wissenschaftlerinnen berichteten sehr differenziert. Sie schlagen Forschungen vor zu Intersektionalität, Interdisziplinarität und grundlegenden Genderfragen, zu sustainable development, masculinities und new warfare, gender studies in MINT-disciplines, on curriculum and didactical changes and innovation, bio-medicine and health, professionalization of gender dominated professions, repro-genetic technologies, spatial planning in urban and regional level.

Ein interessanter Kommentar lautet:
"I think that there is a need to stimulate and support the study of fundamental questions relative to the construction of gender. With fiscal constraints and subsequent restraint on University funding through public bodies, there is a tendency for policies to favour research that is deemed 'useful' at a superficial level (demonstrating the utility of 'outcomes' in short-term, etc.) Such an emphasis can gradually undermine the process of questioning at a deeper level of significance, and hence undermine the very basis of our understanding. This is a trend that urgently needs redress across the board in Universities globally. The field of gender studies is no exception. We need further research and study into questions about how the gendering of male and female occurs in different cultural contexts, what its implications are, how it is inextricably intertwined with the very process of becoming a speaking subject. Each generation needs to ask and explore these questions anew. We need courses of study that sustain this field of questioning" (Jansen-Schulz 2010:7).

Mehr als ein Viertel (77%) der deutschsprachigen Gastwissenschaftlerinnen sind der Meinung, die Zielsetzung des Maria-Goeppert-Mayer-Programms befördert zu haben im Vergleich zu 91% der ausländischen. Ob es an ihrer Gasthochschule möglich war, eine längerfristige Verankerung der Frauen- und Geschlechterforschung und die Genderperspektive in Lehre und Forschung zu etablieren, bestätigten 58% und 42% verneinten es. Die internationalen Wissenschaftlerinnen reagierten ähnlich kritisch: 55% antworteten mit ja, und 46% mit nein. Zwar äußerte sich die Mehrheit positiv, aber es besteht doch auch große Skepsis und sogar eine relativ breite Verneinung dieser Frage.

Ähnlich verhält es sich bei der Frage zur Vernetzung: 67% der deutschsprachigen äußerten sich positiv und ein Drittel negativ, während sich 90% der internationalen Wissenschaftlerinnen positiv äußerten.

Die folgende Grafik gibt noch einmal komprimiert die Antworten der Gastwissenschaftlerinnen auf die gestellten Fragen wieder.

Tab. 2: MGMP Befragung 2010

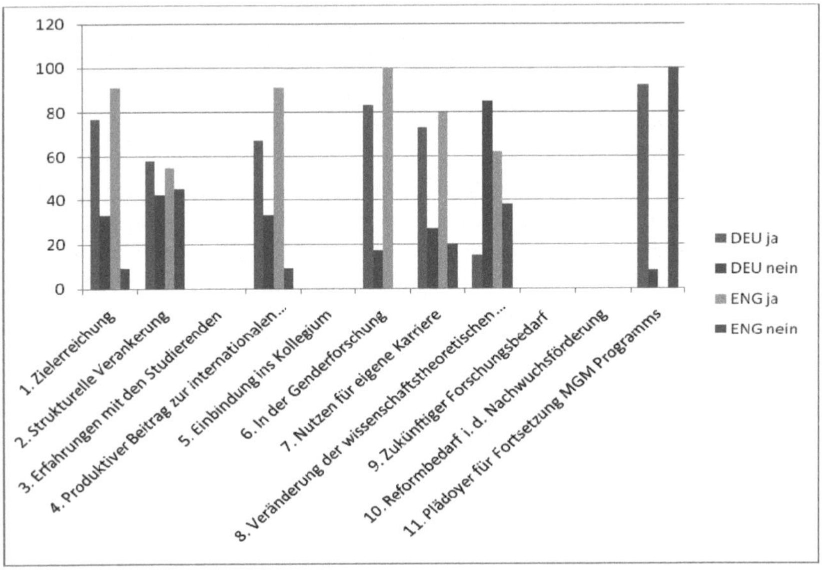

Quelle: Jansen-Schulz 2010

Ein kritischer Kommentar zum Programm lautet:

„Das Programm ist eines von vielen, das die Misere an den Hochschulen verschleiert und zudem noch Frauen betrifft, die sowieso schon strukturell benachteiligt sind. Statt unbefristeter oder auf einige Jahre angelegter Stellen, die an den Hochschulen richtig verankert sind, gibt es immer mehr kurz- bis ultrakurzfristige „Stellen“, die überhaupt nicht wahrgenommen werden und die Prekarisierung der Inhaberinnen nur nach weiter treiben“.

Und ein weiterer Kommentar:
„Ja, auf individueller Anstrengung basierend und ohne Unterstützung – gegen die Ausschlussmechanismen und unsichtbaren Laufbahnplanungen an der Hochschule, ist die Zielsetzung des MGM nicht zu erreichen. Also braucht es auch ein solches Programm" (Jansen-Schulz 2010:6).

Die qualitativen Kommentare ergeben, dass die persönlichen Effekte des Programms als bedeutend, die institutionellen Wirkungen jedoch eher als mäßig eingeschätzt werden.

In der sechsbändigen Publikation herausgegeben von Waltraud Ernst und Karin Bohle (s. Literaturverzeichnis) haben dreiviertel der Gastwissenschaftlerinnen als Autorin ihre Forschungsergebnisse vorgestellt. Somit liegt eine eindrucksvolle Dokumentation des inhaltlichen Spektrums und der wissenschaftlichen Ergebnisse dieses Programms vor.

4.3 Einschätzungen des wissenschaftlichen Beirats

Aus der *Perspektive des wissenschaftlichen Beirats* haben sich einige Einrichtungen in den Hochschulen hervorragend in der Antragstellung professionalisiert. Einige antragstellende Einrichtungen haben sich ein Netzwerk von kooperierenden internationalen Wissenschaftlerinnen aufgebaut. Andere Hochschulen haben eher *Eintagsfliegen* gezeugt. *Ketteneffekte* zeichneten sich da ab, wo eine Wissenschaftlerin aus einem fremden Land andere nach sich zog und damit auch im Herkunftsland neue Vernetzungen entstehen konnten.

Die Verstetigung bleibt jedoch mancherorts ein Problem. Trotz großer Erfolge in der Förderung durch das Maria-Goeppert-Mayer-Programm haben einzelne Hochschulen die Institutionalisierung der Geschlechterforschung nicht vorangetrieben, vielmehr das Ausscheiden einzelner Stammpersonen sogar zur inhaltlichen Umwidmung genutzt. Jedesmal waren es spezifische personelle Konstellationen vor Ort, auch ein Ausspielen der Genderforschung gegen andere Fachgebiete kam vor. Neben Lernprozessen sind daher Mitnahme-Effekte an einzelnen Hochschulen nicht auszuschließen.

5. Resümee

Beim Maria-Goeppert-Mayer-Programm handelt es sich um eine Hochschul-Governance über Programmsteuerung. Es war ein Aushängeschild, eine ‚Nachhilfe' und auch ein Türöffner für die Hochschulen. Es teilt das Schicksal politischer Programme, die als wissenschaftspolitisches Instrument ihre Akzeptanz in den Hochschulen selbst erst erzeugen müssen. Schließlich geht es um das umkämpfte Feld der Ressourcen- und Aufmerksamkeitsverteilung und die Frauen- und Geschlechterforschung ist wie ein Spiegel, der blinde Flecken sichtbar macht: Kritik am Maria-Goeppert-Mayer-Programm seitens der Gastwissenschaftler, die weitgehend mit den Hochschulleitungen übereinstimmt, bezieht sich auf

- die ausschließliche Ausrichtung auf die Lehre, auch wenn einzelne Lehrprojekte durchgeführt wurden und vereinzelt Forschungskooperationen entstanden.
- Die Beschränkung auf ein Semester ist für die Entwicklung stabiler Kontakte und Kooperationen zu kurz, ja hinderlich. Eine zeitliche Flexibilität bzw. Passung ist wegen der unterschiedlichen internationalen Hochschulsysteme für die praktische Abkömmlichkeit mancherorts entscheidend. Das bringt Anpassungsprobleme in der operativen Durchführung mit sich.
- Die Fakultäten sollten in einem Junktim noch stärker in die Pflicht genommen werden, um die Nachhaltigkeit zu sichern.

Aller Ausweitung der (persönlichen) internationalen Kontakte zum Trotz, die mit Hilfe des Maria-Goeppert-Mayer-Programms erfolgreich zustande kamen, sind die lokalen personellen Konstellationen vor Ort sehr entscheidend. Wichtig für eine Verstetigung der geschlechterkompetenten Lehre sind Eckprofessuren der Geschlechterforschung, damit sich andere Professuren mit Teildenominationen oder weitere Projekte anlagern können. Es braucht einen stabilen Kern, damit sich neue Schwerpunkte bilden können.

Die Einbindung der Programm-Professorinnen an der jeweiligen Gast-Universität über ihre personelle Präsenz hinaus und ihre Vernetzung untereinander sind wichtige Aspekte für eine weitere Internationalisierung der (niedersächsischen) Hochschulen. Hier könnten sich neue Formen der Kooperation entwickeln, die Unterstützung in einer Fortsetzung des Programms finden sollten.
Es ist dem Maria-Goeppert-Mayer-Programm gelungen, die wissenschaftlichen Perspektiven auszuweiten. Die Verstetigung erfordert die Umwidmung materieller Ressourcen, um die auch andere Inhalte konkurrieren. In der Verstetigung einer geschlechtersensiblen Wissenschaftsentwicklung gibt es in der Bundesrepublik weiter Nachholbedarf. Dass dieser Nachholbedarf kleiner geworden ist, dazu hat das Maria-Goeppert-Mayer-Programm einen wesentlichen Beitrag geleistet.

Literatur

Becker, Ruth/Kortendiek, Beate (2008): Handbuch der Frauen- und Geschlechterforschung, 2. Aufl. VS Verlag für Sozialwissenschaften, Wiesbaden

Bock, Ulla/Heitzmann, Daniela/Lind, Inken (2011): Genderforschung – zwischen disziplinärer Marginalisierung und institutioneller Etablierung. Zum aktuellen Stand des Institutionalisierungsprozesses von Genderprofessuren an deutschsprachigen Hochschulen. Manuskript eingereicht bei der Redaktion Gender. Zeitschrift für Geschlecht, Kultur und Gesellschaft

Center for Excellence Women and Science (2009): Hochschulranking nach Gleichstellungsaspekten, 3. Fortschreibung, Bonn (erstes Ranking 2003)

Ernst, Waltraud/Bohle, Ulrike (Hg.) (2006): Naturbilder und Lebensgrundlagen. Konstruktionen von Geschlecht. Lit-Verlag Hamburg, Bd. 1

Ernst, Waltraud/Bohle, Ulrike (Hg) (2006): Transformationen von Geschlechterordnungen in Wissenschaft und anderen sozialen Institutionen, Lit-Verlag Hamburg, Bd. 2

Ernst, Waltraud/Bohle, Ulrike (Hg) (2006): Geschlechterdiskurse zwischen Fiktion und Faktizität, Hamburg, Bd. 3

Ernst, Waltraud (Hg.) (2010): Geschlecht und Innovation. Gender Mainstreaming im Techno-Wissenschaftsbetrieb, Lit-Verlag Berlin, Bd. 4

Ernst, Waltraud (Hg.) (2010): Grenzregime. Geschlechterkonstellationen zwischen Kulturen, Räumen und Globalisierung, Lit-Verlag Berlin, Bd. 5

Ernst, Waltraud (Hg.) (2010): Ethik – Geschlecht – Medizin. Körpergeschichten in politischer Reflexion. Lit-Verlag Berlin, Bd. 6

Dölling, Irene (2007): 'Geschlechter-Wissen' – ein nützlicher Begriff für die ‚verstehende' Analyse von Vergeschlechtlichungsprozessen. In: Gildemeister, Regine/ Wetterer, Angelika (Hg.): Erosion oder Reproduktion geschlechtlicher Differenzierungen? Widersprüchliche Entwicklungen in professionalisierten Berufsfeldern und Organisationen, Münster

Forgas, Joseph P. (1987): Sozialpsychologie. Eine Einführung in die Psychologie der sozialen Interaktion, Beltz Verlag, München

Gildemeister, Regine/Wetterer, Angelika (Hg.) (2007): Erosion oder Reproduktion geschlechtlicher Differenzierungen? Widersprüchliche Entwicklungen in professionalisierten Berufsfeldern und Organisationen, Münster

Jansen-Schulz, Bettina (2010): Auswertung der Befragung der Hochschulleitungen und Frauen- und Gleichstellungsbeauftragten Niedersächsischer Hochschulen zum MGMP, Lüneburg

Mc Grayne, Sharon (1995): Maria Goeppert Mayer 1995: In: The Physics Teacher, Vol. 33, OCT. 1995: 426.

Kamphans, Marion (2008): Praktische Umsetzung von Gender Mainstreaming und theoretischer Diskurs: Parallelwelten oder doch eng verbunden: In: Zimmermann, Karin/Kamphans, Marion/Metz-Göckel, Sigrid (Hg.) : Perspektiven der Hochschulforschung, VS Verlag für Sozialwissenschaften, Wiesbaden, 331-351

Kamphans, Marion (2010): Relevanz von Geschlecht in Hochschule und Wissenschaft: zwischen Verkennung, Subtilisisierung und Rationalitätsmythen. In: Bauschke-Urban, Carola/Kamphans, Marion/Sagebiel, Felizitas (Hg.): Subversion und Intervention. Wissenschaft und Geschlechter(un)ordnung. Barbara Budrich Verlag, Opladen & Farmington Hills, MI, 65 - 86

Krücken, Georg (2008): Zwischen gesellschaftlichem Diskurs und organisationalen Praktiken: Theoretische Überlegungen und empirische Befunde zur Wettbewerbskonstitution im Hochschulbereich. In: Zimmermann, Karin/Kamphans, Marion/Metz-Göckel, Sigrid (Hg.): Perspektiven der Hochschulforschung, VS Verlag für Sozialwissenschaften,Wiesbaden, 165-175

Lenz, Ilse (Hg.) (2008): Die neue Frauenbewegung in Deutschland. Abschied vom kleinen Unterschied. Eine Quellensammlung. VS Verlag für Sozialwissenschaften, Wiesbaden

Macha, Hildegard/Handschuh-Heiß, Stephanie/Magg-Schwarzbäcker, Marion/Gruber, Susanne (2010): Gleichstellung und Diversity an der Hochschule. Implementierung und Analyse des Gender Mainstreaming-Prozesses, Barbara Budrich Verlag, Opladen

Metz-Göckel, Sigrid (Hg) (2002): Lehren und Lernen an der Internationalen Frauenuniversität, Leske+Budrich, Opladen

Metz-Göckel, Sigrid (2005): Bewegte Politik- fünfundzwanzig Jahre feministische Frauenhochschulpolitik. des Arbeitskreises Wissenschaftlerinnen NRW. In: beiträge zur feministischen theorie und praxis, H. 66/67, Köln 2005, 87-102

Metz-Göckel, Sigrid (2007): Wirksamkeit und Perspektiven von gleichstellungspolitischen Maßnahmen in der Wissenschaft. In: Wissenschaftsrat: Exzellenz in der Wissenschaft und Forschung – Neue Wege in der Gleichstellungspolitik, Köln, 111-146

Metz-Göckel, Sigrid (2007): Exzellente Bildung von Frauen – Die Internationale Frauenuniversität als Forum einer Weltelite gebildeter Frauen. In: Dackweiler, Regina (Hg.): Willkommen im Club? Frauen und Männer in Eliten,Münster, 109-125

Metz-Göckel, Sigrid (2008): Hochschulforschung und Frauen- und Geschlechterforschung – zwei Welten begegnen sich? In: Zimmermann, Karin/Kamphans, Marion/Metz-Göckel, Sigrid (Hg.): Perspektiven der Hochschulforschung, VS Verlag für Sozialwissenschaften, Wiesbaden, 37 - 63

Miemietz, Bärbel/Verner, Ljiljana/Burruano, Larissa (2007): Integration geschlechtsspezifischer Inhalte in das Medizincurriculum – Ein Projekt zur Qualitätssteigerung der Lehr an der Medizinischen Hochschule Hannover. In: Zeitschrift für Frauenforschung und Geschlechterstudien, 25. Jg. H. 2, 98-110

Müller, Ursula (2008): De-Institutionalisierung und gendered subtexts. `Asymmetrische Geschlechterkultur an der Hochschule‘ revisited. In: Zimmermann, Karin/Kamphans, Marion/Metz-Göckel, Sigrid (Hg.): Perspektiven der Hochschulforschung, VS Verlag für Sozialwissenschaften, Wiesbaden, 143-156

Niedersächsisches Ministerium für Wissenschaft und Kultur (Hg.) (1997): Berichte der aus der Frauenforschung: Perspektiven für Naturwissenschaften, Technik, Medizin. Bericht der niedersächsischen Kommission zur Förderung der Frauenforschung in Naturwissenschaften, Technik, Medizin, Hannover

Niedersächsisches Ministerium für Wissenschaft und Kultur (Hg.) (1994): Frauenförderung ist Hochschulreform – Frauenforschung ist Wissenschaftskritik, Hannover

Neusel, Aylâ/Poppenhusen, Margot (Hg.) (2002): Universität neu denken. Leske+Budrich Verlag, Opladen

Neusel, Aylâ (2008): Eine Universität neu denken. In: Zimmermann, Karin/Kamphans, Marion/Metz-Göckel, Sigrid (Hg.): Perspektiven der Hochschulforschung, VS Verlag für Sozialwissenschaften, Wiesbaden, 293-307

Roloff, Christine/Selent, Petra (Hrsg.) 2003: Hochschulreform und Gender Mainstreaming, Kleine Verlag, Bielefeld

Roloff, Christine (Hg.) (2002): Personalentwicklung, Geschlechtergerechtigkeit und Qualitätsmanagement an der Hochschule. Kleine Verlag, Bielefeld

Newsletter aus dem Gleichstellungsbüro: Medizin und Geschlecht. Medizinische Hochschule Hannover

Wissenschaftsrat (Hg.) (2007): Exzellenz in der Wissenschaft und Forschung – Neue Wege in der Gleichstellungspolitik, Köln

Zimmermann, Karin/Kamphans, Marion/Metz-Göckel, Sigrid (Hg.) (2008): Perspektiven der Hochschulforschung, VS Verlag für Sozialwissenschaften, Wiesbaden

Barbara Hartung

Das Maria-Goeppert-Mayer-Programm für internationale Frauen- und Genderforschung

Frauen- und Geschlechterforschung (Genderforschung) ist in Niedersachsen seit Anfang der 1990er Jahre Bestandteil der Gleichstellungs- und Forschungspolitik. Der Bericht der ersten Frauenforschungskommission (1994) adressierte mit dem Titel „Frauenförderung ist Hochschulreform, Frauenforschung ist Wissenschaftskritik" das Potential einer kritischen Betrachtung sowohl der Hochschule als Institution als auch der Gegenstände von Wissenschaft und Forschung. Bereits in diesem Bericht findet sich die Empfehlung, neben neuen Stellen für Frauen- und Geschlechterforschung sowie der Einrichtung eines Pools von Frauenforschungsprofessuren auch die Möglichkeit zu schaffen, durch die zeitlich befristete Berufung von Gastprofessorinnen einen Erfahrungs- und Wissenschaftsaustausch herzustellen.

Die Perspektive der Forschung wurde vertieft mit den „Berichten aus der Forschung: Perspektiven für Naturwissenschaft, Technik und Medizin" der zweiten Frauenforschungskommission (1997). Ihre Empfehlungen fasst die Kommission in vier Schwerpunkten zusammen:

(1) Förderung von Forschungsschwerpunkten und Forschungsvorhaben entlang interdisziplinär angelegter Forschungsperspektiven (z.B. Intelligenz, Information, Körper, Wasser, Stadt);
(2) Vermittlung der Frauenforschung in die Lehre und die Studienreform;
(3) Verbesserung der Personalstruktur und der Nachwuchsförderung;
(4) Erprobung einer Frauenuniversität als EXPO-Projekt.

Zur Umsetzung der Empfehlungen wurde 1997 der Niedersächsische Forschungsverbund Frauen- und Geschlechterforschung in Naturwissenschaften, Technik und Medizin (NFFG) gegründet, der bis einschließlich 2003 mit einer Summe von 7,5 Mio. € gefördert wurde. Unterstützt wurden Forschungsprojekte aus den genannten Bereichen.

Mit der Durchführung der Internationalen Frauenuniversität Technik und Kultur (ifu) während der EXPO 2000 wurde eine weitere Empfehlung umgesetzt[1].

1 Vgl. dazu den Beitrag von Aylà Neusel in diesem Band

Maria-Goeppert-Mayer-Programm für internationale Frauen- und Genderforschung

Die spezifische Schwerpunktsetzung „Frauen- und Geschlechterforschung" im Programm Chancengleichheit des Hochschul- und Wissenschaftsprogramms (HWP, 2001-2006) eröffnete dann weitere Möglichkeiten, in diesem Bereich neue Akzente zu setzen.

Im Rahmen des Maria-Goeppert-Mayer-Programms für Internationale Frauen- und Genderforschung wurden in Niedersachsen seit 2001 Mittel für Gastprofessuren sowie für Lehraufträge zur Verfügung gestellt, um die Frauen- und Genderforschung als Impuls für die Wissenschaftsentwicklung zu fördern. Zielsetzungen des Programms waren insbesondere

- Verstärkung des Lehrangebots
- Integration des Standards internationaler Frauen- und Genderforschung in Studium, Lehre und Forschung
- Nachwuchsförderung
- Verstärkung interdisziplinärer Ansätze
- Fortführung der im Rahmen der ifu geknüpften Kontakte im Sinne der Nachhaltigkeit.

Angesprochen waren alle Wissenschaftsbereiche, vor allem aber die Disziplinen, die besondere Defizite und Desiderate im Bereich der Frauen- und Genderforschung aufwiesen. Antragsberechtigt waren Universitäten, künstlerische Hochschulen und Fachhochschulen.

Die Gastprofessur, die vorrangig als Lehrprofessur ausgestaltet war, wurde in der Regel für ein Semester gefördert. Nach einer späteren Anpassung der Richtlinien war auch die Beantragung für einen längeren — maximal zweijährigen — Zeitraum möglich. Es wurden Mittel für Personal-, Reise- und Sachkosten zur Verfügung gestellt.

Über die Vergabe der Gastprofessur sowie der Mittel für Lehraufträge entschied das Ministerium aufgrund der Empfehlung eines Wissenschaftlichen Beirates, zunächst unter Vorsitz von Prof. Dr. Sigrid Metz-Göckel, seit 2008 unter Vorsitz von Prof. Dr. Eva-Maria Warth. Bei den Anträgen richtete der Wissenschaftliche Beirat besonderes Augenmerk darauf, dass die Integration der Kandidatin oder des Kandidaten in die Hochschule bzw. Fakultät nachvollziehbar und überzeugend dargelegt war, und dass die Hochschulleitung den Antrag unterstützte.

Nach Auslaufen des HWP wurde das Programm ab 2007 mit Landesmitteln fortgeführt. Für das Programm wurden während der Laufzeit (2001-2010) insgesamt 3,4 Mio. € verausgabt. In insgesamt 19 Ausschreibungsrunden wurden 130[2] von 204 Anträgen bewilligt, die Erfolgsquote betrug also etwa zwei Drittel. Ge-

2 Zum Teil bezogen sich die Anträge auf mehrere Semester

fördert wurden insgesamt 115 Gastprofessuren (112 Frauen, 3 Männer) sowie 30 Lehraufträge (27 Frauen, 3 Männer)[3]. 40 Prozent der Gastprofessorinnen und Gastprofessoren kamen aus dem Ausland; es waren 25 Nationen von allen Kontinenten vertreten. Ein Drittel der Gastprofessuren war in den Bereichen Technik und Naturwissenschaften angesiedelt, zwei Drittel in geistes- und sozialwissenschaftlichen Fächern.

Damit wurde in der Breite der niedersächsischen Hochschulen eine beachtliche Wirkung erzielt. Gerade in der Phase der Umstellung der Studiengänge auf Bachelor-/Master-Strukturen gaben die Gastprofessuren wichtige Impulse zur Integration von Genderaspekten in die Curricula.

Die erfolgreiche und intensive Arbeit der Gastprofessorinnen und Gastprofessoren ist durch eine Publikationsreihe mit sechs Teilbänden dokumentiert, die jeweils auf einen Themenbereich fokussiert sind. Damit wird deutlich, welch vielfältiges Angebot die Professorinnen und Professoren im Rahmen des Maria-Goeppert-Mayer-Programms in die niedersächsischen Hochschulen eingebracht haben. Erkennbar werden die hohe Vernetzung der Fachgebiete und die fast durchgängig interdisziplinären Ansätze der Beiträge.

Mein besonderer Dank gilt deshalb allen Gastprofessorinnen und Gastprofessoren sowie den Inhaberinnen und Inhabern von Lehraufträgen, die mit ihrem Einsatz und ihrer Begeisterung in den letzten zehn Jahren die Genderforschung in Niedersachsen gestärkt haben. Darüber hinaus gebührt den Mitgliedern des Wissenschaftlichen Beirates ebenso Dank wie Dr. Waltraut Ernst als Herausgeberin der Publikationsreihe.

Im Sommer 2010 wurde eine Online-Umfrage bei den Hochschulleitungen sowie den Gastprofessorinnen und Gastprofessoren durchgeführt, um herauszufinden, inwieweit die Programmziele erreicht wurden und welche Wirkungen das Programm für die Gastprofessorinnen und Gastprofessoren bzw. in den Hochschulen hatte[4]. Die Rücklaufquote war mit 75 Prozent bei den Hochschulen und 40 Prozent bei den Gastprofessorinnen und Gastprofessoren relativ hoch. Die Ergebnisse deuten darauf hin, dass in den Hochschulen eine strukturelle Verankerung von Genderaspekten in der Lehre in Gang gesetzt wurde, die in der Forschung aber noch der Intensivierung bedarf. Für die Gastprofessorinnen und Gastprofessoren haben sich in der Regel weiterführende Kontakte zu den Gasthochschulen ergeben. In etlichen Fällen war die Gastprofessur von Vorteil für die weitere Karriereentwicklung. Einige Gastprofessorinnen sind auf unbefristete Professuren berufen worden[5].

---

3 Die Anzahl bezieht sich auf die pro Semester geförderten Professuren/Lehraufträge
4 Jansen-Schulz 2010
5 Vgl. im Einzelnen auch die Ausführungen von Metz-Göckel in diesem Band

Zentren für Frauen- und Geschlechterforschung

Neben den Gastprofessuren und Lehraufträgen wurde im Rahmen des Maria-Goeppert-Mayer-Programms 2001 bis 2010 auch die Entwicklung von Zentren für Frauen- und Geschlechterforschung an den niedersächsischen Hochschulen mit einer Summe von insgesamt rund 2,2 Mio. € unterstützt.

Seit 2001 haben sich in Niedersachsen folgende Zentren etabliert:

- Das Zentrum für interdisziplinäre Frauen- und Geschlechterforschung (ZFG) an der Universität Oldenburg (2001),
- das Zentrum für interdisziplinäre Frauen- und Geschlechterforschung (ZIF) in Kooperation der Universität Hildesheim mit der Fachhochschule Hildesheim/Holzminden/Göttingen (2001),
- das Braunschweiger Zentrum für Genderstudies in Kooperation der Technischen Universität Braunschweig, der Hochschule für Bildende Künste Braunschweig und der Fachhochschule Braunschweig/Wolfenbüttel (2003),
- das gender_archland (Forum für Genderkompetenz in Architektur Landschaft Planung) an der Universität Hannover, Fakultät für Architektur und Landschaft (2008),
- das Kompetenzzentrum Geschlechtersensible Medizin an der Medizinischen Hochschule Hannover (2009).

2006 wurde zwischen der Hochschule für Musik und Theater Hannover und der Mariann-Steegmann-Foundation eine Rahmenvereinbarung für zunächst zehn Jahre geschlossen, die die Finanzierung für das Forschungszentrum Musik und Gender an der Hochschule für Musik und Theater sichert.

Nach Auslaufen der degressiv angelegten Förderung haben sich die Hochschulen im Rahmen der Zielvereinbarungen 2010-2012 verpflichtet, die Zentren ab 2011 aus eigenen Mitteln fortzuführen.

Die Zentren erhielten durch die bei ihnen tätigen Gastprofessorinnen vielfältige Impulse, insbesondere im Hinblick auf die internationale Zusammenarbeit. Die Gastprofessorinnen wiederum hatten in den Zentren eine kompetente Einheit, welche die Integration in das Lehr- und Forschungskonzept der jeweiligen Hochschule förderte und erleichterte.

Fortführung des Maria-Goeppert-Mayer-Programms

Die Genderforschung ist in Niedersachsen Teil der Forschungslandschaft. Sie trägt mit zur Schärfung und Profilierung der Forschungsschwerpunkte bei. Die Berücksichtigung von Gender-Perspektiven in der Forschung selbst, bei der Formulierung von Forschungsthemen wird in Zukunft an Bedeutung zunehmen, nicht zuletzt aufgrund der Anforderungen, die im Rahmen der Forschungsförderung durch die EU gestellt werden. Auch die Deutsche Forschungsgemeinschaft hat in ihren forschungsorientierten Gleichstellungsstandards die Einbeziehung von Genderaspekten in die Forschung adressiert. Um die niedersächsischen Hochschulen für eine erfolgreiche Positionierung in diesem Feld zu stärken und die nachhaltige Verankerung der Genderforschung zu befördern, wird das Maria-Goeppert-Mayer-Programm mit einem veränderten Profil fortgeführt.

Vorgesehen ist eine Anschubfinanzierung für (unbefristete) Professuren (W 3, W 2 oder W 1) mit einer (Teil-)Denomination für Genderforschung. Erwartet wird eine Gegenfinanzierung der jeweiligen Hochschule von mindestens 30 Prozent der Antragssumme. Das Programm hat eine Laufzeit von fünf Jahren; es steht eine Gesamtfördersumme von rund 2,5 Mio. € zur Verfügung. Förderfähig sind neben der Professur Personalmittel für Mitarbeiterinnen und Mitarbeiter sowie Sach- und Hilfskraftmittel.

Voraussetzung für eine Förderung ist die Vorlage eines Profilpapiers, in dem die Verankerung der Genderforschung in der Hochschule insgesamt und insbesondere die Passung der beantragten Stelle in der Fakultät dargelegt werden.

Aufgrund der Empfehlungen einer Auswahlkommission, deren Mitglieder im Benehmen mit der Wissenschaftlichen Kommission Niedersachsen benannt wurden, entscheidet das Ministerium über die Anträge. Sodann kann die Hochschule das Berufungsverfahren für die Professur durchführen.

Durch die Maria-Goeppert-Mayer-Professuren erhalten die niedersächsischen Hochschulen die Möglichkeit, ihre Berufungspolitik mit Blick auf die Genderforschung stärker langfristig und strategisch anzulegen. Dabei liegt ein wichtiger Akzent auf dem Ausbau der internationalen Forschungskooperationen. Gefordert ist eine qualitätsorientierte Planung für eine strukturelle Verankerung der Genderforschung im Rahmen hochschulischer Strukturen und Entwicklungsplanung.

Perspektiven

Mit der Fortführung der Zentren für Genderforschung in der Verantwortung der Hochschulen und der Fortsetzung des Maria-Goeppert-Mayer-Programms zur Förderung von Professuren mit einer (Teil-)Denomination für Genderforschung ist in Niedersachsen die Perspektive für eine nachhaltige Entwicklung der Genderforschung an den Hochschulen eröffnet. Damit sind die niedersächsischen Hochschulen zugleich gut positioniert, um sich im europäischen Wettbewerb um Fördergelder zu behaupten.

Literatur

Ernst, Waltraud/Bohle, Ulrike (Hg.), (2006): Naturbilder und Lebensgrundlagen. Konstruktionen von Geschlecht. Internationale Frauen- und Genderforschung in Niedersachsen, Teilband 1. LIT Verlag, Hamburg, Münster

Ernst, Waltraud/Bohle, Ulrike (Hg.) (2006):Transformationen von Geschlechterordnung in Wissenschaft und anderen sozialen Institutionen. Internationale Frauen- und Genderforschung in Niedersachsen, Teilband 2. LIT Verlag, Hamburg, Münster

Ernst, Waltraud/Bohle, Ulrike (Hg.) (2006): Geschlechterdiskurse zwischen Fiktion und Faktizität. Internationale Frauen- und Genderforschung in Niedersachsen, Teilband 3. LIT Verlag, Hamburg, Münster

Ernst, Waltraud (Hrsg.) (2010): Geschlecht und Innovation. Gender-Mainstreaming im Techno-Wissenschaftsbetrieb. Internationale Frauen- und Genderforschung in Niedersachsen, Teilband 4. LIT Verlag, Hamburg, Münster

Ernst, Waltraud (Hg.) (2010): Grenzregime. Geschlechterkonstellationen zwischen Kulturen und Räumen der Globalisierung. Internationale Frauen- und Genderforschung in Niedersachsen, Teilband 5. LIT Verlag, Hamburg, Münster

Ernst, Waltraud (Hg.) (2010): Ethik – Geschlecht – Medizin. Körpergeschichten in politischer Reflexion. Internationale Frauen- und Genderforschung in Niedersachsen, Teilband 6. LIT Verlag, Hamburg, Münster

Jansen-Schulz, Bettina (2010): Auswertung der Befragung der Hochschulleitungen und Frauen- und Gleichstellungsbeauftragten Niedersächsischer Hochschulen zum MGMP, Lüneburg

Niedersächsisches Ministerium für Wissenschaft und Kultur (Hg.) (1994): Frauenförderung ist Hochschulreform, Frauenforschung ist Wissenschaftskritik. Hannover

Niedersächsisches Ministerium für Wissenschaft und Kultur (Hg.) (1997): Berichte aus der Frauenforschung: Perspektiven für Naturwissenschaften, Technik und Medizin. Hannover

Waltraud Ernst

Frauen- und Genderforschung – international, interdisziplinär und transkulturell?

Die Frauen- und Genderforschung entwickelte sich als Teil der internationalen feministischen Bewegungen und entfaltete daher von Anfang an das Selbstverständnis, auch im wissenschaftlichen Austausch nationale Grenzen zu überschreiten und Geschlechterverhältnisse transkulturell zu analysieren. Dieses Selbstverständnis einzulösen und zu praktizieren erweist sich jedoch bis heute als schwierig. Wellen kritischer Auseinandersetzung über nationale Engführungen, Euro- oder Ethnozentrismus und zuletzt über Intersektionalität offenbaren immer wieder das Auseinanderklaffen von Anspruch und Wirklichkeit und suchen dieses zu überwinden. Das Maria-Goeppert-Mayer-Programm für internationale Frauen- und Genderforschung in Niedersachsen leistete auf der praktischen Ebene einen wichtigen Beitrag zur internationalen und transkulturellen Auseinandersetzung mit aktuellen Lehr- und Forschungsinhalten, indem es 115 Gastprofessorinnen und -professoren aus 25 Nationen und unterschiedlicher kultureller Verortung zwischen 2001 und 2010 für ein oder mehrere Semester an niedersächsische Hochschulen brachte (Hartung 2010). Um die Ergebnisse festzuhalten und Nachhaltigkeit für zukünftige Generationen von Studierenden, Lehrenden und Forschenden zu sichern, entstanden in zwei Publikationsserien sechs thematisch gegliederte, transdisziplinäre Bände zur internationalen Frauen- und Genderforschung in Niedersachsen, die zentrale Ergebnisse der Frauen- und Genderforschung des ersten Jahrzehnts des 21. Jahrhunderts darlegen. Die thematische Spannbreite wird im Folgenden ausgeführt und in den Zusammenhang der Internationalität und Transkulturalität gestellt.

1. Naturbilder und Lebensgrundlagen - Konstruktionen von Geschlecht

Geschlechterkonstruktionen sind in wissenschaftlichen Vorstellungen von 'Natur' ebenso bedeutsam wie in Theorien des 'natürlichen' Körpers und dem Management 'natürlicher' Ressourcen. Der Einfluss von Herrschaftsverhältnissen auf menschliche Körper und deren Lebensgrundlagen stellen ein zentrales Forschungsfeld der Frauen- und Geschlechterforschung dar. Das Postulat der natürlichen Gegebenheit steht dabei auf ganz verschiedenen Ebenen in Frage: natürliche Gegebenheiten als etwas Unveränderliches, als etwas vom Sozialen, Kulturellen oder Persönlichen Unabhängiges und als etwas, das Transparenz oder eine ihm innewohnende Evidenz besitzt. Was wird als Natur verstanden? Wer hat Zugang zu 'ihren' Ressourcen? Wer stellt selbst eine 'natürliche'

Ressource dar? Dies sind hochbrisante Fragen, worauf die Frauen- und Geschlechterforschung nur unter Berücksichtigung von Internationalität und Transkulturalität überzeugende Analysen erarbeiten kann. Die 'moderne' Dichotomie von Natur und Kultur wird dabei vielfältig in Frage gestellt. Es wird von verschiedenen Autorinnen dargelegt, dass die in der feministischen Theorie lange Zeit anerkannte Unterscheidung zwischen dem 'biologischen' und dem 'sozialen' Geschlecht ('sex' und 'gender') diese Dichotomie auf problematische Weise voraussetzt. In diesem Zusammenhang erscheint es umso brisanter, wenn zu einem Zeitpunkt, zu dem diese Unterscheidung überwunden scheint, auf dem ersten Weltkongress zur 'gender-spezifischen' Medizin 2006 dieses Konstrukt wieder aufgegriffen wird und das Institute of Medicine der USA dazu aufruft, in allen Bereichen medizinischer Forschung nach identifizierbaren 'biologischen' Geschlechterdifferenzen zu suchen. Die neuseeländische Genderforscherin Victoria Grace legt am Beispiel der Schmerzforschung dar, dass eine rigide binäre Unterscheidung zwischen Frauen und Männern sich weder durch genetische, hormonelle, chromosomale oder phänomenologische Forschungsergebnisse stützen lässt. Ein solchermaßen binäres Denken kann jedoch leicht zu Entwicklungen führen, die Frauen bei der medizinischen Versorgung benachteiligen (Grace 2006). In der Dringlichkeit, in der 'gender-spezifische' Medizin auf reduktionistische Weise international institutionalisiert wird, sieht Grace das Versagen der Lebenswissenschaften, Variabilität und Vielfalt theoretisch adäquat zu erfassen. Die kausale Komplexität geschlechtlicher Unterschiede zu verstehen scheint auch aus einer volkswirtschaftlichen Perspektive erforderlich (Lorgelly 2006). Simplifizierende Verallgemeinerungen über die Ursachen ungleicher Lebenserwartung, Lebensführung und der Wahrnehmung von Krankheit können demnach sogar notwendige politische Maßnahmen zur Überwindung gesellschaftlich produzierter Ungleichheit entgegenstehen.

Der ungleiche Zugang zu Ressourcen eröffnet weitere brisante Forschungsfragen. Sie zielen auf die geschlechtliche Arbeitsteilung und die damit einhergehende Höherbewertung von männlich dominierten Arbeitsbereichen: An Beispielen über Projekte in Pakistan (Khan 2006) und Indien (Pathak 2006) wird die Problematik der Sicherstellung der Wasserversorgung für alle Lebens- und Wirtschaftsbereiche offenbar. Beide Wissenschaftlerinnen machen die Notwendigkeit der Beteiligung von Frauen an den Entscheidungsprozessen deutlich. Ungleiche Ressourcenverteilung scheint jedoch in den so genannten Industrienationen keineswegs überwunden zu sein. Wie kann im Verkehrswesen Westeuropas Frauen der gleiche Zugang zu öffentlichen Ressourcen und Dienstleistungen ermöglicht werden (Grieco 2006)? Ist Gender-Mainstreaming im kommunalen Städtebau eine erfolgreiche Methode zur geschlechtergerechten Qualitätsverbesserung und Demokratisierung (Bock 2006)? Kann durch physiotherapeutische Methoden dem vermehrten Auftreten stress bedingter Krankheiten bei Frauen in Schweden entgegengewirkt werden (Rosberg 2006)? Die Sensibilisierung für die eigenen gelebten körperlichen Erfahrungen scheint dabei hinsichtlich Empowerment und der Veränderungsmöglichkeit verinnerlichter vergeschlechtlichter Körpermuster eine wesentliche Rolle zu spielen. Wie wird in der kapitalistischen Konsumlogik, wie sie heute in den USA Schwangerschaft, Mutterschaft und Kindererziehung weitgehend durchdringt, Wert verhandelt (Katz Rothman 2006)? Wer kann sich in welcher Hinsicht als Subjekt oder Objekt am Markt behaupten?

Die Tradition der Abwertung von Frauen und alles weiblich codierten kann geistesgeschichtlich bis zu Aristoteles' Konzeption der Person mit seiner problematischen Aufspaltung von Form (= männlich) und Materie (= weiblich) zurückgeführt werden (Hiltmann 2006). Demgegenüber steht eine Überhöhung von Männern und allem männlich codierten, die bis in aktuelle naturwissenschaftliche Theorien reicht (Döge 2006). Inwiefern das damit verbundene Modell des Wohlstands durch Naturbeherrschung selbst aktuelle Diskurse zur Nachhaltigkeit und Globalisierung prägt, muss im Konnex mit der Naturalisierung gesellschaftlicher geschlechtlicher Ungleichheit erforscht werden (Katz/Winterfeld 2006). Es ist also das Anliegen der Frauen- und Geschlechterforschung, Naturalisierungen von Geschlechterhierarchien aufzudecken. Binäre Oppositionen als Paradigma der modernen Naturwissenschaften werden dekonstruiert. Statt diesen wird eine adäquate Theorie zur Konzeptualisierung von Vielfalt und Variabilität bzw. eine Theorie positiver Alterität gefordert.

2. Transformationen von Geschlechterordnungen in Wissenschaft und anderen sozialen Institutionen

Wissenschaft bildet keine Institution außerhalb der Gesellschaft, sondern ist als sozialer Ort aufs Engste mit Transformationsprozessen in anderen gesellschaftlichen Bereichen verwoben. So spiegeln Geschlechterhierarchien in den Wissenschaften nicht einfach gesellschaftliche Geschlechterhierarchien wieder. Geschlechterordnungen werden vielmehr in einem wechselseitigen Prozess von wissenschaftlichen und anderen gesellschaftlichen Institutionen entwickelt. Ein historischer Blick auf die gesellschaftlichen Bedingungen der Zulassung von Frauen zum Studium und der Karriereverläufe von Wissenschaftlerinnen kann zeigen, dass in Hochschulen dieselben Ein- und Ausschlussmechanismen wirksam sind wie in anderen gesellschaftlichen Bereichen. Dies begründet die grundlegende Veränderbarkeit von Geschlechterordnungen, die zentraler Bestandteil umfassender gesellschaftlicher Ordnungen sind. Transformationen im Zusammenhang mit aktuellen Migrationsprozessen in Deutschland sowie mit dem Zusammenbruch des Sozialismus in der Sowjetunion und auf dem Balkan zu erörtern, ist hierfür hilfreich, da Geschlecht in diesen Transformationsprozessen zum Kriterium für Fortschritt gemacht wird. Migration und Transformation wird als geschlechtlich definierter Prozess betrachtet, so dass Chancen und Gefahren für Frauen ausgelotet werden können, ohne dieselben einseitig als Opfer oder Verliererinnen anzusehen. Die Transformationsprozesse selbst müssen in kürzeren und längeren historischen Zusammenhängen betrachtet werden. Die Entwicklung der Geschlechterverhältnisse in einzelnen Wissenschaftsbereichen (Mathematik und Naturwissenschaften; Agrarwissenschaften) werden daher in den sozialhistorischen Veränderungen des ganzen zwanzigsten Jahrhunderts in Deutschland erst evident (Tobies 2006, Schmitt 2006). Dabei werden die Transformationsprozesse zum Teil als Geschlechterkämpfe, zum Teil als politische Verhandlungssache und zum Teil als Lernprozesse erkannt, denen gerade in wissenschaftlicher Lehre und Forschung immer wieder Geltung verschafft werden muss. Welche Auswirkungen haben sozioökonomische Transformationsprozesse auf das Geschlechterverhältnis in den post-sowjetischen Staaten (Oswald 2006) und auf dem Balkan (Blagojevic 2006)? Was bedeuten Migrationsprozesse und Geschlechterverhältnisse für die Auswanderungs- und Einwanderungsgesellschaften (Lutz 2006)? Inwiefern sind Migrations- und Integrationsprozesse vergeschlechtlicht und auf welche Weise sind sie von den Kontextbedingungen der Aufnahmegesellschaft abhängig (Alhajsuleiman/Pohle 2006)?

Wie können gendersensitive Lehr-, Lern- und Arbeitsformen zur gleichberechtigten Teilhabe von Frauen an Naturwissenschaft und Technik beitragen (Curdes 2006, Wiesner 2006)? Kann Wissen, das durch unbezahlte Haus- und Fürsorgearbeit erlangt wird, im Zuge einer bildungspolitischen Aufwertung lebenslangen Lernens für bezahlte Arbeit (z. B. im Management) geltend gemacht werden (Eichler 2006)? Wie kann Genderkompetenz einerseits handlungsorientiert vermittelt werden und andererseits ein komplexes Verständnis von Geschlecht beinhalten (Kosuch 2006)? Wie können in sozialwissenschaftlicher Forschung die Beforschten in einer Weise partizipieren, dass sie nicht nur den Forschungsprozess mitgestalten, sondern auch von den Ergebnissen profitieren (Neumann 2006)? Diese Erörterungen weisen einerseits auf Postulate hin, die schon in den Anfängen feministischer Forschung als zentral erkannt worden sind. Andererseits eröffnen sie anhand aktueller internationaler Entwicklungen radikal neue Sichtweisen.

3. Geschlechterdiskurse zwischen Fiktion und Faktizität

Geschlechterbilder stellen einen zentralen Bestandteil jeglicher kultureller Produktion dar. Doch vielleicht gerade weil sie nicht eindeutig sind, werden sie ständig neu gezeichnet. Es ist daher notwendig, einerseits die vielfältigen Darstellungsweisen und Produktionsprozesse zu untersuchen und andererseits zu überprüfen, inwiefern dabei für einzelne Subjekte ebenso wie für ganze soziale Bewegungen Raum entsteht, sich selbst zu gestalten. Dabei ist zu fragen, wie dieses Selbst als Gestaltendes und zu Gestaltendes im soziohistorischen Gewebe der Kultur situiert ist. Auf welche Weise kann es ergründet werden? Wie sich Geschlecht in einzelne künstlerische Ausdrucksformen einschreibt, muss an Beispielen moderner und postmoderner Genres untersucht werden. Es muss untersucht werden, wie Geschlecht auch im Abstrakten und Göttlichen diskursiviert wird und ob anti-patriarchale Deutungen emanzipatorische Realitäten evozieren. Was passiert dabei mit scheinbar klar zu fassenden Kategorien wie 'Geschlecht', Nationalität', 'Rasse', 'religiöse Wahrheit' und 'historische Faktizität'? Wird ihre Kontingenz und Uneindeutigkeit in der Analyse offenbart und die Grenzen zwischen 'Schein' und 'Sein' (be)greifbar? Wird in der männlich geprägten Tradition der naturwissenschaftlich orientierten Lyrik durch die Thematisierung von Ohnmachtsgefühlen und Verletzbarkeit angesichts moderner Medizintechnik das überkommene Männerbild in Frage gestellt (Graczyk 2006)? Kann die moderne Geschlechterkrise in der Textgenese des Andreas-Fragments von Hugo von Hofmannsthal im Durchlaufen der Genres analysiert werden (Runte 2006)? Was bedeutet es für die Geschlechteranalysen in der feministischen Literaturwissenschaft in Polen, wenn Literatur als performativer Akt verstanden wird (Choluj 2006)? Kann die Politik des Sichtbarmachens der Situation von mexikanischen Straßenkindern im Sinne von Butlers Konzept des 'abject subject' im medialen Zusammenspiel von Text und Fotografie als engagiertes Programm verstanden werden (Torres 2006)? Wenn Mode als geschlechtliche Praxis der performativen Subjektkonstitution betrachtet wird, wie ist dann der Einsatz neuer Medientechnologien beim totalen 'Make Over' in aktuellen Reality-TV-Serien zu bewerten (Gaugele 2006)? Welche Rolle spielen populäre Medien bei der Etablierung, Aufrechterhaltung bzw. Unterwanderung geschlechtsspezifischer Arbeitsteilung angesichts der Faszination von 'Desperate Housewifes' (Hipfl 2006)? Kann das öffentlich Gesagte - je nach Autorität der Sprechenden - im Sinne der Performativität von Sprache zur unhinterfragten Faktizität werden (Bergmann 2006)? Bergmann zeigt eine beunruhigende Reaktualisierung kolonialer Männlichkeitsbilder in der westlichen Berichterstattung über den Afganistan- und Irakkrieg auf.

Auch in der Auseinandersetzung um das Verbot von "Mischehen" in den Kolonien des deutschen Kaiserreichs anfangs des 20. Jahrhunderts werden die aufgeregten Versuche sichtbar, die behauptete Kluft zwischen den Völkern aufrecht zu erhalten und die Beschränkung der Staatsbürgerrechte auf Weiße abzusichern (Kundrus 2006). Die Lebensgeschichte einer einzelnen Person, wie zum Beispiel die Konversion Pandita Ramabais (1858-1922) vom Hinduismus zum Christentum, kann als Intervention einer Akteurin aus der Peripherie in der Metropole erklärt werden, die in der Auseinandersetzung mit der alten und der neuen Religion die Achse zwischen Kolonialmacht und Kolonisierter überkreuzt (Juneja 2006). Vielleicht kann sogar die theologische Argumentation für Glaubensfreiheit Katharina Schütz Zells im Jahr 1557 in Straßburg, das religiös Verfolgten während der Reformation zwischenzeitlich einen Zufluchtsort bot, über den lokalen und historischen Kontext hinaus für eine Reflexion christlicher Ansprüche auf Wahrheitsmonopol und Vorherrschaft in Europa nutzbar gemacht werden (Strübind 2006). Anhand von Schütz Zells Ausführungen zum Gebet "Vater unser", worin das Göttliche bzw. Christus als weiblich-mütterlich konstruiert wird, kann die Offenheit der biblischen Texte für feministische Deutungen gezeigt werden (McKee 2006). In einem erweiterten Sinn von Spiritualität können die Erd-Körper-Skulpturen der Künstlerin Ana Mendieta als Übersetzung essentialistischer Bilder der Erdgöttin und des weiblichen Körpers in eine ästhetische Syntax gedeutet werden, welche auf die Notwendigkeit hinweist, das Verhältnis zwischen Natur und Kultur zu reartikulieren und traditionelle Repräsentationen der US-amerikanischen Geschichte als Eroberung der 'wilden' Natur durch moderne

Zivilisation zu hinterfragen (Gersdorf 2006). Der komplexe Deutungszusammenhang zwischen Kunst und Kult kann auch am 'Necklace of Mysteries' herausgearbeitet werden. Die in eine Kupferhalskette eingearbeitete Steinskultpur Nevulana stellt die zentrale Figur einer Geschichte des südafrikanischen Zulu-Volkes dar, die unter anderem vom Vertrauen zwischen Frauen, das durch Kindertausch besiegelt wird, handelt und vom Bündnis der Menschen mit den Sternenwesen (de Wys 2006).

Es sind also gerade detaillierte Analysen, die allzu vertraute Kategorien in ihrer Schlichtheit entblößen und ein gründlicheres Verständnis von kultureller Produktion und kulturellen Produkten ermöglichen. Auf diese Weise entsteht ein dichtes transnationales Gewebe von Kulturanalysen, das seine historische Situiertheit zum Thema macht.

4. Geschlecht und Innovation. Gender Mainstreaming im Techno-Wissenschaftsbetrieb

Innovationen sind unvorhersehbare Ereignisse, sie können zwar angestrebt, aber nicht geplant werden, seien sie nun technologischer, natur-, kultur- oder sozialwissenschaftlicher Art. Ebenso wenig kann die Entwicklung der Geschlechterverhältnisse vorhergesehen werden. Es können zwar Maßnahmen zum Abbau von Diskriminierungen und Geschlechterstereotypen entwickelt und ergriffen werden. Welche Auswirkungen diese haben, ist aber kaum vorauszuberechnen. Schon allein deshalb unterliegt Gleichstellungspolitik einem ständigen Erneuerungsbedarf. Die Institution des Wissenschaftsbetriebs, die sich in verschiedener Hinsicht schnell verändert, überrascht jedoch in Sachen praktizierter Geschlechterpolitiken mit Kontiniutät, insofern diese zum Teil heute noch an die Zeiten der umfassenden Neugründung moderner Universitäten im 19. Jahrhundert erinnern. Daher müssen immer wieder innovative Methoden des *Gender Mainstreamings* in Hochschulen entwickelt werden. Impulse des *Gender- und Diversity-Managements* für die Technik- und Naturwissenschaften verdienen dabei besondere Aufmerksamkeit, denn hier korrespondiert die weitgehende Abwesenheit von Frauen mit einem weitestgehenden Mangel der Thematisierung der Geschlechterkonzeptionen, die naturwissenschaftlicher Forschung und technologischer Entwicklung zu Grunde liegen. Die Wissenschaftskultur selbst scheint immer wieder zu neuen kreativen Konzepten und Strategien für die Herstellung von Chancengleichheit herauszufordern. Warum ist die Verwirklichung von Chancengleichheit – als soziale Innovation – gerade in einem Feld so schwierig, das wissenschaftliche und technologische Innovationen zum Markenzeichen erklärt?

Fragen nach der Überwindung von Geschlechterhierarchien müssen daher gerade auch in den Innovationsfeldern der neuen Technologien, Informatik, Physik, Robotik, Raumplanung und Produktdesign erörtert werden. Nur so können neue Verhältnisse von Technik und Geschlecht entworfen und diskutiert werden. Hierfür sind Perspektiven aus unterschiedlichen Disziplinen notwendig. Verschiedene theoretische Zugänge müssen sich darin ergänzen, einen innovativen

Weg aufzuzeigen, um patriarchale Verhältnisse im Techno-Wissenschaftsbetrieb zu überwinden. Inwiefern stellt die Kategorie Geschlecht selbst eine innovative Forschungsperspektive in den Technowissenschaften dar? Kann sie technologische Innovationen mit sozialen Innovationen verknüpfen? Dies kann zum Beispiel durch die Einbeziehung realer Nutzerinnen und Nutzern von Technologien im 'participatory design' geschehen (Joost/Bessing/Buchmüller 2010). Durch das methodisch reflektierte Erforschen von Erwartungen und Bedürfnissen von Frauen an Informations- und Kommunikationstechnologien werden Impulse für eine innovative ICT-Entwicklung in Richtung selbstbestimmter, lustvoller und nützlicher Kommunikation gegeben. Oft wird jedoch in der Informatik eine Abgrenzung vom Sozialen mit einer Abwertung von Weiblichkeit und dem Ausschluss von Frauen gekoppelt. Dem sollte mit einer Reform der Curricula der Informatik, die Gender Studies und eine Schulung in soziologischen Methoden inkludiert, entgegengetreten werden (Crutzen 2010).

Ob eine Zuschreibung von Emotionalität und Sozialität an Artefakte in den neuesten Entwicklungen der Robotik, wenn es um die Mensch-Maschine-Interaktion geht, wirklich zur Beseitigung von Geschlechterstereotypen beiträgt, oder eher eine "Strategie der Camouflage des Technischen als Soziales" darstellt, muss allerdings genau analysiert werden (Weber 2010). Andererseits kann anhand des Bildes der Physik als Männerdomäne in der einflussreichen Ausstellung "The Family of Man" von 1955 gezeigt werden, wie damit nicht nur der bedeutende Beitrag von Physikerinnen zur Entwicklung der Physik im 20. Jahrhundert verschwiegen wird, sondern die aktuelle Partizipation der Wissenschaftlerinnen auch erschwerte (Scheich 2010). Auch für diese Disziplin können jedoch Lehrveranstaltungskonzepte entwickelt werden, die Genderforschung und Physik für Studierende des Fachs in einen Dialog bringen (Götschel 2010). Eine mehrjährige Studie in sieben europäischen Ländern offenbart darüber hinaus die Notwendigkeit der Öffnung der Ausbildung von Ingenieurinnen und Ingenieuren an den Hochschulen für interdisziplinäre Komponenten aus den Sozial- und Kulturwissenschaften sowie der Unterstützung der Studierenden bei der Gemeinschaftsbildung (Wächter 2010). Dies scheint nicht nur für Studentinnen motivierend zu wirken, sondern auch für eine wachsende Zahl sogenannter "non-typical males". Der Blick in die Raumplanung zeigt, wie Geschlechterstereotypen sogar in Gesetzen und Regelwerken versteckt sind (Tummers 2010). Da in längerfristigen Entwicklungsplänen zur Stadtentwicklung noch immer von überholten Vorstellungen geschlechtlicher Arbeitsteilung ausgegangen wird, plädiert Tummers für eine kooperative Planungskultur und Veränderungen in der Budget- und Landverteilung. Hinsichtlich der Aneignungsmuster öffentlicher Stadträume müssen die Faktoren betrachtet werden, welche die Präsenz von Frauen im öffentlichen Raum bedingen und die Bedürfnisse möglichst vieler verschiedener potentieller Raumnutzerinnen und -nutzer in den Blick genommen werden (Oertzen 2010). Während also einzelne Natur- und Technikwissenschaften hinsichtlich der Überwindung von Geschlechterhierarchien ganz konkret thematisiert werden müssen, werden Fragen nach Möglichkeiten des *Gender Mainstreaming* im Hochschul- und Wissenschaftsbetrieb insgesamt gestellt.

Schon allein aufgrund der Gleichstellungsrichtlinien der EU-Kommission haben deutsche Hochschulen in dieser Hinsicht großen Nachholbedarf. Doch auch die Erforschung der Anforderungen, die erfolgreiche Wissenschaftlerinnen an universitäre Strukturen stellen, verweisen auf die Dringlichkeit von Maßnahmen, die unter dem Stichwort "Wertschätzung von Vielfalt" zusammengefasst werden können (Schraudner/Hochfeld 2010). In der Betrachtung der neuesten Entwicklungen der Hochschulen zu "entrepreneurial universities" wird die These der Abwertung und Feminisierung von Wissenschaft diskutiert (Aulenbacher/ Riegraf 2010). Demnach bedarf es erst noch Indikatoren, welche die Chancen von Gleichstellungspolitik in Kombination mit der Ökonomisierung der Universitäten und der Veränderung der außeruniversitären Arbeitsformen messbar machen.

Doch nicht nur die Umsetzung des Gender Mainstreaming, auch jene der EU-Richtlinie des "Flexicurity" in Deutschland muss kritisch untersucht werden (Schulze Buschoff 2010). Hier erweisen sich die sogenannten Hartz-Gesetze zwar als Verstärkung der Flexibilitätsanforderung ohne allerdings eine neue Art der sozialen Absicherung zu schaffen. Dies führt Schulze Buschoff zufolge zu einer erneuten Ungleichbehandlung von Frauen, da gerade diese vermehrt in schlecht versicherte "Minijobs" hineingedrängt werden. Bei der Analyse der normativen Implikationen von Karrierekulturen wird einem Verständnis von Karriere als Erklimmen einer linearen Leiter die Vorzüge eines Verständnisses vom Leben als Rythmizität gegenübergestellt, in welchem sich unterschiedliche Zyklen von Arbeit und Leben abwechseln (Sabelis 2010). Ob Hochschulen allerdings als Wegbereiter einer neuen Wissenschaftskultur betrachtet werden können, erweist sich angesichts der Chancen und Probleme der Verknüpfung von Politiken der Geschlechtergleichstellung mit solchen der nachhaltigen Entwicklung im internationalen Vergleich als fraglich (Franz-Balsen 2010).

5. Grenzregime. Geschlechterkonstellationen zwischen Kulturen und Räumen der Globalisierung

Grenzregime regeln den Transfer von Menschen und Produkten, Ideen und Ideologien. Geschlechterverhältnisse sind selbst einem Grenzregime unterworfen, das regelt, wann die Grenze zwischen dem Weiblichen und dem Männlichen überschritten wird. In diesem Zusammenhang von Grenzregime zu sprechen ist sinnvoll, insofern die Überschreitung der Grenzen zwischen dem, was als weiblich und männlich gilt, einerseits eine kulturübergreifende Angelegenheit ist, die unter Umständen sanktioniert wird. Andererseits ist diese Grenze, wie jene zwischen Staaten und Kulturen, historisch sehr variabel und wird immer wieder neu verhandelt. Die Frauen- und Geschlechterforschung überschreitet zum Teil selbst Grenzen, nämlich jene zwischen Disziplinen, so genannten Weltkulturen und historischen Epochen. Genderforscherinnen und –forscher arbeiten problemorientiert und erarbeiten zum Teil neue methodische Ansätze oder entwickeln bestehende Forschungsperspektiven auf der methodologischen Ebene weiter.

Der Fokus auf die interkulturelle Dimension von Geschlechterkonstruktionen und die Geschichte von Geschlecht und Migration eröffnet einen Weg zum Verständnis von Geschlecht im globalen Zusammenhang. So kann untersucht werden, inwiefern über globale Grenzregime hinweg das Verständnis von Geschlecht ebenso in Bewegung geraten ist wie die Personen zwischen Kulturen und Räumen der Globalisierung. Werden alte soziale Hierarchien überwunden oder neu zementiert? Wie verändern sich Geschlechterverhältnisse in fremden Räumen? Können globale Transformationen der Geschlechterverhältnisse entdeckt werden? Unterscheiden sich alte von neuen, ‚östliche' von ‚westlichen' Männlichkeitsnormen?

Die Aufmerksamkeit für kulturelle und historische Spezifika von Geschlechterkonstruktionen ist in feministischer Theorie nicht selbstverständlich. Geschlechterkonstellationen mit geographisch begrenzten historischen Ereignissen, Erzählungen oder Diskursen zu verknüpfen fordert die Selbstreflexion der Forschenden als soziohistorisch situierte Subjekte heraus. Die Lokalisierung und Spezifizierung ist jedoch eine wertvolle Arbeit, da dadurch die Historizität dieser Relationen deutlich wird und mit dem Verweis auf ihre Heterogenität die Entnaturalisierung von Geschlecht erleichtert. Hierbei erscheint es zielführend, bei der Migration von geschlechtlich positionierten Personen über geographisch definierte Räume anzusetzen und die politischen Diskurse darüber zu analysieren (Strüver 2010). Dies scheint zu ermöglichen, den Stereotypen über Migrantinnen und Migranten in Bildern, Kunstwerken und wissenschaftlichen Arbeiten kritische Reflexionen und konkrete Beispiele aus Kunst und Sozialforschung entgegenzusetzen (Haehnel 2010, Tuider 2010). Ein solcher Ansatz ermöglicht auch, die Negation der Bedeutung von Migration durch (staats-)politische Akteurinnen und Akteure, zum Beispiel in der deutschen Familienpolitik, aufzudecken (Kahlert 2010).

Ein Teil der aktuellen Genderforschung reflektiert besonders Konstruktionen von Männlichkeit und setzt sich dabei kritisch mit dem Forschungsansatz der 'hegemonialen Männlichkeit' auseinander. Ist dieser bei einer Untersuchung schulischer Leistungsbereitschaft von Schuljungen unterschiedlicher Herkunft in London anwendbar (Phoenix 2010)? Phoenix zufolge scheint ihnen gerade eine Orientierung an Mittelmäßigkeit ein 'lebbares Leben' in einem Freundschaftszusammenhang zu ermöglichen. Können mit dem Ansatz der 'hegemonialen Männlichkeit' Veränderungen von Männern in (post-)sozialistischen Staaten erforscht werden (Scholz/Willms 2010)? Scholz/Willms schlagen eine Revision im Hinblick auf die Diversität lokaler Varianten von "Männlichkeitsmustern" vor, die sie mit empirischen Befunden aus Russland, Polen, Ostdeutschland und Bulgarien belegen. Können damit auch Heldenmythen und die ambivalenten Verknüpfungen des deutschen Männerbunddiskurses am Anfang des 20. Jahrhunderts mit Kolonialismus, Anti-Semitismus und Homophobie erklärt werden (Brunotte 2010)? Wie können kulturübergreifende und kulturspezifische Verknüpfungen von Gewalttätigkeit mit Männlichkeit verstanden und transformiert werden (Schäfer 2010)?

Die Verwobenheit der Männlichkeitsideologien zwischen kulturellen Räumen scheint schon in den internationalen und interkontinentalen Herrschaftsverhältnissen des Kolonialismus zu wurzeln.

Ist kulturvergleichende Forschung bei einem so heiklen Thema wie Geschlechterkonstellationen überhaupt möglich ohne die 'eigenen' Maßstäbe unreflektiert auf 'die Anderen' zu projizieren (Stein-Redent 2010)? Nach Möglichkeiten und Schwierigkeiten der internationalen politischen Vernetzung und Organisierung zum Beispiel von Landfrauen zu fragen - auch lange bevor es den Begriff der Globalisierung gab - erweist sich daher als vielversprechend für die aktuelle Diskussion um Intersektionalität (Burg 2010). Ebenso wegweisend erscheint eine transkulturelle Analyse der Geheimnisse weiblicher und männlicher ProtagonistInnen und der konspirativen Bündnisse in unseren kulturstiftenden Epen, wie zum Beispiel die Scheherazade, die Bibel bzw. der Koran und deren Traditionen der Interpretation (Fathy 2010).

Es zeigt sich, dass gerade das breite Spektrum kultur- und sozialwissenschaftlicher Disziplinen, theoretischer Ansätze und methodischer Zugänge der Frauen- und Geschlechterforschung zu einem dichten Bild von Geschlechterkonstellationen zwischen Kulturen und Räumen der Globalisierung verhilft. Verbindend ist insbesondere die Einsicht in ihre historische Veränderlichkeit und politische Gestaltbarkeit. Auf diese Weise trägt feministische Wissenschaft zu einem Bewusstseinsprozess bei, Globalisierung nicht als Vereinheitlichung von Geschlechterverhältnissen misszuverstehen, sondern sowohl lokale Heterogenität zu verstehen als auch diese kritisch und kreativ zu wenden. Die Verwobenheit von künstlerischen Imaginationen, kulturellen Ideologien und politischen Realitäten wird so nachvollziehbar. Neue Geographien der Geschlechter werden entworfen und zugänglich.

6. Ethik – Geschlecht – Medizin. Körpergeschichten in politischer Reflexion

Biologie, Medizin und Ethik beanspruchen epistemische, moralische und politische Autorität über den menschlichen Körper und dessen Interaktionen. Das Ausloten von Geschlechterdifferenzen spielt dabei eine wesentliche Rolle. Was dabei als gesund oder krank betrachtet wird, ist ebenso Gegenstand der Forschung wie das Normale oder Natürliche. Das kommt bei der Diskussion um das ethisch richtige Handeln zum Tragen, besonders wenn es um sexuelles Handeln geht. Daher ist es eine vordringliche Aufgabe der Frauen- und Geschlechterforschung, die normativen Dimension von medizinischer und biologischer Forschung sowie die Fundierung von Geschlechternormen durch Medizin, Biologie und Ethik zu hinterfragen.

Hierfür ist ein interdisziplinäres Forschen notwendig. Denn die vielen Facetten dieser diskursiven Einschreibung von Geschlecht finden sich in so unterschiedlichen Texten wie epische Dichtungen, historische und medizinhistorische Akademie- und Reiseberichte, Parlamentsprotokolle, Website-Inhalte, pädagogisches und politisches Material, Berichte in Tageszeitungen, Publikationen in naturwissenschaftlichen Fachzeitschriften, in medizinischen Fachbüchern und philosophischen Abhandlungen. Sie zeugen davon, dass es sowohl im 17. als auch im 21. Jahrhundert von Bedeutung ist, ob eine Person als Frau oder Mann lebt – und dass diese Bedeutung weit über die Beschaffenheit des Körpers hinausgeht. Die feministische Wissenschaftsgeschichte liefert hierzu ebenso interessantes methodisches Werkzeug wie die feministische Literaturgeschichte, so dass gefragt werden kann, welche Geschichten vom Körper erzählt und welche verschwiegen werden. Die alten und neuen Erzählungen vom Verhältnis von Reproduktion, Geschlecht, Sexualität, Gesundheit, Gewalt und politischen Rechten müssen einer kritischen Analyse unterzogen werden. Dabei erweisen sich diese Diskursfelder auch in der Genderforschung als politisch umstritten. Daher ist ein präzises Verständnis vom ethischen Subjekt von zentraler Bedeutung. Denn der zu erhaltende bzw. optimierbare Körper steht hierbei auch in einem ökonomischen Fokus.

Aufgrund der konzeptuellen Umwälzungen der europäischen Moderne bieten historische Epochen seit dem 17. Jahrhundert der Frauen- und Geschlechterforschung besonders interessantes Forschungsmaterial. Dies reicht bis über die Gegenwart hinaus, denn die untersuchten Forschungsfelder schöpfen nicht selten ihre wissenschaftliche und gesellschaftliche Bedeutung dadurch, dass sie 'Heilung', Leistungssteigerung, 'Freiheit' oder Gerechtigkeit für die Zukunft versprechen. Dabei ist das, was als Mangel oder Krankheit definiert wird, oft umstritten. Es ist verwoben mit den kontroversen zeitgenössischen Vorstellungen davon, was eine 'richtige Frau', ein 'natürlicher Mann' oder ein wertzuschätzendes Mitglied der Gesellschaft ist. Die damit verbundenen normativen Vorstellungen müssen hinterfragt werden. Alter und neuer biologischer Determinismus muss kritisch reflektiert werden.

Auf welche Weise hat die europäische Medizin im 18. Jahrhundert vom Mischen und Hybridisieren, Sammeln, Sortieren und Auslöschen des Wissens der einheimischen Bevölkerung der Karibischen Inseln mit dem der Versklavten Heilerinnen und Helfern aus Afrika profitiert (Schiebinger 2010)? Was sind die geschlechterpolitischen Dimensionen von Brustkrebsforschung in den USA (Spanier 2010), von Eizellspenden im komplexen Geflecht mit pronatalistischer Politik in Israel (Shalev 2010) oder von Osteoporose im Zusammenhang mit einer an veralteten Geschlechternormen orientierten Medizin (Klinge 2010)? Findet in der aktuellen Hirnforschung eine neue Normierung von Geschlechterkörpern statt (Schmitz 2010)? Was bedeutet es, wenn wir Ethik als Weg der Befreiung von biologistischen Vorgaben verstehen (Landweer/Newmark 2010)? Welche Vorstellungen von Geschlecht werden mit Fürsorge-Praktiken verknüpft (Tronto 2010)? Tronto plädiert dafür, sie zur Grundlage für die Erteilung staatsbürgerlicher Rechte zu machen. Setzt sexualisierte Gewalt eine dichotome oder zumindest binäre Geschlechterordnung voraus oder zielt sie darauf, diese herzustellen bzw. abzusichern (Wade 2010)? Anhand von Grimmelshausens Dichtungen aus dem 17. Jahrhundert belegt Wade, inwiefern sexuelle Selbstbestimmung als genuines Menschenrecht für 'echte' Männer zwar konstituierend, für 'echte'

Frauen jedoch kaum durchsetzbar ist. Dass heute nicht-reproduktives sexuelles Verhalten nicht länger als Problem gilt, wird besonders am Diskurs über schwule Pinguine in Zoos des 21. Jahrhunderts deutlich. Das Nachdenken über Tiere ("thinking with animals") stellt hierbei eine wichtige Verhandlungstechnik für verschiedene Vorstellungen darüber dar, was natürlich und deshalb in der menschlichen Gesellschaft erlaubt sein soll (Ebeling/Spanier 2010).Im vielfältigen Spektrum der Gendertheorien werden durchaus unterschiedliche Positionen sichtbar, die zum Teil ausführlich diskutiert und begründet werden, wie bei Spanier, Schmitz und Klinge, zum Teil aber auch nur implizit durchscheinen wie bei Wade und Shalev. In manchen Ansätzen wird die Herstellung von Geschlechternormen auf einer konzeptuellen Ebene und deren Eindringen in zweigeschlechtlich definierte Körper untersucht, wie in dem gemeinsamen Beitrag von Ebeling und Spanier. Andere setzen die Kategorien ‚Frau' und ‚Mann' eher selbstverständlich voraus und konzentrieren sich auf die damit verknüpften unterschiedlichen Möglichkeiten der Selbstverwirklichung und Anerkennung, wie bei Schiebinger, Tronto und der gemeinsamen Arbeit von Landweer und Newmark. Einig ist sich die Genderforschung vielleicht lediglich darin, dass die nach wie vor weitgehend binär verstandene Geschlechterdifferenz eine tragende Rolle für die biomedizinische Forschung spielt - ebenso wie für die Wissenschaftsgeschichte, Literaturwissenschaft, Rechtswissenschaft und die Philosophie. Wie diese Geschlechterdifferenzen ins Spiel kommen, wie sie Entscheidungen für oder gegen eine Forschungsfrage, eine Diagnosemethode oder Diagnose, eine Therapie, eine Vision von Gerechtigkeit oder eine Lebensweise begründen bzw. welche konkreten gesetzlichen Regelungen mit dem Verweis darauf vereinbart werden, zeigen erst die konkreten Einzelforschungen und auch dies kontrovers. Dies ergibt sowohl in zeitlicher als auch in interdisziplinärer und internationaler Hinsicht ein umfassendes, aktuelles Bild der Genderforschung im Spannungsfeld von Ethik, Geschlecht und Medizin.

7. Zusammenfassung: Frauen- und Genderforschung als Transdisziplin

In diesem Beitrag wurden aktuelle Fragen der Frauen- und Genderforschung skizziert und als interdisziplinäre Themenbereiche betrachtet. Die zentrale Bedeutung von Internationalität und Transkulturalität für die Frauen- und Geschlechterforschung ist dabei sichtbar geworden. Doch auch der Umstand, dass die Kategorie Geschlecht am besten im strategischen Zusammenspiel verschiedener Disziplinen und theoretischer Ansätze zu wegweisenden Erkenntnissen führt, wurde deutlich. Dabei werden nicht nur sozial- und kulturwissenschaftliche, sondern auch naturwissenschaftliche Theorien und technologische Entwicklungen hinsichtlich der Innovationsfähigkeit der ihnen zugrunde liegenden Vorstellungen von Geschlecht einer Prüfung unterzogen. Historische und disziplinhistorische Perspektiven sind hierbei von besonderer Bedeutung, wenn sie die in der untersuchten Zeit geltenden Kategorien nicht einfach übernehmen, sondern diese kritisch reflektieren. Der problemorientierte Zugang, der sich im vorliegenden Beitrag anbietet, zeigt auch ein prägnantes Ergebnis in Bezug auf einen in der Frauen- und Genderforschung immer wieder schwelenden Konfliktherd über ihren disziplinären Status. Wenn Frauen- und Geschlechterforschung eine wissenschaftliche Disziplin darstellt, dann am ehesten eine Transdisziplin, d.h. eine Disziplin, die disziplinäres Denken überwindet und hinter sich lässt. Dies hat keine prinzipielle heuristische Unschärfe zur Folge, sondern gerade im Gegenteil. Fragestellungen der Frauen- und Geschlechterforschung erfordern eine multidimensionale Herangehensweise, gerade weil die Kategorie Geschlecht in einer multidimensionalen Weise in der Realität wirksam ist. Erst die transdisziplinäre Betrachtung kann dies erhellen. Das hat auch Konsequenzen für die Frage nach der Ausgangs-, Haupt-, Herkunfts- oder Heimatdisziplin, die immer wieder mehr oder weniger explizit in Arbeiten zur feministischen Wissenschaft auftaucht. Die Methode der Dekonstruktion, der Analyse oder der Rekonstruktion, die ihre zu untersuchenden Kategorien (wie zum Beispiel ‚Frau', ‚Geschlecht', ‚Natur', 'Fiktion', ‚Arbeit' ‚Gerechtigkeit' usw.) überdenkt und hinterfragt, stellt meines Erachtens eines der wertvollsten Werkzeuge dieser Transdisziplin dar. Ein weiteres Werkzeug besteht darin, anerkannte disziplinär spezifische Methoden virtuos für eine feministische Erkenntnisperspektive zu öffnen.

Die hier skizzierten Forschungsfelder der Frauen- und Genderforschung verweisen also auf die Notwendigkeit, quasi gleichzeitig die Binarität der Geschlechterkategorie (und ihre Einbettung in andere Binaritäten der europäischen Moderne) analytisch zu überschreiten und mit denselben zu argumentieren. Dieses Spannungsfeld kreativ und konstruktiv zu nutzen, kann als grundlegendes Ziel dieser Transdisziplin bezeichnet werden.

Literatur

Alhajsuleiman, Kerstin/Pohle, Perdita(2006): Migration - Integration - Segregation: Untersuchungen zur soziokulturellen Lebenssituation und Integration türkischer Migrantinnen in Göttingen. In: Waltraud Ernst/Ulrike Bohle (Hrsg.). Transformationen von Geschlechterordnungen in Wissenschaft und anderen sozialen Institutionen. Internationale Frauen- und Genderforschung in Niedersachsen, Teilband 2, LIT Verlag, Münster/Hamburg, S. 31-55

Aulenbacher, Brigitte/Riegraf, Birgit (2010): WissenschaftlerInnen in der Entrepreneurial University: Über den Wettbewerb der Hochschulen und die Bewegungen in den Geschlechterarrangements. In: Waltraud Ernst (Hrsg.). Geschlecht und Innovation. Gender Mainstreaming im Techno-Wissenschaftsbetrieb. Internationale Frauen- und Genderforschung in Niedersachsen, Teilband 4, LIT Verlag, Münster/Berlin, S. 167-184

Bergmann, Anna (2006): Geschlechterbilder und Gewaltdarstellungen in der westlichen Medienberichterstattung über den Afghanistan- und Irakkrieg. In: Waltraud Ernst/Ulrike Bohle (Hrsg.). Geschlechterdiskurse zwischen Fiktion und Faktizität. Internationale Frauen- und Genderforschung in Niedersachsen, Teilband 3, LIT Verlag, Münster/Hamburg, S. 119-134

Blagojevic, Marina (2006): Mapping Misogyny in the Balkans: Local/Global Hybrids in Culture and Media. In: Waltraud Ernst/Ulrike Bohle (Hrsg.). Transformationen von Geschlechterordnungen in Wissenschaft und anderen sozialen Institutionen. Internationale Frauen- und Genderforschung in Niedersachsen, Teilband 2, LIT Verlag, Münster/Hamburg, S. 74-95

Brunotte, Ulrike (2010): Masculinities as Battleground of German Identity Politics. Colonial Transfers, Homophobia and Anti-Semitism around 1900. In: Waltraud Ernst (Hrsg.). Grenzregime. Geschlechterkonstellationen zwischen Kulturen und Räumen der Globalisierung. Internationale Frauen- und Genderforschung in Niedersachsen, Teilband 5, LIT Verlag, Münster/Berlin, S. 165-184

Bock, Stephanie (2006): Gender Mainstreaming im Städtebau: Chancen und grenzen der neuen Gleichstellungsstrategie in der kommunalen Praxis. In: Waltraud Ernst/Ulrike Bohle (Hrsg.). Naturbilder und Lebensgrundlagen. Konstruktionen von Geschlecht. Internationale Frauen- und Genderforschung in Niedersachsen, Teilband 1, LIT Verlag, Münster/Hamburg, S. 65-84

Burg, Margreet van der (2010): Rural Women's Voices and the Identification of Rural Women's Issues within the Landscape of International Organisations, 1889-1940. In: Waltraud Ernst (Hrsg.). Grenzregime. Geschlechterkonstellationen zwischen Kulturen und Räumen der Globalisierung. Internationale Frauen- und Genderforschung in Niedersachsen, Teilband 5, LIT Verlag, Münster/Berlin, S. 203-226

Choluj, Bozena (2006): Gender in der polnischen und deutschen Literaturwissenschaft - ein Vergleich. In: Waltraud Ernst/Ulrike Bohle (Hrsg.). Geschlechterdiskurse zwischen Fiktion und Faktizität. Internationale Frauen- und Genderforschung in Niedersachsen, Teilband 3, LIT Verlag, Münster/Hamburg, S. 55-69

Crutzen, Cecile K. M. (2010): Informatik, ein Dialog zwischen Sozialwissenschaften und Technologie. In: Waltraud Ernst (Hrsg.). Geschlecht und Innovation. Gender Mainstreaming im Techno-Wissenschaftsbetrieb. Internationale Frauen- und Genderforschung in Niedersachsen, Teilband 4, LIT Verlag, Münster/Berlin, S. 33-48

Curdes, Beate (2006): Gender-sensitive Lehr-Lern-Formen in der Mathematikausbildung an der Fachhochschule. In: Waltraud Ernst/Ulrike Bohle (Hrsg.). Transformationen von Geschlechterordnungen in Wissenschaft und anderen sozialen Institutionen. Internationale Frauen- und Genderforschung in Niedersachsen, Teilband 2, LIT Verlag, Münster/Hamburg, S. 138-154

Döge, Peter (2006): Jenseits von "Scientific Warrior" und "Mathematischem Mann" - Technik, Naturwissenschaft und Hegemoniale Männlichkeit. In: Waltraud Ernst/Ulrike Bohle (Hrsg.). Naturbilder und Lebensgrundlagen. Konstruktionen von Geschlecht. Internationale Frauen- und Genderforschung in Niedersachsen, Teilband 1, LIT Verlag, Münster/Hamburg, S. 177-193

Eichler, Margrit (2006): The Other Half (or More) of the Story: Unpaid Household and Care Work and Lifelong Learning. In: Waltraud Ernst/Ulrike Bohle (Hrsg.). Transformationen von Geschlechterordnungen in Wissenschaft und anderen sozialen Institutionen. Internationale Frauen- und Genderforschung in Niedersachsen, Teilband 2, LIT Verlag, Münster/Hamburg, S. 181- 202

Ebeling, K. Smilla/Spanier, Bonnie B. (2010): Considering Gay Penguins: Gender and Sexuality Politics in the Zoo. In: Waltraud Ernst (Hrsg.). Ethik - Geschlecht - Medizin. Körpergeschichten in politischer Reflexion. Internationale Frauen- und Genderforschung in Niedersachsen, Teilband 6, LIT Verlag, Münster/Berlin, S. 187-205

Ernst, Waltraud/Bohle, Ulrike (Hrsg.). Naturbilder und Lebensgrundlagen. Konstruktionen von Geschlecht. Internationale Frauen- und Genderforschung in Niedersachsen, Teilband 1, LIT Verlag, Münster/Hamburg

Ernst,Waltraud/Bohle, Ulrike (Hrsg.). Transformationen von Geschlechterordnungen in Wissenschaft und anderen sozialen Institutionen. Internationale Frauen- und Genderforschung in Niedersachsen, Teilband 2, LIT Verlag, Münster/Hamburg

Ernst, Waltraud/Bohle, Ulrike (Hrsg.). Geschlechterdiskurse zwischen Fiktion und Faktizität. Internationale Frauen- und Genderforschung in Niedersachsen, Teilband 3, LIT Verlag, Münster/Hamburg,

Ernst, Waltraud (Hrsg.). Geschlecht und Innovation. Gender Mainstreaming im Techno-Wissenschaftsbetrieb. Internationale Frauen- und Genderforschung in Niedersachsen, Teilband 4, LIT Verlag, Münster/Berlin

Ernst, Waltraud (Hrsg.). Grenzregime. Geschlechterkonstellationen zwischen Kulturen und Räumen der Globalisierung. Internationale Frauen- und Genderforschung in Niedersachsen, Teilband 5, LIT Verlag, Münster/Berlin

Ernst, Waltraud (Hrsg.). Ethik – Geschlecht – Medizin. Körpergeschichten in politischer Reflexion. Internationale Frauen- und Genderforschung in Niedersachsen, Teilband 6, LIT Verlag, Münster/Berlin,

Fathy, Safaa (2010): Gift of Death, Gift of Life: The Three Sons of Scheherazade. In: Waltraud Ernst (Hrsg.). Grenzregime. Geschlechterkonstellationen zwischen Kulturen und Räumen der Globalisierung. Internationale Frauen- und Genderforschung in Niedersachsen, Teilband 5, LIT Verlag, Münster/Berlin, S. 17-28

Franz-Balsen, Angela (2010): Gender Mainstreaming & Sustainable Development – Hochschulen als Wegbereiter für eine neue Wissenschaftskultur. In: Waltraud Ernst (Hrsg.). Geschlecht und Innovation. Gender Mainstreaming im Techno-Wissenschaftsbetrieb. Internationale Frauen- und Genderforschung in Niedersachsen, Teilband 4, LIT Verlag, Münster/Berlin, S. 219-238

Gaugele, Elke (2006): Make Up & Make Over. Vom Facelift der Moderne zu den Biopolitiken der Mode im 21. Jahrhundert. In: Waltraud Ernst/Ulrike Bohle (Hrsg.). Geschlechterdiskurse zwischen Fiktion und Faktizität. Internationale Frauen- und Genderforschung in Niedersachsen, Teilband 3, LIT Verlag, Münster/Hamburg, S. 86-99

Gersdorf, Catrin (2006): Nature and Body: Ecofeminism, Land Art, and the Work of Ana Mendieta (1948-1985). In: Waltraud Ernst/Ulrike Bohle (Hrsg.). Geschlechterdiskurse zwischen Fiktion und Faktizität. Internationale Frauen- und Genderforschung in Niedersachsen, Teilband 3, LIT Verlag, Münster/Hamburg, S. 212-230

Götschel, Helene (2010): Genderforschung und Physik im Dialog. In: Waltraud Ernst (Hrsg.). Geschlecht und Innovation. Gender Mainstreaming im Techno-Wissenschaftsbetrieb. Internationale Frauen- und Genderforschung in Niedersachsen, Teilband 4, LIT Verlag, Münster/Berlin, S. 85-103

Grace, Victoria (2006): Modernity, Medicine and the Sex/Gender Distinction. In: Waltraud Ernst/Ulrike Bohle (Hrsg.). Naturbilder und Lebensgrundlagen. Konstruktionen von Geschlecht. Internationale Frauen- und Genderforschung in Niedersachsen, Teilband 1, LIT Verlag, Münster/Hamburg, S. 142-158

Graczyk, Annette (2006): Der technisch-medizinische Blick in den menschlichen Körper: Geschlechterverhältnisse in der Lyrik von Hans Magnus Enzensberger, Durs Grünbein und Kurt Drawert. In: Waltraud Ernst/Ulrike Bohle (Hrsg.). Geschlechterdiskurse zwischen Fiktion und Faktizität. Internationale Frauen- und Genderforschung in Niedersachsen, Teilband 3, LIT Verlag, Münster/Hamburg, S. 20-39

Grieco, Margaret (2006): Gender, Transport and Social Empowerment: Investigating the Consequences of the Interaction between Gender and Constrained Mobility. In: Waltraud Ernst/Ulrike Bohle (Hrsg.). Naturbilder und Lebensgrundlagen. Konstruktionen von Geschlecht. Internationale Frauen- und Genderforschung in Niedersachsen, Teilband 1, LIT Verlag, Münster/Hamburg, S. 53-64

Haehnel, Birgit (2010): Dem Sichtbaren auf der Spur – Über Bilder der Migration. In: Waltraud Ernst (Hrsg.). Grenzregime. Geschlechterkonstellationen zwischen Kulturen und Räumen der Globalisierung. Internationale Frauen- und Genderforschung in Niedersachsen, Teilband 5, LIT Verlag, Münster/Berlin, S. 29-47

Hartung, Barbara (2010): Vorwort. In: Waltraud Ernst (Hrsg.). Ethik - Geschlecht - Medizin. Körpergeschichten in politischer Reflexion. Internationale Frauen- und Genderforschung in Niedersachsen, Teilband 6, LIT Verlag, Münster/Berlin, S. 7-8

Hiltmann, Gabrielle (2006): Aristoteles' Konzept der Person. In: Waltraud Ernst/Ulrike Bohle (Hrsg.). Naturbilder und Lebensgrundlagen. Konstruktionen von Geschlecht. Internationale Frauen- und Genderforschung in Niedersachsen, Teilband 1, LIT Verlag, Münster/Hamburg, S. 160-176

Hipfl, Brigitte (2006): 'Desperate Houswives' - (De-)Konstruktion eines postfeministischen Mythos? In: Waltraud Ernst/Ulrike Bohle (Hrsg.). Geschlechterdiskurse zwischen Fiktion und Faktizität. Internationale Frauen- und Genderforschung in Niedersachsen, Teilband 3, LIT Verlag, Münster/Hamburg, S. 100-117

Joost, Gesche/Bessing, Nina/Buchmüller, Sandra (2010): G - Gender Inspired Technology. In: Waltraud Ernst (Hrsg.). Geschlecht und Innovation. Gender Mainstreaming im Techno-Wissenschaftsbetrieb. Internationale Frauen- und Genderforschung in Niedersachsen, Teilband 4, LIT Verlag, Münster/Berlin, S. 15-32

Juneja, Monica (2006): Konversion als Widerstand. Die Lebensgeschichte von Pandita Ramabai (1858-1922). In: Waltraud Ernst/Ulrike Bohle (Hrsg.). Geschlechterdiskurse zwischen Fiktion und Faktizität. Internationale Frauen- und Genderforschung in Niedersachsen, Teilband 3, LIT Verlag, Münster/Hamburg, S. 153-170

Kahlert, Heike (2010): Pronat(ion)alismus statt Multikulturalismus. Über politische Präferenzen in der Bewältigung des Geburtenrückgangs. In: Waltraud Ernst (Hrsg.). Grenzregime. Geschlechterkonstellationen zwischen Kulturen und Räumen der Globalisierung. Internationale Frauen- und Genderforschung in Niedersachsen, Teilband 5, LIT Verlag, Münster/Berlin, S. 87-106

Katz, Christine/Winterfeld, Uta von (2006): Im Schatten der Aufklärung. Zur Kontinuität der Natur- und Geschlechterkonstruktionen von Bacon bis Brundtland. In: Waltraud Ernst/Ulrike Bohle (Hrsg.). Naturbilder und Lebensgrundlagen. Konstruktionen von Geschlecht. Internationale Frauen- und Genderforschung in Niedersachsen, Teilband 1, LIT Verlag, Münster/Hamburg, S. 194-232

Katz Rothman, Barbara (2006): Marketing Maternity: Consumer Ideologies and the Making of Mothers. In: Waltraud Ernst/Ulrike Bohle (Hrsg.). Naturbilder und Lebensgrundlagen. Konstruktionen von Geschlecht. Internationale Frauen- und Genderforschung in Niedersachsen, Teilband 1, LIT Verlag, Münster/Hamburg, S. 107-119

Khan, Maliha (2006): Social Justice, Gender & Rights to Water. In: Waltraud Ernst/Ulrike Bohle (Hrsg.). Naturbilder und Lebensgrundlagen. Konstruktionen von Geschlecht. Internationale Frauen- und Genderforschung in Niedersachsen, Teilband 1, LIT Verlag, Münster/Hamburg, S. 17-42

Klinge, Ineke (2010): Sex, gender and osteoporosis: on gendered embodiment", die Entwicklung der ‚Gender Medicine'. In: Waltraud Ernst (Hrsg.). Ethik - Geschlecht - Medizin. Körpergeschichten in politischer Reflexion. Internationale Frauen- und Genderforschung in Niedersachsen, Teilband 6, LIT Verlag, Münster/Berlin, S. 131-144

Kosuch, Renate (2006): Gender und Handlungskompetenz für Veränderungsprozesse. Zu den Herausforderungen bei der Vermittlung von Genderkompetenz in der Hochschullehre. In: Waltraud Ernst/Ulrike Bohle (Hrsg.). Transformationen von Geschlechterordnungen in Wissenschaft und anderen sozialen Institutionen. Internationale Frauen- und Genderforschung in Niedersachsen, Teilband 2, LIT Verlag, Münster/Hamburg, S. 203-215

Kundrus, Birthe (2006): "Die Farbe der Ehe." Zur Debatte um die kolonialen Mischehen im Deutschen Kaiserreich. In: Waltraud Ernst/Ulrike Bohle (Hrsg.). Geschlechterdiskurse zwischen Fiktion und Faktizität. Internationale Frauen- und Genderforschung in Niedersachsen, Teilband 3, LIT Verlag, Münster/Hamburg, S. 135-151

Landweer, Hilge/Newmark, Catherine (2010): Simone de Beauvoir: Von der Biologie zur Freiheit. Existenzialistische Ethik des Geschlechts. In: Waltraud Ernst (Hrsg.). Ethik - Geschlecht - Medizin. Körpergeschichten in politischer Reflexion. Internationale Frauen- und Genderforschung in Niedersachsen, Teilband 6, LIT Verlag, Münster/Berlin, S. 145-164

Lorgelly, Paula (2006): Gender Inequalities in Health and Health Care: What do we Know so Far? In: Waltraud Ernst/Ulrike Bohle (Hrsg.). Naturbilder und Lebensgrundlagen. Konstruktionen von Geschlecht. Internationale Frauen- und Genderforschung in Niedersachsen, Teilband 1, LIT Verlag, Münster/Hamburg, S. 120-141

Lutz, Helma (2006): Leben in der Twilightzone. Migration, Transnationalität und Geschlecht im Privathaushalt. In: Waltraud Ernst/Ulrike Bohle (Hrsg.). Transformationen von Geschlechterordnungen in Wissenschaft und anderen sozialen Institutionen. Internationale Frauen- und Genderforschung in Niedersachsen, Teilband 2, LIT Verlag, Münster/Hamburg, S. 19-30

McKee, Elsie (2006): Katharina Schütz Zell and the 'Our Father'. In: Waltraud Ernst/Ulrike Bohle (Hrsg.). Geschlechterdiskurse zwischen Fiktion und Faktizität. Internationale Frauen- und Genderforschung in Niedersachsen, Teilband 3, LIT Verlag, Münster/Hamburg, S. 202-210

Neumann, Brigitte (2006): Equity Reference Groups: Creating Linkages to Marginalized Communities for Research and Knowledge Translation. In: Waltraud Ernst/Ulrike Bohle (Hrsg.). Transformationen von Geschlechterordnungen in Wissenschaft und anderen sozialen Institutionen. Internationale Frauen- und Genderforschung in Niedersachsen, Teilband 2, LIT Verlag, Münster/Hamburg, S. 168-180

Oertzen, Susanna von (2010): Treffpunkt, Bühne, Oase. Aneignungsmuster öffentlicher Stadträume und Geschlecht im europäischen Vergleich. Geschlecht und Innovation. Gender Mainstreaming im Techno-Wissenschaftsbetrieb. Internationale Frauen- und Genderforschung in Niedersachsen, Teilband 4, LIT Verlag, Münster/Berlin, S. 137-152

Oswald, Ingrid (2006): Gender-Display und Gender-Forschung im post-sozialistischen Russland. In: Waltraud Ernst/Ulrike Bohle (Hrsg.). Transformationen von Geschlechterordnungen in Wissenschaft und anderen sozialen Institutionen. Internationale Frauen- und Genderforschung in Niedersachsen, Teilband 2, LIT Verlag, Münster/Hamburg, S. 56-73

Pathak, Namrata (2006): Women and Water: The Undisputed Partnership. In: Waltraud Ernst/Ulrike Bohle (Hrsg.). Naturbilder und Lebensgrundlagen. Konstruktionen von Geschlecht. Internationale Frauen- und Genderforschung in Niedersachsen, Teilband 1, LIT Verlag, Münster/Hamburg, S. 43-52

Phoenix, Ann (2010): Working to stay in the middle: 11-14 year old boys, masculinities and schooling. In: Waltraud Ernst (Hrsg.). Grenzregime. Geschlechterkonstellationen zwischen Kulturen und Räumen der Globalisierung. Internationale Frauen- und Genderforschung in Niedersachsen, Teilband 5, LIT Verlag, Münster/Berlin, S. 107-123

Rosberg, Susanne (2006): Empowering Women through Body Awareness - A Physiotherapeutic Perspective on Stress Related Ill Health. In: Waltraud Ernst/Ulrike Bohle (Hrsg.). Naturbilder und Lebensgrundlagen. Konstruktionen von Geschlecht. Internationale Frauen- und Genderforschung in Niedersachsen, Teilband 1, LIT Verlag, Münster/Hamburg, S. 86-106

Runte, Annette (2006): Spaltung, Verdoppelung, Vervielfältigung. 'Multiple Persönlichkeit' und moderne Geschlechterkrise in Hugo von Hofmannsthals Andreas-Fragment. In: Waltraud Ernst/Ulrike Bohle (Hrsg.). Geschlechterdiskurse zwischen Fiktion und Faktizität. Internationale Frauen- und Genderforschung in Niedersachsen, Teilband 3, LIT Verlag, Münster/Hamburg, S. 40-54

Sabelis, Ida (2010): Career cultures: Rhythms of work from a gender perspective. In: Waltraud Ernst (Hrsg.). Geschlecht und Innovation. Gender Mainstreaming im Techno-Wissenschaftsbetrieb. Internationale Frauen- und Genderforschung in Niedersachsen, Teilband 4, LIT Verlag, Münster/Berlin, S. 201-218

Schäfer, Rita (2010): Geschlechtsspezifische Gewalt, historische Kontexte und aktuelle Ansätze von *Gender*-Organisationen in Südafrika. In: Waltraud Ernst (Hrsg.). Grenzregime. Geschlechterkonstellationen zwischen Kulturen und Räumen der Globalisierung. Internationale Frauen- und Genderforschung in Niedersachsen, Teilband 5, LIT Verlag, Münster/Berlin, S. 185-201

Scheich, Elvira (2010): Modernisierung von Männlichkeit – Das Bild der Physik in der 2. Hälfte des 20. Jahrhunderts. In: Waltraud Ernst (Hrsg.). Geschlecht und Innovation. Gender Mainstreaming im Techno-Wissenschaftsbetrieb. Internationale Frauen- und Genderforschung in Niedersachsen, Teilband 4, LIT Verlag, Münster/Berlin, S. 63-83

Schiebinger, Londa (2010): Scientific Exchange in the Eighteenth-Century Atlantic World. In: Waltraud Ernst (Hrsg.). Ethik - Geschlecht - Medizin. Körpergeschichten in politischer Reflexion. Internationale Frauen- und Genderforschung in Niedersachsen, Teilband 6, LIT Verlag, Münster/Berlin, S. 41-69

Schmitt, Mathilde (2006): Im Spannungsfeld von Innovation und Tradition. Frauen in den Agrarwissenschaften. In: Waltraud Ernst/Ulrike Bohle (Hrsg.). Transformationen von Geschlechterordnungen in Wissenschaft und anderen sozialen Institutionen. Internationale Frauen- und Genderforschung in Niedersachsen, Teilband 2, LIT Verlag, Münster/Hamburg, S. 116-136

Schmitz, Sigrid (2010): Gehirnoptimierung - (k)ein geschlechtsloses Feld? In: Waltraud Ernst (Hrsg.). Ethik - Geschlecht - Medizin. Körpergeschichten in politischer Reflexion. Internationale Frauen- und Genderforschung in Niedersachsen, Teilband 6, LIT Verlag, Münster/Berlin, S. 111-130

Scholz, Sylka/Willms, Weertje (2010): Postsozialistische Männlichkeiten in einer globalisierten Welt. Theoretische Konzeptionalisierung und empirische Befunde. In: Waltraud Ernst (Hrsg.). Grenzregime. Geschlechterkonstellationen zwischen Kulturen und Räumen der Globalisierung. Internationale Frauen- und Genderforschung in Niedersachsen, Teilband 5, LIT Verlag, Münster/Berlin, S. 125-146

Schraudner, Martina/Hochfeld, Katharina (2010): Sind die Universitäten in Deutschland in der Lage, die Potenziale von Frauen zu nutzen? In: Waltraud Ernst (Hrsg.). Geschlecht und Innovation. Gender Mainstreaming im Techno-Wissenschaftsbetrieb. Internationale Frauen- und Genderforschung in Niedersachsen, Teilband 4, LIT Verlag, Münster/Berlin, S. 153-165

Schulze Buschoff, Karin (2010): Gender Mainstreaming und Flexicurity – die Umsetzung europäischer Leitbilder in Deutschland. In: Waltraud Ernst (Hrsg.). Geschlecht und Innovation. Gender Mainstreaming im Techno-Wissenschaftsbetrieb. Internationale Frauen- und Genderforschung in Niedersachsen, Teilband 4, LIT Verlag, Münster/Berlin, S. 185-199

Shalev, Carmel (2010): From Woe toWoe: Egg Donation in Israel. In: Waltraud Ernst (Hrsg.). Ethik - Geschlecht - Medizin. Körpergeschichten in politischer Reflexion. Internationale Frauen- und Genderforschung in Niedersachsen, Teilband 6, LIT Verlag, Münster/Berlin, S. 71-89

Spanier, Bonnie B. (2010): Science and Politics of Breast Cancer Activism: The Power of Feminist Science Coupled with Evidence-Based Medicine. In: Waltraud Ernst (Hrsg.). Ethik - Geschlecht - Medizin. Körpergeschichten in politischer Reflexion. Internationale Frauen- und Genderforschung in Niedersachsen, Teilband 6, LIT Verlag, Münster/Berlin, S. 91-109

Stein-Redent, Rita (2010): Verstehen wir uns? – Perspektiven und Probleme vergleichender Geschlechterforschung in Ost und West. In: Waltraud Ernst (Hrsg.). Grenzregime. Geschlechterkonstellationen zwischen Kulturen und Räumen der Globalisierung. Internationale Frauen- und Genderforschung in Niedersachsen, Teilband 5, LIT Verlag, Münster/Berlin, S. 165-184

Strübind, Andrea (2006): Katharina Zell - Eine Wegbereiterin für religiöse Toleranz. In: Waltraud Ernst/Ulrike Bohle (Hrsg.). Geschlechterdiskurse zwischen Fiktion und Faktizität. Internationale Frauen- und Genderforschung in Niedersachsen, Teilband 3, LIT Verlag, Münster/Hamburg, S. 171-201

Strüver, Anke (2010): Gendered Geographical Imaginations in Global Governance Diskursen. In: Waltraud Ernst (Hrsg.). Grenzregime. Geschlechterkonstellationen zwischen Kulturen und Räumen der Globalisierung. Internationale Frauen- und Genderforschung in Niedersachsen, Teilband 5, LIT Verlag, Münster/Berlin, S. 49-65

Tobies, Renate (2006): Geschlechterverhältnisse in Mathematik und Naturwissenschaften - Tendenzen seit 1900. In: Waltraud Ernst/Ulrike Bohle (Hrsg.). Transformationen von Geschlechterordnungen in Wissenschaft und anderen sozialen Institutionen. Internationale Frauen- und Genderforschung in Niedersachsen, Teilband 2, LIT Verlag, Münster/Hamburg, S. 97-115

Torres, Alejandra (2006): Los niños de la calle en México. Über Elena Poniatowska und den Photographen Kent Klich. In: Waltraud Ernst/Ulrike Bohle (Hrsg.). Geschlechterdiskurse zwischen Fiktion und Faktizität. Internationale Frauen- und Genderforschung in Niedersachsen, Teilband 3, LIT Verlag, Münster/Hamburg, S. 70-84

Tronto, Joan C. (2010): Feminist Ethics, Care and the Politics of Immigration. In: Waltraud Ernst (Hrsg.). Ethik - Geschlecht - Medizin. Körpergeschichten in politischer Reflexion. Internationale Frauen- und Genderforschung in Niedersachsen, Teilband 6, LIT Verlag, Münster/Berlin, S. 165-185

Tuider, Elisabeth (2010): 'Feminisierung der Migration'. Migrantinnen zwischen Ausbeutung und Empowerment. In: Waltraud Ernst (Hrsg.). Grenzregime. Geschlechterkonstellationen zwischen Kulturen und Räumen der Globalisierung. Internationale Frauen- und Genderforschung in Niedersachsen, Teilband 5, LIT Verlag, Münster/Berlin, S. 67-86

Tummers, Ir. Lidewij (2010): To the heart of planning: is the hardware of spatial planning open to feminist alternatives? In: Waltraud Ernst (Hrsg.). Geschlecht und Innovation. Gender Mainstreaming im Techno-Wissenschaftsbetrieb. Internationale Frauen- und Genderforschung in Niedersachsen, Teilband 4, LIT Verlag, Münster/Berlin, S. 117-136

Wade, Mara R. (2010): Reading Rape: Gendered Discourses of Sexual Violence. Grimmelshausen and the Sack of Magdeburg. In: Waltraud Ernst (Hrsg.). Ethik - Geschlecht - Medizin. Körpergeschichten in politischer Reflexion. Internationale Frauen- und Genderforschung in Niedersachsen, Teilband 6, LIT Verlag, Münster/Berlin, S. 17-39

Wächter, Christine (2010): Nachhaltige Ingenieursausbildung. In: Waltraud Ernst (Hrsg.). Geschlecht und Innovation. Gender Mainstreaming im Techno-Wissenschaftsbetrieb. Internationale Frauen- und Genderforschung in Niedersachsen, Teilband 4, LIT Verlag, Münster/Berlin, S. 105-115

Weber, Jutta (2010): Situiertheit, Verkörperung, Emotion: Unscharfe Begriffe als technowissenschaftliche Innovationsressource. In: Waltraud Ernst (Hrsg.). Geschlecht und Innovation. Gender Mainstreaming im Techno-Wissenschaftsbetrieb. Internationale Frauen- und Genderforschung in Niedersachsen, Teilband 4, LIT Verlag, Münster/Berlin, S. 49-62

Wiesner, Heike: Diversity & Wissensmanagement: Gender- und E-Learning-Aspekte als Ausgangspunkt für internationale virtuelle Teamarbeit in Unternehmen, Behörden und Organisationen. In: Waltraud Ernst/Ulrike Bohle (Hrsg.). Transformationen von Geschlechterordnungen in Wissenschaft und anderen sozialen Institutionen. Internationale Frauen- und Genderforschung in Niedersachsen, Teilband 2, LIT Verlag, Münster/Hamburg, S. 155-167

Wys, Margaret de (2006): Nevulana and the Necklace of Mysteries. In: Waltraud Ernst/Ulrike Bohle (Hrsg.). Geschlechterdiskurse zwischen Fiktion und Faktizität. Internationale Frauen- und Genderforschung in Niedersachsen, Teilband 3, LIT Verlag, Münster/Hamburg, S. 231-236

Angela Franz-Balsen

Higher Education for Sustainable Development meets Gender Mainstreaming

1. Globalisierung, globale Problemlagen und Wissenschaftskultur

Nach heutigem Verständnis ist die Globalisierung kein welt- und wirtschaftspolitisches Phänomen mehr, das mit politischem Protest eventuell noch aufzuhalten wäre. Globalisierung gilt heute als unaufhaltsamer Prozess, der unser tägliches Leben prägt und allenfalls gestaltet werden kann. Politik, Wirtschaft, Wissenschaft und Bildung müssen sich den Folgen der Globalisierung stellen, so wie man sich heute auf den Klimawandel und seine Folgen einstellt. Die Frage nach dem Für und Wider ist in beiden Fällen zum Nebenschauplatz geworden.

In seiner Trilogie „Das Informationszeitalter" (Castells 2002) hat der Soziologe Manuel Castells die Unaufhaltbarkeit der globalen Entwicklungen auf der Schwelle ins 21. Jahrhundert antizipiert und begründet sie unter anderem mit dem Vormarsch der Informationstechnologien. Der weltweite Informatonsaustausch ignoriert die Grenzen politischer Systeme, er verändert kulturelle Normen und Praktiken, internationalisiert, demokratisiert und beschleunigt die Forschung. Mit Webforen, Open Access Publishing und virtuellen Konferenzen hat die Globalisierung die Wissenschaft längst erreicht. Über Jahrhunderte gewachsene akademische Strukturen wurden von der Schnelligkeit der Veränderungen genauso überrollt wie andere gesellschaftliche Systeme. Hochschulen, die sich früher als Elfenbeintürme dem gesellschaftlichen Wandel entziehen konnten, müssen sich heute von alten Wissenschaftskonzepten und aus der Verantwortungslosigkeit verabschieden und mit Offenheit für Neues an Lösungen für lokale und globale Problemlagen arbeiten. In der Lehre gilt es, die nächste Generation von Professionals zu Weltbürgern heranzubilden (Beck 2004), ausgestattet mit Kompetenzen, die ihnen angesichts mangelnder Wahrheiten und Sicherheiten Handlungsfähigkeit garantieren.

In diesem Beitrag wird argumentiert, dass eine Ausrichtung von Universitäten an den globalen Leitbildern „Nachhaltige Entwicklung" und „Geschlechtergerechtigkeit" (Gender Mainstreaming) eine derartige Hochschulentwicklung befördern und mit deren Forschungskultur sowie den weltumspannenden Initiativen und Diskursen einer transkulturellen Wissenschaft[1] zum Durchbruch verhelfen könnte.

---

1 vgl. auch den Beitrag von Michiko Mae in diesem Band

1.1 Steigende Komplexität in Forschung und Lehre

Wege zu „postmoderner"[2] Wissenschaft oder „post-normal science"[3] im Sinne einer Forschungspraxis, die keine (Selbst)Sicherheit mehr postuliert und um die Unwägbarkeiten ihrer Diagnosen weiß, sind noch in der Erprobung. Mit der gleichzeitigen Berücksichtigung einer Vielzahl natürlicher, technischer, sozialer, kultureller und anthropologischer Faktoren betraten inter- und transdisziplinäre Forschungsverbünde in den 1990er Jahren wissenschafticher Neuland. Die Nachhaltigkeitsforschung ist in der Generierung integrativer Methodologien für komplexe Entwürfe federführend (Becker/Jahn 2006, Bergmann/Schramm 2008, Pohl/Hirsch-Hadorn 2006).

Heutige Genderforschung geht ebenfalls von komplexen Phänomenen aus und bearbeitet diese zunehmend in fächerübergreifenden Ansätzen, vor allem, wenn sie sich als transkulturelle Genderforschung versteht (Mae/Saal 2007).

Da die Verwendung der Schlüsselbegriffe aktueller wissenschaftstheoretischer Diskurse noch weitgehend beliebig ist – besonders unsicher ist man im Gebrauch des Terminus „transdisziplinär" –, folgt hier ein notwendiger Exkurs zum Verständnis einiger Termini in diesem Beitrag.

Die Reihung *(mono)disziplinär – multi-/pluridisziplinär – interdisziplinär – transdisziplinär – transkulturell* steht für Wissenschaftspraktiken mit steigendem Komplexitätsgrad und Forschungsaufwand.

Während *Multi- oder Pluridisziplinarität* für ein Nebeneinander fachlicher Perspektiven auf denselben Forschungsgegenstand steht – etwa im Rahmen einer Ringvorlesung –, beinhaltet *Interdisziplinarität* den wissenschaftlichen Austausch von Vertreterinnen und Vertretern unterschiedlicher Disziplinen über diesen Forschungsgegenstand und den Versuch, zu gemeinsamen Ergebnissen zu kommen.

Interdisziplinarität ist anspruchsvoll und fängt gewöhnlich mit Verständigungsproblemen an, weil unterschiedliche Denkhorizonte und Sprachschätze aufeinanderprallen (Loibl 2005).

Transdisziplinarität (TD) stellt demgegenüber insofern noch eine Steigerung dar, als auch die Praxisperspektive (Stakeholder, Betroffene) zeitweise in den Forschungsprozess einbezogen wird. Damit ist schon ausgesagt, dass die Probleme bzw. Forschungsfragen einen lebensweltlichen Charakter haben:

---

2 Der Begriff der Postmoderne beschreibt nicht nur das Auflösen von kulturellen Konventionen, sondern deckt auch auf, dass es vor allem im Technowissenschaftsbetrieb mehr Unsicherheiten als Sicherheiten gibt

3 Der Begriff wurde als Gegenpol zum herkömmlichen Forschungsparadigma („normal science") von Funtowicz und Ravetz (1990) in den wissenschaftstheoretischen Diskurs eingebracht

„Der Ausgangspunkt der Transdisziplinären Forschung (A.F.B.) TF[4] *ist ein gesellschaftlich relevantes Problemfeld. Darin identifiziert, strukturiert, analysiert und bearbeitet die TF bestimmte Probleme derart, dass sie die Komplexität der Probleme erfasst, indem sie*

a. die Diversität von gesellschaftlichen und wissenschaftlichen Sichtweisen der Probleme berücksichtigt,
b. abstrahierende Wissenschaft und fallspezifische Relevanz des Wissens verbindet und
c. *Wissen zu einer am Gemeinwohl orientierten praktischen Lösung der Probleme erarbeitet."* (td-net[5] 2011)

In Deutschland schuf das BMBF 1999 mit dem Förderschwerpunkt „Sozialökologische Forschung" (SÖF) Freiräume für transdisziplinäres Forschen (Becker/Jahn 2006). So konnte ein elaboriertes Konzept für integrative Forschung entstehen, die SÖF wurde zum Synonym der TF in Deutschland. Meist sind es umfangreiche Forschungsverbünde, in denen sozial- und naturwissenschaftliche Herangehensweisen zusammengeführt werden.

Zusammengeführt werden aber auch wissenschaftliches Wissen und Praxiswissen (Bergmann/Schramm 2008:35). Die Einbindung von Praxispartnerinnen und -partnern ist eine zentrale Anforderung an alle geförderten Projekte, genauso wie die Berücksichtung von Gender-Aspekten (Schultz/Hummel/Hayn 2006). Der Projektaufwand ist gewaltig.

Das neue Paradigma „*Transkulturalität*" fügt sich meines Erachtens in diesen Kontext ein. Es ergänzt und präzisiert den transdisziplinären Ansatz, indem es den herkömmlichen Blick in die kulturelle Dimension der Lebenswelt hinterfragt: Transkulturelle Forschung erkennt die Komplexität, den ständigen Wandel, die Hybridität (Saal 2007:29ff) kultureller Konstruktionen an und beraubt sich herkömmlicher Sicherheiten:

„Mit einem solchen Transkulturalitätsbegriff, in dem nicht mehr die auf die Nation oder die (ethnische) Herkunft bezogene Kultur, sondern die Transkulturalität den Bezugspunkt für soziokulturelle Gebilde darstellt, verändert sich zwangsläufig der Umgang mit Identität und Differenz; allzu einfache Zuordnungen, ob selbst- oder fremdbestimmt, verlieren an Kraft, da es einen fixen Ort der Zuordnung nicht (mehr) gibt."
(Saal 2007:30).

4 TF = Transdisziplinäre Forschung
5 Die Schweizer Akadamie der Wissenschaften hat eigens ein Netzwerk ins Leben gerufen, das an einer Profilschärfung und Methodologie der transdisziplinären Forschung arbeitet. (http://www.transdisciplinarity.ch/d/index.php, Zugriff 06.06.2011)

Der Umgang mit Komplexität und das Infragestellen von Vereinfachungen durch mono- und multidisziplinäre Denkschemata (bzw. multi- oder interkulturelle Denkschemata) sind in gleicher Weise für die akademische Lehre zu fordern. Die Dringlichkeit von zeitgemäßen Ansätzen in der Lehre bringt ein Postkartenspruch trefflich auf den Punkt:

„We are the students of today, attending the schools of yesterday, taught by teachers of the past with methods from the Middle Ages to solve the problems of the future!"[6]

In transdisziplinären Lehrveranstaltungen können Studierende an das Lösen von alltagweltlichen gesellschaftlichen Problemen herangeführt werden. In der Regel handelt es sich um Projektseminare, in denen die Studierenden ihre Projektarbeit jenseits des Campus und in Kooperation mit Praxisakteurinnen und -akteuren durchführen (Dubielzig/Schaltegger 2004, Scholz et al. 2006, Schneidewind 2009). Um dem Anspruch auf Inter- und Transkulturalität in der Lehre gerecht zu werden, müssen heute nicht mehr zwangsläufig Exkursionen zu anderen Kontinenten organisiert werden: Das Forschungsfeld beginnt schon jenseits des Campus; das Internet ermöglicht den direkten Austausch rund um den Globus (de Kraker/Lansu/van Dam-Mieras 2007) und die Internationalisierung von Hochschulen das gemeinsame Lernen und Forschen von Studierenden und Wissenschaftlerinnen und Wissenschaftlern aus den unterschiedlichsten Kulturkreisen.

2. Parallele Welten: Bildung für Nachhaltigkeit versus Gender Mainstreaming

Fraglos ist seit der Jahrtausendwende Bewegung in eine zuvor erstarrte deutsche Hochschullandschaft gekommen; vor allem der Bologna-Prozess machte Innovationen in der Lehre möglich. Darüber darf aber nicht vergessen werden, dass es weltweite, von der europäischen Hochschulpolitik unabhängige Bewegungen an Hochschulen gibt, die diesen Reformprozessen Orientierung gegeben und Beispiele erfolgreicher Interdisziplinarität, Transdisziplinarität und Transkulturalität in Forschung und Lehre geliefert haben:

Gemeint sind die *Hochschulbildung für nachhaltige Entwicklung* (Higher Education for Sustainable Development, HESD) und das *Gender Mainstreaming* (GM). Beide gehen auf UN-Weltkonferenzen zurück: Bildung für nachhaltige Entwicklung auf die Konferenz für Umwelt und Entwicklung in Rio de Janeiro 1992, Gender Mainstreaming auf die Weltfrauenkonferenz 1995 in Peking. Beide Konzepte haben auf europäischer und nationaler Ebene Selbstverpflichtungen zu deren Implementierung ausgelöst. An etlichen Universi-

6 Überlassen 2009 von Arjen Wals, Universität Wageningen

täten wurden Strategien für Nachhaltigkeitsmanagement und Gender Mainstreaming entwickelt, deren mühselige Umsetzung größtenteils noch im Gange ist. Was jedoch in aller Regel nicht stattfand, ist, diese zwei Trends in Theorie und Praxis in Relation zueinander zu setzen und vor Ort miteinander zu verbinden. Sie existieren an den deutschen oder europäischen Hochschulen typischerweise als parallele Welten, deren Akteurinnen und Akteure sich oft nicht einmal kennen.

In den folgenden Abschnitten soll deutlich werden, welche Schnittstellen HESD und GM haben und wie unsinnig es ist, diese zwei globalen Diskurse und Strategien nicht miteinander zu koppeln. Ihr Potenzial für die Genese einer transkulturellen Wissenschaft wird dabei berührt.

2.1 Higher Education for Sustainable Development – ein weltweiter Aufbruch

Seit Anfang der 1990er Jahre bis heute hat sich die Implementierung von Nachhaltigkeitszielen an Hochschulen in einem Wechselspiel von internationalen Deklarationen mit Wissenstransfer in weltweiten, kontinentalen und nationalen Netzwerken und modellhaften Initiativen einzelner Hochschulen fortentwickelt[7]. Auf eine Kurzformel gebracht, ist HESD durch vier Eckpunkte charakterisiert:

- Inter- und transdisziplinäre Lehre
- Inter- und transdisziplinäre Forschung
- Nachhaltiges Campus-Management
- Organisationskultur und Verantwortung für das Umfeld.

Der gegenwärtige Stand der Annäherung an diese Ziele ist keineswegs zufriedenstellend, gerade mit Blick auf die Hochschullandschaft in Deutschland. Der Etablierung der Nachhaltigkeitsforschung, die vorwiegend an unabhängigen Forschungsinstituten angesiedelt ist, stehen vor allem institutionelle Hemmnisse im Weg, wie Schneidewind analysiert. Er hat deshalb ein Reformprogramm mit ganz neuen Strukturen skizziert (Schneidewind 2010).
Motivierend und wegweisend ist die Entwicklung auf internationaler Ebene. Die UNESCO-Weltkonferenz 2009 in Bonn hat mit der „Bonn Declaration[8]" eine bemerkenswert politische und pragmatische Agenda verabschiedet, die kritisches Denken als Bildungsziel nennt und die Notwendigkeit kultureller Verständigung betont. So lautet eine der Forderungen:

---

7 Diese Chronologie kann hier nicht nachgezeichnet werden (vgl. Adomßent/Franz-Balsen/Kruse 2007)

8 http://www.bne-portal.de/coremedia/generator/unesco/de/Downloads/ Hintergrundmaterial__international/Bonner_20Erkl_C3_A4rung__deutsch.pdf, Zugriff 06.06.2011

„Bestehende internationale, regionale und nationale Unterstützungsmechanismen und Kooperationen für BNE, die kulturelle Vielfalt berücksichtigen, weiterzuentwickeln und zu stärken. Auf regionaler und nationaler Ebene müssen Gremien, Netzwerke und Akteursgemeinschaften für BNE eingerichtet werden, die die Verbindungen zwischen der lokalen und der nationalen sowie der nationalen und globalen Ebene stärken und die Nord-Süd-Süd- und Süd-Süd-Zusammenarbeit verbessern.“ (UNESCO 2009:15e)

Die hier geforderte Internationalisierung durch Netzwerkbildung funktioniert auf Hochschulebene derzeit recht gut. Im Aufwind ist das “International Sustainable Campus Network“ (ISCN)[9], das mit Flagschiffen wie Harvard, Berkeley oder der ETH Zürich den Schwerpunkt auf nachhaltiges Campus-Management legt. Demgegenüber liegt bei dem UNESCO Chairs Program die Betonung auf Forschung und Lehre. Für den europäischen Raum ist 2010 mit der „COPERNICUS Alliance“[10] gerade eines der ältesten Netzwerke (1993) reaktiviert worden. Nun hat sich auch erstmalig die Europäische Kommission für BNE im Hochschulbereich ausgesprochen (Adomssent/ Michelsen, in Vorb.). Hervorzuheben ist, dass auch Studierende Netzwerke gebildet haben, um Nachhaltigkeitsinitiativen bottom-up in die Hochschulen zu tragen, deren Leitungen von sich aus nichts unternommen hätten (Schneidewind 2007:195ff, Kehrer/Singer-Brodowski/Bever in Vorb.)

In der Bonn Declaration wird mehrfach die Bedeutung von Gender & Diversity für die Bildung für nachhaltige Entwicklung (BNE) herausgestellt, wenn auch in sehr konventioneller Form (Franz-Balsen/Lai/Mat Isah 2011). Im internationalen Diskurs zu HESD spielt dieser Aspekt bis jetzt gar keine Rolle; dies ist durch die Ergebnisse von Expertinnen- und Expertenbefragungen empirisch belegt (Wright 2005, Bengtsson 2009, Gross/Nakayama 2010). Kein Wunder also, dass in der Praxis eine Verbindung zum Gender Mainstreaming an Hochschulen – von ganz wenigen Ausnahmen (siehe unten) abgesehen – nicht hergestellt wird.

2.2 Gender Mainstreaming – das große Ganze

Zeitlich parallel zu den eben beschriebenen Prozessen wurde an etlichen Hochschulen ein Gender Mainstreaming eingeführt (Baaken/Plöger 2002, Roloff/Selent 2003, Kahlert 2003). Im Laufe der Jahre hat sich die Perspektive vom Fokus auf Gleichstellungsaspekte zum „Blick für das Ganze“ (Auferkorte-Michaelis et al. 2009) erweitert. Im aktuellen Verständnis des universitären Gender Mainstreaming sind die Handlungsebenen ähnlich aufgeteilt wie bei Nachhaltigkeitsstrategien: Forschung, Lehre, Verwaltung/ Organisationskultur.

9 http://www.international-sustainable-campus-network.org, Zugriff 06.06.2011
10 http://www2.leuphana.de/copernicus, Zugriff 06.06.2011

Das Innovationspotenzial von GM für Forschung und Lehre ging meist von den GenderKompetenzZentren (oder entsprechenden Stellen) aus; diese etablierten sich als Orte interdisziplinärer Kooperation. Die Kampagne „Discover gender!" (Schraudner/Bührer 2006) hat nicht nur der industriellen Forschung die Augen geöffnet, sondern auch in das universitäre GM Bewegung gebracht. Pragmatische Wege zum Gendern der Natur- und Technodisziplinen waren aufgezeigt. Schon jetzt wird konstatiert, dass GM die Wissenschaftskultur der Hochschulen verändert hat (vgl. etwa Leicht-Scholten 2009).

Unübersehbar ist auch der Innovationsimpuls des GM für die Hochschuldidaktik. Die in vielerlei Hinsicht mangelnde (Gender)Kompetenz von Lehrenden wurde erstmals systematisch thematisiert und mit Trainingsangeboten beantwortet. Neben den inhaltlichen Perspektiverweiterungen geht es bei der gendersensiblen Didaktik letztendlich um eine qualitativ gute Lehre (Auferkorte-Michaelis et al. 2009, Jansen-Schulz 2010), die in ihren Methoden und Zielsetzungen für die Lernenden der Bildung für Nachhaltigkeit nahesteht.

Schon auf der nationalen Ebene entstand zum GM an Hochschulen ein intensives Networking. Auf der supranationalen Ebene ist EU-Forschungspolitik ein wichtiger Bezugspunkt, schon allein der Fördergelder wegen. Und in der globalen Dimension war mit der Internationalen Frauenuniversität ein Netzwerk entstanden, in dem das GM diskutiert werden konnte.

3. Zusammenbringen, was zusammen gehört: Drei Fallbeispiele

Die bisherigen Ausführungen dürften einige Parallelen und Schnittstellen zwischen HESD und GM schon implizit erkennbar gemacht haben. Für die Argumentation dieses Beitrags ist noch folgende Akzentuierung hilfreich:

- Mit der Erweiterung auf Diversity tritt die normative, d.h. die ethische Dimension des Gender Mainstreaming besonders hervor; hier geht es um intragenerative Gerechtigkeit. Auch das Nachhaltigkeitspostulat ist normativ: neben der intragenerativen steht die intergenerative Gerechtigkeit, d.h. die Berücksichtigung künftiger Generationen. Verschreibt sich eine Hochschule diesen Zielen, so hat dies Auswirkungen auf ihre Organisationskultur, auf ihre Wissenschaftskultur und auf ihre Lehr-/Lernkultur.
- Dadurch fungieren HESD und GM als Katalysatoren für die Entwicklung zukunftsfähiger Lern- und Forschungskulturen.
- Beide Strategien, HESD und GM, werden in Netzwerken rund um den Globus diskutiert. In diesen Diskursen entsteht ein Bewusstsein von Transkulturalität.

Am besten aber verdeutlichen Beispiele das Anliegen dieses Beitrags. Drei Universitäten, die sich sowohl ein Mainstreaming Sustainability als auch Gender Mainstreaming auf die Fahnen geschrieben haben, sind zwangsläufig zu einer Annäherung der parallelen Welten gekommen. Sie werden in Kurzprofilen vorgestellt.

3.1 Die Leuphana Universität Lüneburg – Ein Labor für neue Lern- und Forschungskulturen

1989 aus einer Pädagogischen Hochschule entstanden – 2003 Umwandlung in eine Stiftung des öffentlichen Rechts – 2005 Fusion mit der Fachhochschule Nordostniedersachsen und Status als Modelluniversität – neue Corporate Identity „Leuphana Universität Lüneburg". Anzahl der Studierenden 2011: ca. 7000.

Nachhaltigkeit in Forschung, Lehre und Campus-Management
Im Rahmen der Neuausrichtung werden 2009 vier Forschungsschwerpunkte gesetzt, einer davon ist Nachhaltigkeitsforschung. Derzeit gibt es nicht nur viele Projekte, die den Kriterien für Nachhaltigkeitsforschung entsprechen, es sind auch 18 Nachhaltigkeitsprofessuren (z.B. für Nachhaltigkeitsökonomie oder Nachhaltigkeitspolitik) eingerichtet worden. Bis 2012 sollen es 27 sein.

Abbildung 1 ist eine Visualisierung der Leuphana-Initiative zur Nachhaltigkeitsforschung. Im Begleittext wird erläutert:

„Understanding sustainable development as a co-evolutionary process of the anthropogenic society and the natural environment calls for an integrative approach with close links between human sustainability sciences and natural sustainability sciences. Leuphana's sustainability faculty transcends disciplinary boundaries through a unique structural combination of different professorships and chairs (...). In addition, the specific highlighting of transdisciplinary sustainability research (...) serves the development of new research methods and educational approaches ...". (Schaltegger 2009)

Abb. 1: Perspectives of the Transdisciplinary Research Approach

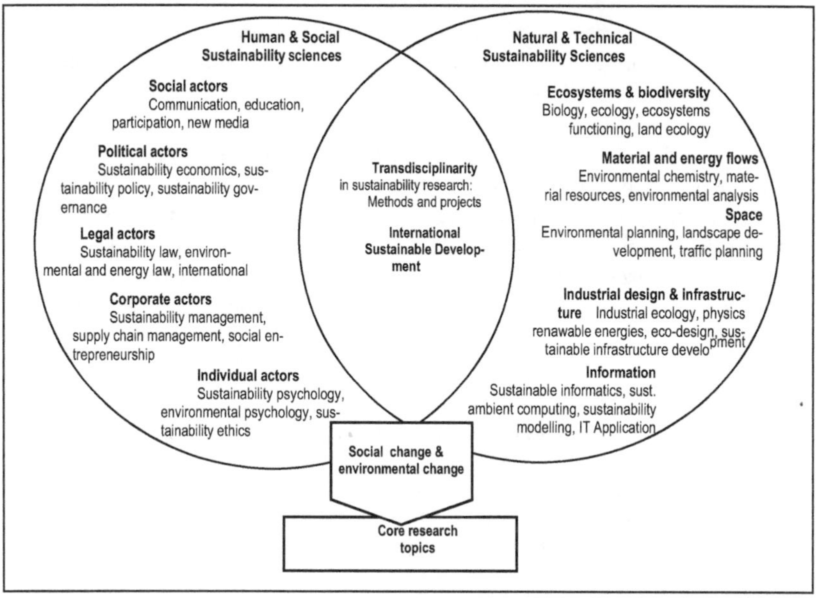

In der Lehre findet eine ähnliche Verzahnung statt:

„An der Leuphana lernen Sie als Informatikerin deshalb nicht nur das Schreiben von Algorithmen. Sie lernen auch, wie sich die Nutzung des Internets auf die Demokratie auswirkt. Sie denken darüber nach, wie sich mit modernen Informations- und Kommunikationstechnologien das Gemeinwesen für die Zukunft verbessern lässt." (Leuphana College, Werbebroschüre)

Dies geschieht u.a. im Leuphana Semester, einem Studium generale, das alle Erstsemester durchlaufen.

Gender Mainstreaming

Nach der Fusionierung von FH und Universität 2005 entwickelte sich das Frauen- und Gleichstellungsbüro in einer Perspektivenerweiterung von der Frauenförderung zum Gender Mainstreaming. Akkreditierungen im Bologna-Prozess wurden genutzt, um neue Wege der Implementierung von Gender & Diversity zu erproben. Mit der Strategie „Integratives Gendering" gelang es, Gender-(und Diversity-)Aspekte in die neuen Lehrangebote (Jansen-Schulz/ van Riesen 2009) und in die Forschungsplanung einzubringen – in bislang nicht gekanntem Ausmaß. Es wurden Gendersynopsen von bisher rund 700 Modulen aus ca. 30 Studiengängen erstellt. Die Synopsen entstanden, indem eine Expertin die Module prüfte und den Planenden Beratung anbot. Das „Integrative Gendering" setzt auf Coaching, d.h. auf einen „Expert-to-Expert-Kompetenz-Laien-Ansatz"[11] (Jansen-Schulz 2009), und auf Service. Für sechs Studiengänge wurden mehr als 59 Genderpackages – kleine, exemplarische Unterrichtseinheiten mit Genderinhalten – entwickelt, die Lehrende erproben und verändern können[12].

Schnittstellen Gender Mainstreaming & Mainstreaming Sustainability
Ein Meilenstein in der Annäherung der zuvor getrennten Sphären von GM und Nachhaltigkeitsstrategie war die Lüneburger Konferenz „Zukunft Bologna – Gender und Nachhaltigkeit als Leitideen einer neuen Hochschulkultur" (Dudeck/Jansen-Schulz 2007). Seitdem ist zwischen den Akteurinnen und Akteuren eine kontinuierliche Kooperation für gemeinsame Ziele entstanden.

3.2 University Sains Malaysia – neue Wege zur Exzellenz

1969 gegründete Forschungsuniversität – als „University in a Garden" nutzt die Hochschule das 239 ha große, artenreiche Parkgelände für Lehre, Forschung und Lebensqualität auf dem Campus. Anzahl der Studierenden 2009: 30.000.

2008 erhielt sie die Anerkennung als APEX-Universität (Apex = The Accelerated Programme for Excellence) und gilt derzeit als die führende Forschungsuniversität von Malaysia. Als Pionier für HESD in Südostasien ist sie weltweit bekannt und vernetzt. Kulturelle Vielfalt wird vor dem Hintergrund eines aufgeklärten Islamismus proklamiert. Siehe Abbildung 2:

11 Die Expertinnen und Experten sind bzgl. Gender-Kompetenz eher Laien

12 http://www.leuphana.de/gender-diversity-portal/gender-lehre.html, Zugriff 06.06.2011

Abb. 2: Universitiy Sains Malaysia, APEX

Nachhaltigkeit in Forschung, Lehre und Campus-Management
In der Forschung lag der Fokus von Anfang an auf angewandter oder interdisziplinärer Forschung. Akademisches Erkenntnisinteresse und praktischer Nutzen wurden, wo immer möglich, integriert. Mit der Bewerbung um den APEX-Titel fand eine präzisere Ausrichtung auf Nachhaltigkeit statt:

„*It is within this framework that USM focuses its vision of a sustainable tomorrow while keenly promoting values such as equity, accessibility, availability, affordability and quality as the universally accepted optimal endpoints.*" (Razak 2008)

Exzellenz wird völlig neu definiert:

"Excellence must be related to the bottom billions, four billion people, roughly two-thirds of the world population who are neglected in terms of education, health, socialeconomic parameters and quality of life"[13].

Für die Wissenschaftlerinnen und Wissenschaftler bedeutet dies „Grünes Licht“ für transdisziplinäres Forschen:

"Teams of committed researchers will be empowered to venture beyond the Ivory Tower and immerse themselves with cross-sectoral partners..." (Razak 2008)

In der Lehre weicht USM vom traditionellen Fakultätensystem ab. Das „School System“ gestattet eine multidisziplinäre Ausbildung. Fächer wurden so kombiniert und Programme so organisiert, dass es den Studierenden trotzdem möglich ist, sich in einem Fach ihrer Wahl zu spezialisieren. Nachhaltigkeit wird in Projekten und Studienangeboten vermittelt. Prägend ist zudem das Campusleben, das Hinweise auf folgende Program-me/Strukturen liefert:

- Healthy Campus – Kampus Sejahtera: Dieses Programm umfasst gesundheitsbezogene, umweltbezogene und soziale Aktivitäten.
- Auditierung: Die (Nicht-)Nachhaltigkeit der Campusinfrastruktur wird durch eine Reihe separater Audits (Management Audit, Beschaffungsaudit, Energieaudit, Gesundheitsaudit etc.) sichtbar gemacht.
- The University in a Garden: Ausgehend von dem Landschaftspark des Universitätsgeländes thematisiert dieses Programm die Mensch-Natur-Beziehung. Das Label "University in a Garden" hat sich als ideales „Branding“ für die Nachhaltigkeitspolitik der USM herausgestellt.

Gender Mainstreaming

Seit 1978 gab es ein „Women und Children in Development Research Project“; dies wurde 2001 in „Women's Development Research Centre“ (KANITA) umbenannt und ist heute nichts anderes als ein GenderKompetenzZentrum.

„The centre reflects twenty-four years of critical thinking in the develop-ment of theoretical and methodological tools and policy strategies which aim to equalize and mainstream gender in education and nation-building. (...) Here,

13 Dieses Zitat ist derzeit nicht mehr online. Die Zielsetzung, die Forschung den „bottom billions“ zu widmen, ist aber im Mission Statement zu finden (http://www.usm.my/index.php/en/about-usm/mission.html, Zugriff 06.06.2011)

at the centre, women and gendered programmes have been enriched with multi- and interdisciplinary approaches such as from fields of social sciences, education, humanities, management and the health sciences.
As a research Centre its main activities are to

- *mobilise and facilitate university faculty to conduct research relevant to women's development*
- *offer graduate programmes and provide theses supervision*
- *build a resource centre that will have an extensive collection of materials*
- *publish or facilitate the publication of research output*
- *advance practice particularly in gender mainstreaming through knowledge dissemination and utilization based on research*
- *provide strategic training that can enhance specialized skills, knowledge-based and continuous learning opportunities among the centre's research associates, graduate students as well as university faculty as a whole."* (http://kanita.usm.my/history.asp, Zugriff 06.06.2011)

Im Rahmen des APEX-Programms erhielt KANITA den Status „Centre of Excellence"!

Schnittstellen Gender Mainstreaming & Mainstreaming Sustainability
Seit 2009 wird die wissenschaftliche Arbeit zu Gender und Nachhaltigkeit offiziell verzahnt: auf der Startseite der KANITA-Website steht Sustainable Development als „thrust area" an erster Stelle.

3.3 Université du Luxembourg – durch und durch transkulturell

2003 als erste und einzige Universität des Großherzogtums Luxemburg gegründet – ausgehend von vier bestehenden Hochschulinstituten mit getrennten Campusanlagen; ein gemeinsamer Universitätskomplex ist im Bau – diversifizierte Forschungsinfrastruktur[14] – ein Angebot an Erstausbildungsmöglichkeiten sowie forschungsorientierte Master-Studiengänge entstehen. Diese nationalen Interessen werden in einem kosmopolitischen Ansatz verfolgt. Der Slogan „90 nationalities, three languages, one university" besagt, dass die Universitätsmitglieder 90 Nationalitäten aufbringen, in drei Sprachen gelehrt wird und die Corporate Identity auf Einheit in der Vielfalt basiert. Anzahl der Studierenden 2011: ca. 5200.

14 War die Forschung früher auf Luxemburg als Finanzplatz ausgerichtet, so gilt es jetzt, die Voraussetzungen für eine „Wissensgesellschaft" zu schaffen

Nachhaltigkeit in Forschung, Lehre und Campus-Management
Die Ausnahmesituation, dass eine Universität fast von Grund auf neu entsteht, eröffnet besondere Gestaltungsräume für Nachhaltigkeit – von der räumlich-baulichen Planung über die Ausrichtung von Forschung und Lehre bis zum Personal, das aus der ganzen Welt herbeigerufen wird. Damit fließen Erfahrungen ein, die in anderen Ländern und Wissenschaftskulturen gemacht wurden.

Beim Aufbau der Forschung implizieren die zeitgemäßen Strukturen Merkmale nachhaltiger Forschungskultur: Interdisziplinärität wird durch Forschungszentren und interdisziplinäre Zentren, die sich sieben prioritären Forschungszielen widmen, von Grund auf angelegt. Die Wissenschaftlerinnen kommen aus der ganzen Welt, studiert und geforscht wird multilingual und mit Bewusstein für Transkulturalität. Transdisziplinarität wird gewährleistet durch eine große Zahl von Lehrbeauftragten, die aus den Institutionen vor Ort kommen, sowie durch Projekte, die sich auf die Region beziehen.

Eine explizite Nachhaltigkeitsstrategie ist in einem Wechselspiel von Bottom-up-Initiative, Top-down-Strategie und partizipativen Prozessen entstanden: Aus einem ersten Arbeitskreis von engagierten Dozentinnen ging die „Sustainability Workgroup“ hervor, als im Rektorat die Stabsstelle „Beraterin des Rektors“ eingerichtet wurde und diese die Koordination der Gruppe übernehmen konnte. Aus deren Aufgabenbereich, Nachhaltigkeit auf Belval Campus zu fördern, entwickelten sich breitgefächerte Aktivitäten, die auch Lehre und Forschung betrafen und in der Erstellung eines Strategic Action Plan mündeten. 2009 kamen eine “Cellule de developpement durable” und die Stelle einer Leiterin der Nachhaltigkeit hinzu. Der Aktionsplan definiert die übergreifenden Ziele wie folgt:

“The main goal for the UL relating to sustainable development is to define and convey to students, staff and interested civil society basic knowledge on principles and practice of sustainable development, and the capacity to develop and implement solutions to reduce environmental impacts and improve social cohesion by drawing on different disciplines. The associated learning processes are conceived as being situated in a community. Learning in a community places active participation, practical experience, inquiry-based learning and real-world problem solving at its centre. (...) The integration of research, teaching and facilities development and management are considered key.” (UL 2009:2)

In Kooperation mit der Universität Lüttich gibt es einen Master-Studiengang „Nachhaltige Entwicklung“. 2011 geht ein „cross-faculty teaching module on ‘Environmental and Social Responsibilities of Science (ESRS)’“ in die Erprobungsphase. Zudem hat eine Bestandsaufnahme gezeigt, dass in zahlreichen Lehrveranstaltungen Nachhaltigkeit bereits ein Thema ist.

Gender Mainstreaming

In den Vorläuferinstituten der Universität gab es schon seit 1996 Projekte und Kooperationen in Fragen der Gleichstellung. Aus diesen Tagen stammt eine enge Verbindung zwischen Universität und Frauenministerium[15], die vor allem der Forschungsarbeit einen transdisziplinären Charakter gibt.

Die Position der Genderbeauftragten steht als Stabsstelle in direkter Verbindung zum Rektorat und hat eine generelle Antidiskriminierungspolitik zu gestalten. Zentral ist aktuell das Thema Vereinbarkeit von Studium oder Forschungstätigkeit und Privatleben, zunehmend auch mit Blick auf männliche Wissenschaftler. In der Diskussion sind eine Vereinbarung über Telearbeit und das Ermöglichen von Dual Careers. Nach außen positionierte und vernetzte sich das Genderbüro durch jährliche internationale Gender-Workshops (2004-2008).

Schnittstellen Gender Mainstreaming & Mainstreaming Sustainability

Die Stabsstellen für Gender und Nachhaltigkeit kooperieren in den meisten Belangen und sind in den jeweiligen Gremien für GM und MS anwesend. So werden Gender & Diversity-Aspekte bei den Bauplanungen berücksichtigt. Die Einrichtung eines Campuskindergartens ist den gemeinsamen Bemühungen beider Stellen zu verdanken.

4. Visionen werden Realität – für eine nachhaltige, transkulturelle Wissenschaft

Diese Fallbeispiele zeigen zum einen, wie Visionen in innovative Hochschulstrukturen umgesetzt werden können. Dafür gab es hier jeweils günstige Voraussetzungen: Die Leuphana Universität Lüneburg und die Universität Sains Malaysia hatten die Chance, sich neu zu erfinden; die Universität Luxemburg ist noch im Entstehen. Gemeinsam ist allen: Die Neuausrichtungen wurden mittels eines Gesamtkonzeptes gestaltet, das von Leitbildern (Nachhaltigkeit, Gender & Diversity, wissenschaftliche Exzellenz) getragen und durch Corporate Identity sichtbar gemacht wird. Chancen für Neuausrichtung wurden erkannt und ergriffen – sogar der weltweite Trend zur Exzellenz, wie das Beispiel USM vor Augen führt. Und geradezu zwangsläufig liefen dabei die parallelen Welten HESD und GM aufeinander zu.

Die Prozesse waren nicht immer einfach; das soll hier nicht verschwiegen werden. Skeptikerinnen und Skeptiker sehen durch das Leitbild „Sustainable Development" die Freiheit der Forschung bedroht, andere halten es für esoterisch. Die Implementierung eines umfassenden Gender & Diversity Management ist ebenfalls ein zähes Geschäft. Gerade aber die Skeptikerinnen und

15 heute: Ministère de l'Egalité des chances

Skeptiker sind zu überzeugen durch den Impact, den HESD und Gender & Diversity auf die interne Hochschulentwicklung und die Internationlisierung von Universitäten haben. Der Weg zu einer weltweit vernetzten, transkulturellen Wissenschaft lässt sich mit ihrer Hilfe beschreiten. Besser und schneller ginge das, wenn beide Stränge an vielen Orten zusammenlaufen würden.

Literatur

Adomßent Maik/Michelsen, Gerd (in Vorb. 2011): Leuphana University Lüneburg and the sustainability challenge: a review and a preview. In: Franz-Balsen, Angela/Kruse, Lenelis (Hg.): Higher Education for Sustainable Development and Human Ecology – Integration for Innovation in a European Higher Education Area. Oekom Verlag, München

Adomssent, Maik/Franz-Balsen, Angela/Kruse, Lenelis (2007): Hochschulen und nachhaltige Entwicklung. GAIA 16/1, S. 78-80

Auferkorte-Michaelis, Nicole/Stahr, Ingeborg/Schönborn, Anette/Fitzek, Ingrid (Hg.) (2009): Gender als Indikator für gute Lehre. Budrich UniPress, Opladen/Farmington Hills

Baaken, Uschi/Plöger, Lydia (Hg.) (2002): Gender Mainstreaming – Konzepte und Strategien zur Implementierung. Kleine Verlag, Bielefeld

Beck, Ulrich (2004): Humboldt 2. In: DIE ZEIT 47, 11.11.2004, S. 15

Becker, Egon/Jahn, Thomas (2006): Soziale Ökologie. Campus, Frankfurt a.M./New York

Bengtsson, Stefan (2009): The forgotten priority: Promoting gender equality in Education for Sustainable Development (ESD). Discussion paper, side event at UNESCO World Conference on Education for Sustainable Development, Bonn

Bergmann, Matthias/Schramm, Engelbert (2008): Transdisziplinäre Forschung. Integrative Forschungsprozesse verstehen und bewerten. Campus, Frankfurt a.M./New York

Bührer, Susanne/Schraudner, Martina (2006): Gender-Aspekte in der Forschung. Wie können Gender-Aspekte in Forschungsvorhaben erkannt und bewertet werden? Fraunhofer IRB Verlag, Karlsruhe

Castells, Manuel, (2002): Das Informationszeitalter – Wirtschaft, Gesellschaft, Kultur. Teil 1: Der Aufstieg der Netzwerkgesellschaft; Teil 2: Die Macht der Identität; Teil 3: Jahrtausendwende. Leske+Budrich, Opladen

Dubielzig, Frank/Schaltegger, Stefan (2004): Methoden tranzdisziplinärer Forschung und Lehre. Ein zusammenfassender Überblick. CSM, Universität Lüneburg. Abrufbar unter: http://www2.leuphana.de/umanagement/csm/content/nama/downloads/download_publikationen/49-8downloadversion.pdf (Zugriff 06.06.2011)

Dudeck, Anne/Jansen-Schulz, Bettina (Hg.): Zukunft Bologna!? Gender und Nachhaltigkeit als Leitideen für eine neue Hochschulkultur. Peter Lang, Frankfurt a.M.

Franz-Balsen, Angela/Lai, Wan Teng/Mat Isah, Norpisah (2011): Merging Gender Mainstreaming and Sustainability Strategies – a Win-Win-Approach. In: Barth, Matthias/Zanusi, Zainal (eds.): 5 years of Higher Education for Sustainable Development. Looking back – moving forward. VAS Verlag, Frankfurt a.M. (in Vorb.)

Gross, Dieter/Nakayama, Shuichi (2010): Barriers and Deficits with Implementing ESD 2000-2009 with Focus on UNESCO's Action Goals for the Second Half of the Decade. http://www.esd-geography.com/wp-content/ uploads/2010/03/ c9ae211093d0ed469a6e60e4a49ad809.pdf (Zugriff 06.06.2011)

Jansen-Schulz, Bettina (2010): Hochschul- und Fachkulturen verändern durch gender-diversity-orientierte Hochschuldidaktik. In: Cremer-Renz, Christa/Jansen-Schulz, Bettina 2010 (Hg.): Innovative Lehre – Grundsätze, Konzepte, Beispiele der Leuphana Universität Lüneburg. Universitätsverlag Webler, Bielefeld, S. 237-266

Jansen-Schulz, Bettina/van Riesen, Kathrin (2009): Integratives Gendering in Curricula, Hochschuldidaktik und Aktionsfeldern der Leuphana Universität Lüneburg. In: Auferkorte-Michaelis, Nicole/Stahr, Ingeborg/Schönborn, Annette/ Fitzek, Ingrid (Hg.) (2009): Gender als Indikator guter Lehre. Erkenntnisse, Konzepte und Ideen für die Hochschule. Budrich UniPress, Opladen, S. 65-86

Jansen-Schulz, Bettina (2009): Integratives Gendering in technischen Studiengängen. In: Steinbach, Jörg/Jansen-Schulz, Bettina (Hg.) (2009): Gender im Experiment – Gender in Experience. Ein Best Practice Handbuch zur Integration von Genderaspekten in naturwissenschaftliche und technische Lehre. TU Berlin Verlag, Berlin, S. 29-50

De Kraker, Joop/Lansu, Angelique/Van Dam-Mieras, Rietje (2007): Competencies and competence-based learning for sustainable development. In: De Kraker, Joop/Lansu, Angelique/Van Dam-Mieras, Rietje: Crossing Boundaries. Innovative Learning for Sustainable Development in Higher Education. VAS Verlag, Frankfurt a.M., S. 103-114

Kahlert, Heike (2003): Gender Mainstreaming an Hochschulen. Anleitung zum qualitätsbewussten Handeln. Leske+Budrich, Opladen

Kehrer, Daniel/Singer-Brodowski, Mandy/Bever, Hannes (2011 in Vorb.): At the bottom lines – student initiatives for sustainable development in higher education. In: Franz-Balsen, Angela/Kruse, Lenelis (Hg.) (2011 in Vorb.): Higher Education for Sustainable Development and Human Ecology – Integration for Innovation in a European Higher Education Area. Oekom Verlag, München

Leicht-Scholten, Carmen (2009): Gender und Diversity im Mainstream der Wissenschaften – Wandel der Wissenschaftskultur durch die Institutionalisierung von Gender and Diversity Management an der RWTH Aachen. In: Auferkorte-Michaelis, Nicole/Stahr, Ingeborg/Schönborn, Anette/Fitzek, Ingrid (Hg.) (2009): Gender als Indikator für gute Lehre. Budrich UniPress, Opladen, S. 41-52

Loibl, Marie Céline (2005): Spannung in Forschungsteams. Hintergründe und Methoden zum konstruktiven Abbau von Konflikten in inter- und transdiszplinären Projekten. Verlag für Systemische Forschung im Carl-Auer-Verlag, Heidelberg

Mae, Michiko/Saal, Britta (Hg.) (2007): Transkulturelle Genderforschung. VS Verlag, Wiesbaden

Pohl, Christian/Hirsch-Hadorn, Gertrude (2006): Gestaltungsprinzipien für die transdisziplinäre Forschung. Ein Beitrag des td-net. Oekom Verlag, München

Razak, Dzulkifli Abdul (2008): Transforming Higher Education for a Sustainable Tomorrow. http://globalhighered.files.wordpress.com/2010/08/usmapex-university intro.pdf (Zugriff 06.06.2011)

Roloff, Christine/Selent, Petra (2003): Hochschulreform und Gender Mainstreaming. Kleine Verlag, Bielefeld

Saal, Britta (2007): Kultur in Bewegung: Zur Begrifflichkeit von Transkulturalität. In: Mae, Michiko/Saal, Britta (Hg.) (2007): Transkulturelle Genderforschung. VS Verlag, Wiesbaden, S. 21-36

Schaltegger, Stefan (2009): Competence-building in sustainability. Public Service Review: Science and Technology 4, S. 1-2

Schneidewind, Uwe (2009): Nachhaltige Wissenschaft. Metropolis Verlag, Marburg

Schneidewind, Uwe (2010): Ein institutionelles Reformprogramm zur Förderung transdisziplinärer Nachhaltigkeitsforschung. GAIA 19/2, S. 122-128

Scholz, Roland, W./Lang, Daniel/Wiek, Arnim/Walter, Alexander/Stuaffacher, Michael (2006): Transdiciplinary Case studies as a Means of Sustainability Learning: Historical Framework and Theory. International Journal of Sustainability in Higher Education, 7(3), S. 226-251

Schultz, Irmgard/Hummel, Diana/Hayn, Doris (2006): Geschlechterverhältnisse. In: Becker, Egon/Jahn, Thomas (Hg.): Soziale Ökologie. Campus, Frankfurt a.M./New York, S. 224-239

UNESCO (2009): Bonn Declaration. (http://www.bne-portal.de/coremedia/generator/unesco/de/Downloads/Aktuelles/Bonn_20Declaration.pdf, Zugriff 06.06.2011)

Université du Luxembourg (2009): *Strategic Action Plan.* (http://wwwde.uni.lu/sustainability, Zugriff 06.06.2011)

Wright, T. (2005): Higher Education for Sustainability: Developing a Comprehensive Research. Dalhousie University, Halifax

Bettina Jansen-Schulz

Transkulturelle Hochschule mit Gender-Diversity!?

1. Einführung

Hochschulen stellen sich als vielfältige institutionelle Gebilde dar. Sie sind die Institution, in der sowohl Wissenschaft generiert, Forschung betrieben und gelehrt wird, in der jedoch auch innerhalb der Strukturen die Akteurinnen und Akteure auf vielfältige Weise agieren und interagieren. Dies alles findet statt auf jeweiligen politischen, wissenschafts- und disziplinorientierten Handlungsprämissen, die stark gesellschaftlich eingebunden sind. Hochschulen bestehen aus unterschiedlichen Aktionsfeldern (Forschung, Lehre, Hochschulmanagement, Wissenschaftstransfer) mit den jeweiligen Akteursgruppen in diesen Handlungsfeldern (Forschende, Lehrende [häufig in Personalunion], Leitende im Hochschulmanagement, Lehrende, Forschende im Transferbereich) und den die Handlungsfelder und Akteursgruppen umgebenden Steuerungsinstrumente (z.B.: Leistungsorientierte Mittelvergabe), und unterschiedlichen Handlungskonzepte (z.B.: Gender-Mainstreaming, Managing Diversity, Hochschuldidaktik). In all diesen Bereichen wird in Hochschulen nach je spezifischen gesellschaftlich und wissenschaftspolitisch ausgerichteten Profilen geforscht, gelehrt, geplant, agiert (Jansen-Schulz 2007: 167ff).

Abb. 1: Hochschulische Aktionsfelder

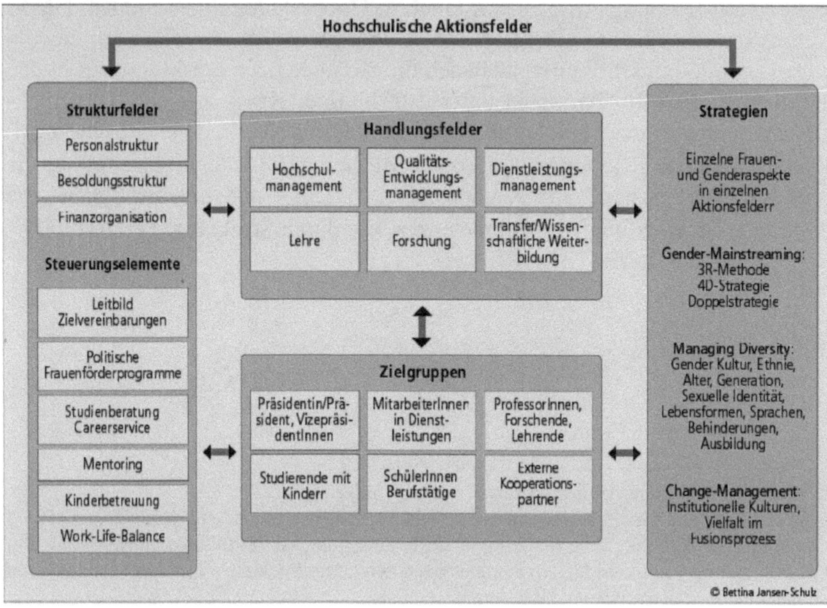

Eine der jahrzehnte alten Handlungsprämissen für Hochschulen als handelnde Institutionen ist die Gleichstellungsarbeit, die sowohl wissenschaftlich, forschend, lehrend und strukturell alle Bereiche einer Hochschule durchdringt.

Von der Frauenförderung über Gender Mainstreaming zu Diversity Management zur Transkulturalität. So lässt sich kurz und knapp die wissenschaftliche und strukturelle Entwicklung im Frauen- und Genderbereich an bundesdeutschen Hochschulen der letzten dreißig Jahre beschreiben. Ziele von Frauenförderung und Gender Mainstreaming waren die strukturellen Diskriminierungen von Frauen (und z.T. auch von Männern – was jedoch im hochschulischen Kontext eher selten vorkam und vorkommt) zu beseitigen.

Gender als Begriff unterlag in den letzten dreißig Jahren vielfachen theoretischen Veränderungsprozessen. Genderforschung betrachtet(ete) überwiegend Frauen und Männer in ihren gesellschaftlichen diskriminierenden Situationen und zog und zieht daraus Erkenntnisse, leitet(ete) daraus neue theoretische Diskurse ab und entwickelt(e) Handlungskonzepte für Forschung, (Hochschul)Politik, Verwaltung und Hochschullehre.

Aber reichen diese Gender-Dimensionen noch aus? Gesellschaftliche, soziale, wirtschaftliche, wissenschaftliche und hochschulische Entwicklungen zeigen zunehmend, dass weitere Dimensionen menschlicher Vielfalt berücksichtigt werden und diese sowohl unter Diskriminierungs- bzw. antidiskriminierungs- Handlungsansätzen als auch unter Kompetenzansätzen näher in den Blick genommen werden müssen.

So wurde der in ökonomischen Kontexten entwickelte Diversity Management Ansatz, der z.T. eine Weiterentwicklung oder auch nur eine Umbenennung der Gender Mainstreaming Ansätze war, auch in Hochschulen übernommen. Dieser Diversityansatz geht von mindestens zwei Prämissen aus, er fokussiert sowohl die Diskriminierungsstrukturen, als auch die Kompetenzen der Menschen in den Unternehmen. Der Nutzenaspekt unter dem heftiger Kritik ausgesetztem Stichwort „Humanressource“ spielte und spielt dabei eine Rolle. Die kritische Position von vielen Forscherinnen und Forschern[1] hierzu ist jedoch einseitig auf die „Verwertungsdimension“ von Kompetenzen gerichtet und übersieht dabei die individuelle Entwicklung von Kompetenzen, die durch Strukturen gestärkt wird[2].

1 Iber/Virtbauer 2008: 19; Andresen//Koreuber/Lüdke (Hrsg.) 2009

2 Hier ist der alte pädagogische Ansatz der „Pädagogik von unten“ von Paolo Freire (1977) gemeint, in dem durch die Stärkung oder die Schaffung von Strukturen zur Stärkung und Entwicklung von individuellen Kompetenzen den Unterdrückten Wege aufgezeigt wurden, sich aus der Unterdrückung zu befreien.

Der Antidiskriminierungsansatz sowohl von Gender Mainstreaming[3], als auch von Diversity Management zielt hingegen auf die Veränderung von Strukturen, damit Frauen und Männer, Studentinnen und Studenten so arbeiten und studieren können, wie es ihren individuellen Bedingungen entspricht. Hier geht es also nicht um die in individueller Verantwort liegende permanente Veränderung und Anpassung an Strukturen der Person, sondern umgekehrt, die Strukturen müssen sich der Vielfalt der Persönlichkeitsdimensionen anpassen.

Hochschulen müssen wie auch Unternehmen auf die gesellschaftlichen Veränderungen und die zunehmende gesellschaftliche Vielfalt reagieren. Ob der ökonomische Ansatz des Diversity Managements für Bildungseinrichtungen der passende ist, darüber gibt es nach wie vor kritische Diskurse. Hochschulen stehen heute in einem Wettbewerb zu einander – auch wenn sie Bildungseinrichtungen sind – und müssen sich daher auch an Marktbedarfen orientieren, auch wenn es ein ganz spezifischer „Markt" ist.

Wie reagieren die Hochschulen auf die zunehmende Vielfalt ihrer Studierenden, bzw. auf die Wahrnehmung dieser Vielfalt? Wie können Kompetenzen von Studierenden ent-deckt und ent-wickelt werden und welche strukturellen und didaktischen Methoden gibt es, Studierende zu fördern und mögliche Diskriminierungen zu erkennen und abzubauen? Wie unterstützen und fördern Hochschulen die Vielfalt der Mitarbeiterinnen und Mitarbeiter, Wissenschaftlerinnen und Wissenschaftlern und die Vielfalt in den Forschungsansätzen? Welche Vielfalts-Kriterien haben Hochschulen besonders in ihrem je hochschulpolitischen Fokus? Warum ist es für die genderorientierte Hochschullehre und Hochschuldidaktik wichtig, sowohl die Heterogenität der Studierenden und Lehrenden als auch den Kompetenzbegriff (wieder) als pädagogisches Handlungskonzept zu berücksichtigen?[4] Diesen Fragen begegnen zunehmend mehr deutsche Hochschulen mit unterschiedlichen Diversityansätzen und –konzepten[5]. Zunehmend muss heute in der Hochschullandschaft von einer größeren Heterogenität der Studierendenschaft ausgegangen werden, als noch vor zehn oder fünfzehn Jahren. Es reicht darum nicht mehr aus, nur die Genderperspektive zu berücksichtigen. Weitere Dimensionen finden sich bei den Studierenden: Sie sind Frauen und Männer in unterschiedlichen Lebenssituationen, unterschiedlichen Alters (dies gilt noch einmal besonders für Konzepte der offenen Hochschule, wie sie zunehmend entwickelt werden), unterschiedlicher sozialer- und Bildungsherkunft, unterschiedlicher Hautfarbe, kultureller und ethnischer Herkunft. Dabei vereinen die Studierenden - im Sinne der *Intersektionalität* - häufig mehrere kulturelle Hintergründe in sich selbst – z.B. Studierende mit Migrationshintergrund, die in

3 Hier sind auch noch weitere Ansätze, wie das Integrative Gendering (Jansen-Schulz 2004-2011) zu nennen.

4 Zum Kompetenzbegriff und dessen Anwendung in der Hochschuldidaktik siehe u.a. Jansen-Schulz 2011

5 Zu Diversityansätzen in Hochschulen des Landes NRW vergl. die Studie: Jansen-Schulz, Kortendiek, Poguntke 2011

Deutschland aufgewachsen sind und so genannte Bildungsaufsteigerinnen, -aufsteiger sind, bzw. sein können und somit viel „latentes Wissen" bzw. viele Kompetenzen in das Studium mitbringen.

Diese Studierenden sind nicht nur diskriminiert sondern haben gleichzeitig auch vielfältige Kompetenzen entwickelt, die es in der Lehre zu berücksichtigen und/oder auch zu „heben" gilt.

Ähnliches gilt für das hochschulische Personal. Hier finden sich noch sehr wenige Konzepte, Diversity-Kriterien nicht nur unter Diskriminierungsperspektive sondern auch unter der Kompetenzperspektive wahrzunehmen und strukturell zu fördern und sowohl für die Hochschule als auch für die Frauen und Männer zu nutzen – dies im Freire'schen Sinne.

Die Vielfalts-, Heterogenitäts – und Diversity-Ansätze enthalten immer auch kulturelle Dimensionen. Hochschulen sind daher heute - nach Iber/Virtbauer (2010: 13) und Welsch (2010: 54) - als *transkultureller* Raum zu definieren.

Viele Hochschulen begegnen der größeren Vielfalt in Wissenschaft, Forschung und Lehre und der Vielfalt ihrer Akteurinnen und Akteure mit Konzepten zur *Internationalisierung,* die entweder nur darauf ausgerichtet sind, mehr ausländische Studierende und Akteurinnen / Akteure zu akquirieren oder den hohen Ausländeranteil der Studierenden – auch mit Migrationshintergrund – adäquat zu begegnen. Diesen Konzepten liegen Ideen der *Interkulturalität und Multikulturalität* zugrunde, die jedoch vielfach wenig theoretisch reflektiert sind und eher noch einem dringend bestehenden Handlungsdruck geschuldet sind.

Nur wenige Hochschulen im deutschsprachigen Raum verfolgen bisher wirklich theoriegeleitete reflektierte Konzepte. Einige wenige Hochschulen verfolgen einen konsequenten, auf alle Ebenen und Personen bezogenen Diversity-Ansatz, der sowohl theoretische als auch Handlungskonzepte von Diversity-Dimensionen berücksichtigt[6].

2. Gender, Diversität, Heterogenität, Intersektionalität, Internationalität, Transkulturalität und Kompetenzen – alles zugleich?

Im Folgenden wird zur Einordnung der Diversity Management Konzepte von Hochschulen auf die dahinter liegenden sozialwissenschaftlichen und pädagogischen theoretischen Grundlagen eingegangen.

2.1 Gender-Ansätze in Hochschulen

Im Zuge des Bolognaprozesses hat der größte Teil der Hochschulen in Deutschland und auch im europäischen Raum seine Studienangebote auf ein gestuftes Studienangebot umgestellt. Dies ging jedoch nicht ohne Brüche in der Hoch-

6 vergl. dazu z.B. die Universität Duisburg-Essen, in Jansen-Schulz, Kortendiek, Poguntke 2011

schulkultur und in den Fachkulturen von statten. Insbesondere sind nicht nur neue Hochschulstrukturen, sondern auch neue Strukturen in der Lehre und neue Lehr-Lern-Kompetenzen erforderlich. Die Einstellung zur Lehre und zur Betreuung von Studierenden muss und wird sich weitreichend ändern. In der international vergleichenden Zwischenbilanz zur Entwicklung des Bolognaprozesses des Bundesministeriums für Bildung und Forschung (BMBF) 2005 wurde schon auf die notwendigen neuen Lehrkompetenzen und systemischen Kompetenzen der Akteurinnen und Akteure hingewiesen. Die letzte Bolognakonferenz in Leuven 2009[7] hat strukturelle Verbesserungen insbesondere auch in der Lehre und der Unterstützung der Lehre gefordert. Dazu gehört u.a. auch eine veränderte transkulturelle Hochschuldidaktik, für die es bisher jedoch noch kein Konzept gibt.

Ähnliches gilt für die Integration von Gender- und Diversityaspekten in Forschung und Lehre im Zuge des Bolognaprozesses. Hier sind ähnliche Desiderata zu nennen, wie zu Lehre und Hochschuldidaktik. Eine bundesweite Erfassung zur Frage der Integration von Gender-Aspekten in die gestuften Studiengänge in Akkreditierungsprozessen (Becker et.al. 2006, 2007) hob die große Bedeutung von Gender-Kompetenz bei Lehrenden hervor, damit Gender-Aspekte nicht im Rahmen der Umstrukturierungen vergessen werden. Wissenschaftsrat, die Deutsche Forschungsgemeinschaft, der Stifterverband für die deutsche Wissenschaft und auch der Akkreditierungsrat fordern inzwischen die Integration von Gender-Diversity-Aspekten in Forschung und Lehre[8].

Wissenschaftlerinnen und Wissenschaftler haben überwiegend noch wenig Gender-Diversity-Wissen und es fehlen vielfach Kompetenzen, die Erkenntnisse der über 30jährigen Frauen-, Gender und der Diversityforschung in die eigene Forschung und Lehre zu integrieren. Die vielfältigen Ansätze und ihre Desiderata wurden insbesondere im Genderreport NRW 2010 (Becker et al. 2010) für das Bundesland NRW ausführlich dargestellt. Die Erkenntnisse aus dem Genderreport können im Allgemeinen auch auf andere Bundesländer transferiert werden.

2.2 Heterogenität

In Bildungswissenschaften und pädagogischen Hochschulen und Fakultäten findet sich überwiegend der Begriff *Heterogenität* anstatt Diversity. Er bezieht sich auf die Verschiedenheit der Menschen in ihrer Rolle als Lernende unter Bezugnahme des ökosystemischen Modells von Bronfenbrenner (1981) auf der Microsystemebene (personelle Ebene: Schülerinnen und Schüler, Studierende und situative Ebene), auf der Mesosystemebene (institutionelle Ebene: Schule, Hoch-

7 Communiqué of the Conference of European Ministers Response for Higher Education, Leuven and Louvain-la-Neuve April 2009

8 Wissenschaftsrat (2006); Wissenschaftsrat (2008); Deutsche Forschungsgemeinschaft (2008); Akkreditierungsrat (2008)

schule), auf der Exosystemebene (strukturelle Ebene: Bildungssystem) und auf der Makrosystemebene: gesellschaftliche Metaebene: International, national, regional: Kultur, Werte, Normen. Pädagogische Konzepte im Umgang mit der Heterogenität und Vielfalt von Schülerinnen und Schülern haben schon früh v.a. Prengel („Pädagogik der Vielfalt“ 1995), Huber/Wenzel („Wir sind alle gleich. Wir sind alle verschieden“ 1996) u.a. für den schulischen Bildungsbereich entwickelt.

Viebahn (2008) unternimmt erstmalig für die Hochschuldidaktik die Entwicklung eines umfassenden differentiellen Konzeptes aus hochschulpsychologischer Perspektive. Die „Lernerverschiedenheit und soziale Vielfalt im Studium. Differentielle Hochschuldidaktik aus psychologischer Sicht“ (so der Buchtitel von Viebahn 2008) fordert von der Hochschule als System ein Lernklima zu schaffen, das die Vielfalt der Studierenden in allen Ebenen Makro-, Meso- und Mikroebene berücksichtigt, fördert und unterstützt. Lehrende müssen dafür zunehmend ausgebildet werden. Viebahn entwickelt hier überwiegend aus pädagogisch-psychologischer Perspektive ein Konzept zur Berücksichtigung der Vielfalt der Lernenden. An einigen wenigen Stellen nimmt er auch eine soziologische Perspektive ein, wenn es um den Blick auf Frauen und Männer und Studierende in ihrem sozialen Umfeld geht. Jedoch hört Viebahns Konzept genau dort auf, wo die gesellschaftlichen Milieus auf die Voraussetzungen der Lernenden treffen (Viebahn 2008: 28). Geschlechterverhältnisse und ihre inhärenten Diskriminierungsstrategien sollten nach Meinung von Viebahn durch Gendertrainings bearbeitet werden. Hier bezieht er sich zum einen auf Ansätze von Gramesbacher und Weiß (o.J.), die auf Kompetenzen in der Vielfalt verweisen (in Viebahn 2008: 160) und zum anderen auf das Diversity Classroom –Concept von Pike und Kuh (2006) (in Viebahn 2008: 111), ohne jedoch explizit den Kompetenzansatz, der in diesen Konzepten enthalten ist, aufzugreifen.

Zu kritisieren an diesen Heterogenitätskonzepten ist, dass es die Menschen im Bildungssystem ausschließlich in ihrer Rolle als Lernende und darauf wirkenden Faktoren wahrnimmt. Insofern unterliegt dieses Konzept einem deterministischem und eher additivem Ansatz in Bezug auf die Vielfalts-Dimensionen.

2.3 Diversity-Konzepte

Die Dimensionen der Diversity-Konzepte, die in sechs Kerndimensionen: Geschlecht, Alter, Ethnie, kulturelle Herkunft, sexuelle Orientierung, körperliche, seelische, psychische Beeinträchtigung in der einschlägigen Fachliteratur zusammen genannt werden[9] sind notwenig heute in die Lehre und in die Hochschuldidaktik einzubeziehen.

9 Iber/Virtbauer 2008; Koall/Bruchhagen 2008; Vedder 2008, 2011; Krell 2004, 2009

Zunehmend werden Diversity-Dimensionen in der Hochschullehre berücksichtigt, bzw. wird dies gefordert. Allerdings wird Vielfalt der Studierenden oftmals begrenzt auf ihre ethnische und kulturelle Herkunft als „ausländische Studierende" mit Migrationshintergrund oder als Gaststudierende.

Die Kritik an den Diversity-Ansätzen bezieht sich zum einen auf die eher additive Berücksichtigung einzelner Dimensionen, ohne deren Zusammenhänge zu berücksichtigen und ohne Gender als Querkategorie zu berücksichtigen.

Zum anderen wird am Diversityansatz dessen wirtschaftsorientierte Perspektive auf der Verwertbarkeit von Humanressources kritisiert. Kritikerinnen lehnen daher diesen Ansatz für Hochschulen als Bildungseinrichtungen ab oder bezweifeln dessen Adaptierbarkeit (Soiland 2009). Befürworterinnen und Befürworter hingegen sehen in Diversityansätzen die Möglichkeit einer Doppelstrategie Gender und Diversity für Hochschulen (Krell 2009).

Für Diversity Management in Hochschulen schlagen Iber/Virtauer (2008: 24ff), acht Foki von DiM vor, aufbauend auf jahrelangen Erfahrungen von Diversity Management an der Universität Wien, die eine der ersten Hochschulen im deutschsprachigen Raum ist, die DiM schon 2005 eingeführt hat:

1. DiM in der Personalverwaltung, Personalentwicklung, in Serviceeinrichtungen für Studierende
2. DiM als Forschungszweig
3. DiM Maßnahmen für Information und Image
4. DiM in Lehren und Lernen, Weiterbildung, Hochschuldidaktik
5. DiM in Struktur und Strategie, hier insbesondere Strategien wie das Gender Mainstreaming
6. Diversity Monitoring
7. DiM für Recruitment-Methoden
8. DiM im Bereich Beratung und Support

Die Bereiche 3-8 sind nach Ibert/Virtbauer strukturell und inhaltlich nicht voneinander getrennt zu entwickeln, sondern hängen eng zusammen (2008: 25).

2.4 Diversityforschung

Diversity-Dimension können nicht einfach additiv angewandt werden ohne diese auf der Makro- Meso- und Mikroebene und in ihren gesellschaftlichen, strukturellen und je individuellen Zusammenhängen zu berücksichtigen. Leider ist die Diversityforschung zumindest im deutschsprachigen Raum noch wenig entwickelt und bietet zu wenig theoretische Erklärungsmodelle an, ob wohl sie gleichzeitig eine zunehmende interdisziplinäre Komplexität von Detaildebatten (Sparten-Theorie-praxisspezifische Debatten) aufweist
(Allemann-Ghionda/ Bukow 2011: 10ff; Allemann-Ghionda 2011: 23ff).

So ist die ökonomische wirtschaftswissenschaftliche Diversityforschung eher pragmatisch auf die Entwicklung von Handlungskonzepten in und für Unternehmen ausgerichtet. Häufig wird hier einfach von der Frauenförderung über das Gender Mainstreaming zu einem Diversity Mainstreaming übergegangen, indem Frauen includiert werden.

Diversity-Konzepte gehen sowohl vom Diskriminierungs-, bzw. Antidiskriminierungsansatz als auch vom Kompetenzansatz aus (hier besonders im wirtschaftlich orientierten Diversity-Managing). Allerdings besteht hier immer die Gefahr, Gender als eine unter vielen Kategorien zu subsummieren. Gender muss jedoch als Querkategorie zu allen anderen Kategorien als interdependente Kategorie immer mitgedacht werden.

Dem Diversityansatz liegen unterschiedliche theoretische getrennt verlaufene Diskurse zugrunde. *„hier die feministische und Gender-Debatte, dort die interkulturelle, die anti-rassistische und Etnizitätsbewegung und die dazu gehörigen Diskurse, wieder anderswo das Thema der institutionellen Behandlung von Alter und Behinderung, später – wiederum – ganz anders lokalisiert – die Frage der sexuellen Orientierung bzw. Identität"* (Allemann-Ghionda/Bukow 2011:7). Diese Segmente werden erst in den letzten Jahren zunehmend auch verbindend gedacht und diskutiert[10]. Obwohl die Diversity-Ansätze aus ökonomischen Bereichen kommen, sind mir nur wenige wirtschaftswissenschaftliche Forschungen dazu bekannt, so dass ich hier auf sozial- und bildungswissenschaftliche theoretische Konzepte zurückgreife.

Einige Probleme der Diversity-Ansätze, auf welche die Diversityforschung aufmerksam macht, sollen hier näher ausgeführt werden, weil sie auf mögliche Diskrepanzen der hochschulischen Diversity-Konzepte hinweisen können.

1. Die Konstruktion von Verschiedenheit
   Durch die Diskussion über die Diversity-Dimensionen wie gender, race, body etc. werden diese Dimensionen gleichzeitig wirkmächtig ständig hergestellt und können als *„performative Praxen der Wiederholung machtvoller Unterscheidungen.."* (Mecheril/Klingler 2010: 108)[11] gelesen werden. Dieser Performance von Ungleichheit kann nach Mecheril/Klingler durch eine *„reflexiv-kritische Perspektive auf Differenzverhältnisse und Praxen der Differenzbearbeitung (an Universitäten)"* (ebd.:109) begegnet werden. Dieser Ansatz schließt drei, bzw. vier Wege ein:

10 Diese die Diskurse verbindende Idee verfolgt der Sammelband von Allemann-Ghionda/Bukow 2011: Orte der Diversität der Universität Köln, Center for Diversity Studies (CEDIS)

11 Zur Theorie perfomativer Praxen siehe auch Butler 1998; Hobuß 2011, Argner 2011

a. das Aufspüren der Entwicklung von Machtverhältnissen, die Differenz und Pluralitäten stärken oder verhindern
b. Diversity muss als politische Praxis selbst ständig reflexiv sein
c. Phänomene, die nicht in die Raster von Diversity passen, müssen erkannt werden. (ebd.:109ff)
d. Hier ist außerdem noch auf die zunehmende Entwicklung transkultureller Hybridität (s.u. und Mae/Saal 2007; van Dyck 2011) zu verweisen.

2. Diversity im Zeitgeist
Um ein *„Diffuses Mitschwimmen mit dem Zeitgeist"* (Allemann-Ghinonda 2011:31) mit unreflektierten Diversity-Konzepten in Hochschulen, die in Hochglanzbroschüren erstarren (Celebrating Diversity), zu verhindern, braucht es verstärkte selbstreflexive Hochschulforschung (Zimmermann/Metz-Göckel 2008) nicht nur zur Diversität der Akteurinnen und Akteure, sondern auch der eigenen Kulturen und Fachkulturen (Stichwort: humanities und sciences[12]) in Forschung und Lehre. Z.B. müssen Diversity- und Transkulturalitäts-Ansätze auch in die Lehre und die Hochschuldidaktik einfließen, um Lehrkulturen zu verändern[13].

3. Transkulturalität in der Hochschule
Um nicht einer *„gesteigerten Herkunftsvielfalt"* (Welsch 2010:54) in der Hochschule zu unterliegen, ist darüber nachzudenken, ob die Diversityansätze selbst nicht weiterzuentwickeln sind zu einer Transkulturellen Hochschule, dies unter der Berücksichtigung umfassenden theoretischen Diskursen zur Kultur in Hochschulen und zum Kulturbegriff (s.u.).

2.5 Intersektionalität

Sowohl die Ungleichheits- und Minderheitenforschung als auch die langjährige Frauen- und Genderforschung sind sozialwissenschaftliche Ansätze zur Erklärung von diversen Diskriminierungen in unserer Gesellschaft und den gesellschaftlichen Institutionen. V.a. die Frauen- und Genderforschung im deutschsprachigen Raum und die Post Colonial Studies im angloamerikanischen Sprachraum sind in vielen Bereichen Ausgangspunkt von Diversityforschung und Diversity-Konzepten. Diesen Ansätzen soll jetzt hier weiter gefolgt werden. Theoretisch stärker verortet und ausdifferenziert finden sich Diversity-Dimensionen in der neueren Intersektionalitätsforschung. Deren Ansätze erweisen sich u.a. auch als hilfreich für die Weiterentwicklung von hochschuldidaktischen Konzepten zur Berücksichtigung der Vielfalt von Studierenden und ihrer Kompetenzen.

12 Vergl. dazu Schaeper 1997; Welsch 2010:39ff; Jansen-Schulz 2010: 237ff
13 Vergl. dazu Mecheril/Klingler 2010:110ff; ; Jansen-Schulz 2010: 237ff

Die theoretischen Ansätze der feministischen Gender- und Kulturforschung der letzten zwanzig Jahre setzten sich nach einer Phase der Gleichheits-, versus Differenztheorien in den siebziger und den Anfängen der achtziger Jahre mit konstruktivistischen Perspektiven (Goffmann 1977, 1979, Garfinkel 1967 und Hagemann-White 1984-1988) in den neunziger Jahren bis heute auseinander, die v.a. durch Judith Butlers Werk „Gender Trouble" 1990-1991 beeinflusst wurden.

Die Konstruktivismusdebatte in der Genderforschung wurde auch durch kritische Stimmen von schwarzen Frauen und Forscherinnen in postkolonialen Diskursen weitergeführt, die vielfältigere Dimensionen als nur das Geschlecht berücksichtigten. race und class[14] kamen zunächst als weitere Dimensionen hinzu, die später durch die gleichen Dimensionen wie die Diversity-Dimensionen erweitert wurden nämlich: race, class, gender, disabilities, age, nationality, religion, sexuality.

Crenshaw (1989) dachte als eine der ersten diese Dimensionen als zusammenhängende, miteinander verbundene, bzw. interdependente (Walgenbach u.a. 2007) Dimensionen. Ihr Ansatz der „Intersektionalität" wurde weiterentwickelt in der Geschlechter- Migrations- und Ungleichheitsforschung.

Die Idee der Interdependenz der Dimensionen untereinander begründet sich aus verschiedenen Diskurssträngen der Genderforschung und der Genderpolitik und gibt interessante Anregungen für deren Transfer in die Hochschulpolitik. Wie in einigen wenigen hochschulpolitischen Konzepten wird auch hier Gender als Querkategorie zu allen anderen Diversity-Kategorien, bzw. Intersektionalitäts-Dimensionen gesehen.

Jedoch fehlen auch in den Interdependenzansätzen weitere Konkretionen der Interdependenzen *aller* Dimensionen. So wird zumeist nur auf Gender und... (Dimension x) und damit verbundene Dominanzverhältnisse abgehoben. Walgenbach verdeutlicht dies an verschiedenen feministischen Strömungen und resümiert, dass die verschiedenen Kategorien unterschiedlich gewichtet werden (können), wodurch es zu *„Hierarchisierung, Ausblendung und Abwertung von Kategorien und so zu hegemonialen Machtstrukturen"* (Walgenbach 2007: 23-64) kommen kann. Walgenbach plädiert mit dem Verweis auf die unterschiedlichen wissenschaftlichen Diskurse aus der Ethnic-, Black-, Postcolonial-, Asien-American, Hispanic-American,- Gay-Lesbian-Transgender- und Disabilityforschung für eine Zusammenfassung dieser Forschungsrichtungen zu „Difference-Studies" (ebd.).

14 Hier wird der Begriff „race" ausschließlich englisch genutzt, wie auch die weiteren in diesem Absatz genannten Vielfaltsdimensionen. Dies hat zum einen den Grund, dass das deutsche Wort „Rasse" aufgrund der historischen Vergangenheit problematisch konnotiert ist. Zum anderen soll mit den englischen Begriffen auf den dahinter liegenden vorwiegend angelsächsischen Diskurs verwiesen werden.

Intersektionalität ist auch ein analytisches Forschungs- und Denkkonzept und wird inzwischen als neues Paradigma in der Gender- und Qeerforschung gesehen (Winker, Degele 2009). Eignet es sich auch als Handlungskonzept für die Berücksichtigung all dieser o.g. Dimensionen in der Forschung, Lehre und in den Hochschulstrukturen? Und wie kann das gehen, wie können die Interdependenzen der verschiedenen Kategorien gedacht und in Forschungs- Lehr- und Strukturkonzepte umgesetzt werden? Und wie können latent vorhandene Kompetenzen, die in der Vielfalt der Lernenden begründet sind, ent-deckt und ent-wickelt und gefördert werden? Diese Fragen müssen weitgehend noch offen bleiben, sie finden erste Antwortansätze im Konzept der didaktischen Kompetenz von Schlüter (2010) im Konzept der Transkulturalität (Welsch 2010) und Hybridität (Mae/Saal 2008; van Dyck 2011).

2.6 Didaktische Kompetenz und Intersektionalität

Ausgehend von älteren erwachsenenpädagogischen Theorien der Zielgruppen- und Adressatenorientierung (vgl. Mader/Weymann 1979) und didaktischen Kompetenzansätzen (vgl. Siebert 2003) sieht Schlüter (2010: 161) die *„Intersektionalität als theoretische und praktisch pädagogische Herausforderung"* für hochschuldidaktische Aufgaben zur Wahrnehmung und Berücksichtigung der Vielfalt der Studierenden und ihrer differenten Lernkulturen. Jedoch kritisiert auch Schlüter wie Walgenbach den additiven Ansatz und die Annahme der gleichgewichtigen Kategorien der Intersektionalität auf der Grundlage der Habitus- und Kulturtheorie von Pierre Bourdieu: *„D.h. der Ansatz von Intersektionalität suggeriert zwar in der theoretischen Diskussion die Gleichgewichtigkeit von Kategorien, aber insgeheim ist die Kategorie Klasse doch mit dem Gewicht der ökonomischen Ausstattung verbunden, die schwergewichtiger sein kann als jede andere Kategorie."* (Schlüter 2010: 162). Lern- und Lehrkompetenz von Lehrenden zeigt sich nach Schlüter also auch durch die Fähigkeit die biographische Vielfalt von Studierenden in die Lehr- Lernprozesse gleichermaßen aber unter Berücksichtigung von ungleichgewichtigen Kategorien der Intersektionalität einzubeziehen.

2.7 Transkulturalität und Kompetenz

Einen anderen Schritt in Richtung von Kompetenzwahrnehmung der Individuen in der Genderforschung geht Mae (2007) mit dem Ansatz der transkulturellen Genderforschung. Mae beschreibt die Entwicklung des Begriffs *Kultur über Interkulturalität und Multikulturalität zur Transkulturalität* und kommt zu dem Schluss: *„In der Innenperspektive (von Transkulturalität) kommt nicht mehr der Zwang zur Vereinheitlichung und Homogenität, der Frauen oder Minderheiten zu ‚inneren Fremden' (Mae 2005) macht, sondern das Heterogene, Hybride von der Norm abweichende etc. wird zugelassen und anerkannt"* (Mae 2007: 48)

Hier kommt die Sicht auf die individuelle Kompetenz, die sich durch Heterogenität und Hybridität entwickeln kann, zum Tragen. Zur kulturellen Hybridität von Sprachentwicklungen bei Migrantenjugendlichen forscht auch van Dyk (siehe ihren Beitrag in diesem Band). Ein die Diversität erweiterndes Hochschulkonzept ist das der Transkulturalität. Damit sind die kulturellen Grenzüberschreitungen im hochschulischen Kontext gemeint (Daroska/Machold 2010: 14). Transkulturalität wird sowohl als externe als auch als interne Kulturalität gesehen, in der verschiedene Kulturaspekte miteinander vermischt sind. Insbesondere die interne Transkulturalität bezieht sich auf die Individuen und ihre hybride und vielfältige innewohnenden Kulturalitäten. *„Man sollte nicht nur davon sprechen, dass heutige Gesellschaften unterschiedliche kulturelle Modelle in sich fassen (‚cultural diversity'), sondern das Augenmerk darauf richten, dass die Individuen heute durch mehrere kulturelle Muster geprägt sind, unterschiedliche kulturelle Elemente in sich tragen"* (Welsch 2010: 47)

Welsch plädiert dafür, nicht nur die Herkunftsvielfalt an deutschen Hochschulen zu fördern, sondern eine transkulturelle Hochschule zu entwickeln (ebd. 2010: 54). Dieser Ansatz geht über ein einfaches Diversity-Konzept hinaus und nimmt auch neben den Studierenden sowohl den immer noch überwiegend homogenen (deutschen) Lehrkörper und die Verwaltungsangestellten als auch die Fachkluturen - humanities und sciences - in den Fokus. Für Welsch bedeutet Transkulturalität zunächst einmal Transdisziplinarität und somit *„das fällige Äquivalent zu Transkulturalismus im Rahmen der Gesellschaft"* (ebd. 2010: 59)

Zum anderen verweist die individuelle Transkulturalität auf die zunehmenden Verbindungen, Durchdringungen und Mischungen kultureller Muster. *„Transkulturalität scheint zu einer neuartigen kulturellen (nicht mehr nur genetischen) Gemeinschaft der Menschen zu führen"* (ebd. 2010: 63). Führt man diese beiden Gedanken von Welsch weiter, bedeutet dies zum einen die intensive reflexive Hochschulforschung zur eigenen Kultur und Handlungsansätze zur transdisziplinären Forschung und Lehre zu entwickeln, und andererseits die Hybridität[15] der Individuen in ihren Kompetenzen aufgreifen. Von diesem Konzept der Interkulturalität sind die meisten Hochschulen allerdings noch sehr weit entfernt, wie auch Neusel in diesem Band konstatiert. Bevor eine Visionsskizze einer transkulturellen Hochschule hier entwickelt wird, soll kurz auf bisherige bekannte Ansätze zu Diversity und Transkulturalität an bundesdeutschen Hochschulen eingegangen werden.

15 Es gibt zunehmend Forschung zu hybriden Entwicklungen in der Sprache von Migrantinnen und Migranten (siehe hierzu van Dyck in diesem Band), zur sozialen Entwicklung von Migrantinnen und Migranten (siehe hierzu Beiträge im Sammelband von Allemann-Ghionda/Bukow 2011)

3. Ansätze für Diversity Management und Transkulturalität in deutschen Hochschulen

Hochschulen gehen sehr unterschiedlich mit der Integration von Diversity in die fünf hochschulischen Handlungsfelder Forschung, Lehre, Hochschulstrukturen, Weiterbildung und Transfer um. Wichtig scheint auch zu sein, dass sich die Hochschulen, die sich auf den Weg machen, DiM einzuführen, eine Komplexitätsreduktion akzeptieren und sich auf einige der DiM-Schwerpunkte konzentrieren und nicht gleich alle Dimensionen bearbeiten wollen. Die **Universität Wien** hat ihren Schwerpunkt z.B. auf Gehörlose gelegt, da durch die Gebärdensprache gleichzeitig ein Bewusstsein für andere Sprach-Kulturen entwickelt werden kann[16]. Einen ähnlichen Ansatz verfolg die **Carl von Ossietzki Universität Oldenburg** (s.u.). Die **Universität Duisburg-Essen** widmet sich z.B. den Schwerpunkten Migrantinnen/ Migranten in der Studierendenschaft und dem Bildungshintergrund der Studierenden und nimmt damit Menschen mit unterschiedlichen Hochschulzugangsberechtigungen und Ausbildungen als neue Zielgruppen in den Fokus (Stichwort: Offene Hochschule). Sie entwickelt u.a. ein sehr differenziertes Bausteinkonzept zur Kompetenzentwicklung zu Gender- und Diversity für die hochschulischen Akteurinnen und Akteure[17]. In Deutschland entwickeln inzwischen einige Hochschulen Diversity-Konzepte mit ganz unterschiedlichen DiM-Strukturen und mit unterschiedlicher Zielgruppenfokussierung. 15 Hochschulen mit DiM –Ansätzen beteiligen sich an den beiden Programmen vom CHE: Vielfalt als Chance und dem Deutschen Stifterverband: Ungleich Besser. Verschiedenheit als Chance.

3.1 Weitere hochschulische DiM Ansätze

Nach einer Übersicht von Vedder (2011)[18] zu DiM in deutschen Hochschulen wird DiM unter sehr unterschiedlichen Labeln thematisiert wie z.B.:

- Gleichstellung und soziale Vielfalt
- Diversity Policies
- Gender und Diversity
- Gender-Diversity*
- Diversity Management
- Chancengleichheit
- Human Ressources, Gender and Diversity Management

16 Vergl. dazu die Beiträge im Sammelband Ibert/Virtbauer (2008)

17 Siehe dazu Powerpoints von Auferkorte-Michaelis/Ladwig Mai 2011; Klammer Februar 2011

18 Die folgenden Ausführungen beziehen sich auf die Powerpoint von Günther Vedder, Universität Trier, Juni 2011

* Die mit* versehenen Textstellen wurden von der Verfasserin hinzugefügt.

DiM wird organisatorisch sehr unterschiedlich institutionalisiert, wie die obigen Beispiele vom CHE und dem Deutschen Stifterverband gezeigt haben, und wie auch Vedder in der Tabelle aufzeigt:

Tabelle 1

Hochschule Osnabrück	• Frauen- und Gleichstellungsbüro (Gender (Mainstreaming und Diversity (Management))
PH Heidelberg	• Prorektorat für Forschung, Internationalität und Diversität – Abteilung Gleichstellung und Diversität
Universität Frankfurt am Main	• Gleichstellungsbüro – Koordinationsstelle Diversity Policies
Universität Frankfurt	• Stabsstelle Gender und Diversity
Universität Duisburg-Essen	• Prorektorat für Diversity Management • Referentin für Diversity Management • Kommission für Diversity Management • Diversity-Portal u.v.m. • Senatskommission für Diversity • Steuereinheit zur Professionalisierung der Diversity Management Kompetenzen für Studium und Lehre*
Leuphana Universität Lüneburg*	• Frauen- und Gleichstellungsbüro • Projekt Hochschuldidaktik • Wissenschaftliche Referentin für Gender-Diversity • Gender-Diversity-Portal[19]
RWTH Aachen*	• Integrationteam Gender-Diversity
TU Dortmund	• Prorektorat für Diversity Management

Die Liste erhebt keinen Anspruch auf Vollständigkeit, sondern zeigt lediglich einige Beispiele auf, die deutlich machen, dass sich der überwiegende Teil der DiM-Ansätze aus der Frauen- und Gleichstellungsarbeit heraus entwickelt hat und dort auch die Kompetenzen für theoretische, inhaltliche, strukturelle und strategische Konzepte liegen.

Nach Vedder fokussieren die von ihm untersuchten Hochschulen folgende Diversity-Dimensionen:

- Alter, Generation
- Nationalität, Migrationshintergrund, Religion
- Geschlecht, Familie

19 Das Gender-Diversity-Portal der Leuphana Universität wurde 2007 gemeinsam mit Studierenden aufgebaut und seitdem auch mit Studierenden weiterentwickelt. Es dient Studierenden, Forschenden, Lehrenden, Personen aus der Wirtschaft mit Information über Gender-Diversity und bietet Handlungs- und Lehrkonzepte an. Geplant ist eine interaktive Nutzung – gleich einem WIKI zwischen den Lehrenden und Forschenden

- Sexuelle Orientierung, Lebensform
- Behinderung, Beeinträchtigung, Gesundheitszustand
- Bildungshintergrund
- Sozioökonomische und soziale Herkunft

Als Ansatzpunkte von DiM zählt Vedder folgende auf:

Tabelle 2

Studierende	Zugang zu Studium, Abbruchquoten, Barrierefreiheit, Prüfungsordnungen, Beratungsstellen...
Beschäftigte	Personalrekruiting, Berufungsleitfäden, Eingruppierung, Arbeitsumfeld, Assistenz und Unterstützung...
Training	AGG und Antidiskriminierung, Diversity-Trainings, Konfliktvermeidung, rechte/Pflichten der Hochschulmitglieder....
Information und Vermarktung	Diversity-Portale*, Celebrating Diversity, religiöse Feiertage, Diversity Marketing, Internationale Woche...
Messung und Vergleich	Diversity-Profiling, Diversity-Monitoring, Diversity-Controlling, Diversity-Benchmarketing....
Einzelmaßnahmen	Erweiterte Kantinenangebote, Mentoring, Stipendien, Beschwerdestelle, Dual Career Angebote

Diese kurze exemplarische Übersicht von Vedder zeigt, dass Hochschulen vielfach nur einzelne Aspekte von Diversity herausgreifen, dies hat den Hintergrund der Komplexitätseinschränkung (siehe Universität Wien Ibert/Virtbauer 2008: 21ff).

Die Wirksamkeit der Implementierung von Diversity-Maßnahmen in allen hochschulischen Aktionsfeldern beruht auch auf den hochschulinternen Kompetenzen aller Akteurinnen und Akteure. Das umfassendste Konzept dazu sowohl strukturell, inhaltlich und personell findet sich derzeit in Deutschland an der Universität Duisburg-Essen.

3.2 DiM-Ansätze in Hochschulen des Landes NRW

Im Sommer 2011 wurde durch eine Internetrecherche der Stand der Diversityansätze in allen Hochschulen in Trägerschaft des Landes Nordrhein-Westfalen anhand von sieben Kategorien erfasst. Die Momentaufnahme der Internetrecherche zeigt einen eindeutigen Trend zu Diversity-Strategien. Die Hochschulen des Landes NRW machen sich seit einigen Jahren auf den Weg, der Vielfalt ihrer Studierenden, Lehrenden, Forschenden und Kolleginnen und Kollegen in Verwaltung und Technik und der wachsenden Internationalisierung der Hochschulen mit Ansätzen des Diversity-Managements, mit Diversity-Forschung und Diversity-Lehre zu begegnen. Gerade in NRW könnten historische Rückschlüsse auf alte Traditionslinien der (Gesamt)Hochschulen und deren Ansatz der Bildungsgerechtigkeit gezogen werden. Aus diesen Bildungstraditionen der 70er Jahren ließen sich viele Ansätze der Offenheit für Menschen aus bildungsfernen Schichten ableiten. Jedoch finden sich diese Bezüge bisher kaum. Hier gibt es noch neben den neueren DiM-Ansätzen auch historische bildungswissenschaftliche Konzeptionen aufzuarbeiten.

Die Ergebnisse der NRW-Diversity-Studie in der Zusammenfassung[20]**:**

Leitbild: Einige Hochschulen positionieren sich im Leitbild der Hochschule zu Vielfalt und Chancengleichheit – der direkte Bezug zu DiM und Diversity als Begriff werden eher selten aufgegriffen. Auffallend ist, dass gerade die Hochschulen mit den höchsten Anteilen von Ausländerinnen und Ausländern bei Lehrenden und bei Studierenden - die Musik- und Kunsthochschulen - zwar eine hohe Internationalisierung anstreben und vorweisen können, jedoch am wenigsten Diversity-Ansätze in Leitbildern formulieren.

DiM-Beauftragte: Hier ist die Entwicklung zu beobachten, dass vier große Universitäten Prorektorate und/oder Stabsstellen eingerichtet haben und diese Entwicklung jetzt auch auf die Fachhochschulen übergeht – hier wird DiM als Top Down Prozess der Hochschulleitung implementiert.

Personalrekrutierung: Hier sind – im Gegensatz zur Gewinnung von Studierenden noch keine nennenswerten Aktivitäten an nordrhein-westfälischen Hochschulen festzustellen.

Beteiligung an Modellprojekten: Die Möglichkeit zur Beteiligung an Modellprojekten werden von nordrhein-westfälischen Hochschulen sehr rege genutzt und es ist davon auszugehen, dass hierdurch wichtige Impulse in die Hochschulen einfließen werden. Die in den letzten Jahren gestarteten DiM-Ansätze werden durch diese Förderungen verbreitert und vertieft. Das Projekt KomDiM – Zentrum für Kompetenzentwicklung für Diversity Management in Studium und Lehre an Hochschulen in Nordrhein-Westfalen (Projekt der Universität Duisburg-Essen im Rahmen des Bund-Länderprogramms für bessere Studienbedingungen und mehr Qualität der Lehre, Kooperationsprojekt mit der FH Köln[21]), soll hochschultypenübergreifend die Implementierung von Diversity Management in den Bereichen Studium und Lehre für die Hochschulen in NRW unterstützen und wird in Zukunft eine datenbankgestützte Recherche zu Diversity entwickeln.

20 Der folgende Text ist der Zusammenfassung der Kurfassung der NRW-Diversity-Studie entnommen (Jansen-Schulz, Kortendiek, Poguntke: 2011: 11-12)

21 DUE-internes Planungspapier zu DiM-Aktivitäten ZfH für Studium und Lehre, S. 1-3 Universität Duisburg-Essen, Verfasserin Dr. Nicole Auferkorte-Michaelis 2011

Diversity-Projekte: Zwei Projektschwerpunkte lassen sich feststellen, zum einen geht es um eine Steuerung des Studieneinstiegsgestaltens und um die Gewinnung neuer Studierendengruppen und zum anderen um den Umgang mit Diversität insbesondere bei Studierenden. In vielen Hochschulen - insbesondere den Hochschulen des Ruhrgebiets - wird ausschließlich auf die Studierenden mit Migrationshintergrund rekurriert, einige Hochschulen fokussieren auch Studierende aus bildungsfernen Elternhäusern. Dahinter scheint der Gedanke zu stecken, Diversity zu nutzen, um dem Studierendenschwund rechtzeitig zu begegnen. Die Hochschulen, die sich auf den Weg machen, Diversity Management einzuführen, akzeptieren eine ‚Komplexitätsreduktion' und konzentrieren sich auf einige der DiM-Schwerpunkte und haben nicht alle Dimensionen gleichzeitig und gleichberechtigt im Blick und entwickeln DiM-Strukturen und mit unterschiedlicher Zielgruppenfokussierung. So setzt die Universität Duisburg-Essen den Schwerpunkt bei Migrantinnen/Migranten in der Studierendenschaft und dem Bildungshintergrund der Studierenden und nimmt damit Menschen mit unterschiedlichen Hochschulzugangsberechtigungen und Ausbildungen als neue Zielgruppen in den Fokus (Stichwort: Offene Hochschule). Abschließend lässt sich festhalten, dass der größte Teil der Diversity-Projekte an nordrhein-westfälischen Hochschulen die Zielgruppe Studierende fokussiert (mit Migrationshintergrund und/oder mit einem bildungsfernen Hintergrund). Darüber hinaus sollen insbesondere Diversity-Projekte mit Schülerinnen und Schüler dazu beitragen, neue Studierende für die Hochschule zu gewinnen. Weitere Projekte beziehen sich auf

- auf DiM-Prozesse in der Wirtschaft ein,
- haben Geschlecht und Diversität zum Inhalt,
- zielen auf akademisch ausgebildete Migrantinnen im MINT-Bereich, beziehen sich auf Studierende (Migrantinnen) in MINT-Fächern,
- elektronische DiM-Angebote
- Hochschuldidaktik und zielen damit auf das Lehrpersonal.

Diversity-Professuren: die zwei bereits vorhandenen Professuren mit Diversity-Denomination arbeiten im Bereich Disability und in der Intersektionalitätsforschung. Drei weitere Professuren werden derzeit (Herbst 2011)ausgeschrieben im Bereich Gender-Diversity und Technik an der Fachhochschule Bielefeld und für Diversity-Management an den Universitäten Paderborn und an der Fachhochschule Bielefeld.

Studiengänge/Module: Es findet sich eine Fülle von Lehrangeboten mit Diversity-Inhalten. Der größte Teil davon wird in Lehramtsstudiengängen und in Studiengängen der Sozialpädagogik/Sozialarbeit angeboten. Nur zwei entsprechende Lehrangebote lassen sich in Studiengängen der Wirtschaftswissenschaften finden.

Forschungsverbünde:
Viele Forschungsverbünde forschen zu Diversityfragen. Jedoch ist Diversity mehr als Vielfalt oder Heterogenität, wie die Lateinamerikastudien des gleichnamigen Forschungsverbundes zeigen, dem vier der NRW-Universitäten angehören. Die theoretischen Konzepte Ethnicity, Citizienship und Belonging dieser Lateinamerikaforschung zeigen die weitere Ausdifferenzierung von Diversity und DiM hinsichtlich der Kategorisierungen und verweisen auf mögliche Denkmodelle und DiM-Konzepte. Intersektionalität ist ein weiterer wichtiger theoretischer Ansatzpunkt für Diversityforschung, der sich u.a. aus der Genderforschung heraus entwickelt hat.

Aufgrund der Rechercheergebnisse, der zu erwartenden Leitlinien in den neuen Hochschulentwicklungsplänen und der neuen Konzepte in den bewilligten Anträgen im Hochschulpakt zur Qualität der Lehre ist im Bundesland NRW eine breite landesweite „DIM-Kampagne“ zu erwarten. Allerdings greifen sie eine Inter- und Transdisziplinarität der Disziplinen als Diversity-Herausforderung nicht auf, auch eine Transkulturalität wird noch kaum angestrebt.

3.3 Was sollte eine transkulturelle Hochschule leisten? Eine Visionsskizze

Diversity bedeutet, die Vielfalt von Menschen unter drei verschiedenen Perspektiven strategisch zu berücksichtigen:

1. Diversity Management als Antidiskriminierungsstrategie
2. Diversity Management als Kompetenz-Wissensmanagementstrategie in der Wissenschaft und der Wirtschaft
3. Diversity Management als Förderungsstrategie der Vielfalt der Menschen im Hochschul- und Wissenschaftssystem

Für Hochschulen sollte v.a. der dritte Ansatz des Diversity Managements eine Rolle spielen. Aufgrund des demografischen Wandels und der zunehmenden Internationalisierung und damit verbundenen Transkulturalität müssen Hochschulen zunehmend die menschliche Vielfalt der Studierenden- und Mitarbeiterinnen - Mitarbeiterschaft fördern, ihre interkulturellen Kompetenzen nutzen und eine strategische Diversifizierung vorantreiben:

Die Vielfalt der Studierenden, (Frauen, Männer, andere Hochschulzugänge, Berufserfahrung, Alter, Familienverantwortung, Migrationshintergrund, Diversity-Kategorien) sollte sowohl unter beiden o.g. Diversity-Management-Strategien berücksichtigt, gefördert und genutzt werden, dies gilt u.a. auch für eine Gender-Diversity-Kompetenz.

Die Vielfalt der wissenschaftlich Tätigen sollte in den Fokus genommen werden und unter verschiedenen Kategorien (Frauen, Männer, Internationalisierung, Nachwuchsförderung - wissenschaftliche Karrieren, Professuren, Diversity-Kategorien) sowohl unter beiden o.g. Diversity-Management-Strategien gefördert und genutzt werden, z.B. ihre Gender-Diversity-Kompetenz. Neusel weist in ihrem Beitrag in diesem Band auf eine Forschungsdesiderat hinsichtlich des internationalen wissenschaftlichen Personals an bundesdeutschen Hochschulen hin, es werden keine Erhebungen über die Grundgesamtheit des internationalen wissenschaftlichen Personals erhoben sondern nur eine Teilgruppe, die mit ausländischem Pass. So wissen wir noch viel zu wenig über deren Ideen, wissenschaftlichen und interkulturelle Kompetenzen, durch die die jeweilige Hochschule in allen ihren Aktionsfeldern profitieren könnte.

Die Vielfalt des Verwaltungspersonals ist bisher noch in keiner Erhebung hinsichtlich aller Diversity-Kategorien: Geschlecht, Alter, Soziale Herkunft, Gleichstellung auf Positionen, Internationalisierung, Gender-Diversity-Kompetenz untersucht worden und die damit zusammenhängenden Kompetenzen sind sowohl unter beiden o.g. Diversity-Management-Strategien fokussiert worden. Hier besteht dringender Forschungs- und Handlungsbedarf, um auch deren Kompetenzen für eine transkulturelle Hochschule wirksam werden zu lassen.

Notwendige und mögliche transkulturelle hochschulische Strategien[22]

- Durch eine Wissensmanagementstrategie, die alle Wissensbestände und Kompetenzen aller Akteurinnen und Akteure in allen hochschulischen Aktionsfeldern analysiert, kann ein transkultureller Prozess und Lern- und Effektivitätsansatz wirksam werden und zu mehr Toleranz und transkultureller Hochschulkultur beitragen.
- Eine ethisch-moralische Verpflichtung kann eine Hochschule eingehen, wenn sie die „Charta der Vielfalt“ der Vereinten Nationen unterschreibt und dieses innerhalb der Aktionsfelder und der Akteursgruppen intensiv kommuniziert und diskutiert.
- Ein interdependenter Intersektionalitätsansatz in allen Strukturen und Aktionsfeldern einer Hochschule kann zusammen mit einem Antirassismusansatz, wie dem des „Poeple of Color (POC) eine Senisbilisierung für die Verschiedenheit und die Kompetenzen der Akteurinnen und Akteure forcieren.. Der Begriff betont die diesen Personen gemeinsame Erfahrung, wegen der Zugehörigkeit zu einer (konstruierten) Minderheit diskriminiert zu werden. Der Begriff wird von vielen Personen seit den 1990er-Jahren gegenüber Begriffen bevorzugt, die durch ihre koloniale Geschichte geprägt wurden. Gerade ihre Kompetenzen, die durch ihre Diskriminierungserfahrungen entwickelt wurden, können helfen, Sensibilität in allen Aktionsfeldern zu entwickeln.
- Ziel einer Antirassismusarbeit ist die Verankerung auf universitärer Ebene und nicht Reduzierung auf Einzelbemühungen: Die Universität wirkt aktiv auf die Überwindung rassistischer Diskriminierungen hin, wobei sie Antirassismusarbeit als Querschnittsaufgabe des Leitung, der Forschung und Lehre sowie der Verwaltung gleichermaßen begreift.

---

22 Diese Strategien sind z.T. gemeinsam mit Dipl. Soz. Nadine Golly von der Leuphana Universität Lüneburg im Sommer 2011 entwickelt worden.

- Es sollte ein Screening aller Module hinsichtlich bestehender best practise zu Gender-Diversity und Gender in Nachhaltigkeit und Transkulturalität erfolgen und diese best-practise in der Hochschule kommuniziert und ausgelobt werden.
- Kooperationen mit internationalen Expertinnen und Experten sollten ein regelmäßiger Bestandteil in Forschung und Lehre sein und als Qualitätskriterium in Qualitätsmaßstäbe wie z.B. in Systemakkreditierungen eingehen. Kooperationen mit internationalen Expertinnen und Experten sollten die Hochschulen, die eine Transkulturalität als Profil anstreben, eingehen, wie die Beispiele anderer Hochschulen zeigen: Universität Oldenburg: Antirassismusbeauftragter; Universität Wien: Antidiskriminatorische Betriebsvereinbarung an der Akademie der Bildenden Künste; Universität Frankfurt: Diversity ent-decken. Reichweiten und Grenzen von Diversity Policies an Hochschulen; Indiana University: Office of the Vice President for Diversity, Equity, and Multicultural Affairs,
- Transkulturalitäts-Module in internationalen Masterprogrammen zu Sustainability Management, Gender und Transkulturalität müssen entwickelt und in das Curriculum integrieret werden
- Jede Hochschule sollte eine Antirassismus-Beschwerdestelle einrichten, die oder der Beauftragte/r sollte eine Person of Color sein und beim Präsidium angesiedelt werden. Diese Stelle hätte folgende Aufgaben: Anlaufstelle für Menschen, die von Diskriminierungen in Bezug auf eine zugeschriebene „Rasse“, ethnische oder religiöse Zugehörigkeit betroffen sind sein. Ansprechstelle sein für Studierende of Color, Personen mit Migrationshintergrund, Universitätsbedienstete, (Gast) Wissenschaftlerinnen und -Wissenschaftler Lehrbeauftragte of Color. Öffentlichkeitsarbeit leisten: Sensibilisierungsarbeit mit Mitgliedern der Mehrheitsgesellschaft, Unterstützung bei Forschungsprojekten und Drittmittelanträgen, die sich mit der Erforschung und Bekämpfung von Rassismus und/ oder Antisemitismus befassen, Austausch/ Kooperation mit dem AStA, der Psychologischen Beratungsstelle, dem Personalrat sowie dem International Office und anderen, Rückkoppelung und Bericht an die Hochschulleitung, z.B. einmal jährlich offizieller Bericht im Senat.
- Jede Hochschule sollte eine Einführung einer antidiskriminierenden Betriebsvereinbarung einführen
- Stellenausschreibungen können entsprechend modifiziert werden, z.B. die Hochschule strebt eine Gleichstellung von Personen, die in Bezug auf eine zugeschriebene „Rasse“, ethnische oder religiöse Zugehörigkeit von Diskriminierung betroffen sind, an und fordert diese nachdrücklich auf, sich zu bewerben[23].

23 (siehe dazu z.B. die Ausschreibungen der Universität Duisburg-Essen (in Jansen-Schulz u.a. 2011)

- Jede Hochschule sollte, wie bisher zu Genderaspekten auch Sensibilisierungsstrategien zu Rassismus für Verwaltung, Lehrende, Forschende, Studierende anbieten.
- Hochschulen sollten Post-Colonials Studies fördern und in Lehre, Forschung und Projekten integrieren, wie auch Antirassismustheorien in Lehre und Forschung integrieren.
- Hochschulen sollten Intersektionalitätsforschung und deren Umsetzung in Projekten fördern.
- Hochschulen, Land und Bund sollten internationale Forschungsprojekte unter Transkulturalitätsaspekten entwickeln und fördern.
- Hochschulen sollten Lehrpackages[24] entwickeln zu: Diversity Management, Interkulturalität – Transkulturalität, Antirassismusansätzen, Heterogenität in der Bildung, Gender und Nachhaltigkeit
- Hochschulen sollten Coachings anbieten zu: Gender-Diversity-Coaching, Antirassismus-Sensibilisierungs-Coaching, Transkulturalitäts-Coaching, Gender-Nachhaltigkeits-Coaching. Die Coachings sollten angeboten werden für: Studierende, Lehrpersonen, Behörden der Stadt, die mit der jeweiligen Hochschule zusammenarbeiten (basierend auf vorherigen Gesprächen z.B. mit Ausländerbehörde, Busgesellschaft ÖPNV-Organisationen etc.)
- Die Hochschuldidaktik der Hochschulen sollte Konzepte entwickeln zu: Lehrkompetenzen – auch für internationale Lehre, Interkulturellen Kompetenzen, Sozio-ökonomisch – ökologischen Kompetenzen, Kompetenzwissen, Methoden des Intersektionalen Ansatzes, Problem-Based-Learning, Lehr-Gender-Coaching
- Hochschulen könnten Tage oder Wochen der Kulturen anbieten in Kooperation mit Mensa, Hochschulsport, Weiterbildung unter Beteiligung aller Dekanate, Institute

Wie diese vielfältigen Beispiele aus anderen Hochschulen und die Auflistung möglicher transkultureller Strategien zeigen, stehen der Vielfältigkeit der Akteurinnen und Akteuren in den hochschulischen Handlungsfeldern mindestens eine ebensolche Vielfalt von möglichen Strategien gegenüber, um der menschlichen Vielfalt und ihren innewohnenden Kompetenzen zu begegnen.

Die hier aufgezeigten theoretischen Ansätze der Transkulturalität, die zunehmend die Zusammenhänge der vielfältigen Kategorien erkennen und sie zusammenzufassen versuchen, jeweils aus den unterschiedlichen wissenschaftlichen Perspektiven heraus, tragen mittel- und langfristig dazu bei, keine Beliebigkeit der Ansätze und Strategien zuzulassen sondern die jeweiligen Strategien einer Hochschule sorgfältig auf die in den Handlungsfeldern agierenden Menschen und ihre vielfältigen Kompetenzen abzustimmen und Gender und Diversity als interdependente Kategorien zu berücksichtigen.

24 Zu Lehrpackages siehe www.leuphana.de/gender-Diversity-Portal/Lehre

Literatur

Allemann-Ghionda, Christina/Bukow, Wolf-Dietrich (Hrsg.) (2011): Orte der Diversität. Formate, Arrangements und Inszenierungen. VS Verlag Wiesbaden

Allemann-Ghionda (2011): Orte und Worte der Diversität – gestern und heute. In: Allemann-Ghionda, Christina/Bukow, Wolf-Dietrich (Hrsg.) (2011): Orte der Diversität. Formate, Arrangements und Inszenierungen. VS Verlag Wiesbaden S. 15-34

Andresen, Sünne/Koreuber, Mechthild/Lüdke, Dorothea (Hrsg.) (2009): Gender und Diversity: Albtraum oder Traumpaar? Interdisziplinärer Dialog zur „Modernisierung" von Geschlechter- und Gleichstellungspolitik, VS Verlag für Sozialwissenschaften Wiesbaden

Ardner, Rebecca (2011): Resignifikation als gesellschaftskritische Widerstandspraxis? In Jansen-Schulz, Bettina/ van Riesen Kathrin (Hrsg.) 2010: Vielfalt und Geschlecht – Kategorien für Lehre und Forschung, Barbara Budrich Verlag Opladen S. 171-180

Auferkorte-Michaelis, Nicole/Ladwig, Annette (2011) Powerpoint: Vielfalt im Gespräch? Zur Implementierung von Diversity-Aspekten in Studium und Lehre. Universität Duisburg-Essen

Auferkorte-Michaelis, Nicole/Stahr, Ingeborg/Schönborn, Anette/Fitzek, Ingrid (Hrsg.) (2009): Gender als Indikator guter Lehre. Erkenntnisse, Konzepte und Ideen für die Hochschule, Verlag Barbara Budrich, Opladen

Becker, Ruth/Casparig, Anne/Kortendiek, Beate/Münst A.Sengananta/Schäfer, Sabine (2010): Genderreport 2010. Geschlechter(un)gerechtgkeit an nordrheinwestfälischen Hochschulen. Fakten, Analyse, Profile. Studien Netzwerk Frauen- und Geschlechterforschung NRW Nr. 9, Universität Duisburg-Essen

Becker, Ruth/Kortendiek, Beate/Schäfer, Gudrun/Jansen-Schulz, Bettina (2006): Genderaspekte bei der Einführung und Akkreditierung gestufter Studiengänge – eine Handreichung. Studie Netzwerk Frauenforschung NRW, Nr. 7, Dortmund (20072)

Becker-Schmidt, Regina (2007): „class", „gender", „ethnicity", „race": *Logiken der Differenzsetzung, Verschränkungen von Ungleichheitslagen und gesellschaftliche Strukturierung.* In: Knapp, Gudrun-Axeli/Wetterer, Angelika (Hg.): *Achsen der Differenz. Gesellschaftstheorie und feministische Kritik 2.* Münster: Westfälisches Dampfboot, S. 56–83.

Bourdieu, Pierre (1987): Die feinen Unterschiede. Kritik der Gesellschaftlichen Urteilskraft, Neuauflage 1999, Suhrkamp Verlag Frankfurt/M.

Bourdieu, Pierre (2001): Kulturelles Kapital und kulturelle Praxis. In: Ders: Wie die Kultur zum Bauern kommt. VSA-Verlag Hamburg

Bundesministerium für auswärtige Angelegenheiten – Österreichische Entwicklungs- und Ostzusammenarbeit (2006): Geschlechtergleichstellung und Empowerment von Frauen. Leitlinien der Österreichischen Entwicklungs- und Ostzusammenarbeit, Wien

Bundesministerium für Bildung und Forschung (Hrsg.) (2005): Bachelor- und Masterstudiengänge in ausgewählten Ländern Europas im Vergleich zu Deutschland. Fortschritte im Bolognaprozess. Bonn/Berlin

Butler, Judith (1991): Das Unbehagen der Geschlechter. Edition Suhrkamp Verlag Frankfurt a.M.

Butler, Judith (1998): Haß spricht. Zur Politik des Performativen. Berlin: Berlin Verlag. (Original 1997: Excitable Speech. A Politics of the Performative)

Butler, Judith (2009): Die Macht der Geschlechternormen und die Grenzen des Menschlichen. Frankfurt/M.: Suhrkamp.

Communiqué of the Conference of European Ministers Response for Higher Education, Leuven and Louvain-la-Neuve April 2009

Cremer-Renz, Christa/ Jansen-Schulz, Bettina (Hrsg.) (2010): Innovative lehre – Grundsätze, Konzepte, Beispiel der Leuphana Universität Lüneburg. Universitätsverlag Webler, Bielefeld

Crenshaw, Kimberlé W. (2010): Die Intersektion von "Rasse" und Geschlecht demarginailsieren: Eine schwarze feministische Kritik am Antidiskriminierungsrecht, der feministischen Theorie und der antirassistischen Politik in: Lutz, Helma/Herrera Vivar, Maria Teresa/Supik, Linda (Hrsg.) (2010): Fokus Intersektionalität. Bewegungen und Verortungen eines vielschichtigen Konzeptes. VS Verlag Wiesbaden, S. 33-52

Crenshaw, Kimberlé W. (1988): Race, reform and retrenchment: Transformation and Legitimation in Antidiscrimination Law in: Harvard Law review 101(7), 1331-1387

Deutsche Forschungsgemeinschaft (2008): Forschungsorientierte Gleichstellungsstandards der DFG: http://www.dfg.de/foerderung/grundlagen_dfg_foerderung/chancengleichheit/forschungsorientierte_standards/index.html (Zugriff 07.03.2010)

Darowska, Lucyna/Lüttenberg, Thomas/Machold, Claudia (Hrsg.) (2010): Hochschule als transkultureller Raum? Kultur, Bildung und Differenz in der Universität, Transcript Verlag Bielefeld

Darowska, Lucyna/Machold, Claudia (2010): Hochschule als transkultureller Raum unter den Bedingungen der Internationalisierung und Migration – eine Annäherung. In: Darowska, Lucna/Lüttenberg, Thomas/Machold, Claudia (Hrsg.) (2010): Hochschule als transkultureller Raum? Kultur, Bildung und Differenz in der Universität, Transcript Verlag Bielefeld S. 13-38

Dudeck, Anne/Jansen-Schulz, Bettina (Hrsg.) (2007): Zukunft Bologna!? Gender und Nachhaltigkeit als Leitideen für eine neue Hochschulkultur, Peter Lang Verlag Frankfurt, New York

Dudeck, Anne/Jansen-Schulz, Bettina (Hrsg.) (2006): Hochschuldidaktik und Fachkulturen. Gender als didaktisches Prinzip. Universitätsverlag Webler, Bielefeld

Dyck van, Karen (2011): Transkulturelle Literatur & Übersetzungen In: Cremer-Renz, Christa/ Jansen-Schulz, Bettina (Hrsg.) 2011: Von der internationalen Wissenschaft zur transkulturellen Hochschule , Nomos Verlag, Baden-Baden

Erpenbeck, John/ Rosenstiel, Lutz v. (Hrsg.) (2003): Handbuch Kompetenzmessung. Erkennen, verstehen, und bewerten von Kompetenzen in der betrieblichen, pädagogischen und psychologischen Praxis. Schäffer-Poeschel-Verlag, Stuttgart

Field Belenky, Mary/McVicker Clinchy, Blythe/Rule Goldberger, Nancy/Mattuck Tarule, Jill (1989): Das andere Denken. Persönlichkeit, Moral und Intellekt der Frau. Campus Verlag Frankfurt

Freire, Paulo 1977 (1980^2): Erziehung als Praxis der Freiheit. Beispiele zur Pädagogik der Unterdrückten, Rowohlt Verlag, Reinbek

Garfinkel, Harold (1967): Studies in Ethnomethodology. Englewood Cliffs: Prentice Hall.

Goffmann, Erving (1994): Interaktion und Geschlecht. Campus Verlag Frankfurt

Grenz, Sabine/Jähnert, Gabriele/Kortendiek, Beate (2008): Bologna and Beyond. New Perspektives on Gender and Gender Studies. Zentrum für transdisziplinäre Geschlechterstudien, Humboldt Universität zu Berlin

Haasper, Ingrid/Jansen-Schulz, Bettina (2007): Konzept zur Ringvorlesung „Key-Competences: Gender" Hochschule für angewandte Wissenschaften und Kunst Hildesheim, Holzminden, Göttingen

Hageman-White, Carol (1984): Sozialisation Weiblich-männlich? Opladen: Verlag Barbara Budrich.

Hobuß, Steffi (2011): Performativität und Diskurs. Sprachphilosophische Grundlagen der Gender- und Intersektionalitätstheorie. In: Jansen-Schulz, Bettina/ van Riesen Kathrin (Hrsg.) 2010: Vielfalt und Geschlecht – Kategorien für Lehre und Forschung, Barbara Budrich Verlag Opladen S. 99-112

Huber, Ludwig (1991): Fachkulturen. Über die Mühen der Verständigung zwischen den Disziplinen. In: Neue Sammlung, 31 (1991) 1, S. 3-24

Huber, Ludwig/Wenzel, Anne (1996) (Hrsg.): „Wir sind alle gleich. Wir sind alle verschieden." Erfahrungen im Umgang mit Heterogenität in der Sekundarstufe II. Ambos Verlag, Bielefeld

Huber, Ludwig (2001): Die wiederholten Anläufe der Hochschuldidaktik auf Interdisziplinarität. Vom Projektstudium zum Studium generale und zurück – Eine Skizze. In: Hoeltje, Bettina/Jansen-Schulz, Bettina/Liebsch, Katharina (Hrsg.) 2001: Stationen des Wandels. Rückblicke und Fragstellungen zu dreißig Jahren Bildungs- und Geschlechterforschung, Lit-Verlag, Hamburg

Iber, Karoline/Virtbauer, Birgit (Hrsg.) 2008): Diversity Management. Eine transdisziplinäre Herausforderung. Vienna UniPress, Wien

Jansen-Schulz, Bettina/Kortendiek, Beate/Poguntke, Hannelore (2011): Diversity an nordrhein-westfälischen Hochschulen. Strukturen, Konzepte, Projekte – eine Bestandsaufnahme. Kurzfassung. Studien Netzwerk Frauen- und Geschlechterforschung NRW Nr. 11, Essen (Langfassung im Erscheinen)

Jansen-Schulz, Bettina/van Riesen Kathrin (Hrsg.) (2011): Vielfalt und Geschlecht – Kategorien für Lehre und Forschung, Barbara Budrich Verlag Opladen

Jansen-Schulz, Bettina (2010): Hochschul- und Fachkulturen verändern durch gender-diversity-orientierte Hochschuldidaktik, in: Cremer-Renz, Christa/Jansen-Schulz, Bettina (Hrsg.) (2010): Exzellente Lehre an der Leuphana (Arbeitstitel). Universitätsverlag Webler, Bielefeld S. 237-266

Jansen-Schulz, Bettina/van Riesen, Kathrin (2009): Integratives Gendering in Curricula, Hochschuldidaktik und Aktionsfeldern der Leuphana Universität Lüneburg in: Auferkorte-Michaelis, Nicole/Stahr, Ingeborg/Schönborn , Anette/Fitzek, Ingrid (Hrsg.) Gender als Indikator guter Lehre. Erkenntnisse, Konzepte und Ideen für die Hochschule. Budrich Uni Press Leverkusen, Opladen

Jansen-Schulz, Bettina (2007): Integratives Gendering in der Lehre und Forschung am Beispiel der Universität Lüneburg im Projekt Gender-Kompetenz in naturwissenschaftlich-technischen Studiengängen, Lehre, Forschung und in der Hochschulorganisation. In: Kamphans, Marion/Auferkorte-Michaelis, Nicole (Hrsg.) (2007): Gender Mainstreaming – Konsequenzen für Forschung, Studium und Lehre. Dokumentation des AHD-Kongresses, AG Gender Universität Dortmund

Jansen-Schulz, Bettina (1994): Das andere Lernen. Frauen in (ländlichen) Elterninitiativen, Kleine Verlag, Bielefeld

Kamphans, Marion/Auferkorte-Michaelis, Nicole (Hrsg.) (2007): Gender Mainstreaming – Konsequenzen für Forschung, Studium und Lehre. Dokumentation des AHD-Kongresses, AG Gender Universität Dortmund

Klammer, Ute (2011): Powerpoint: Diversity Management an der Hochschule. Wie machen es andere? Universität Duisburg-Essen

Koall, Iris/Bruchhagen, Verena (2010): Managing Gender& Diversity Changes Organisation?!. In: Leicht-Scholten, Carmen/Breuer, Elke/Tulodetzki, Nathalie/Wolffram, Andrea (eds.) 2010: Going Diverse. Innovative Answers to Future Challenges. Gender and Diversity Perspektives in Science, Technology and Business. Budrich Press, Opladen, S.39-52

Koall, Iris/Bruchhagen, Verena/Höher, Friederike (Hrsg.) (2002): Vielfalt statt Lei(d)tkultur. Managing Gender & Diversity. Lit-Verlag, Hamburg, Münster

Krell, Gertraude (2009): Gender und Diversity: Eine ‚Vernunftehe' – Plädoyer für vielfältige Verbindungen in: Andresen, Sünne/Koreuber, Mechthild/Lüdke, Dorothea (Hrsg.) 2009: Gender und Diversity: Albtraum oder Traumpaar? Interdisziplinärer Dialog zur „Modernisierung" von Geschlechter- und Gleichstellungspolitik, VS Verlag für Sozialwissenschaften Wiesbaden, S. 133-154

Krell, Gertraude/Riedmüller, Barbara/Sieben, Barbara/Vinz, Dagmar (2007): Diversity Studies, Grundlagen und disziplinäre Ansätze. Frankfurt/New York: Campus Verlag.

Krell, Gertraude (Hrsg.) (2006): Chancengleichheit durch Personalpolitik. Gleichstellung von Frauen und Männern in Unternehmen und Verwaltungen. Rechtliche Regelungen – Problemanalysen – Lösungen. (Vierte vollständig überarbeitete und erweiterte Ausgabe) Gabler Verlag Wiesbaden

Krell, Getraude (Hrsg.) (2005): Betriebswirtschaftslehre und Gender Studies. Analysen und Organisation, Personal, Marketing und Controlling. Gabler Verlag Wiesbaden

Lepenies, Wolf (1988): Die drei Kulturen. Soziologie zwischen Literatur und Wissenschaft, Rowohlt Verlag, Reinbek

Liebau, Eckart/Huber, Ludwig (1985): Die Kulturen der Fächer. In: Neue Sammlung, 25 (1985) 3, S. 314-339

Mae, Michiko/Saal, Britta (Hrsg.) 2007: Transkulturelle Genderforschung. Ein Studienbuch zum Verhältnis von Kultur und Geschlecht. VS Verlag, Wiesbaden

Mecheril, Paul/Klingler, Birte (2010): Universität als transgressive Lebensform. Anmerkungen, die gesellschaftliche Differenz- und Ungleichverhältnisse berücksichtigen. In: Darowska, Lucyna/Lüttenberg, Thomas/Machold, Claudia (Hrsg.) (2010): Hochschule als transkultureller Raum? Kultur, Bildung und Differenz in der Universität, Transcript Verlag Bielefeld S. 83-116

Münst, Agnes Senganata (2002): Wissensvermittlung und Geschlechterkonstruktionen in der Hochschule. Ein ethnographischer Blick auf natur- und ingenieurwissenschaftliche Studienfächer. Beltz, Deutscher Studienverlag Weinheim/Basel

Nghi Ha, Kein/Lauré al-Samarai, Nicola/Mysorekar, Sheila (Hg.) (2007): re/visionen. Postkoloniale Perspektiven von People of Color auf Rassismus, Kulturpolitik und Widerstand in Deutschland. Unrast Verlag, Münster

Pasternak, Peer (2007): Gender als Qualitätsmerkmal von Exzellenz. In Dudeck, Anne/Bettina Jansen-Schulz (Hrsg.) (2007): Zukunft Bologna!? Gender und Nachhaltigkeit als Leitideen für eine neue Hochschulkultur, Peter Lang Verlag Frankfurt, New York S. 377-390

Prengel, Annedore (1995): Pädagogik der Vielfalt. Leske und Budrich Opladen

Roloff, Christine/Selent, Petra (Hrsg.) (2003): Hochschulreform und Gender Mainstreaming. Geschlechtergerechtigkeit als Querschnittaufgabe. Kleine Verlag, Bielefeld

Metz-Göckel, Sigrid/Roloff, Christine (2002): Genderkompetenz als Schlüsselqualifikation. In: Metz-Göckel, Sigrid/Schelhowe, Heidi/Wiesner, Heike/Kamphans, Marion/Tigges, Anja/Drag, Anna/Kedenburg, Claudia (2002): Dokumentation zum Abschlussbericht es Begleitprojektes „Gender Mainstreaming (GM)" im BMBF-Programm „Neue Medien in der Bildung – Förderbereich Hochschule". Dortmund, Bremen

Schaeper, Hildegard (1997): Lehrkulturen, Lehrhabitus und die Struktur der Universität – Eine empirische Untersuchung fach- und geschlechtsspezifischer Lehrkulturen, Beltz Verlag Weinheim

Soiland, Tove (2009): Gender als Selbstmanagement. Zur Reprivatisierung des Geschlechts in der gegenwärtigen Gleichstellungspolitik in: Andresen, Sünne/Koreuber, Mechthild/Lüdke, Dorothea (Hrsg.) 2009: Gender und Diversity: Albtraum oder Traumpaar? Interdisziplinärer Dialog zur „Modernisierung" von Geschlechter- und Gleichstellungspolitik, VS Verlag für Sozialwissenschaften Wiesbaden, S. 35-52

Steinbach, Jörg/Jansen-Schulz, Bettina (Hrsg.) (2009): Gender im Experiment. Gender in Experience. Ein Best-Practice Handbuch zur Integration von Genderaspekten in naturwissenschaftliche und technische Lehre, Universitätsverlag TU Berlin

Vedder, Günther (2011): Powerpoint: Diversitätsmanagement an deutschen Hochschulen. Universität Trier

Viebahn, Peter (2004): Hochschullehrerpsychologie. Theorie- und empiriebasierte Praxisanregungen für die Hochschule, Universitätsverlag Webler Bielefeld

Viebahn, Peter (2008): Lernerverschiedenheit und soziale Vielfalt im Studium. Differentielle Hochschuldidaktik aus psychologischer Sicht, Universitätsverlag Webler Bielefeld

Walgenbach, Katharina/Dietze, Gabriele/Hornscheidt, Antje/Palm, Kerstin (2007): Gender als interdependente Kategorie. Neue Perspektiven auf Intersektionalität, Diversität und Heterogenität. Barbara Budrich Verlag, Opladen

Weiß Sampiero, Theresia/Ramsauer, Nadja (2008): Gendergerechte technische Fachhochschulstudiengänge, Zürcher Fachhochschule, Inst. Für Nachhaltige Entwicklung, Fachstelle Gender Studies

Welsch, Wolfgang (2010): Was ist eigentlich Transkulturalität? In: Darowska, Lucyna/Lüttenberg, Thomas/Machold, Claudia (Hrsg.) (2010): Hochschule als transkultureller Raum? Kultur, Bildung und Differenz in der Universität, Transcript Verlag Bielefeld S. 39-66

Wildt, Johannes (2006): Vom Lehren zum Lernen. Zum Wandel der Lernkultur in modularisierten Studienstrukturen. In: Behrendt/Voss/Wildt (Hrsg.): Neues Handbuch Hochschullehre A 1.3., S. 1-14

Winker, Gabriele/Degele, Nina (2009): Intersektionalität. Zur Analyse sozialer Ungleichheiten. Transcript Verlag, Bielefeld

Wissenschaftsrat 2008: Empfehlungen zur Qualitätsverbesserung in Lehre und Studium, Berlin, Juli 2008, DRS 8639-08

Wissenschaftsrat, Hochschulrektorenkonferenz, Deutsche Forschungsgemeinschaft, Leibnitzgesellschaft, Max-Planck Gesellschaft, Helmholtzgesellschaft, Fraunhofer Gesellschaft, November 2006: Offensive für Chancengleichheit von Wissenschaftlerinnen und Wissenschaftlern.

Zimmermann, Karin/Kamphans, Marion/Metz-Göckel, Sigrid (Hrsg.) 2008: Perspektiven der Hochschulforschung, VS Verlag für Sozialwissenschaften Wiesbaden

Zimmermann, Ute (o.J. vermutl.2010): Powerpoint: Gender & Diversity-Management an Hochschulen – Überlegungen zu einem Anforderungsprofil, Technische Universität Dortmund

www.gender-in-gestufte-studiengaenge.de Zugriff: 22.09.11

www.leuphana.de Zugriff: 22.09.11

www.leuphana.de/services/portale Zugriff: 22.09.11

www.leuphana.de/leuphana-hochschuldidaktik Zugriff: 22.09.11

www.leuphana.de/gender-diversity-portal Zugriff: 22.09.11

http://www.leuphana.de/mentoring.html Zugriff : 02.10.11

http://www.stifterverband.org/wissenschaft_und_hochschule/lehre/exzellenz_in_der_lehre/index.html Zugriff: 02.10.11

Silvie Klein-Franke

Grenzen des wissenschaftlichen Mainstreams – Exzellenz durch Perspektivenvielfalt

Abstract: Limits of Scientific Mainstream – Achieving Excellence through Multiple Perspectives

In view of pressing and complex global societal challenges all options for excellence need to be used. Multiple perspectives are crucial for excellence. Excellence of heterogeneous groups – exceeding over the performance of homogenous groups – was confirmed in various fields during the last decade. Our emergence into societies with increasing dynamics and global complexity has resulted in, but also is requiring, heterogeneous workforces, and a new set of working and leadership skills. Establishing a heterogeneous workforce could be a fruitful vision for academia to improve individual performance and graduate employability as well as academic and organizational excellence and societal impact.

Currently limits of scientific mainstream become visible. Universities and research institutes are amongst the leading knowledge institutions. They were intended to promote independent research, knowledge co-construction and distribution of lessons learned to students and society. In-group creation through structures and processes has resulted in the obstacle of a non-inclusive culture regarding a multitude of out-groups, thus undermining the self-claimed independence approach. In academic institutions we have a hierarchy of disciplines and interdisciplinary cooperation only started recently. We have strongly segregated women's participation (horizontally and vertically), parenthood and double-career-couple requirements as severe career barriers, very low working-class children's participation and a number of other underrepresented groups. Studies on internationalization have revealed that incoming student numbers have increased – but their dissatisfaction with cultural difficulties in academia too.

Funding institutions have initiated structural changes, regarding some of these out-groups, but refrain to mandatorily require leadership or intercultural training. Presently faculty is rarely prepared to professionally lead the naturally conflictuous diverse teams, so student and faculty heterogeneity cannot be used systematically to bring out heterogeneous perspectives with all their advantages.

A change in organizational culture to include diversity could position academic institutions much stronger for a role to promote urgent future-oriented questions and systematically contribute more expertise to society. Well grounded, independent, multi-perspective studies could support political decision making strongly and support orientation towards social, societal, economic and natural sustainability. At the same time this change would enable universities to better cope with their internal and external institutional challenges too. Academia could then recognise, understand and accelerate in-group-/out-group-dynamics between disciplines, international members, generations, men and women etc. in a systematic change-process aiming for the vision of a "learning organization". This means representing and supporting societal diversity at all structural levels within academia and to create an inclusive, cooperative knowledge culture.

Regarding leadership, this requires explicit competencies to lead diverse teams and to carry through such an enormous cultural change process within and beyond the established structures.

1. Komplexität in der globalen Wissensgesellschaft

1.1 Komplexität und Dynamik

Zunehmende Veränderungsdynamiken weltweit generieren immer schneller Problemlösungen, gleichzeitig aber rasant steigende Komplexität. Diese "Dynaxity" unserer stark technisierten und vernetzten Welt ermöglicht mehr Menschen denn je, ein gutes Auskommen zu haben. Gleichzeitig resultieren daraus bedrohliche Probleme wie Ungleichheiten einer wachsenden Erdbevölkerung, Ressourcenkriege, Migration, globale Finanzverflechtung, rechtsfreie Räume, Klimawandel, Umweltschäden und vieles mehr. Sie werden von verschiedensten Weltkonferenzen und –organisationen thematisiert. Aber es stellt sich die Frage, inwieweit menschliche Gestaltungs- und Kooperationsfähigkeit bzw. der Wille dazu noch zu den kurzfristig notwendigen gemeinwohlorientierten und nachhaltigen Kurskorrekturen führen können (Riekmann 2007 und Dohmen 2008). Eine Chance wäre es, Perspektivenvielfalt besser zu nutzen (Neusel 2000) – dazu nun eine multidisziplinäre Analyse.

1.2 Exzellenz durch Perspektivenvielfalt – auf allen Ebenen

Die Politikwissenschaftlerin Eleanor Ostrom bekam den Wirtschaftsnobelpreis 2009 für ihre Erkenntnisse, dass die besten Problemlösungsansätze zur nachhaltigen Nutzung von Gemeingütern – bei gleichzeitig geringster Korruption – in Eigenregie der Beteiligten gewonnen werden. Diese Eigenregie muss geprägt sein von persönlicher Verbundenheit und Verantwortlichkeit, Vertrauen, gemeinsamen Zielen, klaren Regeln und deren Kontrolle durch schnelle, angemessene Strafen. Unter allen anderen Rahmenbedingungen kommt es zu ökonomischer und ökologischer Übernutzung (zusammengefasst nach Ostrom 1990). Ostrom sieht Möglichkeiten, diese Prinzipien auf die globale Gesellschaft zu übertragen:

"Learning problem-solving skills in a local context generates citizens with more general problem-solving skills that enable them to reach out and more effectively examine far-reaching problems that affect all people living on this earth." (Ostrom 2005:287f)

Aus internationaler Management-Sicht zeigt Hans Wüthrich, dass es Organisationen, die eigene Handlungsmuster infrage stellen, gelingt, die eigenen Sichtweisen zu erweitern. Sie werden zu „Musterbrechern“, stechen durch besondere Innovationskraft und als attraktive Arbeitgeber heraus (Wüthrich et al 2006).

Enorme wirtschaftliche Vorteile von Perspektivenvielfalt bestätigen sich in einer weltweiten McKinsey-Befragung 2007, die zeigt, dass Firmen mit Frauen im Top-Management substanziell bessere finanzielle Leistungen erbringen [1].

Aus organisations- und sozialpsychologischer Sicht weist Wolfgang Scholl darauf hin, dass die Ideen, die das höchste Problemlösungspotenzial beinhalten, durch “evolutionäres Ideenmanagement” gewonnen werden. Dies ist charakterisiert durch die Prinzipien der Variation, Selektion und Retention der besten Ideen auf allen organisationalen Ebenen (Individuum, Team, Führung, Organisation, Standorte, Märkte). Scholl zeigt, dass eine konstruktive Wissenskultur durch unbewusste, implizite Normen, Konformitätsdruck und eine wertende Führung verhindert wird. Eine Innovationskultur dagegen entsteht durch gemischte Teams und wertschätzende Führung, die aktiv das Vertrauen erzeugt, ungewöhnliche Ideen äußern zu können, und die durch Gruppenentscheidungen den jeweiligen Lösungsansatz bestimmt (Scholl 2006:163ff, 2004).

Der Pädagoge David Kolb postulierte tiefste Erkenntnis bei Verwendung aller vier von ihm beschriebenen Lern“perspektiven“: dem personen-, sach-, aktivitäts- und reflexionsorientierten Lernstil (Kolb 1984). Inzwischen wurden diese Lernstile auch neurologisch als separate Lernzugänge belegt (Zull 2002). Menschen weisen allerdings kulturell deutlich unterschiedliche Präferenzen für diese Stile auf (Kolb 1984). Die Lernstile werden in den USA u.a. berücksichtigt, um heterogene Teams zusammenzustellen, da diese erfolgreicher sind (Bradley/ Herbert 1997).

Aus neurophysiologischer Sicht wurde kürzlich bei Expatriates nachgewiesen, dass auch die Fähigkeit zu individuellem Perspektivwechsel und deren Anwendung die kognitiv-analytischen Kompetenzen verbessern (Maddux et al. 2010:18f)[2].

Zusammenfassend gesagt brauchen wir die besten Ideen, um den drängenden Fragestellungen unserer komplexen und hochdynamischen Welt noch gerecht zu werden. Wir gewinnen sie in Hinblick auf klare, gemeinsame Ziele durch Problemverständnis aus verschiedensten Perspektiven, und entsprechende Lösungsansätze. Wir verfolgen sie am besten durch konsequente, partizipative und wertschätzende Führung unter Einhaltung expliziter Normen. Wissenschaftliche Institutionen wären ein naheliegender Ort für solche Think-Tank-Aktivitäten.

---

1 Befragung 10.000 leitende Angestellte zeigte u.a. eine durchschnittlich zehnprozentige Steigerung der Eigenkapitalrendite, 48prozentige Steigerung des Gewinns vor Zinsen und Steuern, 1,7-fache Steigerung des Aktiengewinns über 2 Jahre

2 Analogie aus der Biologie: In instabilen Umwelten sind artenreiche Ökosysteme am resilientesten. Schmid et al. (2002): Empirical evidence for biodiversity – ecosystem functioning relationships. In: Kinzig, A.P./Pacala, S.W./Tilman, D. (Eds.): Functional Consequences of Biodiversity. Princeton University Press, Princeton, S. 120-150

2. Das Potenzial gesellschaftlicher Mitwirkung durch Wissenschaft

2.1 Gesellschaftliche Perspektivenvielfalt

Wirtschaft ist inzwischen weitreichend von Profitorientierung zu Profitmaximierung übergegangen. Der unter dieser Maxime globalisierte Markt hat vielen Vorteile gebracht. Er kann aber, anders als die soziale Marktwirtschaft[3], nicht dauerhaft funktionieren, denn Wirtschaftsakteurinnen und -akteure brauchen sich darin mit Folgen des eigenen Handelns nicht auseinanderzusetzen. So erzeugen sie selbst viele der oben genannten Probleme, sind aber überwiegend auf deren Lösung weder ausgerichtet noch spezialisiert. Das heißt, die Folgen ihres Handelns werden von der Allgemeinheit getragen (Thielmann 2009). Gleichzeitig werden gesellschaftliche Entwicklungen heute durch wirtschaftliche Machteliten festgelegt, wie der frühere US-Botschafter Richard Holbrooke konstatiert:

"Whether you like it or not, there is no way to deny the enormous, disproportionate concentration of power and wealth in the hands of a relatively small number of people in the world today." (In: Rothkopf 2009)

David Rothkopf von der Carnegie-Foundation ergänzt seine weltweite Analyse: *"The superelites' disproportionate influence over national policy is often constructive, but always self-interested. Across the world few object to corruption and oppressive governments provided they can do business"*,

und erläutert, wieso er aus kapitalistischem Selbsterhaltungsinteresse diese Entwicklung für nicht nachhaltig und dringend zu korrigieren hält (Rothkopf 2009).

Politik balanciert diese Entwicklung nicht aus, sondern ist selbst durch Lobbying sehr stark mit Impulsen aus der Wirtschaft versorgt (Eckert 2005). Dass eine unabhängigere Gestaltung und breitere Mitsprache durch die Bürgerinnen und Bürger aber zunehmend eingefordert wird, zeigt nicht nur die Wahl eines Out-Group(s.u.)-Präsidenten in den USA unmittelbar nach der Finanzkrise 2008, sondern auch die derzeitigen Unruhen in den von der Finanzkrise am schwersten getroffenen Euro-Ländern sowie die durch Bevölkerungen initiierten Umbrüche in Nordafrika. Die deutsche Bundeskanzlerin Angela Merkel – laut Forbes-Analyse die mächtigste Frau und der sechst-einflussreichste Mensch der Welt (Perlroth/Noer 2010) – erkennt:

„Wir stehen vor der Herausforderung ..., die Globalisierung zu gestalten. Die Ängste der Menschen rühren zum großen Teil daher, dass sie das Vertrauen ... verloren haben, dass Politik die Folgen der Globalisierung gestalten kann." (Merkel 2006)

---

3 Wie in Artikel 3 des EU-Vertrags konzipiert

Weder die machtvolle Wirtschaft noch die Politik befassen sich zielführend und nationenübergreifend mit den dringlichen Weltfragen in Hinblick auf ökonomisch, sozial und ökologisch nachhaltige Lösungen (vgl. Der Standard 2011).

Die Wirtschaftswissenschaft jedenfalls konnte das in der Krise 2009 auch nicht leisten, kommentiert der frühere Chefökonom des International Monetary Fund, Raghuram Rajan, der sie als einer der wenigen vorher gesagt hatte:

„Ich würde behaupten, dass drei Faktoren unser kollektives Versagen im Wesentlichen erklären: Spezialisierung, die Schwierigkeit, Vorhersagen zu treffen, und die Losgelöstheit eines Großteils der Ökonomen von der realen Welt."

Und er regt an, zukunftsweisender – das heißt aus seiner Sicht unabhängiger, generalistisch-interdisziplinärer – vorzugehen (Rajan 2011).

Akademischen Institutionen sind charakterisiert von der Vielfalt an Disziplinen, weltweite Vernetzung und die Pflege dieser internationalen Gemeinschaften in regelmäßigen Konferenzen, sowie dem ehrwürdigen Ethos der (wissenschaftlichen) Neutralität und Gemeinwohlverpflichtung. Dies könnte den akademischen Institutionen ermöglichen, sich in diesem Ungleichgewicht als unabhängige Akteure zu profilieren und lösungsorientierten Einfluss zu gewinnen, indem sie sich mit den o.g. Zukunftsfragen praxisorientierter, interdisziplinärer und interkultureller als bislang befassen. Akademische Institutionen könnten damit – zunächst auf nationaler Ebene – gesellschaftliche und politische Diskussionen so bereichern, dass Politik von Wählerinnen und Wählern wieder als unabhängiger wahrgenommen würde.

Prononciert drückt das der ehemalige Rektor der Universität Brüssel Pierre de Maret aus:
„Der Elfenbeinturm muss ein Wachturm [für die Gesellschaften, Anm. d. A.] *werden."* Und: *„Durch eine solche Stärkung der Kooperation zwischen Gesellschaften und Universitäten könnte Politik mit einem erheblichen Wiedergewinn von Vertrauen und Legitimation rechnen."* (De Maret 2007)

Helga Nowotny, Präsidentin des Europäischen Forschungsrates, fordert:
„Wir brauchen eine neue Art von Wissenschaft: eine kontextualisierte beziehungsweise Kontext sensitive Wissenschaft." (Nowotny, 2004: S7)

Dass dies eine allgemeine europäische Haltung werden könnte, deutet sich in der Entwicklung der Forschungsförderprogramme der EU an. Wo die Europäischen Forschungsprogramme vormals eher auf sich vertiefende Wirtschaftskooperationen Wert legten, wird seit dem 6. Programm eine stärkere gesellschaftliche Rückkopplung gefordert und – allerdings sehr punktuell – durch interdisziplinäre Aktivitäten, strukturelle Gleichstellung von Frauen und Betonung von Führungskompetenzen gefördert (European Commission 2010:7). Entsprechende Trends gibt es in Deutschland zu interdisziplinärer Forschung und zu Frauenförderung, z.B. durch den Wissenschaftsrat und die DFG (Krebs/ Wenk 2006:55ff, Schüth

2010)[4]. Die am 1.12.2010 eingesetzte Enquete-Kommission „Wachstum, Wohlstand, Lebensqualität – Wege zu nachhaltigem Wirtschaften und gesellschaftlichem Fortschritt in der Sozialen Marktwirtschaft“ erscheint auch als substanzieller Schritt in eine solche Richtung (Enquete 2010).

2.2 Herausforderung für wissenschaftliche Institutionen

Die Schwierigkeit für Universitäten, zu dieser gesellschaftlichen Rückkopplung beizutragen, besteht auch darin, dass sie als wissensbasierte Organisationen schon in ihren historischen Kernbereichen – der fachlichen Entwicklung ihrer Wissenschaften und der Wissensvermittlung – viel mehr als andere Organisationen davon absorbiert sind, sich der anfangs erwähnten Dynaxity zu stellen. Es

- „explodieren“ die zugänglichen Wissensbestände der Disziplinen,
- verringern sich die Halbwertszeiten des publizierbaren Wissens,
- erfordert die vertiefte Spezialisierung fachliche Konkurrenz und fast paradox gleichzeitig intensivere Kooperation, um eine verständliche Einbettung des gewonnenen Wissens überhaupt noch zu ermöglichen.

Diese Komplexität und Dynamik wirkt nicht nur in den Wissenschaften selbst, sondern auch auf die grundlegende Organisation der wissenschaftlichen Institutionen. In den letzten Jahren sind Universitäten und andere wissenschaftliche Einrichtungen mit vermehrten Organisationsentwicklungsanforderungen konfrontiert, die deutlich über disziplinenspezifische Kapazitätsfragen hinausgehen. Diese Anforderungen resultieren aus den tatsächlich dynamisierten und komplexer gewordenen Wechselbeziehungen zur Gesellschaft. Sie gehörten nicht zu den Kernbereichen wissenschaftlicher Organisationen, sind neu und unvertraut.

„Universities are to the information age what coal mines and steel mills were to the industrial economy.“ (Scott/Harding 2007:3, 25ff, 163ff)

Beispiel solcher Anforderungen sind gestiegene Konkurrenzen. Als Bildungsanbieter konkurrieren Hochschulen im weltweiten Markt, unter anderem aufgrund von Rankings. Als Arbeitgeber für Wissenschaftlerinnen und Wissenschaftler haben sie die – für die Organisationskultur sehr prägende – individuelle Konkurrenz massiv verschärft, beispielsweise durch individuelle Präkarisierungen vor allem des Mittelbaus (Metz-Göckel 2005:5), aber auch durch Übertragung der Bonus-Gehaltsschemata aus der Wirtschaft, obwohl diese Art der Honorierung schon seit 40 Jahren wissenschaftlich und zuletzt auch eindrücklich praktisch durch die Finanzkrise als kontraproduktiv für kognitive Arbeiten nach-

4 Dass eine solche neue Rolle und Gemeinwohlverpflichtung von wissenschaftlichen Institutionen auch von Seiten der Mitarbeiterinnen und Mitarbeiter gewünscht wird, zeigt z.B. eine entsprechende Befragung an der Leuphana Universität, die aber nicht für alle wissenschaftlichen Institutionen repräsentativ sein muss (Adomßent et al. 2007)

gewiesen ist (Pink 2011). Die akademischen Institutionen konkurrieren gleichzeitig selbst als Arbeitgeber durch die Exzellenzinitiative untereinander und mit der Wirtschaft um „die besten Köpfe“[5]. Als öffentliche Forschungsanbieter konkurrieren sie mit ihrer Forschungsleistung in internationalen Rankings und mit der Wirtschaft – oder lassen sich in deren Forschungsfragen einbinden[6].

Neue Anforderungen ergeben sich ferner durch erweiterte Akteure. Intern nehmen Schnittstellen mit Serviceeinrichtungen wie Career Services, International Offices, Kompetenzzentren, Antragsunterstützern, PR-Stäben etc. zu, was abteilungsübergreifende Kooperationskompetenz erfordert (Krücken et al. 2010). Extern erfordern Evaluierungs- und Akkreditierungsagenturen, Stiftungen, Wirtschaft sowie internationale Partnerinnen und Partner neue Arten interkultureller (s.u.) Kooperation. Die Rechenschaftspflicht – und damit die professionelle Kommunikationspflicht – besonders der Universitäten gegenüber der Öffentlichkeit hat sich erhöht (z.B. durch o.g. Agenturen, Rankings in öffentlichen Medien, Diskussionen und Bewertungen in Social Media).

Letztes Beispiel: An wissenschaftliche Institutionen werden drängend Veränderungsansprüche gestellt. Innovationsprozesse und starke Umstrukturierungen sind eine ständige Herausforderung geworden (z.B. Zusammenschlüsse wie beim Karlsruher Institut für Technologie, neue Finanzierungskonzepte wie an der Stiftungsuniversität Göttingen, E-learning-Angebote, Double-Degree- und strukturierte Graduiertenprogramme, Dual-Career-Unterstützung, Familienfreundlichkeit etc.). Die ehemalige österreichische Wissenschaftsministerin Karl forderte Innovation als "dritte Säule" der Hochschulen [neben Forschung und Lehre, Anm. d.A.] mit Interdisziplinarisierung, Frauenbeteiligung, Internationalisierung und Drehscheibenaktivitäten zur Stärkung des Technologietransfers (Karl 2010).

Zusammenfassend gesagt: Wissenschaftliche Institutionen wären durch ihre immanente Perspektivenvielfalt, ihre internationale und inzwischen starke gesellschaftliche Vernetzung sehr geeignet, an der Lösung drängender globaler Fragen weitreichender mitzuwirken – sofern sie dem Trend widerstehen lernen, sich (zunehmend in Out-Group-Position, s.u.) an der Wirtschaft statt an eigenen Erkenntnissen zu orientieren (Pink 2011). Damit könnten sie eine neue, für die nachhaltige Entwicklung der Gesellschaften und die notwendige Umgestaltung der Wirtschaft wichtige Rolle spielen. Allerdings entspricht dies bislang nicht ihren Zielen und Kernkompetenzen, und um diese Rolle einnehmen zu können, müsste die eigene Nutzung von Vielfalt und die bewusste Führung durch Veränderungsprozesse stark optimiert werden. Was aber ist so schwer am Umgang mit Vielfalt?

5 Es gibt wenige Untersuchungen zu Arbeitgeberattraktivität von Hochschulen. Sie platzieren sie in der Regel deutlich unterhalb der Durchschnittswerte von Firmen und weit entfernt von attraktiven Arbeitgebern. Pers. Komm. Mag. Hampel, Hewitt, Wien, 24.2.2011

6 ... denn der Anteil öffentlicher Forschungsförderung wird immer geringer. Zwei Drittel der Investitionen stammen heute aus der Privatwirtschaft und werden anwendungsorientiert im Sinne der Wirtschaft vergeben (BMBF 2010:19)

3. Umgang mit Diversität

Eingangs wurde die Bedeutung von Perspektivenvielfalt für optimale Wissensgewinnung und -nutzung ausführlich erläutert. Dass diese Chance der Exzellenz mit Risiken verbunden ist, ist beobachtbar. Dieser Umstand wird ebenso selten diskutiert wie die Frage, wie die Chancen dennoch genutzt werden können.

Eine Metastudie zeigt, dass ein Viertel der heterogenen Teams gesteigerte Leistungen weit jenseits von homogenen Teams erbringt; allerdings fiel der Großteil heterogener Teams genauso deutlich in den Leistungen ab[7]. Der Unterschied lag darin, wie gut diese Teams in Hinblick auf ein gemeinsames Ziel geführt wurden (Masznevski 2006).

Die folgenden Abschnitte sollen einerseits aufzeigen, wie die Risiken heterogener Teams entstehen und in deutschen wissenschaftlichen Institutionen aktuell erkennbar sind, und andererseits klären, wie die Chancen genutzt werden könnten.

3.1 Was ist Heterogenität?

Der hier durchgehend verwendete nach Bennett erweiterte Kulturbegriff ist in der Praxis außerordentlich hilfreich, um In-Group-/Out-Group-Dynamiken aufzuspüren und zu analysieren: Gruppen mit gemeinsam erlernten und geteilten Verhaltensweisen, Glaubenssätzen und Werten bilden eine („homogene") Kultur. Kulturzugehörigkeit manifestiert sich unter anderem in Nationalität/Ethnizität, aber auch in Organisations-/ Abteilungs-/Fachkultur, Bildungsschicht, Sektor (Nichtregierungsorganisationen/ öffentlicher Dienst/Privatwirtschaft), Geschlecht, Religionen, sozialen Klassen, Generationen etc. Jeder Mensch ist so mehreren kulturellen Gruppen zugehörig und in Denkmustern, Grundannahmen und -haltungen stark von diesen geprägt (Bennett 1986).

Konfliktträchtige Unterschiede zwischen Kulturen betreffen Sprachgebrauch, nonverbales Verhalten, Direktheit und Konfrontationsbereitschaft im Kommunikationsstil, Erkenntnis- bzw. Lernstil und – mit den stärksten Folgen – kulturspezifische Werthaltungen und Grundannahmen (z.B. Profit/Gemeinwohl, Konkurrenz/Kooperation, Egalität/Hierarchie, Kollektivismus/Individualismus, Natur unterwerfend/in Harmonie mit der Natur usw.). Kulturunterschiede sind vielfältig und meist unbewusst, betreffen sehr wichtige Aspekte und irritieren (Bennett 1993) – wie folgende berühmte historische Studien aufzeigen.

---

7 Analyse von 80 verschiedenen Studien über zusammen 9212 gemischte (interdisziplinäre, internationale oder geschlechtergemischte) bzw. homogene Teams. In den verschiedenen Studien Untersuchung unterschiedlicher Leistungskennzahlen wie Rendite, Problemlösungskompetenz, Mitarbeiterzufriedenheit, Personalgewinnung, Personalfluktuation u.a. (Stahl et al. 2007)

3.2 In-Group/Out-Group-Dynamiken

In homogenen Gruppen fühlt man sich loyal verbunden, findet in der Regel über Ähnlichkeiten zusammen und ist entsprechend repräsentiert (Tajfel/Turner 1986). Einzelpersonen passen sich an die vermutete Gruppenmeinung an, d.h. abweichende (wenngleich zutreffende) Beobachtungen werden nicht mehr öffentlich geäußert (Micro-Incident). Es folgt Selbstüberschätzung der Gruppe, Abschotten bis hin zum Entmenschlichen von Andersdenkenden. (Janis 1982). Die Folgen dieses "Group-Think" reichen von ignorierten Alternativen über realitätsferne Entscheidungen und unethische Bewertungen bis zur mentalen Ineffizienz (Edmonson 1996, Asch 1956, Asch 1955, Janis 1972:9, Milgram 1963:371ff). Machtvolle Dynamiken – „wir gegen sie" – limitieren interne Konflikte und äußern sich z.B. in o.g. Micro-Incidents (Tajfel/Turner 1986:7ff). Diese In-Group-/Out-Group-Dynamiken, sind auf der Seite der In-Group geprägt von unbewusst gesetzten Standards und Normen (unintentional intolerance, Robbins 2006:2), erleichtertem Machtzugang in Unkenntnis der Ausschlussmechanismen und differenzierterer Wahrnehmung der In-Group-Mitglieder. Die Out-Group wird von der In-Group oft ausgeblendet oder andernfalls exponiert und öffentlich bewertet, wobei die Gruppenzugehörigkeit stärker thematisiert wird als die Individualität ihrer Mitglieder[8]. Die Out-Group-Mitglieder neigen zur Orientierung an der In-Group, spalten sich in der Regel in Rebellen und Angepasste. Sie verstehen die Strukturen besser und kennen zum Teil die Ausschlussmechanismen (Kanter 1993), haben ansonsten intern die gleiche Gruppendynamik und durchlaufen entsprechende Veränderungsphasen (s.u.) wie die In-Group (Bennett 1993).

Durch konstruktive Interaktion der In-Group mit den Out-Groups könnte die In-Group die eigenen Strukturen, blinden Flecken und Gruppendynamiken verstehen lernen, die Out-Group könnte Opfer-Dynamiken vermeiden und verbesserte Ge-staltungsmöglichkeiten gewinnen (Tajfel/Turner 1986, Engel 2007), und für alle könnte Exzellenz durch Perspektivenvielfalt gewonnen werden.

Die Risiken heterogener Teams betreffen vor allem

- die Haltung, geprägt von Misstrauen gegenüber denen, mit denen man arbeiten muss, bis hin zur Ablehnung
- die Kommunikation durch Unterschiede in der Sprachverwendung und Uneinigkeit über wichtige Bedeutungen bis hin zu kontrastierenden Werthaltungen und Grundannahmen
- sozialen Stress der Out-Group, deren Selbstbild erschüttert wird durch Exponierung, Anpassungsnotwendigkeit, Stereotypisierung, Marginalisierung, Netzwerkausschluss, Mobbing, Überlastung
- verminderte Effizienz des Gesamtteams, da Zeit und Aufmerksamkeit für einen Energie zehrenden Teamprozess verloren werden.

8 Gesellschaftliches Beispiel: Der Kopftuch-Streit

Die Chancen heterogener Teams bestehen vor allem in

- der Wertschätzung unterschiedlicher Perspektiven, die genauere Problemanalysen, mehr und bessere Ideen, Innovationskraft und Exzellenz erlaubt
- der größeren Offenheit durch reduzierte Zensur, weniger Konformitätsdruck und Illusionen, was zu realistischeren Lösungen führt
- einem inspirierenden Umfeld, das – wenn Heterogenität als Bereicherung empfunden wird – zur ultimativen Arbeitsmotivation werden kann!

Die Risiken heterogener Teams überwiegen; allerdings erscheint es allein angesichts der o.g. institutionellen Veränderungsanforderungen unausweichlich, sie zu überwinden, auch weil immer stärker über Disziplin-, Abteilungs- und Organisationsgrenzen – also über verschiedene Kulturen – hinweg gearbeitet werden muss. Die Chancen heterogener Teams zu nutzen ist daher unerlässlich. Diese Chancen sind allerdings ausschließlich mit kultursensiblen, d.h. darauf trainierten Führungskräften und einer Organisationskultur nutzbar, die Heterogenität spürbar als Ressource wertschätzt, und zwar ganz konkret in den Strukturen und Maßnahmen, die sie zur Ermöglichung einsetzt, und den Haltungen, die sie zum Ausdruck bringt. (Stahl et al. 2007, Bennett et al. 2004, Kanter 1993).

Es wird nun der Status quo in Bezug auf In-Group-/Out-Group-Dynamiken an wissenschaftlichen Institutionen an Hand von Indizien punktuell reflektiert.

4. Heterogenität in Wissenschaftsinstitutionen

4.1 In-Groups & Out-Groups

Heterogenität bzw. Homogenität sind unter anderem über die Repräsentanz in Entscheidungsfunktionen definiert (Stahl et al. 2007), und eine In-Group lässt sich ggf. daran erkennen. Eine HIS-Studie weist für die Besetzung von 59 untersuchten Spitzenpositionen (Uni-Präsidentschaft) in Deutschland 2010 folgendes aus (Bieletzki/ Kleinmann 2010): Die Personen

- kommen aus unterschiedlichen Disziplinen,
- sind 55 +/- 4 Jahre alt (d.h. keine Jüngeren),
- zu 92 % männlich (d.h. 8 % weiblich),
- zu 100 % deutsch (d.h. 0 % Migrantinnen/Migranten im weitesten Sinne) und
- zu 96 % aus dem Wissenschaftsbetrieb, davon 75 % rein intern, sonst mit Erfahrung in 2-4 Universitäten und in Administration (d.h. 4 % aus Wirtschaft, Non-Profit oder anderen Organisationstypen).

Die Schlussfolgerung auch aus anderen Studien (s.u.): Universitäten[9] sind homogene Organisationen mit definierten In- & Out-Groups.

9 gilt z.T. verstärkt für die übrigen Wissenschaftsorganisationen, Daten siehe CEWS

Out-Groups sind demnach Frauen, Internationale, Jüngere und Praktikerinnen/Praktiker, zusätzlich Eltern (Metz-Göckel 2010, BMBF 2008) und Arbeiterkinder (Isserstedt/Link 2008). Auffallend: Vorherige Führungserfahrung oder -ausbildung wurden in der HIS-Studie nicht untersucht, ebenso wenig Elternschaft oder körperliche Einschränkungen, auch Geschlecht und Nationalität waren so selbstverständlich (männlich, deutsch), dass sie erst auf Nachfrage mündlich mitgeteilt wurden. Wie aufgezeigt sind Nicht-Wahrnehmen der Out-Groups und Fragen, die NICHT gestellt werden, Indikatoren für Group-Think und unbewusste Normdurchsetzung der In-Group (hier durch Forschende des HIS).

Eine ähnlich einseitige Zusammensetzung gilt für die Ende 2010 gegründete Enquete-Kommission „Wachstum, Wohlstand, Lebensqualität" (Enquete 2010), denn u.a. ist keines der 17 sachverständigen Mitglieder weiblich.

Dass es auch anders ginge, zeigt sich z.B. in Kanada. Dort ist Hildegard Logan, PhD, Dekanin – als Deutsche Ausländerin, ohne Professorinnentitel, eine Frau und Ex-Managerin aus der Stadtverwaltung von Toronto. In der deutschsprachigen Hochschullandschaft sind Personen wie sie als Spitzenfunktionäre aufgrund zu vieler Out-Group-Zugehörigkeiten nur sehr vereinzelt realisiert.

4.2 Detailanalysen Out-Groups, beispielhaft Frauen und Internationale

In Bezug auf Frauen und Internationale ist die längste rückblickende Analyse möglich. Die o.g. weitreichende Kulturdefinition ermöglicht es, von diesen beiden sehr unterschiedlichen Out-Groups ausgehend auf andere zu schließen.

4.2.1 Frauen in der Wissenschaft

Repräsentation

Laut EU waren 2007 in Deutschland neun Prozent Frauen an der Führung tertiärer Bildungsinstitutionen beteiligt (She Figures 2007). Die bekannten Scherendiagramme zeigen abnehmende Frauenbeteiligung auf höheren Hierarchiestufen für alle wissenschaftlichen Institutionstypen (CEWS 2010). Das Forschungsdirektorat der EU stellte fest, dass Frauen Disziplinen wie Gesundheitsberufe, Ernährung, Bildung und Sozialwissenschaften signifikant lieber studieren als Männer, die Ingenieurwesen, IT, Naturwissenschaften und Mathematik bevorzugen (Rübsamen-Weigmann 2006). Vermutlich lässt sich dies wieder mit den o.g. Kulturunterschieden bei den Erkenntnis-Präferenzen erklären (Kolb 1976, Krebs/Wenk 2006), da Frauen offenbar ein höheres Interesse an Disziplinen zeigen, die stärker personen- und gesellschaftsorientiert sind, und in der Forschung stärker qualitativ, konstruktivistisch, induktiv, fallbezogen und etwas weniger quantitativ, linear-logisch, deduktiv, Daten verallgemeinernd und Expertinnen/Experten-bezogen agieren.

Indikatoren für Ausschlussmechanismen
Kraft analysierte, welche Kolb-Lernstile in Medizinprüfungen erfolgreich sind und fand, dass systematisch bestimmte Erkenntnis- und Arbeitsstile aus dem Studium „herausgeprüft" werden – und zwar die eher personenbezogenen, kontextsensitiven von Frauen (Kraft 2006).

Weiteres skizziert ein EMBO[10]-Report (Ledin et al. 2007) als Bild, und bestätigt so kompakt die Befunde sehr vieler anderer Studien (siehe Eagly/Carli 2007). Trotz expliziter Frauenförderpolitik des EMBO wurde festgestellt:

- Bei Gender-neutralisierten Anschreiben wurden die Bewerbungen von Frauen weiterhin schlechter bewertet, trotz gleichartiger Erfahrung und Qualifikation.
- Frauen erhielten bei gleicher Qualifikation[11] 20 % weniger Preise und Förderungen. Trotz ausgewogener Bewerbungslage für Fellowships kommen bei Gruppenleitungspositionen nur noch 25 % der Bewerbungen von Frauen.
- Frauen übernahmen höhere Lehrverpflichtungen.
- Partner von Akademikerinnen waren in der Regel ebenfalls Akademiker; Akademiker dagegen heirateten eher statusniedriger, und deutlich mehr männliche als weibliche Wissenschaftler hatten Kinder. Ausschließlich die Frauen hatten dafür Auszeiten genommen und reduzierten für eine Balance mit Betreuungspflichten ihre Arbeitszeiten. Sie richteten sich ferner in ihrer Karriere nach den Mobilitätsanforderungen ihres Mannes und erfuhren dadurch verzögerte – und bei 22 % auch abgebrochene – Karrieren.
- Frauen erhielten 17 % weniger Vernetzung und Unterstützung durch Mentoring und hatten zu hohen Prozentsätzen den Eindruck, schlechter betreut zu werden als ihre männlichen Kollegen, hatten konkrete Diskriminierung beobachtet oder selbst erfahren – und dieser Eindruck wurde von Männern in nennenswertem Umfang bestätigt.
- Als Resultat erhielten Männer höhere Positionen, Gehälter, Fördergelder und größere Labore.
- Eine Analyse der beschäftigenden Institutionen ergab, dass ihnen diese Effekte nicht bewusst waren.
- Ergebnis: Frauenkarrieren wurden so insgesamt substanziell – wenngleich unbewusst – be- und verhindert.

4.2.2 Internationale Studierende und Forschende in der Wissenschaft

Repräsentation
In Kooperationen (Forschung, Studierendenaustausch) wurde seitens der EU jahrelang zahlenmäßig ausgewogene internationale Kompositionen gefordert. Internationalisierungsindikatoren zeigen aber hier genau wie schon oben (Daten zu

10 European Molecular Biology Organization, Life Science-Forschungsförderinstitution
11 Analysiert: Anzahl, impact factor, citation, author rank von 9000 Publikationen 1996-2007

Frauen), dass weit überwiegend strukturelle Daten, i.e. Mobilitäten, Finanzen, Studienprogrammplätze etc. erhoben werden. Nur zu einem sehr geringen Anteil werden kulturelle Fragen nach der Zufriedenheit, Weiterempfehlung des Studienortes, interkulturelle Einbindung oder systematischem Lernen für die Internationalisierung gestellt (vgl. Isserstedt/Link 2008 und Beerkens et al 2010).

Indikatoren für Ausschlussmechanismen
Bis heute verlangt fast keine Forschungsförder- oder Austausch-Institution interkulturelle Trainings, Teambuildings oder Spezialangebote für Krisenunterstützung bei Kulturschock, Auslandserfahrung der betreuenden Administratorinnen/Administratoren bzw. Professorinnen/Professoren oder Buddy- und Integrationsevents. Nach Abbruchquoten und -gründen wird in der Regel nicht gefragt (Beerkens et al. 2010). Für Wirtschafts-Expatriate-Entsendungen sind je nach Studie zwischen 40 und 70 % Abbruchquoten erwiesen (Sepehri 2002). Dieses Phänomen wird im Hochschul-Mainstream nicht registriert, geschweige denn systematisch bearbeitet. Dies sind – wie schon für Frauen beschrieben – massive kulturelle Integrationshindernisse.

Nachdem beispielhaft für Frauen und Internationale – aber repräsentativ für andere – Out-Group-Situationen verdeutlicht wurden, soll nun betrachtet werden, wie sich diese Situation in Kulturdifferenzen interpretieren und verstehen lässt und der Veränderungsprozess an konstruktiver Dynamik gewinnen könnte.

4.3 Kulturunterschiede

Betrachtet man Männer und Frauen als unterschiedliche Kulturen (vgl. Bennett 1986), lassen sich – offenbar in In-Group-/Out-Group-Dynamiken wirksame – Unterschiede analysieren und verstehen. Sie dürfen allerdings keinesfalls zu Stereotypisierungen herangezogen werden[12]. Auch wenn das neurologisch die natürlichste Reaktion wäre (Spitzer 2005), geht es im Umgang mit Vielfalt gerade darum, die eigenen Denkmuster zu erkennen, sich von ihnen zu distanzieren und so gruppendynamisch fatale „Autopilot"-Reaktionen zu vermeiden.

Oben wurden als generalisierbare[13] Kulturunterschiede, d.h. in den Kulturwissenschaften erforscht, Sprachgebrauch, Nonverbales, Kommunikationsstil, Lernstil und Werthaltungen genannt. Zieht man sie zur Analyse der o.g. In-Group/Out-Group-Unterschiede zwischen Männern/Frauen bzw. Deutschen /Internationalen heran, ergibt sich unter anderem (vgl. auch Eagly/Carli 2007):

12 Stereotypisierung: Rigid application of a generalization to every person in a cultural group or generalizing from only a few people (Grundling 2003: Globsmart 26)

13 Generalisierung: Research based tendency of a majority of people in a cultural group regarding values, believes, behaviour held as testable hypotheses. (Grundling 2003: Globsmart 26)

- Sprachgebrauch (Vehemenz der Darstellung), Nonverbales Verhalten und Kommunikationsstil (Direktheit) unterscheiden sich deutlich, was u.a. Bewerbungen und Gesprächsimpulse von Frauen weniger erfolgreich macht und Anlass für anpassungsorientierte Trainings (Rhetorik u.a.) ist. Ähnliches gilt für die indirekte, gesichtswahrende asiatische Kommunikation, Körpernähe/-ferne verschiedener Kulturen u.v.m.
- Lernstilstudien zeigen, dass westliche Frauen (i.e. Nord-Europa, Nordamerika) zu ca. 60 % personen- und kontextorientierte Lernstile und Situationen bevorzugen, in denen sie am Beispiel Gleichrangiger intuitiv-vernetzt-induktiv lernen können. Hingegen lernen westliche Männer zu 60 % lieber sach- und datenbezogen und logisch-linear-deduktiv von Experten (Kolb 1976). Trotz großer Überschneidungen der Präferenzen spiegeln sich die Unterschiede meines Erachtens in den u.v.a. von der EU analysierten disziplinären Präferenzunterschieden zwischen Männern und Frauen. Sie erklären, wieso eine von Männern geprägte Wissenschaft wie die Medizin Prüfungen bevorzugt, die männliche Lernstile besser bewerten, und möglicherweise sogar, wieso Disziplinen mit quantitativen, sachorientierten Forschungszugängen gegenüber personenorientierteren, qualitativ forschenden Disziplinen höhere Reputation genießen. Diese Reputation wird von der In-Group bestimmt und spiegelt sich zum Beispiel in der Kürze der jeweils notwendigen Arbeiten für akademische Abschlüsse (Medizin ca. 6 Monate, Geschichte bis zu 7 Jahre)[14]. Auch Argumentationslinien sowohl in Bewerbungen als auch in wissenschaftlichen Publikationen könnten durch dieses kulturelle Raster z.B. eines bevorzugten Lernstils anders bewertet werden. Das höhere Interesse von Frauen an Lehre, also der Wissensverbreitung (im Gegensatz zu statusträchtigerer Forschung), könnte ebenfalls mit ihrer Lernpräferenz verbunden sein, wie auch der offenbar für Frauen noch gravierendere Nachteil fehlender Vorbilder und persönlicher Anbindung durch Mentoring. Gleichzeitig zeigt sich bei weltweiter Betrachtung eine deutliche Neigung zum personenorientierten Lernstil in allen außer den „westlichen" Kulturen.
- Im EMBO-Report treten besonders deutlich unterschiedliche Werthaltungen hervor, die bislang nicht als gleichberechtigt und daher mit gleichen Chancen auszustatten angesehen werden. Kollektivistische Familien- und Gemeinschaftsorientierung[15] von Frauen steht eher hierarchie- und konkurrenzorientierterem Individualismus von Männern gegenüber[16]. U.a. diese weiblichen Werthaltungen entsprechen in vielem „nicht-westlichen" Werthaltungen – ausgenommen die der Hierarchieorientierung, die nicht bei Frauen, international aber fast überall sehr hoch ist (Byosiere 2009).

---

14 Die vehementen Dispute verschiedener disziplinärer Kulturen (besonders zwischen Geistes-, aber auch Sozialwissenschaften und Naturwissenschaften) zeigen, welches Konfliktpotenzial – ganz unabhängig von der Gender-Dimension, die auf Führungsebene der Disziplinen ja eine sehr untergeordnete Rolle spielt – bereits im Zusammentreffen unterschiedlicher Erkenntnisstile liegt, und dass der sach-/expertenbetonte Stil dominiert. (Krebs 2006, Kolb 1981)

15 Lehre statt Forschung; Zurückstecken bei der Publikation und beim eigenen Fortkommen zugunsten des Partners und der Familie; gleichrangige Partnerwahl

16 Z.B. bevorzugtes Verfolgen der eigenen Karriere unabhängig von Partnerin und Familie, stärkere Status-Orientierung über individuell profilierende Forschung

Es stellt sich die Frage, welche Art Group-Think aus der Ausgrenzung dieser Kulturunterschiede resultieren könnte. Das wird nachfolgend punktuell analysiert.

4.4 Beispiele für möglichen Group-Think durch In-Group-Dominanz

Forschungsziele

Wie bereits erwähnt wurde seitens der EU bei internationalen Kooperationen (zwar auf international ausgewogene Zusammensetzung geachtet, aber selbst sie hat bis vor kurzem keine interkulturellen Trainings, nachweislich kompetent moderierte Teambuilding- oder Coachingphasen verlangt.

Damit sind über lange Zeit wissenschaftlich solide Ergebnisse über Risiken heterogener Teams – nämlich vertiefte gegenseitige Stereotypisierung ausgeblendet und Chancen von erhöhter Perspektivenvielfalt und zunehmendes gegenseitiges Verständnis nicht realisiert worden. Die Folge ist, dass wir in akademischen Institutionen, aber auch gesellschaftlich weit weniger Integration und gemeinsame Ausrichtung erreicht haben, als möglich gewesen wäre. Das ist aktuell in der EU zu sehen als nicht harmonisierte Ansichten zu Finanz-, Steuer-, Rechtsstaatlichkeits-, Meinungsfreiheitsfragen und anderem. Damit ist auch weit weniger konzertierte Reaktionsfähigkeit und Einflussmöglichkeit als Region vorhanden. Wenn wir das in unseren Institutionen und lokalem Raum – wie Eleanor Ostrom anregt (vgl. Ostrom 2005) – nicht erreichen, wie können wir dann je mit den globalen Problemen nachhaltig umgehen lernen?

Fach- und Forschungsinhalte

Medizin: Die oben erwähnte Ausgrenzung personenorientierter Lernstile durch medizinische Prüfungen kann gerade für die Arbeit mit Patientinnen und Patienten kaum wünschenswert sein. Personendifferenzierung, z.B. Kinder- und Gendersegregierte Datenaufbereitung, hat die Aussagekraft, Objektivität und Heilungschancen in der Medizin – und damit ihre Qualität insgesamt – erhöht und um neue Aspekte bereichert (Strametz 2009, Jaffé/Riedel 2010). Auch hätte die Hochschulmedizin insgesamt noch erfolgreicher sein können unter anderem in der Prävention, wenn beispielsweise die Diskussionen des Mind-and-Life-Institute zu neurowissenschaftlichen Erkenntnissen der gesundheitsfördernden Wirkung buddhistischer Praktiken früher integrierbar gewesen wären (vgl. Goleman 2005) oder zumindest der wissenschaftlich haltbare Teil des großen Parallel-Marktes alternativer Medizin aus der Schulmedizin entstanden wäre. Bei Buddhismus und Alternativmedizin sind Emotion und persönliche Interaktion zentrale Elemente.

Wirtschaftswissenschaften: Integration anderer Werthaltungen könnte z.B. wirtschaftswissenschaftliche Sichtweisen sehr bereichern, die bislang auf schnelle, zahlenfundiert linear-logische Machbarkeits- und Wachstumsdynamiken[17] fokussiert sind (vgl. u.a. Dohmen 2008). Interessanterweise kamen die ersten Prognosen einer bevorstehenden Finanzkrise 2005 von einem Asiaten[18]. Generell interessiert in Asien, arabischen Ländern und Südamerika kontextsensitives, kollektivistisches Denken stärker. Unter anderem hat das gegenüber westlichen Partnern zu vergleichsweise größerem interkulturellem Verstehen geführt – anders als umgekehrt (Sepehri 2002). Bei Frauen kommt zusätzlich tendenziell eine egalitäre, partizipative Haltung hinzu. Dass dies zu besseren Führungs- und ökonomischen Ergebnissen führen kann, wurde anfangs dargelegt (McKinsey 2007, 2008), könnte aber auch im Sinne Eleanor Ostroms zu insgesamt nachhaltigerem, gemeinwohlorientierterem Wirtschaftsverständnis führen[19].

Naturwissenschaften: Deutlich interdisziplinärere Zugänge könnten nicht nur die o.g. neue Rolle von wissenschaftlichen Institutionen unterstützen, sondern den bislang zwar intensiven, aber fruchtlosen Versuchen, mehr Frauen für Naturwissenschaften und Technik zu interessieren, größeren Erfolg verschaffen[20] und damit u.a. dringendem Fachkräftebedarf in der Gesellschaft entgegenkommen.

Insgesamt werden die Qualitätskriterien von Forschung – ohne es selbst zu sehen – durch die In-Group festgelegt und könnten durch die Integration von Perspektiven der Out-Groups gewinnen. Dies relativiert Aussagen, dass schon bislang allein wissenschaftliche Qualität Maßstab akademischer Karrieren sei[21].

---

17 Für Wirtschaftswachstum wird ein Umschwenken auf qualitative Entwicklungen gefordert. In der Biologie gibt es zwei Arten von Wachstum: bis zum Erwachsenwerden körperliches, dann persönliches – fast alles andere fällt unter Krebs. Ähnliches gilt interessanterweise für Bevölkerungswachstum. http://www.ted.com/talks/anders_ynnerman_visualizing_the_medical_data_explosion.html (Zugriff 06.06.2011)

18 Rajan, Raghuram s.o.. Ähnliche Vorhersagen trafen der Praktiker Prof. Max Otte 2005, Harvard-Professorin Rosabeth M. Kanther 2007, Investment-Analyst Marc Faber 2008

19 Indra Nooyi, CEO PepsiCo, at Yale University: zur künftigen gesellschaftlichen Ausrichtung Pepsis http://www.youtube.com/watch?v=-msw7mJPF6A (Zugriff 06.06.2011)

20 Auf der Homepage z.B. von Rolls-Royce Europe sind (Stand 11.2010) vergleichend Karrierestatements junger Männer und Frauen angegeben. Fast alle Männer betonen die Karrieremöglichkeiten. Fast alle Frauen betonen den wichtigen Gesellschaftsbezug ihrer Technikarbeit

21 Prof. Kleiner, Präsident der Deutschen Forschungsgemeinschaft 2009: „Eine Frauenquote ist nicht der richtige Weg, die unbefriedigende Situation der Wissenschaftlerinnen in Deutschland zu verbessern. Sie trägt den Gegebenheiten in den einzelnen Fächern und Hochschulen nicht Rechnung, sie setzt hochqualifizierte Frauen dem Verdacht aus, Alibi-Professorinnen zu sein, und sie macht nicht allein wissenschaftliche Qualität zum Maßstab für akademische Karrieren." http://www.forschung-und-lehre.de/wordpress/?p= 573 (Zugriff 06.06.2011)

Lehre

Lehre und Prüfungen könnten zukünftig weitere Lernstile einschließen. Das würde auch bessere Integration internationaler Studierender (und Forschender) mit sich bringen. Sie empfinden in Deutschland zunehmend (sehr) große Schwierigkeiten in Kontakt zu kommen (besonders Asiatinnen/Asiaten und Afrikanerinnen/Afrikaner); das könnte den Anteil derer, die Deutschland als Studienland empfehlen würden, beeinflusst haben. Dieser Anteil hat sich seit 2003 auf 60 Prozent verringert (Isserstedt/Link 2008).

Anderson zeigt für Studierende und Forschende aus Asien, Afrika und Südeuropa einen stärker personen-, kontext- und gesellschaftsorientierten Lernstil auf (Anderson 1988). Das daraus resultierende Spannungsfeld zu den Deutschen unterstreicht auch Schroll-Machl mit Fremdsichten aus interkulturellen Businesstrainings: Man schätzt weltweit die Sachorientierung, Qualität und Spezialisierung der Deutschen; gerade Menschen aus Südeuropa, Südamerika, Asien, dem arabischen Raum und Afrika empfinden die Deutschen aber gleichzeitig als kühl, unpersönlich, unflexibel und kleinlich (Schroll-Machl 2007).

Die gezielte Nutzung weiterer Lernstile[22] in Lehre und Prüfungsarten könnte nicht nur das Lernvermögen steigern (Kolb 1986) – Universitäten könnten auch für eine breitere internationale Studierendenschaft an Attraktivität gewinnen.

Führung

Verschiedene Studien weisen nach, dass die kulturellen Stärken von Männern UND Frauen entscheidend sind für gute Führung, und dass letztere besonders zukunfts- und für die herausfordernde Führung in Wissensorganisationen relevant sind (Edmonson 1996, McKinsey 2008, Scholl 2004). Sie ähneln wiederum asiatischen Wert- und Führungshaltungen (Byosiere 2008), wie sie z.B. auch vom Dalai Lama repräsentiert werden (vgl. Goleman 2005). Führungskompetenz kann entwickelt werden (Boyatzis et al. 2003); allerdings wird das in wissenschaftlichen Institutionen normalerweise genauso wenig getan, wie Kulturanalysen oder Mitarbeiterzufriedenheiten erhoben werden (Hampel 2011). Sich dem Diversity-Veränderungsprozess zu stellen wäre ein erster Schritt, diese spezifische Führungsfähigkeit zu schulen und darüber hinaus ein grundlegendes Verständnis auch anderer individueller und organisationaler Veränderungsprozesse zu bekommen. So würde zudem gelernt, mit aktuellen eigenen, organisationalen und gesellschaftlichen Anforderungen generell schneller und besser umzugehen.

22 Wie es beispielsweise dem Aufbau amerikanischer Lehrbücher entspricht und bestätigt wird in der Lehre-Best Practice-Sammlung des HRK-Nexus-Projektes

4.5 Veränderungsdynamik

Nach diesen Indikatoren für Kulturunterschiede akademischer Out-Groups und für „blinde Flecken" des Mainstreams lässt sich nun – hier nur ansatzweise – feststellen, dass z.B. die Konstellation Männer/Frauen in wissenschaftlichen Institutionen eine typische und vorhersagbare In-Group-/Out-Group-Dynamik entfaltet. Analoges ließe sich zu Eltern, internationalen Studierenden und Forschenden, andere Out-Groups aber auch interdisziplinären Kooperationen darstellen.

Vor etwa 25 Jahren begannen in Deutschland systematischere Gendersegregierte Analysen, die die Out-Group-Situation von Frauen in der Wissenschaft belegen (Neusel et al. 1994). Seit zehn Jahren sind die Daten sehr umfassend, und seitdem sind Versuche, Frauen durch verschiedenste Angebote zu unterstützen, verbreiteter. Top-Down-Statements, mehr Frauenbeteiligung zu erreichen, gibt es seitens der EU ebenso lange, in den letzten Jahren zunehmend auch in deutschen Spitzengremien, besonders der Wissenschaftsförderung. Dennoch äußerte aktuell Luisa Priska, bis 2010 Leiterin der EU-Einheit „Scientific culture and gender issues", ihr Unverständnis darüber, dass sich aus diesen Maßnahmen noch immer keine wesentlich veränderte Situation ergeben habe[23]. Das liegt meines Erachtens daran, dass es trotz Daten und Best-Practice-Methoden noch kein Verständnis für die Tiefe des Veränderungsprozesses, keine klare Strategie oder professionelle Führung dazu gibt. Analog verhält es sich bei der Internationalisierung.

Die Ratlosigkeit – oft verbunden mit konfrontativer Emotionalität – auf beiden Seiten, die sich angesichts dieser Daten und noch immer festgefahrener Situationen ergibt, ließe sich lösen und zugunsten konstruktiver, heterogener Kooperation wenden. Dazu muss zunächst systematisch und wissenschaftlich auch die Kultur-, nicht nur einseitig die Struktur-Situation analysiert werden und anschließend situationsspezifisches, strategisches Veränderungsmanagement implementiert werden – wieder parallel struktur- und kulturbezogen.

Dafür kann ein Modell genutzt werden. Die Dynamik dieses typischen Veränderungs-Prozesses entspricht eindrucksvoll dem Development Model of Intercultural Sensitivity (DMIS), das die Phasen beschreibt, durch die Individuen und Organisationen gehen müssen, um gegenseitig kulturell respektvolle Haltungen zu entwickeln. Auf „Leugnen" von Unterschieden folgt „Ablehnung", darauf „Minimalisierung", „Akzeptanz" und „Anpassungsfähigkeit" (Bennett 1993, 2004). Alle diese Elemente können beim Umgang der wissenschaftlichen Institutionen beispielsweise mit der Out-Group Frauen – zum Teil auch zeitgleich durch unterschiedliche Personen und Organisationen – beobachtet werden.

23 Im „European Platform of Women Scientists NEWSLETTER", Issue 28, April 2011. Ebenso klagte 2008 der damalige Leiter, J. Klumpers, auf der „International Conference for Women Engineers and Scientists", Lille und fast identische Ratlosigkeit zeigte Pierre Bismuth, EU-Berater, auf der Konferenz „Going Diverse" der RWTH Aachen 2009

I. Typisch für die Phase „Leugnen" waren beispielsweise die Nichtbeachtung der Out-Group bis in die 1990er-Jahre, aber auch Studien ohne Genderbeachtung bis heute z.B. in der Medizin oder die o.g. HIS-Studie (Bieletzki/Kleinmann 2010). Auf Frauen-(Out-Group-)Seite war die Selbstidentifikation mit der zugeschriebenen (Hausfrauen-)Rolle typisch.
II. Die zweite Phase – „Ablehnung" – erkennen wir in Irritation und Abwehrhaltungen z.B. gegenüber den ermittelten Daten (In-Group) bzw. Empörung und Spaltung angesichts derselben (Out-Group), was zunächst passierte, sobald die Out-Group als solche durch die Daten sichtbar wurde. Bis 2000 gab es auf In-Group-Seite Negation der auch ohne Daten augenfälligen Ausgrenzungen, überwiegend Ablehnung, Daten zu erheben, und bis heute, mehr als nur strukturelle Maßnahmen zu treffen und die kulturelle Dimension notwendiger Veränderungen anzuerkennen[24]. Zu dieser Phase gehören auch Abwehrhaltungen gegenüber als konfrontativ empfundenen Ansprüchen der Out-Group (Quote, Frauenuniversität etc.[25]) sowie abwertende Äußerungen.
III. Der Minimalismus-Phase zuzuordnen ist das Unverständnis für Aufstiegsbarrieren von Frauen. Es spiegelt sich auch in den obigen Bemerkungen von Prista und ihrem Vorgänger Klumpers, die Frauen-Integration ja zu fördern versuchten, und insgesamt in der Unklarheit über die Ursachen der beobachtbaren, nicht-intendierten Diskriminierung trotz gleicher Qualifikation[26].
IV. Die Quote ist, wenn sie seitens der In-Group gefordert wird, ein Akt der Akzeptanz[27] und der Versuch, die Teamkompositionen strukturell so zu ändern, dass die akzeptierten Unterschiede in ein neues Gleichgewicht kommen[28].
V. Adaptation der Out-Group zeigt sich in heute gut besuchten Angeboten zur Vorbereitung auf Bewerbungen und Einstellungsgespräche, Mentoring etc.

---

24 Auf meine Frage, ob die DFG ihre Frauenbeteiligungsforderung im Rahmen der Exzellenzinitiative mit Führungs- und Change-Management-Workshops begleitet sehen will, antwortete F. Schüth, der Vizepräsident: „ Nein, denn das wäre ein Eingriff in die Autonomie der Hochschulen". Das stimmt natürlich, würde aber die – am Ende für einen Erfolg notwendigen – strukturellen und kulturellen Veränderungen deutlich beschleunigen (Konferenz DHV Speyer, 4.2010)

25 Obwohl es Männeruniversitäten gibt: die Bundeswehrhochschulen in Hamburg und München

26 Er wurde übrigens als Mann in der Funktion des Gleichstellungszuständigen der EU auf der ICWES-Konferenz vehement kritisiert (was die Ablehnungsphase der Out-Group dokumentiert)

27 ... oder – siehe Phase II – der Konfrontation, mit der sich die Out-Group gegen ihre Ausgrenzung zu stellen sucht. Ähnlich beunruhigend wirkte die Internationale Frauenuniversität (s.u.)

28 Ernst-Ludwig Winnacker, damals Generalsekretär des Europäischen Forschungsrats in Brüssel: "Die Situation ist beklagenswert und stagniert de facto, gerade bei den Leitungsfunktionen. Wenn andere Maßnahmen nicht greifen, wird man am Ende ohne Quote nicht auskommen. Im Grunde muss man gegen eine Quote sein, denn es wäre letztlich beleidigend für Frauen." (Adomeit 2009)

Die strukturellen Veränderungen durch Kulturmaßnahmen zu begleiten, so dass am Ende keine Quote mehr nötig ist, sondern sich Heterogenität aus der Wertschätzung der Perspektivenvielfalt ergibt, liegt in der Macht der In-Group und wäre eine Haltung der fünften Phase, der Anpassungswilligkeit und -fähigkeit an die Bedürfnisse der Out-Groups – von der wir noch weit entfernt sind, wie Margaret Wintermantel, Präsidentin der Hochschulrektorenkonferenz, feststellt:

„Die unzureichende Beteiligung von Frauen bedeutet ein Effizienz- und Exzellenzdefizit ..., denn das in Wissenschaft und Forschung liegende Innovationspotential kann nur dann zur Gänze genutzt werden, wenn herausragende Talente unabhängig vom Geschlecht ... im Wissenschaftsbereich verbleiben." (Wintermantel 2008)

Wenn man die Äußerungen hochrangiger und repräsentativer Forschungsfunktionäre Deutschlands und die Maßnahmen der wissenschaftlichen Institutionen mit dem DMIS analysiert, kommt man zu dem Schluss, dass wir uns derzeit gerade aus den – für In- und Out-Group sehr emotional belasteten – Diskussionen der Phase II zunehmend in die Phase III bewegen, in der es aufgrund unbewusster Machtausübung Organisationen allerdings noch nicht gelingen kann, Diversität zu halten und konstruktiv zu nutzen.

Die Phasenabfolge – also Veränderungsdynamik – kann beschleunigt werden,

- indem die relevanten Unterschiede verstanden,
- die systematischen Dynamiken erkannt
- und durch gezieltes, phasenspezifisches Veränderungsmanagement überwundern werden.

Zusammenfassend gesagt: Es wurden Phänomene des deutschen Wissenschaftssektors als klassische In-Group-/Out-Group-Dynamiken interpretiert, was eine gezielte Prozessbeschleunigung ermöglicht, um zu einer die Chancen nutzenden, das heißt wertschätzenden heterogenen Gruppendynamik zu gelangen.

4.6 Zwischenfazit

An der Beteiligung von Frauen und zum Teil auch für internationale Mitglieder in deutschsprachigen Forschungsinstitutionen wurde – beispielhaft und analog durchführbar auch für andere Out-Groups – aufgezeigt, dass, selbst wenn wir Heterogenität bekommen, sie (unbewusst!) „herausgeprüft" wird, oder Einstellungs-/Arbeits-/Kontaktbedingungen geschaffen werden, die weder ihren Kommunikations- und Lernstilen noch ihren Werthaltungen entsprechen. So fühlen sie sich nicht zur Bewerbung ermutigt, ihnen wichtige Inhalte bleiben unberücksichtigt, sie können sich nicht entsprechend ihren kulturellen Stilen entfalten und nicht nach eigenen Kriterien mitgestalten. Ihre Zugänge – die denen anderer Out-Groups ähneln – sind so nicht für die Integration weiterer Out-Groups nutzbar.

Und wenn wir Heterogenität gewinnen? Dann folgt aus dem Anpassungsdruck auf die Out-Group, dass wir oft ein Mimikry homogener Gruppen belohnen und Out-Group-Mitglieder durch Repräsentationsaufgaben überlasten (Kanter 1993). Das heißt, wir lassen die Chancen auf Exzellenz weiter ungenutzt, obwohl gerade gesellschaftliche Kontextualisierung von Wissenschaft zunehmend gefordert wird und möglicherweise durch Frauen, aber z.B. auch Migrantinnen und Migranten besonders gut möglich würde – auch ohne sie stereotypisierend auf eine solche Rolle festzulegen.

5. Führung: Die Exzellenz heterogener Teams entfalten

5.1 Gute Führung als Synthese aus Management und Leadership

Immer wieder – aber mit der globalen Wissensgesellschaft zunehmend – wird in der Management-Literatur von Führungskräften gefordert, Emotionen, die Menschen nachweislich ebenso stark beeinflussen wie die Vernunft, nicht weiter außer Acht zu lassen, sondern ihre Steuerung – bei sich selbst und anderen – als Führungskompetenz zu erlernen. Der Managementforscher Mintzberg und der Psychologe Goleman wiesen ganz unabhängig voneinander nach, was die mit Abstand erfolgreichsten Führungskräfte ausmacht: Management-Fähigkeiten, kognitiv, sachlich, analytisch, methodisch struktur-, prozess- und organisationsorientiert zu sein, allerdings ergänzt durch ausgeprägte LeadershipFähigkeiten: intuitiv, empathisch, inspirierend, integer, kultur- und kontextorientiert zu sein, ein Gespür für Menschen und Organisationen zu entwickeln und so Individuen für gemeinsame Visionen begeistern zu können[29] (Mintzberg 2002, Boyatzis et al. 2002). Wie besonders wichtig diese Aspekte für die Führung in Wissensorganisationen sind, wurde eingangs verdeutlicht (Scholl 2004).

Für die Führung heterogener Teams findet Masznevski gleichartige Erfolgsfaktoren – und zusätzlich die notwendige Fähigkeit, die situationsspezifisch unterschiedlichen Zugänge von Teammitgliedern erfassen, wertschätzen und für die Zusammenarbeit auf ein gemeinsames Ziel fokussieren zu können (Masznevski 2006). Gerade diese Führungsqualitäten werden vor allem Frauen zugeschrieben und in der Wirtschaft für außerordentlich zukunftsweisend gehalten (McKinsey 2007, 2008).

29 Wir lernen Sprachen, Mathe, Physik aufbauend, solche Führungsqualitäten aber i.d.R. völlig unsystematisch, punktuell, ungezielt ohne ihren nachgewiesenen Wert zu erkennen.

5.2 Führung und Organisationskultur in deutschen Hochschulen

Für Kanada formulierte Hildegard Logan spitz ein Führungsvakuum im tertiären Bildungswesen. Die Organisationskultur sei unter anderem geprägt von machtbewusster Professorenschaft, Disziplinen als Organisationsstruktur, Apathie gegenüber lebenslangem Lernen, Führungs- und Reflexionsschwäche (Logan 2010). Eine Befragung zu Führung in deutschen Hochschulen ergab einen für eine förderliche Wissenskultur eher geringen Anteil gesteuerter Kooperation von 24,5 Prozent, ungesteuerter Kooperation von 23,1, gemischtem Führungsprofil von 20,9 und immerhin unbeteiligtem Nebeneinander von 16,9 sowie herrschaftlicher Führung von 14,6 Prozent (Schmidt/Richter 2009). Laut der Beratungsfirma Hewitt (Hampel 2011) existiert auch eine europaweite Zurückhaltung der Hochschulen, Führung zu reflektieren und z.B. durch Studien zu Mitarbeiterzufriedenheit oder Organisationskultur zu analysieren. Zur aktuell üblichen Organisationskultur und welches Verhalten sie fördert sagt der Pädagoge Werner Sesink:

„Ich unterstelle... einen qualitätszersetzenden Effekt der Wettbewerbsmoral.... Ob das, was da gelehrt oder geforscht wird, gesellschaftlich wirklich sinnvoll ist, darüber braucht gar nicht mehr Rechenschaft abgelegt zu werden, wenn doch zehn Veröffentlichungen pro Projekt, fünf Projekte pro Jahr... die maßgeblichen Indikatoren für Exzellenz darstellen... ". Und:
"Eine Kultur des Wissens wäre also eine Vermittlungskultur: Das Gespräch der Universität mit der Gesellschaft..., Zustimmung zu dem, was die Universität macht.... Selbstverständlich gehören die Auseinandersetzung, der Streit, meinetwegen der Wettkampf um das bessere Argument mit zur Wissenschaft....[Es sind also] Kommunikation und Zusammenarbeit, aber auch eine wissenschaftliche Streitkultur zu fördern." (Sesink 2004)

Mit den Kolb-Lernstilen analysiert, wird wieder sach-, daten- und konkurrenzorientiert (Management), nicht personen-, kontext- und kooperationsorientiert (Leadership) agiert.

Dass wir uns vor allem Strukturfragen widmen, zeigt auch eine – beispielhafte – Analyse von Graphiken und Tabellen des Berichtes zur Internationalisierung deutscher Hochschulen (Isserstedt/Link 2008). Dort wird einmal mehr deutlich, dass vorwiegend für das Management relevante Dimensionen erhoben werden, dagegen nicht Daten, die Aufschluss über Kooperation, Zufriedenheit, Führung und Organisationskultur geben. Grafiken und Tabellen befassen sich zu 81 Prozent mit Fragen zur Struktur (woher, wie lange, wie finanziert, welche Abschlüsse etc.), 13 Prozent sind gemischt und nur sechs Prozent befassen sich mit Fragen zur Kultur, beispielweise, ob sich Studierende wohl fühlen, welche Schwierigkeiten sie haben, ob sie das Studienland empfehlen würden etc..

Der Status Quo, provokant zusammengefasst in den Worten der Präsidentin der deutschen Weiterbildungsuniversität, Ada Pellert:

„In Hochschulen ist das Management geprägt von Dominanz von Wirtschaft und Bürokratie, die Lehre wird als lustlose Pflicht ohne Reputation gesehen, die Forschung als Dominanz des Mainstreams gehandhabt und das Personal nicht differenziert betrachtet." (Pellert 2010)

Obwohl also auf der Basis von Erkenntnissen verschiedenster wissenschaftlicher Disziplinen Heterogenität, Führungskompetenz und kooperative Wissenskultur aus mehreren Gründen zwingend notwendig wären, wird dies in deutschen wissenschaftlichen Institutionen offenbar wenig praktiziert.

6. Mögliche Veränderungsschritte

6.1 UNESCO Best Practice: Internationale Frauenuniversität (ifu)

Die ifu war ein "Future Think Tank" und kreierte eine Wissenskultur mit einem transkulturellen, ganzheitlichen und nachhaltigen Ansatz (vgl. für das Folgende: Neusel 2000, Floyd et al. 2000). Sie adressierte während der EXPO 2000 aktuelle, riskante soziale und ökologische Zukunftsszenarien durch eine Vielfalt von Perspektiven und bereitete durch Trainings auf diese interkulturelle Kooperation und Teamführung vor. Systematisch wurden spannende und innovative Schnittstellen geschaffen, ambitionierte Ziele anvisiert und in Problemlösungen konkretisiert, insbesondere bzgl. globalem Gemeinwohl und Gemeinschaftsentwicklung. Studierende waren in hochschuldidaktisch bis dahin ungewöhnlichen Real-Life-Projekten ergebnisorientiert engagiert und interessierten sich gerade für das Spannungsfeld von Kultur und Struktur. Lernen wurde explorativer und erfolgte in internationalen Gruppen von Theoretikerinnen, Praktikerinnen, Künstlerinnen mit extrem unterschiedlichen Erfahrungen und Arbeitsstilen und aus allen Altersgruppen. Lehrende unterstützten mit Impulsen, mussten Prozesse anleiten, mit damals neuen Großgruppenformaten (Open-Space etc.), erreichten Mediation zwischen den Sichtweisen durch Fokussieren auf gemeinsame konkrete Ziele und waren gleichzeitig bewusst selbst Lernende.

Die Erfahrung war für alle geprägt von einer Kultur des grenzüberschreitenden, interkulturellen, interdisziplinären Dialogs, vielfältig kritischem, vernetztem Denken, nicht in Konkurrenz, sondern in kooperativer Zukunftsorientierung sowie persönlicher Verantwortung für exzellente, kontextspezifische Resultate.

Die – passende – Struktur war geprägt von Zielorientierung, Service und Freiräumen. Alle Chancen von Diversität wurden genutzt:

- eine inspirierende, kreative Hochleistungskultur als
- Nährboden für persönliches Wachstum und Erfolg mit
- einmaliger visionärer Inhaltsorientierung und
- Auszeichnung durch UNESCO und Hochschulrektorenkonferenz.

Bis heute sind von diesem außergewöhnlichen und innovativen Ansatz nur einzelne Aspekte in den Mainstream der Universitäten gelangt. Mono-Edukation wäre auch heute für eine zeitweise Entlastung der Out-Group sinnvoll und sehr unterstützend. Weitreichendes Zusammenwirken unterschiedlicher Perspektiven ist aber nur durch gemeinsame Projekte von Männern und Frauen erzielbar.

6.2 Ableitbare Konzepte

Aktive und strategische Nutzung der – bestehenden und generierbaren – Vielfalt in wissenschaftlichen Institutionen kann gelingen, wenn diese selbst

- sich als Treiber der gesellschaftlichen Entwicklung verstehen und aktiv entsprechende Veränderungskompetenzen gewinnen,
- Struktur und innere Logik des eigenen Systems u.a. mit Hilfe der Out-Groups analysieren und in Hinblick auf Kooperations- und Partizipationsanforderungen einer Wissensorganisation anpassen (vgl. Senge 1994),
- Diversity & Inklusion als Organisationsstrategien festlegen,
- herausragende und für heterogene Teams geeignete professionelle Führung einfordern und aufbauen, d.h. Kooperations-, Führungs- und Diversity-Kompetenz als verpflichtenden Baustein für jedes Auswahlverfahren (Lehre-, Forschungs-, Administrationspersonal) gleichermaßen etablieren. Zusätzlich als Bausteine jedes Studiums können die Führungs-, internationale und interdisziplinäre Kompetenz des wissenschaftlichen Nachwuchses gesichert und nebenbei die Berufsfähigkeit aller Absolventinnen enorm gesteigert,
- in vielfältigen Kooperationen statt in konflikthaften In-Group/Out-Group-dynamisierten Konkurrenzen forschen.

Als Kristallisationskeime sollten Multiplikatorinnen und Multiplikatoren für diese Veränderungsprozesse geschult werden, die bereits in Führungspositionen sind (Rektorinnen, Rektoren, Kanzlerinnen, Kanzler, Dekaninnen, Dekane) oder viel Erfahrungen mit Schnittstellenmanagement haben (international, interdisziplinär, als Genderbeauftragte, zur Öffentlichkeit etc.). Und als Pilotprojekte für diesen grundsätzlichen Wandel sind thematisch fluide, i.e. auch von der Struktur her reaktionsfähige, partizipativ zu entwickelnde Forschungs- und Lehrprojekte als „Möglichkeitsräume" geeignet. Sie können sich auf der Basis bestehender Schwerpunkte interdisziplinär und international anhand praxisrelevanter Themen vernetzen, z.B. als ifu-analoge postgraduale Summer-Schools (co- oder/und mono-edukativ). Am Ende müssen sie eingebettet werden in Diversity-Strategien, die viel intensiver als bislang auch kulturelle Veränderungen der Institutionen bedenken und tragen.

7. Zusammenfassung und Ausblick

Wenn man die Situation der Out-Groups an wissenschaftlichen Institutionen in Deutschland betrachtet, gewinnt man den Eindruck, dass die wissenschaftlich nachgewiesenen Zusammenhänge zwischen Exzellenz und Heterogenität nicht bekannt sind. Man versucht den Risiken für Out-Group-Mitglieder durch vorhersagbare und daher bewusst vermeidbare gruppendynamische Effekte nur mit Anpassungstrainings zu begegnen. So verliert man deren Perspektiven und damit die Chance für die In-Group, eigene blinde Flecken zu erkennen: *„Macht ist die Chance, nicht lernen zu müssen"* (Scholl 2004).

Als beispielgebende Wissensorganisationen können akademische Institutionen wissenschaftlich fundiertes, strukturiertes, strategisches Veränderungsmanagement selbst anwenden. Das ist allerdings nur durch Führungskräfte möglich, die in Führung, Diversity- und Veränderungsmanagement geschult sind.

Derzeit werden zwar strukturell einzelne Impulse gesetzt, aber eher punktuell statt systematisch, und nicht begleitet von entsprechenden Führungstrainings und organisationskulturellen Maßnahmen. Wo kulturelle Integration von Out-Groups überhaupt unterstützt wird, geschieht dies durch Anpassungstrainings für deren Mitglieder (z.B. Mentoring für Frauen, interkulturelle Kompetenzen für internationale Studierende, strukturelle Entlastungen wie KiTas etc.). Kulturelle Inklusion durch systematisches Training der In-Group erfolgt nur vereinzelt und nicht systematisch. Erstaunlicherweise werden in Österreich und Deutschland bis heute Führungskompetenzen in Stellenausschreibungen oder Auswahlverfahren eher selten, jedenfalls nicht konsequent als Einstellungsvoraussetzung oder Fortbildungsnotwendigkeit für Professuren verlangt. Dabei ist es an sich schon Führungsaufgabe, Studierende zu unterrichten sowie Forschungsgruppen und Institutionen zu leiten, was zunehmend kompliziert wird durch den noch deutlich schwierigeren Umgang mit heterogenen Teams.

Bislang kann daher die Exzellenz heterogener Teams nicht genutzt werden, um die eingangs erwähnte konstruktive gesellschaftliche Rolle der Wissenschaft zu realisieren oder auch die gestiegene Wissenschaftskonkurrenz, den Umgang mit den vielfältigeren Akteuren oder nur eigene institutionelle Veränderungen zu bewältigen, bzw. die notwendige kooperative Wissenskultur zu erreichen.

Gerade Veränderungen hin zu mehr Diversity ist für jede und jeden persönlich weit herausfordernder als z.B. die IT-Revolution der 1990er Jahre: Es gibt hohe Risiken aber auch die Chance, tiefes, generelles Verständnis für Veränderungsprozesse, ihren Ablauf und ihre Schwierigkeiten zu generieren – entscheidend wichtig für eine gesellschaftliche Vorbildfunktion und Ressourcenbildung. Denn die Fähigkeit zu schnellen, empathischen Perspektivwechseln könnte eine Schlüsselqualifikation für künftige Krisenbewältigungen werden.

Gesellschaftlich brauchen wir hochkomplexe Problemerkennungs- und Problemlösungsfähigkeiten, eine explizite Gemeinwohlorientierung und Stärkung der Anliegen der Zivilgesellschaft, kontrastierend zum derzeitigen stark auf Wirtschaftswachstum und Oligopol-Bildung fokussierten Group-Think. Die technischen Errungenschaften, die unsere Welt veränderten, sind westliche Erfolgsrezepte. Manche Folgen erscheinen inzwischen unkalkulierbar und entstanden vielleicht auch durch Einseitigkeit und durch die Vehemenz, mit der diese Sichtweise über die Welt ausgebreitet wurde. Sie hat zu „too big to fail" , gleichzeitig „too big to handle" Oligopolen geführt, der vielfältige Konzepte zu regionaler, autonomer Subsistenzwirtschaft mit minimalisierten Abhängigkeiten entgegen gesetzt werden können, um die Krisenanfälligkeit und gleichzeitig soziale und ökologische Unausgewogenheit auf ein zukunftsfähiges Maß zu verringern. Auch weltweit ist die In-Group, die Geld, Einfluss und Macht durch sich selbst beschleunigende Konkurrenz umverteilt, zu 96 Prozent männlich, überwiegend „westlich", aus der Wirtschaft, d.h. wenig inter-disziplinär, stark managementorientiert – also eine nicht nachhaltige In-Group (Rothkopf 2008). Umso wichtiger wäre es, eine machtvolle Allianz unabhängiger Expertinnen und Experten mit vielfältigeren Sichtweisen aufzubauen. Mit erfolgreicher Interkulturalisierung bezüglich verschiedener Out-Groups könnten Hochschulen

- die gestiegenen Komplexität und Dynamik der globalen Wissensgesellschaften anerkennen und gerechter werden,
- dem ungedeckten Bedarf an Gemeinwohl-Expertise begegnen,
- relevante Antworten auf drängende weltweite Anliegen generieren und so
- Exzellenz und Renommee der deutschen Universitäten im internationalen Wettbewerb vertiefen.

Wir müssen dafür vor allem in den wissenschaftlichen Einrichtungen

- repräsentative Diversität gewinnen und vertrauensvoll einbinden,
- gemeinsame, übergeordnete, explizite Ziele, Normen und Durchsetzungsmöglichkeiten entwickeln, die überzeugende Orientierung geben und Verbundenheit schaffen, und
- eine förderliche, nach wissenschaftlichen Erkenntnissen bestmöglich geführte Wissenschaftsstruktur und -kultur entwickeln.

Als Motto dafür eignet sich die Aussage des österreichischen Management-Gurus Peter Drucker:

"A change in perspective does not alter facts, it alters their meaning though – and quickly." (Drucker 1998)

Literatur

Adomeit, Klaus (2009): Bedrohte Freiheit? Die Hochschulen, das Allgemeine Gleichbehandlungsgesetz und die "Political Correctness". http://www.academics.de/wissenschaft/bedrohte_freiheit_die_hochschulen_das_allgemeine_gleichbehandlungsgesetz_und_die_political_correctness_35973.html?page=0 as of 2.2009 (Zugriff 06.06.2011)

Adomßent, Maik/Albrecht, Patrick/Barth, Matthias/Burandt, Simon/Franz-Balsen, Angela/Godemann, Jasmin/Rieckmann, Marco (2007): Sustainable University – Eine Bestandsaufnahme. Reihe INFU-Diskussionsbeiträge 34/06, Lüneburg

Anderson, James A. (1988): Cognitive styles and multicultural populations. In: Journal of Teacher Education 39(1), S. 2-9

Asch, Salmon E. (1955): Opinions and social pressure. In: Scientific American 193, S. 31-35

Beerkens, Eric/Brandenburg, Uwe/Evers, Nico/van Gaalen, Adina/Leichsenring, Hannah/Zimmermann, Vera (2010): A report in the context of the European project "Indicators for Mapping & Profiling Internationalisation". EU-Kommission, Brüssel

Bennett, Milton/Bennett, Janet (1986): Basic Concepts of Intercultural Communication. Intercultural Press, Boston

Bennett, Milton (1993): Toward ethnorelativism: A development model of intercultural sensitivity. In: Paige, R. Michael (Ed.): Education for the intercultural experience. Intercultural Press. Yarmouth

Bennett, Milton/Bennett, Janet (2004): Developing intercultural sensitivity: An integrative Approach to global and domestic diversity. In: Landis, Daniel/Bennett, Milton/ Bennett, Janet: Handbook of Intercultural Training, 3rd edition. Sage Pub Inc., Thousand Oaks, S. 147-165

Bieletzki, Nadja/Kleimann, Bernd (2010): University Leadership and Institutional Change in Germany. HIS, Hannover. Konferenzvortrag: Professionalisierungsprozesse im Hochschulmanagement: Empirische Ergebnisse und Implikationen für die Praxis. DHV Speyer, 8. September 2010

BMBF (2008): Kinder – Wunsch und Wirklichkeit in der Wissenschaft. Forschungsergebnisse und Konsequenzen. Berlin, S. 5. http://www.bmbf.de/publikationen/ (Zugriff 06.06.2011)

BMBF (2010): Bundesbericht Forschung und Innovation 2010. Berlin, S. 19

Bradley, John H./Hebert, Frederic J. (1997): The effect of personality type on team performance. In: Journal of Management Development, Vol. 16, Issue 5, pp. 337-353

Boyatzis, Richard/Goleman, Daniel/McKee, Annie (2003): Emotionale Führung. Ullstein, Berlin

Byosiere, Philippe/Luethge, Denise J. (2009): Asian Leadership. In: Hasegawa, Harukiyo/Noronha, Carlos (Eds.): Asian Business and Management – Theory, Practice and Perspectives. Palgrave Macmillan, New York

CEWS (2010): http://www.gesis.org/cews/informationsangebote/statistiken/blaettern/ (Zugriff 06.06.2011)

De Maret, Pierre (2007): What is the future of our Universities? Where are we going? Workshop 14, The Changing Role of Universities in our Society. China Europe Forum 2007. http://www.china-europa-forum.net/bdfdoc-692_en.html (Zugriff 06.06.2011)

Der Standard (2011): Politik und Banker als Krisen-Verursacher. Wien, Ausgabe vom 27. Januar 2011, S. 19.

Dohmen, Caspar (2008): Let's Make Money. Orange-press, Freiburg
Drucker, Peter (1998): The Discipline of Innovation. Harvard Business Review reprint 11/12.1998, Boston
Drucker, Peter (2009): Managing in a time of great change. Harvard Business School, Boston
Eagly, Alice H./Carli, Linda L. (2007): Through the Labyrinth: The Truth About How Women Become Leaders. Mcgraw-Hill Professional, Columbus
Eckert, Florian (2005): Lobbyismus – zwischen legitimem politischen Einfluss und Korruption. In: Ulrich von Alemann (Hg.): Dimensionen politischer Korruption. VS-Verlag, Wiesbaden
Edmonson, Amy (1996): Learning from mistakes is easier said then done. Journal of applied behavioural studies, Vol. 32, No. 1, S. 5-28
Engel, Roland (2007): Die Vielfalt der Diversity Management Ansätze. In: Koall, Iris/ Bruchhagen, Verena/Höher, Friedericke (Hg.): Diversity Outlooks. Managing Diversity zwischen Ethik, Profit und Antidiskriminierung. LIT Verlag, Münster, S. 97-110
Enquete-Kommission Wachstum, Wohlstand, Lebensqualität – Wege zu nachhaltigem Wirtschaften und gesellschaftlichem Fortschritt in der Sozialen Marktwirtschaft. Deutscher Bundestag 2010. http://www.bundestag.de/bundestag/ausschuesse17/ gremien/enquete/wachstum/index.jsp (Zugriff 06.06.2011)
European Commission (2010) 4903 of 19.7.2010)??KB: Work Programme 2011 Capacities, Part 5: Science in Society. P 21 as of 27.1.2011 ftp://ftp.cordis.europa.eu/ pub/fp7/docs/wp/capacities/sis/s-wp-201101_en.pdf (Zugriff 06.06.2011)
Floyd, Christiane/Kelkar, Govind/Klein-Franke, Silvie/Kramarae, Cheris/Limpangog, Lilac (Hg.) (2002): Challenges in the Information Age. Leske+Buderich, Wiesbaden
Goleman, Daniel (2005): Dialog mit dem Dalai Lama. Dtv, München
Hampel, Elisabeth (2011): Arbeitgeberattraktivität. Vortrag, Beratungsfirma Hewitt, Wien
Isserstedt, Wolfgang/Link, Judith (2008): Internationalisierung des Studiums – Ausländische Studierende in Deutschland, deutsche Studierende im Ausland. Ergebnisse der 18. Sozialerhebung des Deutschen Studentenwerks. HIS, BMBF (Hg.), Bonn
Jaffé, Diana/Riedel, Saskia (2010): Werbung für Adam und Eva. Wiley-VCH, Weinheim
Janis, Irving L. (1982): Groupthink: Psychological Studies of Policy Decisions and Fiascoes. 2nd Edition. Houghton Mifflin, New York
Janis, Irving L. (1972): Victims of Groupthink: A Psychological Study of Foreign-Policy Decisions and Fiascoes. Houghton Mifflin, New York, p. 9
Kanter, Rosabeth Moss (1993): Men and Women of the Corporation. 2. Auflage, Basic Books, New York
Karl, Beatrix (2010): Innovation als "dritte Säule" der Hochschulen. In: Der Standard, Ausgabe vom 5.5.2010
Kolb, David A. (1976): The Learning Style Inventory: Technical Manual. McBer, Boston
Kolb, David A. (1981): Learning styles and disciplinary differences. In: Chickering, A.W. (ed.): The Modern American College. Jossey-Bass, San Francisco
Kolb, David A. (1984): Experiential Learning, Prentice Hall, Englewood Cliffs/NJ.
Kraft, Hans-Georg (2006): Effect of EMS admission test on Students Distribution of Kolb's learning style
Krebs, Rebekka/Wenk, Silke (2006): Interdiciplinary Research Policies in Germany. Report EU Commission, Brüssel
Krücken, Georg/Blümel, Albrecht/Kloke, Katharina (2010): Occupational and Organizational Change in Higher Education Administration in Germany. Auf der Konferenz „Professionalisierungsprozesse im Hochschulmanagement: Empirische Ergebnisse und Implikationen für die Praxis", DHV Speyer, 08.09.2010

Levine, Robert/Broermann, Christa/Schuler, Karin (2011): Eine Landkarte der Zeit. Wie Kulturen mit Zeit umgehen. Piper, München

Logan, Hildegard (2010): University and college leadership: the emergence of a professional management cadre? Auf der Konferenz „Professionalisierungsprozesse im Hochschulmanagement: Empirische Ergebnisse und Implikationen für die Praxis", DHV Speyer, 08.09.2010

Maznevski, Martha/Jonsen, Karsten Tom (2006): Getting results with diversity. In: European Commission Directorate-General for Research Report (Ed.): Women in Science and Technology – the business perspective. EUR 22065 EN, Brussels, S. 61-68

Maddux, William/Galinsky, Adam/Tadmor, Carmit (2010): Expatriates haben mehr Ideen. HBM 11.2010, S. 18-19

McKinsey & Company (2007): Women matter – gender diversity a corporate performance driver. New York

McKinsey & Company (2008): female leadership – a competetive edge for the future. New York

Merkel, Angela (2006): Der kreative Imperativ. Eröffnungsrede zum Weltwirtschaftsforum Davos. Quelle: Presse- und Informationsamt der Bundesregierung. http://files.globalmarshallplan.org/merkel_davos_20060125.pdf (Zugriff 06.06.2011)

Metz-Göckel, Sigrid (2005): Kollegialität und wissenschaftlicher Diskurs. Zur Neuorientierung der Hochschuldidaktik. In: Welbers, Ulrich/Gaus, Olaf (Hg.) (2005): The shift from teaching to learning. Konstruktionsbedingungen eines Ideals. Blickpunkt Hochschuldidaktik, AHD, Bertelsmann Verlag, Bielefeld, S. 227-235

Metz-Göckel, Sigrid (2010): Wissenschaftskarriere und Elternschaft. Vortrag „Chancengleichheit von Männern & Frauen in der Wissenschaft", DHV Speyer, 12.04.2010

Milgram, Stanley (1963): Behavioral Study of Obedience. In: Journal of Abnormal and Social Psychology 67, S. 371-378

Mintzberg, Henry/Gosling, Jonathan (2002): Educating Managers beyond Borders. Academy of Management Learning & Education, Vol. 1, No. 1, p. 64-76

Neusel, Aylâ et al. (1994): Frauenförderung ist Hochschulreform – Frauenforschung ist Wissenschaftskritik. In: Schuchardt, Helga (Hg.): Bericht der niedersächsischen Kommission zur Förderung von Frauenforschung und zur Förderung von Frauen in der Lehre. Hannover

Neusel, Aylâ (Hg.) (2000): Die eigene Hochschule. Leske+Budrich, Opladen

Nowotny, Helga/Scott, Peter/Gibbons, Michael (2004): Wissenschaft neu denken. Velbrück, Weilerswist

Ostrom, Eleanor (1990): Governing the Commons: The Evolution of Institutions for Collective Action. Cambridge University Press, Cambridge

Ostrom, Eleanor (2005): Understanding Institutional Diversity. Princeton University Press, Princeton & Oxford, S. 287-88

Pellert, Ada (2010): Weibliche Karrieren im Wissenschafts- und Hochschulmanagement? Auf der Konferenz „Chancengleichheit von Frauen und Männern in der Wissenschaft", DHV Speyer, 12.04.2010

Perlroth, Nicole/Noer, Michael (2010): The Most Powerful People on Earth. http://www.forbes.com/2010/11/01/obama-china-power-opinions-powerful-people-10-intro.html as of 2.2011 (Zugriff 06.06.2011)

Pink, Daniel (2011): Drive - The Surprising Truth about What Motivates Us. Canongate Books & http://www.ted.com/talks/dan_pink_on_motivation.html (Zugriff 06.06.2011)

Rajan, Raghuram (2011): Fault Lines: How hidden fractures still threaten the world economy. project syndicate, Prag

Robbins, Steve, cited by Ramey, Luellen (2006): The Encounter. The Graduate Counseling Students Association, Vol. 22, Issue I, p. 2

Rieckmann, Heijo (2007): Managen und Führen am Rande des 3. Jahrtausends: Praktisches, Theoretisches, Bedenkliches. Verlag Peter Lang, Frankfurt a.M., 4. Auflage

Rothkopf, David (2009): Superclass: The Global Power Elite and the World they are Making. Farrar Straus & Giroux, Washington

Rothkopf, David (2009): Winners and losers of the decade. http://rothkopf.foreign policy.com/posts/2009/12/22/winners_and_losers_of_the_decade_the_washington_edition. Foreign Policy, Washington (Zugriff 06.06.2011)

Rübsamen-Weigmann, Helga (2006): The Lady Leader: Visions and Reality in Industry. Originaldaten aus DG Research, Unit K3, Data: Eurostat, UOE. Vortrag auf der EU-Konferenz „Gender & Research", Wien, 15.06.2006

Schmidt, Boris/Richter, Astrid (2009): Zwischen Laissez-Faire, Autokratie und Kooperation: Führungsstile von Professorinnen und Professoren. In: Beiträge zur Hochschulforschung 31, S. 4

Scholl, Wolfgang (2004): Innovation und Information – Wie in Unternehmen neues Wissen produziert wird. Hogrefe, Göttingen, Kap. 8

Scholl, Wolfgang (2006): Evolutionäres Ideenmanagement. In: Sommerlatte, Tom/Beyer, Georg (Hg.): Innovationskultur und Ideenmanagement. Symposion Publishing, Düsseldorf, S. 163-193

Schroll-Machl, Sylivia (2007): Die Deutschen – Wir Deutschen. Vandenhoeck & Ruprecht, Göttingen

Schüth, Ferdi (2010): „Ausschließlich geplant ist ein Einfluss auf den Frauenanteil, keine Einmischung in die Autonomie der Hochschulen." Aussage des Vizepräsidenten der DFG auf meine Frage, ob zum Führen der resultierenden heterogenen Gruppen von Seiten der DFG von den Hochschulen Fortbildungen gefordert würden. Dialog auf der Konferenz „Chancengleichheit von Männern und Frauen in der Wissenschaft", DHV Speyer, 13.04.2010

Scott, Alan/Harding, Alan (2007): Universities: ‚Relevance' and scale. In: Scott, Alan/Harding, Alan/Laske, Stephan/Burtscher, Christian: Bright Satanic Mills: Universities, Regional Development and the Knowledge Economy. Ashgate Publishing, Farnham, Surrey U.K., S. 1ff. Darin weiter: Perry, Beth/Harloe, Michael: External Engagements and internal transformations: Universities, Localities and regional development. S. 25ff, und: Stephan Laske/Maximillian Egger/Claudia Meister-Scheytt: Building Bridges over troubled water – a tale of the difficult cooperation of university and region. S. 163ff

Senge, Peter (1994): Fifth Discipline Fieldbook: Strategies for Building a Learning Organization. Nicholas Brealey Publishing, Boston

Sepehri, Paivand (2002): Diversity und Managing Diversity in internationalen Organisationen. In: Hummel, Thomas/Wagner, Dieter/Zander, Ernst (Hg.): Hochschulschriften zum Personalwesen. Hampp.

Sesink, Werner (2004): Weiter forschen, höher bilden. Vom Auftrag der Universität. Vortrag auf der Tagung „Wissen und Lernen – Welche Wissenskultur braucht unsere Universität?" TU Darmstadt, 18.06.2004

Spitzer, Manfred/Kahl, Reinhard (2005): Lernen – die Entdeckung des Selbstverständlichen. DVD, Archiv der Zukunft

Stahl, Günther/Maznevski, Martha/Voigt, Andreas/Jonson, Karsten (2007): Unraveling the diversity performance link in multicultural teams: Metaanalysis of studies on the impact of cultural diversity of teams. INSEAD faculty working paper, Paris

Strametz-Juranek, Jeanette (2009): Stellenwert genderspezifischer Aspekte in der Medizin. Vortrag auf der "Femtech". http://www.femtech.at/fileadmin/downloads/NWT/09/060619_Vortrag_Strametz-Juranek.pdf (Zugriff 06.06.2011)

Tajfel, Henry/Turner, John C. (1986): The social identity theory of intergroup behavior. In: Worchel, S./Austin, W.G. (Eds.): Psychology of intergroup relations. Nelson-Hall, Chicago/IL., S. 7-24

Thielmann, Ulrich (2009): System Error – Warum der freie Markt zur Unfreiheit führt. Westend Verlag, Frankfurt a.M.

Wintermantel, Margret, (2008): Dossier Frauen in der Wissenschaft. Academics.de http://www.forschung-und-lehre.de/wordpress/?p=573 (Zugriff 06.06.2011)

Wüthrich, Hans A./Osmetz, Dirk/Kaduk, Stefan (2006): Musterbrecher. Führung neu leben. Gabler, Wiesbaden

Zull, James E. (2002): The Art of Changing the Brain. In: Enriching Teaching by Exploring the Biology of Learning. Stylus Publishing, Sterling, p. 7. Picture: http://www.brynmawr.edu/biology/franklin/brain.learning.science.pdf (Zugriff 06.06.2011)

Uwe Schneidewind

Transdisziplinarität als zentraler Impuls für eine Weiterentwicklung des Wissenschaftssystems

Ein Blick auf die wissenschaftlichen Diskurse über transkulturelle Wissenschaft, zur Gender-Forschung oder zur Forschung über Nachhaltige Entwicklung offenbart ein einigendes Band: Es ist die Notwendigkeit von und die Forderung nach „transdisziplinärer Wissenschaft“, d.h. nach einer Wissenschaft, die von konkreten gesellschaftlichen Herausforderungen ausgeht und dabei unterschiedliche Wissensformen – auch jenseits disziplinär gewonnenen wissenschaftlichen Wissens – integriert. Der vorliegende Beitrag zeigt auf,

(1) warum der Bedarf an transdisziplinären Wissensformen drängender wird,
(2) welche Wissensformen für eine transdisziplinäre Forschung relevant sind,
(3) welche Gütekriterien für eine transdisziplinäre Wissenschaft bedeutsam und
(4) welche Anforderungen vor diesem Hintergrund an die Weiterentwicklung des Wissenschaftssystems zu stellen sind.

Er nimmt seinen Ausgangspunkt von den Anforderungen einer transdisziplinären Nachhaltigkeitsforschung.

Steigender Bedarf an transdisziplinären Wissensformen

In den nächsten 40 Jahren steht die Welt vor einem umfassenden sozio-technischen Wandel. Die Klimaforschung hat deutlich gemacht, dass es den menschlich verursachten CO_2-Ausstoß global um 80-90 Prozent zu reduzieren gilt, um schwer beherrschbare und irreversible Veränderungen unserer Ökosysteme zu verhindern. Ähnliche Veränderungen stehen beim Ressourcenverbrauch oder den Landnutzungsmustern an. Die hierfür nötigen Transformationen vollziehen sich dabei in einer Welt völlig unterschiedlicher Entwicklungsstände und -dynamiken: Hoch entwickelten Volkswirtschaften mit abnehmenden Wachstumsraten und degressiver Bevölkerungsentwicklung stehen Entwicklungs- und Schwellenländer gegenüber, die ohne massives ökonomisches Wachstum die Grundversorgung weiter Teile ihrer zumeist erheblich wachsenden Bevölkerungen nicht werden sichern können. Während der Ausbau von Infrastrukturen in entwickelten Ländern an Grenzen gerät, stehen die noch zu entwickelnden Länder erst noch vor dem massiven Ausbau ihrer Ver- und Entsorgungssysteme sowie Verkehrs- und Telekommunikationsinfrastrukturen. Welche Herausforderung es darstellt, diese verschiedenen Perspektiven im Hinblick auf eine globale Politik zu integrieren, haben die letzten Runden der internationalen Klimaverhandlungen in Kopenhagen 2009 und Cancun 2010 deutlich gezeigt. Die Bewältigung der skizzierten Herausforderungen ist nicht alleine technisch möglich. Sie erfordert eine umfassende Weiterentwicklung unserer Zivilisationsmodelle, die

die unterschiedlichen globalen Entwicklungsdynamiken und dahinter liegenden Wertvorstellungen berücksichtigt.

Definition Transdisziplinarität

Bergmann u.a. (2010:23-24) folgend soll Transdisziplinarität als ein „Wissenschafts- und Forschungs*prinzip*“ und nicht als eine Methode verstanden werden: Das „ursprüngliche(.) und damit erste(.) Ziel“ transdisziplinärer Forschung *„ist das Anstoßen von gesellschaftlichen Entwicklungen, die aus als problematisch angesehenen Zuständen herausführen sollen. Die lebensweltlichen Problemstellungen, die den Ausgangspunkt für die Forschungsarbeit bilden, können in der Regel wissenschaftlich nicht allein disziplinbezogen bearbeitet werden. Da also mehrere Fächer und zudem oft auch Praxispartner aus dem Problemfeld zusammenwirken müssen, um Handlungsstrategien erarbeiten zu können, die in gesellschaftlichen Prozessen Wirkung zeigen können, stellen sich beinahe zwangsläufig auch neuartige wissenschaftsmethodische Probleme. Denn im transdisziplinären Forschungsprozess kann oft nicht direkt auf bestehende, fachbezogene Methoden zurückgegriffen werden.*“

Schon aus dieser kurzen Problembeschreibung wird die transdisziplinäre Dimension der anstehenden Herausforderungen deutlich:

1. Es gilt technologisches, ökonomisches, sozialwissenschaftliches und kulturwissenschaftliches Wissen miteinander zu verbinden, um die Facetten des anstehenden Zivilisationswandels zu verstehen und Empfehlungen für seine Gestaltung zu geben. Denn in letzter Konsequenz verbirgt sich dahinter ein umfassendes institutionelles Reformprogramm (vgl. Minsch u.a. 1998).
2. In das anstehende Transformationsprojekt fließen weit mehr als wissenschaftliche Wissensbestände, nämlich auch kulturell unterschiedliche Wertvorstellungen, Hoffnungen und Perspektiven von Akteurinnen und Akteuren unterschiedlicher Kulturen und Weltregionen ein (transkulturelle Dimension), die bei der Gestaltung der Wandlungsprozesse zu berücksichtigen sind.
3. Als ein Projekt des Zivilisationswandels sind Entwürfe gesellschaftlichen Wandels auch mit unterschiedlichen Gender-Perspektiven verbunden. Dies gilt es in den Wissensarchitekturen zu berücksichtigen.

Mithin ist in vielfacher Hinsicht Transdisziplinarität gefordert. Der folgende Abschnitt zeigt die dafür nötigen Wissensformen auf.

Wissensformen einer transdisziplinären Wissenschaft

Die Tatsache, dass die heutigen fundamentalen gesellschaftlichen Debatten (über nachhaltige Entwicklung, globalen Wandel, soziale Gerechtigkeit, ...) von umfassenden und integrierten Wandlungsprozessen handeln, hat unmittelbare Auswirkungen auf die dafür nötigen Wissensformen. Gesellschaftliche Entwicklung wurde seit der Mitte des 19. Jahrhunderts insbesondere über Fortschritte in den Natur- und Technikwissenschaften getrieben. Die enorm gewachsenen technologischen Möglichkeiten und Fähigkeiten zur Naturbeherrschung (von der Landwirtschaft über die Energiegewinnung bis zu neuen Materialien und neuen technischen Optionen zur Sicherstellung von Mobilität und Kommunikation) waren der Motor für eine beeindruckende ökonomische Entwicklung. Spätestens seit 50 Jahren werden die ökologischen, sozialen und zunehmend auch ökonomischen Nebenfolgen dieser Entwicklung zur eigentlichen Fortschrittsherausforderung (vg. Beck/Giddens/Lash 1996, Minsch u.a. 1998). Dabei geht es nicht um eine Zurückdrängung oder Umkehr des bisherigen technologischen Entwicklungsmodells, sondern um eine geeignete Einbettung (Vision einer „embedded technology", vgl. Bruce/Hogan 1998), d.h. der Entwicklung von institutionellen Designs und Zivilisationsmodellen, die (technologisch gestützten) gesellschaftlichen Wohlstand auf globaler Ebene weiterentwickeln und dabei intelligente Antworten auf sichtbar gewordene ökologische und soziale Nebenfolgen geben. Solche Zivilisationsmodelle entstehen dabei nicht als analytische Blaupause an Schreibtischen; sie entwickeln sich vielmehr iterativ in komplexen sozialen Prozessen, die sich als Zusammenspiel von vier Phasen beschreiben lassen:

Analyse von Systemzusammenhängen des betrachteten sozio-technischen Systems,

1. Entwicklung von Visionen über künftige Systemzustände,
2. Identifikation und Erprobung von Experimenten/Nischen zum Vorantreiben der Veränderungsprozesse,
3. Gestaltung von Lern- und Skalierungsprozessen zur Diffusion erfolgreicher Experimente und Nischenstrategien.

Dieser Ablauf wird in der Transition-Forschung (vgl. Loorbach 2007, Grin u.a. 2010) als „Transition-Cycle" bezeichnet.

Abb. 1: Transition Cycle zur Gestaltung komplexer Transformationsprozesse

Quelle: In Anlehnung an Rotmans/Loorbach 2010:156

Jede der vier Ebenen erfordert unterschiedliche Wissensformen. In der Diskussion über transdisziplinäre Forschung wird dabei in der Regel zwischen Systemwissen, Zielwissen und Transformationswissen unterschieden (vgl. CASS/Proclim 1997).

Systemwissen

Systemwissen ist klassisches wissenschaftliches Wissen. Es umfasst einmal *naturwissenschaftliches Systemwissen*, z.B. über die Zusammenhänge in ökologischen Systemen. Die naturwissenschaftliche Klimaforschung ist ein Beispiel hierfür. Unser Wissen über das Klimasystem ist in den letzten Jahrzehnten erheblich gestiegen und lässt heute differenzierte Abschätzungen über die Wirkungen eines weiteren CO_2-Anstieges auf den globalen Temperatur- und Meeresspiegelanstieg zu.

Systemwissen umfasst aber auch *technisches Systemwissen*. Dieses beschreibt die Funktionsweisen technischer Systeme. In der Umweltdebatte spielt es z.B. bei der Erarbeitung von Energieszenarien eine zentrale Rolle: Wie muss der Mix an regenerativen Energien aussehen, um z.B. die Energieversorgung der Stadt München im Jahr 2058 $C0_2$-neutral zu gewährleisten? (vgl. Siemens 2009). Dies ist eine typische Frage, die mit technischem Systemwissen beantwortet wird.

Sozio-kulturelles Systemwissen macht Aussagen über soziale und kulturelle Prozesse. Wie wirken politische Instrumente und Institutionen? Wie muss eine innovative Umweltpolitik ausgestaltet sein (vgl. Jänicke 2007)? Welche kulturellen Faktoren prägen das Umwelthandeln von Bürgerinnen und Bürgern sowie Verantwortungsträgerinnen und -trägern in Unternehmen und Politik?

Systemwissen kommt insbesondere im Zuge der Problemanalyse zur Anwendung. Es gilt möglichst viele Systemzusammenhänge gut zu erfassen und möglichst so zu beschreiben, dass Ergebnisse aus praktischen Erfahrungen zu einem späteren Zeitpunkt darin berücksichtigt werden können.

Zielwissen

Zielwissen ist normatives Wissen. Es beschreibt wünschenswerte Zielzustände. Zielwissen kann nicht ohne aktive Einbeziehung der betroffenen Akteurinnen und Akteure gewonnen werden. Wie stellen wir uns eine wünschenswerte globale oder lokale Zukunft vor? Was ist das Bild einer nachhaltigen Unternehmung oder Branche? – Bei der Gewinnung von Zielwissen geht es darum, Zielzustände explizit und zwischen unterschiedlichen Akteurinnen und Akteuren verhandelbar zu machen sowie sie ihnen auf innere Konsistenz hin zurückzuspielen. Hierbei spielen wissenschaftliche Methoden, wie z.B. die Szenario-Technik, eine wichtige Rolle. Zielwissen ist die zentrale Wissensform der Visionsphase.

Transformationswissen

Transformationswissen ist Wissen über die Gestaltung konkreter Veränderungsprozesse. Es greift dabei auf technologisches und sozio-kulturelles Systemwissen zurück, erschöpft sich aber nicht darin. Denn gutes Transformationswissen ist „robust“, d.h. anschlussfähig für die konkret handelnden Akteurinnen und Akteure. Es sollte daher immer auf das Kontextwissen und auf handlungsleitende Vorstellungen der betroffenen Akteurinnen und Akteure zurückgreifen und bedient sich dazu häufig prägnanter Heuristiken und Metaphern. Transformationswissen bewährt sich in der konkreten Umsetzung, ist also von zentraler Bedeutung in experimentellen Phasen. Die Erfahrungen mit erfolgreichen Experimenten sind die Grundlage für Diffusions- und Lerneffekte in einem breiteren Umfeld. Diese Erfahrungen fließen idealerweise in bestehendes technisches und sozio-kulturelles Systemwissen ein. Sie helfen unser Verständnis von Systemdynamiken zu verbessern, erweitern z.B. das Variablen- oder Parameterset in bestehenden Modellen.

Erst das Zusammenspiel der unterschiedlichen Wissensformen schafft die Grundlage für die Gestaltung nachhaltigkeitsorientierter Veränderungsprozesse.

Plastisch wird dieses Zusammenspiel am Beispiel der Orte, die derzeit die größte Dynamik für eine nachhaltige Entwicklung aufweisen: Städte und Metropolen. Heute leben schon über 50 Prozent aller Menschen in großen Städten, der Anteil wird bis zum Jahr 2050 auf über 70 Prozent steigen. Städte sind daher nicht nur die zentrale Quelle künftiger Energie- und Ressourcenverbräuche; sie sind gleichzeitig auch die Schmelztiegel für neue kulturelle Trends und Lebensstile. Innovative Energie-, Mobilitäts- und Versorgungsmuster sind hier zu entwickeln. Nachhaltigkeitsstrategien auf Stadtebene haben für Nachhaltigkeitsfortschritte auf globaler Ebene eine Schlüsselbedeutung.
Anwendungsbeispiel „Sustainable Urban Transitions“:

Abb. 2.: Zusammenspiel unterschiedlicher Wissensformen im Rahmen von „Sustainable Urban Transitions“ *(Quelle: eigene)*

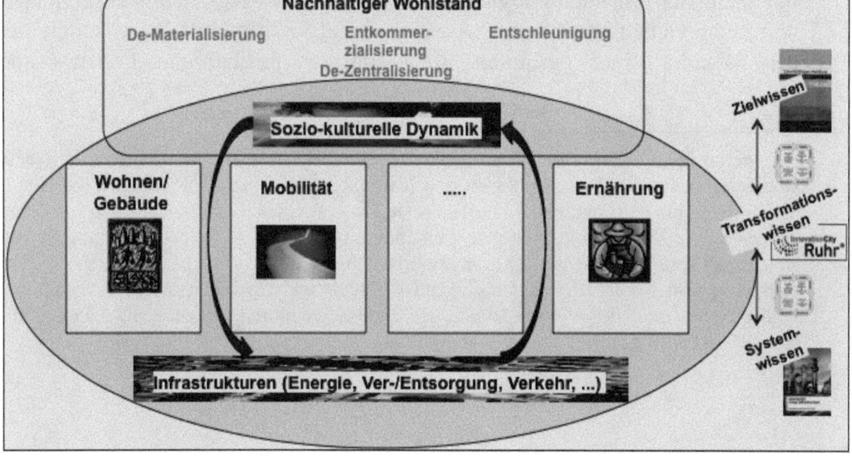

Ein Schwerpunkt der Forschung des Wuppertal Institutes[1] liegt daher auf nachhaltigen urbanen Transformationsprozessen. Dabei spielt sowohl die Erarbeitung von Systemwissen als auch von Ziel- und Transformationswissen eine wichtige Rolle:

- In der Studie CO_2-freies München hat das Wuppertal Institut im Auftrag der Firma Siemens am Beispiel der Stadt München untersucht, mit welchen technologischen Lösungen sich eine CO_2-freie Großstadt realisieren lässt (vgl. Siemens 2009). Ähnliche Analysen liegen für andere Städte (wie z.B. London: Siemens 2008) vor. Sie tragen bestehendes technisches Systemwissen für einen nachhaltigen Wandel in Städten zusammen und konzentrieren sich dabei insbesondere auf die in Städten relevanten Infrastrukturen des Energie-, Verkehrs- und Ver- bzw. Entsorgungsbereiches.
- Ein umfassender, nachhaltiger Wandel in Städten lässt sich jedoch nicht durch technologische Maßnahmen alleine erreichen. Er erfordert in der Regel auch umfassende Anpassungen auf der Ebene von Konsummustern und Lebensstilen. So sind neben neuen Antriebstechnologien intelligente Formen des Carsharing und der Verknüpfung von automobiler und öffentlicher Mobilität mit stärkerer Nutzung von Rad und Fußwegen für eine Mobilitätswende von mindestens gleicher Bedeutung. Die Frage, wie geeignete Visionen des nachhaltigen Lebens und Wirtschaftens in Städten aussehen können, ist Gegenstand von Zielwissen. Hier hat das Wuppertal Institut im Jahr 2010 eine umfassende Studie für ein „zukunftsfähiges Hamburg" vorgelegt (Wuppertal Institut 2010). Es überträgt die Zielvisionen und Ergebnisse der Studie „Zukunftsfähiges Deutschland" (Wuppertal Institut 2008) auf die Verhältnisse der Stadt Hamburg.
- Transformationswissen steht im Zentrum einer umfassenden Begleitforschung zu der im Jahr 2010 ausgewählten „Innovation City Ruhr" (http://www.innovationcityruhr.de/icr/, Zugriff 06.06.2011). Angestoßen durch den Initiativkreis Ruhr wurde im November 2010 die Stadt Bottrop als „Innovation City" des Ruhrgebiets ausgewählt. In der Stadt sollen in den nächsten zehn Jahren bis zu 2,5 Mrd. Euro investiert werden, um den CO_2-Ausstoß um mindestens 50 Prozent zu senken. Auch in diesem Fall geht es um mehr als rein technologische Investitionen (in regenerative Energiegewinnung, Gebäudesanierung, Ausbau von Elektromobilität), nämlich um den Wandel einer gesamten Stadt hin zu nachhaltigen Lebens- und

---

1 Wuppertal Institut für Klima, Umwelt, Energie GmbH, "Das Wuppertal Institut erforscht und entwickelt Leitbilder, Strategien und Instrumente für Übergänge zu einer nachhaltigen Entwicklung auf regionaler, nationaler und internationaler Ebene. Im Zentrum stehen Ressourcen-, Klima- und Energieherausforderungen in ihren Wechselwirkungen mit Wirtschaft und Gesellschaft. Die Analyse und Induzierung von Innovationen zur Entkopplung von Naturverbrauch und Wohlstandsentwicklung bilden einen Schwerpunkt seiner Forschung." (http://www.wupperinst.org/das_wuppertal_institut/profil/index.html - Zugriff 06.06.2011)

Wohlstandsmustern. Die Veränderungen in der „Innovation City" sollen wissenschaftlich begleitet werden, auch um den Transfer der Ergebnisse in andere Städte des Ruhrgebiets, in Nordrhein-Westfalen sowie national und international zu ermöglichen. Im Zentrum steht dabei Transformationswissen, d.h. das Wissen darum, wie entsprechende Veränderungsprozesse erfolgreich initiiert und gestaltet werden können.

Am Beispiel der Transformationsprozesse zu einer nachhaltigen Stadtentwicklung wird deutlich, dass es eines engen Zusammenspiels von Systemwissen, Zielwissen und Transformationswissen bedarf. Die Herausforderung der Zukunft liegt darin, die verschiedenen Wissensformen im Rahmen des „Transition-Zyklus" (vgl. Abb. 1) noch enger miteinander zu verzahnen, oder – um im Bild der gerade skizzierten Städtestudien zu bleiben – die technologische Umbauvision Münchens mit dem nachhaltigen Zukunftsbild Hamburgs und dem in Bottrop gewonnenen Transformationswissen zu verschmelzen.

Eine solche Integration von Zielwissen, Systemwissen und Transformationswissen ist nicht trivial. Denn es gilt hier Wissensbestände unterschiedlicher Disziplinen, quantitatives und qualitatives Wissen, wissenschaftliches Wissen und das Kontextwissen von Akteurinnen und Akteuren zusammenzuführen. Die Methoden und die Qualitätssicherung für diese Formen der Wissensintegration haben in den letzten Jahren erhebliche Fortschritte gemacht. Sie sind Gegenstand des folgenden Abschnitts.

Gütekriterien transdisziplinärer Wissenschaft

Wenn es um die Integration unterschiedlicher Wissensformen geht, sind zwei Fragen von zentraler Bedeutung:

(1) Was sind geeignete Methoden zur Integration an sich?
(2) Woran misst sich die Güte von System-, Transformations- und Zielwissen?

Tab. 1: Wissensintegrationsmethoden transdisziplinärer Forschung nach Bergmann u.a. 2010 (Transfer auf die Stadtforschung: eigene)

Integrationsmethode		Erläuterung am Beispiel Nachhaltiger Stadtentwicklung
Integration durch Begriffsklärung und theoretische Rahmung		
1.	Integration durch fachübergreifende Begriffsarbeit	„Transition", „Experiment"
2.	Integration durch theoretische Rahmung	Transition-Forschung als konzeptioneller Rahmen (u.a. Transition-Zyklus)
Integration durch Forschungsfragen und Hypothesenbildung		
3.	Gemeinsames Formulieren relevanter Forschungsfragen	z.B.: „Wie lässt sich CO_2-Ausstoß in der Stadt um 50 % reduzieren?"
4.	Integration durch Hypothesenbildung	z.B.: „Nutzungsverhalten in Gebäuden ist zentraler Ansatzpunkt"
Sichtung, Nutzung, Weiterentwicklung integrativ wirkender Methoden		
5.	Sichtung bestehender disziplinärer Methoden	z.B. Finanzierungsplanung für Investition (als betriebswirtschaftliche Methode)
6.	Integration durch interdisziplinäre Methoden-Entwicklung	Szenarien-Entwicklung
7.	Anwendung bewährter transdiszplinärer Methoden	Durchführung transdisziplinärer Case-Studies
Integrativ wirkende Bewertungsverfahren		
8.	Integrative Bewertungsverfahren	Integrierte Bewertung unterschiedlicher Energieerzeugungstechnologien
Entwicklung/Anwendung von Modellen		
9.	Modellentwicklung und -anwendung	Diffusionsmodell für Umwelt-Innovationen
Integration durch Artefakte, Dienstleistungen und Produkte		
10.	Artefakte, Dienstleistungen, Produkte („Boundary Objects")	Konzipierung einer Carsharing-Dienstleistung
11.	Integration durch Publikation	Studie „Zukunftsfähiges Hamburg"
Integrative Verfahren der Forschungsorganisation		
12.	Konzipierung fachübergreifender Teams	Interdisziplinäres Begleitforschungs-Konsortium für Innovation City Ruhr
13.	Stakeholder-Beteiligung und Partizipation	Stakeholder-initiierte Studie „Zukunftsfähiges Hamburg"
14.	Integration durch Iteration/Rekursivität	Übertragung der Bottrop-Beispiele auf andere Ruhrgebietsstädte; Siemens-Studien London, Dublin, München
15.	Integration durch Leitfragen-Konzept am Projektende	Fragenkatalog für Studien „Zukunftsfähige Metropole"

Tabelle 1 gibt eine Übersicht über die wichtigsten Wissensintegrationsmethoden transdisziplinärer Forschung nach Bergmann u.a. 2010. Sie sind das Ergebnis einer Auswertung zahlreicher transdisziplinärer Forschungsprojekte (insbesondere aus dem Kontext der sozial-ökologischen Forschung) in den letzten Jahren. Der Methodenkanon macht deutlich, wie vielfältig die möglichen Ansatzpunkte zur Wissensintegration sind und dass in der Regel in Projekten mehrere Methoden miteinander integriert werden.

Auch in den Forschungsprojekten zur nachhaltigen Stadtforschung kommen alle Integrationsmethoden vor (vgl. Tab. 1). Sie sind in Zukunft aber noch systematischer in Beziehung zu setzen und im Hinblick auf die Güte der jeweiligen Wissensform zu bewerten: Welche Integrationsmethoden sind besonders geeignet zur Verknüpfung von technologischem und sozio-kulturellem Systemwissen? Mit welchen Methoden gelingt ein guter Einbezug des Kontextwissens von Praxisakteurinnen und -akteuren? Welche Integrationsmethoden haben ein besonderes Potenzial für die Generierung von wissenschaftlich und praktisch gestütztem Ziel- und Transformationswissen?

Den systematischsten Entwurf für eine Wissensintegration im Kontext transdisziplinärer Forschung liefert die an der ETH Zürich entwickelte transdisziplinäre Fallstudienmethode (vgl. Scholz/Tietje 2002). Sie konzentriert sich insbesondere auf die Integration von qualitativem und quantitativem Wissen und bietet dafür einen aufeinander abgestimmten Methodenkanon an. Der besondere Reiz liegt in der Tatsache, dass die Züricher Fallstudienmethode in nun fast 20 Jahren an zahlreichen konkreten ökologischen Transformationsfällen erprobt und verfeinert wurde.

Gütekriterien für die einzelnen Wissensformen

Woran misst sich die Güte des erzeugten transdisziplinären Wissens? Ein Schlüsselkonzept hierfür ist die „Validität" (Gültigkeit) des erzeugten Wissens (vgl. zu unterschiedlichen Validitätskonzepten insbesondere Yin 2008:24f., Scholz/Tietje 2002:331f.). Bei transdisziplinär gewonnenem Wissen geht es im Hinblick auf Validität um weit mehr als um logische Konsistenz im Sinne mathematischer Verifikation (wie z.B. die Frage, ob in einem Energieszenario die mathematischen Ableitungsschritte richtig vollzogen worden sind). Hier spielen Aspekte der internen und externen kommunikativen Validierung eine ebenso zentrale Rolle: Sind die Ergebnisse für die am Fall beteiligten Akteurinnen und Akteure plausibel und werden dadurch handlungsleitend? Sind sie für externe Beteiligte (z.B. politsche Entscheidungsträgerinnen und -träger oder Medien) plausibel und werden damit zur Grundlage weitergehender Entscheidungen?

Solche Formen der Validität lassen sich bei Zielwissen beispielsweise nur herstellen, wenn die Einbeziehung vieler Akteurinnen und Akteure gelungen ist und das Wissen in einer Form aufbereitet wird, die für diese nachvollziehbar ist. Beim Transformationswissen geht es letztlich um die handlungsleitende Kraft des gewonnenen Wissens[2]: Ist es als Grundlage dafür geeignet, konkretes Veränderungshandeln auszulösen? Valides Systemwissen sollte insbesondere in der Lage sein, auch Ergebnisse aus Experimenten aufzunehmen.

Institutionelle Anforderungen an die Weiterentwicklung des Wissenschaftssystems

Aus den bisherigen Ausführungen wird deutlich, dass transdisziplinäre Wissensproduktion eine erhebliche Veränderung gegenüber bestehenden Modi der Wissensproduktion im Wissenschaftssystem bedeutet. Eine Verankerung einer solchen Form der Wissensproduktion muss daher früh im Wissenschaftssystem starten:

- Sie muss schon in der Lehre eine Rolle spielen, damit Studierende früh die Bedeutung unterschiedlicher Wissensformen, Methoden zu ihrer Gewinnung und ihrer möglichen Integration erfahren. Formen des methodisch angeleiteten Projektstudiums spielen hierfür eine zentrale Rolle, sind aber in den letzten 30 Jahren im Wissenschaftssystem häufig eher zurückgedrängt worden.
- Auf der Ebene der wissenschaftlichen Weiterqualifizierung, insbesondere der Promotion, bedarf es vermehrter Möglichkeiten für (Promotions-)Arbeiten, die Disziplinengrenzen überschreiten.
- Für entsprechend qualifizierte Wissenschaftlerinnen und Wissenschaftler müssen sich wissenschaftliche Karrierewege jenseits disziplinärer Logiken eröffnen.
- Die Systeme der Methoden-Etablierung und Qualitätssicherung müssen vorangetrieben werden. Hierfür spielen einschlägige wissenschaftliche Netzwerke und Qualitätssicherungsmechanismen wie transdisziplinäre Journals eine wichtige Rolle.
- Durch den Fallstudiencharakter transdisziplinärer Forschung gilt es zudem eng vernetzte Experimentierorte einer transdisziplinären Forschung zu schaffen. Die Forschung zu nachhaltigkeitsorientierten Städte-Transformationen könnte sich hier zu einem Vorreiter-Beispiel entwickeln.

All diese Anforderungen sind – gerade im deutschen Wissenschaftssystem – heute kaum eingelöst (vgl. Schneidewind 2009). Die Umsetzung hat erhebliche Konsequenzen für eine künftige Wissenschaftspolitik, für künftige Forschungsprogramme und ein entsprechendes Capacity Building (Schneidewind 2010).

---

2 Besonders anschauliche Beispiele für handlungsleitende Wissensformen liefert die strategische Managementwissenschaft. Ihr ist es in den letzten Jahrzehnten immer wieder gelungen, Wissen in einer Form aufzubereiten, die für ganze Managergenerationen handlungsleitend war. Eine besonders instruktive Aufbereitung dieser Wirkmächtigkeit findet sich bei Ortmann 1995.

Es bietet sich an, dass die gesellschaftlich relevanten Forschungsbereiche, die heute Motoren für eine transdisziplinäre Forschung sind, noch stärker gemeinsam die institutionelle Weiterentwicklung der Wissenschaftssysteme betreiben. Dazu gehören insbesondere die Nachhaltigkeitsforschung, die Genderforschung sowie die transkulturelle Forschung.

Fazit und Ausblick

Viele der heutigen gesellschaftlichen Transformationsherausforderungen sind nur mit transdisziplinärem Wissen zu bewältigen. Es liegt ein differenziertes Verständnis über die dafür nötigen Wissensformen und Methoden zur Wissensgewinnung und Qualitätssicherung vor. Dennoch ist die insitutionelle Verankerung transdisziplinärer Forschung im Wissenschaftssystem bisher kaum gelungen. Hierfür braucht es neue Bündnisse der Forschungsdomänen, die sich als Vorreiter transdisziplinärer Forschung erwiesen haben.

Literatur

Beck, Ulrich/Giddens, Anthony/Lash, Scott (1996): Reflexive Modernisierung. Eine Kontroverse. Suhrkamp, Frankfurt

Bergmann, Matthias/Jahn, Thomas/Knobloch, Tobias/ Krohn, Wolfgang/Pohl, Christian/Schramm, Engelbert (2010): Methoden transdisziplinärer Forschung. Ein Überblick mit Anwendungsbeispielen. Campus, New York/Frankfurt

Bruce, Bertram C./Hogan, Maureen, P. (1998): The Disappearance of Technology: Toward an Ecological Model of Literacy. In: Reinking, David/McKenna, Michael C./ Labbo, Linda D./Kieffer, Ronald D. (Eds.): Handbook of literacy and technology: Transformations in a post-typographic world. Routledge, Florence/KY [ISBN: 978-0-8058-2642-5], S. 269-281

CASS (Konferenz der Schweizerischen Wissenschaftlichen Akademien)/ProClim– (Forum für Klima und Global Change – Schweizerische Akademie der Naturwissenschaften) (1997): Forschung zu Nachhaltigkeit und Globalem Wandel: Wissenschaftspolitische Visionen der Schweizer Forschenden. ProClim–, Bern

Grin, John/ Rotmans, Jan/ Schot, Johan (2010): Transitions to Sustainable Development. New Directions in the Study of Long Term Transformative Change. Routledge, New York

Jänicke, Martin (2007): Megatrend Umweltinnovation. Oekom, München

Loorbach, Derk (2007): Transition Management. New Mode of Governance for Sustainable Development. International Books, Utrecht

Minsch, Jürg/Feindt, Henning Peter/Meister, Hans-Peter/Schneidewind, Uwe/Schulz, Tobias (1998): Institutionelle Reformen für eine Politik der Nachhaltigkeit. Springer, Berlin

Ortmann, Günter (1995): Formen der Produktion. Organisation und Rekursivität. Westdeutscher Verlag, Opladen

Schneidewind, Uwe (2009): Nachhaltige Wissenschaft. Plädoyer für einen Klimawandel im deutschen Wissenschafts- und Hochschulsystem. Metropolis, Marburg

Schneidewind, Uwe (2010): Ein institutionelles Reformprogramm zur Förderung transdisziplinärer Nachhaltigkeitsforschung. In: GAIA 19/2 (2010), S. 122-128.

Scholz, Roland W./Tietje, Olaf (2002): Embedded Case Study Methods. Integrating Quantitative and Qualitative Knowledge. Sage, Thousand Oaks

Siemens AG (Hg.) (2008): Sustainable Urban Infrastructure. London Edition – a view to 2025. Studie, erstellt durch McKinsey & Company. München (Download unter: http://www.siemens.com/sustainability/pool/stakeholder/sustainable_cities_nur_e.pdf, Zugriff 06.06.2011)

Siemens AG (Hg.) (2009): Sustainable Urban Infrastructure. Ausgabe München – Wege in eine CO_2-freie Zukunft. Studie, erstellt durch das Wuppertal Institut für Klima, Umwelt, Energie GmbH. München 2009. (Download unter: http://www.siemens.com/sustainability/pool/stakeholder/studie_muenchen_de.pdf, Zugriff 06.06.2011)

Wuppertal Institut (2008): Zukunftsfähiges Deutschland in einer globalisierten Welt. Ein Anstoß zur gesellschaftlichen Debatte. Herausgegeben von BUND, eed, Brot für die Welt. Fischer Taschenbuch, Hamburg

Wuppertal Institut (2010): Zukunftsfähiges Hamburg. Zeit zum Handeln. Eine Studie des Wuppertal Institutes für Klima, Umwelt, Energie. Herausgegeben von BUND Hamburg, Diakonie Hamburg und Zukunftsrat Hamburg. Dölling und Galitz Verlag, München

Yin, Robert J. (2008): Case Study Research. Design and Methods. 4th Edition. Sage, Thousand Oaks

Michiko Mae

Transkulturelle Wissenschaft im Kontext der partizipatorischen Zivilgesellschaft in Japan

Einleitung

Für viele wissenschaftliche Problemstellungen in der heutigen globalen, durch Unübersichtlichkeit, Komplexität und kulturelle Heterogenität geprägten Welt kann die bisherige Wissenschaftspraxis keine angemessenen Antworten mehr geben. Ein Grund dafür ist, dass sich viele der neuen Probleme nicht mehr in dem vorgegebenen disziplinären Rahmen untersuchen und lösen lassen. Mittelstraß spricht hier von einer „Asymmetrie von Problementwicklungen und disziplinären Entwicklungen" (Mittelstraß 1998:42). Für wissenschaftliches Arbeiten gilt grundsätzlich, dass Disziplinarität und disziplinäre Kompetenzen unabdingbare Voraussetzungen sind – auch in einem interdisziplinären Kontext. Gleich-zeitig muss sich aber wissenschaftliches Arbeiten aus seinen disziplinären Grenzen lösen und die Problemstellungen disziplinenunabhängig definieren. Nur so kann es sich auf die moderne Lebenswelt einstellen, die zwar durch die Wissenschaft bestimmt ist, aber nicht wie die Wissenschaft disziplinär organisiert ist. Disziplinen und ihre Grenzen sind historisch entstanden – Mittelstraß spricht von ihrer „wissenschaftshistorischen Identität" (Mittelstraß 1998:40) – und diese Grenzen haben deshalb einen kontingenten Charakter.

Solche Disziplingrenzen werden aber dann problematisch, wenn sie zu Erkenntnisgrenzen werden. Das gilt insbesondere für die Kulturwissenschaften (nach den *cultural turns*), aber auch für die Genderforschung, deren Problemstellungen und Untersuchungsgegenstände durch disziplinübergreifende Strukturen, Theorien und Methoden bestimmt werden. Diese Wissenschaften brauchen offene, hegemoniefreie Diskursräume, um ihre Analyse- und Verstehenspotenziale entfalten zu können.

Dies gilt nicht nur bezogen auf das Überschreiten der Disziplingrenzen im Sinne des Wegs von der Disziplinarität zur Transdisziplinarität, wie ihn Mittelstraß beschrieben hat. Es gilt auch bezogen auf die Gegenstandsbereiche, Methoden und Theorien, die eine Disziplin ausmachen. Die Gegenstandsbereiche der Kultur- und Sozialwissenschaften sind nämlich keineswegs durch eindeutige und feste strukturelle Grenzen bestimmt, sondern durch Mehrdeutigkeiten, Kombinationen unterschiedlicher kultureller Codes, einander überlagernde Zugehörigkeitsmuster et cetera. Reckwitz spricht hier von der „generalisierten Hybridität des Kulturellen" und von einer „Kulturtheorie des Hybriden" (Reckwitz 2008:22). Dieses Konzept der Hybridität ist mit seinem analytischen Potenzial zu einem Leitkonzept in den Kultur- und Sozialwissenschaften geworden. Kulturelle und soziale Gegenstandsbereiche erscheinen in der „hybriditätstheoretischen Perspektive“ nicht als eindeutige und homogene Einheiten einer in sich geschlossenen Kultur, sondern werden verstanden als Prozesse permanenter kultureller Grenzüberschreitungen. Hier könnte man, entsprechend zu Disziplinarität und Transdisziplinarität, von einem *Weg von der Kulturalität zur Transkulturalität* sprechen.

Die Wissenschaften stehen heute in dem Prozess einer ständig zunehmenden internationalen und interkulturellen Vernetzung; deshalb ist die Überwindung jeder Form eines einseitigen (wissenschaftlichen) Kulturalismus in ihnen bereits angelegt. Gerade die Kulturwissenschaften, aber auch die Genderforschung dürfen nicht durch nationen- und kulturspezifische Traditionszusammenhänge eingeengt werden. Gibt es also einen inneren Zusammenhang zwischen der Transkulturalität und der Transdisziplinarität? Anders gefragt: Ergibt sich aus dem Prozess, dass Wissenschaften neue transdisziplinäre Strukturen, Forschungsmethoden usw. hervorbringen, um ihren neuen Problemstellungen gerecht werden zu können, zugleich auch, dass sie in demselben Maß und aus demselben Grund transkulturell sind bzw. werden müssen?

Transkulturalität zielt „nicht nur auf Revisionen des traditionellen Kulturbegriffs, sondern auch auf die Überprüfung des daran geknüpften Wissenschaftsbegriffs“ (Fischer 2005:4). Sie kann also auf die Wissenschaften als Korrektiv wirken, das in ihnen angelegte Potenzial zu entfalten und sie offener für Diversität[1], also *diversitätssensibler* zu machen. In transkultureller Sicht werden die Wissenschaften zu Schnittpunkten kultureller Vernetzungen und entwickeln aus ihrer Multiperspektivität eine „Kulturen überspannende Verstehensebene“ (ebd.:9). Durch ihre kulturübergreifenden und -durchdringenden Analyse- und Verstehenspotenziale werden sie komplexer und offener für Diversität als der (wissenschaftliche und kulturelle) Universalismus einerseits und der Kulturrelativismus (Festschreibung von Differenzen etc.) andererseits. Aus dem Konzept der Transkulturalität ergibt sich die Möglichkeit, sowohl dem Universalitätsanspruch als auch dem Recht auf Anerkennung von Diversität zu entsprechen. Der Diversity-Diskurs fordert nicht nur, dass die verschiedenen Kulturen und Ethnien als gleichwertig anerkannt werden müssen, sondern geht auch davon aus, dass die verschiedenen Lebenswelten, Lebensstile und soziokulturellen Identitäten in der globalisierten Welt nicht mehr voneinander getrennt werden können, weil sie sich wechselseitig durchdringen.

Sieht man die strukturelle Verfasstheit einer Kultur zwischen den Kategorisierungen ‚Homogenität und Geschlossenheit’ einerseits und ‚Diversität und Offenheit’ andererseits, dann kann man die eine Struktur als ‚Kulturalität‘, die andere als ‚Transkulturalität‘ fassen. Damit soll ausgedrückt werden, dass jede Kultur einerseits eine spezifische Kultur im Sinne der Kulturalität als ein Orientierung, Stabilität und Kontinuität ermöglichendes Bedeutungs- und Differenzsetzungssystem ist, dass sie zugleich aber auch ‚Transkultur‘ ist, d.h. heterogene Ursprünge hat, in sich heterogen ist, von anderen Kulturen durchdrungen werden

1 ‚Diversität‘ wird hier in Anlehnung an Fuchs (2007:17) verstanden als „soziale und kulturelle Vielfalt“

kann und sich durch ihre Vielfältigkeit, Ambivalenz, Widersprüchlichkeit und Offenheit ständig wandelt und entwickelt. Nur in einer solchen offenen Struktur ist eine kulturelle Praxis ohne Dichotomisierungen möglich, und die damit verbundenen Ausgrenzungen und starren Identitätsbildungen können vermieden werden. Dafür ist aber ein neuer Umgang mit Differenzen unter dem Gesichtspunkt der kulturellen Offenheit erforderlich.

Die Bestimmungsmacht einer Kultur beruht vor allem auf Differenzsetzungen, die Bestimmbarkeit und das Bestimmtwerden, Zu- und Einschreibungen, Ein- und Ausschließungen, die Unterscheidung von Eigenem und Fremdem, stabile Identitätsbildungen, Homogenisierung etc. ermöglichen. Diese Differenzen verlieren bei zunehmender Individualisierung und Globalisierung ihre Bestimmungsmacht; sie werden dann sozusagen Differenzen ohne Bestimmungsmacht.

Dagegen gewinnen Differenzen in der Struktur der Transkulturalität eine andere Qualität: An die Stelle von festschreibenden Differenzen wie z.B. die Genderdifferenz treten differente Individuen, und an die Stelle der Anerkennung der Notwendigkeit von Differenzsetzung und Positioniertwerden (der Individuen) tritt die Anerkennung des Differenten, der individuellen, sozialen, kulturellen und sonstigen Unterschiedlichkeit. Das Differente wird nicht von der Kulturalität aus gedacht und auf sie bezogen – wie die Differenz –, sondern von den Individuen und von der Transkulturalität aus und auf sie hin.

Was es bedeutet und welche Konsequenzen es haben kann, wenn die Wissenschaft auf der einen Seite Differenzen und Differenzsetzung nur als Ausdruck der Bestimmungsmacht einer hegemonialen Kultur versteht, auf der anderen Seite dagegen als individuelle Unterschiede und Ausdruck von Diversität, soll im Folgenden zunächst an dem eher negativen Beispiel der sogenannten historischen Asienwissenschaft (*tôyôgaku*), dann an dem neuen Konzept einer *Cool Japanology* und schließlich an dem *Gender-free*-Konzept in Japan gezeigt werden. Nach letzterem Konzept soll jeder frei von gesellschaftlich und kulturell festgelegten Gendernormen und -zuschreibungen eigene Genderformen gestalten können. Das *Gender-free*-Konzept ist eine Konsequenz der Genderforschung und zeigt, wie transkulturell verstandene Individualität und transkulturell verstandene transdisziplinäre Wissenschaft sich wechselseitig bedingen und zur Entwicklung einer transkulturellen, partizipatorischen Zivilgesellschaft beitragen.

Asienwissenschaft (*tôyôgaku*)

Als eine der wenigen Ausnahmen in der Welt wurde Japan als nichtwestliches Land von den westlichen Mächten nicht kolonialisiert; aber in der Mitte des 19. Jahrhunderts, als Japan gezwungen wurde, seine 250-jährige Abschottung zu beenden und mit den westlichen Mächten ungleiche Verträge abzuschließen, bestand die reale Gefahr, kolonialisiert zu werden. Damals gab es zwischen Japan und den westlichen Ländern eine große Machtdifferenz und ein fast unüberwindbares Zivilisations- und Technikgefälle. In dieser Situation erkannte der wichtigste Modernisierer und Aufklärer der Meiji-Zeit (1868-1912), Fukuzawa Yukichi (1835-1901), dass die moderne Kultur (im Sinne der modernen Zivilisation) Welthegemonie bedeutete, und schrieb 1875 seinen „Abriss der Zivilisationstheorie" (*Bunmeiron no gairyaku*). Fukuzawa akzeptiert darin das hierarchische System einer Weltordnung nach Zivilisationsgraden: Europa und Amerika als die am höchsten zivilisierten Länder, asiatische Länder wie die Türkei, China und Japan als halbentwickelte Länder (*hankai no kuni*) und Afrika etc. als „barbarische" Länder (*yaban no kuni*) (Fukuzawa 1875/1959:16). Fukuzawa wird heute oft kritisiert, weil er diese einseitige westliche Sichtweise der Kulturhegemonie selbst internalisierte und in diesem Sinne Japans Weg zur Kolonialherrschaft in Asien vorbereitet habe. Aber in seiner Zivilisationstheorie stellt er die westliche Überlegenheit nach dem Kriterium der Zivilisation auch kritisch in Frage; er sagt, dass die europäische Kultur (Zivilisation) nur den „Höhepunkt des Entwicklungstandes der damaligen Welt" darstelle, keineswegs aber die höchste mögliche Entwicklungsstufe sei (Fukuzawa 1875/1959:18-19). Nach Fukuzawa geht es für Japan um die Aufgabe, wie man einerseits sich dem Westen gleichstellen und andererseits in Asien die Hegemonie gewinnen kann.

Nicht nur der Westen hat durch seine Überlegenheit und sein Wissen den Orient konstruiert, wie Edward Said es in seinem Buch „Orientalismus" herausarbeitete; auch in Japan, das sich gerade erst Mitte des 19. Jahrhunderts gezwungen sah, das Land zu zivilisieren und zu modernisieren, fand ein ähnlicher Prozess statt. Der japanisch-koreanische Politologe Kang Sangjung zeigt, wie in Japan durch die so genannte Asienwissenschaft (*tôyôgaku*) eine Grundlage für Japans Kolonialpolitik geschaffen wurde. Kang schreibt, dass man in Japan durch die Begründung der Asienwissenschaft mit der Macht des Wissens und der Wissenschaft Asien zu beherrschen versuchte. Man kann hier in der Art, wie Asien als *object-of-knowledge* im japanischen Diskurs repräsentiert wird, ein Beispiel für *epistemic violence* im Sinne von Gayatri Spivak sehen (Spivak 1988). Zunehmend entwickelte sich in Japan ein Bewusstsein der Kolonialherrschaft als Kulturmission, das einerseits zwischen dem ‚zivilisierten' Japan und den ‚weniger zivilisierten' Ländern China und Korea eine deutliche Grenze zog und das andererseits beanspruchte, Asien gegenüber dem Westen zu repräsentieren und für Asien zu sprechen (Kang 1999:94-96).

In einer komplexen Dialektik zwischen der Differenz zum Westen und der Identität mit dem Westen wurde in Japan ‚Asien' geschaffen; dies geschah vor allem durch das Wissenssystem der imaginären Geographie (im Sinne Edward Saids) und durch die Asienwissenschaft. Zwischen der Differenz und gleichzeitigen Identität mit dem Westen in Bezug auf das imaginierte Asien wurde die japanische nationale Identität aufgebaut. Damit wurde auf ganz ähnliche Weise, wie der Westen den Orient für seine Identitätsbildung gebraucht hat, in Japan versucht, die eigene Geschichte mit „Japans Asien" (Kang 1999:142) zu begründen.

Der Historiker Shiratori Kurakichi (1865-1942), ein Experte für die Geschichte Asiens, behauptet in seiner Darstellung der koreanischen Geschichte, dass es in den Sprachen der Nachbarvölker Japans keine Ähnlichkeiten mit der japanischen Sprache gebe; Japanisch sei eine einsame Sprache in der Welt. Shiratori suchte in Leopold Rankes Geschichtsphilosophie ein synthetisierendes Prinzip, mit dem er die Individualität und Besonderheit der japanischen Nation ableiten und die besondere historische Daseinsberechtigung Japans begründen zu können glaubte. 1913 schrieb er, dass Japan ethnisch in Asien ohne Verwandtschaftsbeziehungen sei und dass es auch zu seiner historischen Entwicklung keine ähnlichen Beispiele in Asien gebe[2]. Den Grund, warum Japan in Asien sich allein erfolgreich entwickeln konnte, sah er in der Fähigkeit der Japaner, die „besten Elemente der Welt“ zu absorbieren. Den Ursprung dieser Entwicklung Japans mit ihrer einzigartigen Kontinuität sah er im Kaisersystem, das er als nationale Essenz Japans verstand. Asienwissenschaftler wie Shiratori waren in ihrer Begründung der Einzigartigkeit Japans in Asien von westlichen Wissenschaftlern und von deren Theorien beeinflusst und fühlten sich durch sie bestätigt.

Als ein Beispiel dafür kann man den Ökonomen Fukuda Tokuzô (1874-1930) sehen, der bei dem deutschen Wirtschaftshistoriker Lujo von Brentano (1844-1931) studiert hat[3]. Einerseits lehnte er es in einer 1904 (noch vor der japanischen Annexion Koreas) erschienenen Studie über die koreanische Wirtschaft ab, das Fach Nationalökonomie durch eine rassistisch geprägte Kulturtheorie zu untermauern; andererseits übernahm er von europäischen Wissenschaftlern das Stufenmodell der wirtschaftlichen Entwicklung (z.B. Hauswirtschaft, Stadtwirtschaft, Volkswirtschaft), das zu einer Hierarchisierung der Nationen führte. Auf der Grundlage dieses Modells kam er zu dem Schluss, die Koreaner hätten – anders als die Japaner – in ihrer Wirtschaft nicht die Stufe der Volkswirtschaft erreicht, und es sei deshalb die Aufgabe der japanischen Politik, eine „Verbesserung der koreanischen Situation“ zu ermöglichen (zit. bei Mishima 1999:103). Aufgrund seiner eigenen Entwicklung war Japan in dieser Sicht also geradezu verpflichtet, „sich als Vorreiter um benachbarte verspätete Nationen zu kümmern“ (ebd.:104). So konnte aus wissenschaftlichen Theorien und Modellen durchaus eine Rechtfertigung der japanischen Kolonialpolitik abgeleitet werden.

Heute kann man solche kolonialistischen Hierarchisierungsdiskurse nicht mehr als Wissenschaft betrachten, aber viele Ansätze über Japans Sonderstellung in Asien, die in ihnen enthalten waren, haben noch nach 1945 in einigen wissenschaftlichen Disziplinen (Sprachwissenschaft, Psychologie, Psychiatrie, Kultur- und Sozialwissenschaft) überlebt. Mit wissenschaftlichen Methoden hat man im so genannten Japan-Diskurs (*nihonjinron*) wie in der Asienwissenschaft versucht, die Einzigartigkeit Japans und seine Sonderstellung in Asien zu begründen. Diese Wissenschaft hat ein Wissen geschaffen, aus dem der Machtanspruch Japans bis hin zu seiner Kolonialisierungspolitik abgeleitet werden konnte. Wissenschaft, die eine bestimmte Nation bzw. die nationale Ideologie und eine be-

2 Zu Shiratori Kurakichi vgl. Kang 1999:138f.
3 Zum Folgenden vgl. Mishima Ken'ichi 1999

stimmte (nationale) Kultur unhinterfragt zu ihrem Bezugsrahmen gemacht hat, stellt sich damit selbst in den Dienst einer Machtpolitik und eines Kolonialisierungsprozesses.

Wissenschaft *schafft* Wissen, und dieses Wissen kann – besonders in der modernen Welt – Macht bedeuten. Wenn Gayatri Spivak – bezogen auf das Repräsentationsverhältnis zwischen den Kolonialmächten und den Kolonialisierten – die bekannte Aussage macht: „Subaltern can not speak" (Spivak 1988:297), dann könnte man vielleicht diese Aussage erweitern zu: Subalterne können kein Wissen schaffen, im Sinne eines Wissens, das als Macht wirken kann. Und vielleicht kann man noch einen Schritt weiter gehen: Wissen, das auf kultureller Hegemonie beruht bzw. hegemonial ist, setzt nicht nur eine Struktur von Über- und Unterordnungsverhältnissen voraus, sondern bringt diese Struktur selbst hervor. Als Japan mit dieser Form westlich-europäischen Wissens konfrontiert wurde, war seine Antwort nicht nur die Übernahme und Aneignung dieses Wissens, sondern auch der Versuch, mit Hilfe der westlichen Kultur und Zivilisation einen eigenen, machtvollen Nationalstaat aufzubauen und damit selbst Wissen und Macht zu verbinden. Darin lag eine tiefe Ambivalenz, denn einerseits geriet Japan dadurch selbst auf den Weg der Kolonialmächte und strebte die – auch kulturelle – Vorherrschaft über Asien an. Andererseits war diese Verbindung von Wissen und Macht aber auch die Voraussetzung, dass Japan von den west- lichen Mächten nicht kolonialisiert werden konnte. Viele Wissenschaftler sahen in der Asienwissenschaft ein Mittel und einen Ausweg, um aus der unterlegenen Position herauszukommen, in die Japan seit Mitte des 19. Jahrhunderts durch die Westmächte hineingezwungen worden war.

Sind nun heute in unserer Welt der zunehmenden Globalisierung solche Herausforderungen, Probleme und Ambivalenzen nicht längst überwunden? Und haben dazu nicht gerade Wissenschaft und Technik durch ihren weltweiten Siegeszug entscheidend beigetragen? Blickt man auf die Natur- und die Technikwissenschaften, könnte man die Frage bejahen. Nimmt man aber die Kultur- und Sozialwissenschaften in den Blick, wird die Antwort schwieriger. Deutet sich hier eine erneute Spaltung zwischen den zwei Wissenschaftskulturen an? Kann man sagen, die einen seien sozusagen per se transkulturell, während die anderen eher kulturgebunden sind und nur im Sinne einer normativen Idee transkulturell sein können? Aber gilt hier nicht eher umgekehrt: Gerade die Kultur- und Sozialwissenschaften sind transkulturell und *müssen* es sogar sein? Denn in einer globalisierten Welt und in einem multikulturellen Umfeld müssen sie in ihren Problemformulierungen und Analyseansätzen immer auch die Frage nach der Kulturalität, d.h. nach der – eigenen – Kulturgebundenheit stellen; sonst sind ihre möglichen Antworten und Lösungen nicht verallgemeinerungsfähig. Sie dürfen nicht durch bestimmte zentristische oder zentrierende Prämissen vorbestimmt sein – etwa im Sinne des Eurozentrismus oder des Japanzentrismus –, sondern müssen offen werden für neue komplexe, durch Heterogenität und Multiperspektivität geprägte, grenzüberschreitende Problemsituationen. Dies hat zu der Entwicklung und zu dem Paradigmenwechsel durch die cultural turns geführt: postcolonial studies, cultural studies, Genderforschung et cetera. Durch das ständige Mitreflektieren der möglichen eigenen Zentriertheit und Kulturgebundenheit können Kultur- und Sozialwissenschaften transkulturell werden. Die Überwindung der eigenen Zentriertheit und Kulturgebundenheit erfordert aber auch, dass die wissenschaftlichen Problemstellungen sowie Analyse- und Verstehensprozesse nicht mehr in genau bestimmte Disziplingrenzen eingebunden und durch bestimmte Prämissen vorbestimmt sind, sondern dass sie über disziplinäre Grenzen hinweg- und durch Disziplinen hindurchgehen.

Cool Japan und Cool Japanology

Wissenschaft muss dann transkulturell und transdisziplinär sein, wenn ihre Forschungsbereiche durch den Globalisierungsprozess bestimmt sind. Ein interessantes Beispiel dafür ist die Japanforschung, die sich heute mit dem Phänomen eines weltweiten Booms der japanischen Populärkultur konfrontiert sieht. Der weltweite Erfolg populärkultureller Medienprodukte wie Anime, Manga, Computer- und Videospiele etc. stellt die Japanforschung vor das Problem, wie dieser kulturübergreifende Erfolg mit dem möglichen spezifisch japanischen Charakter dieser Medienprodukte zusammenhängt. Sind sie durch ihre ‚Japaneseness' geprägt und haben gerade deshalb eine transkulturelle Wirkung – wie es z.B. für den Japonismus Ende des 19. und Anfang des 20. Jahrhunderts zutraf –, oder sind sie weniger spezifisch japanische Produkte als vielmehr Produkte einer weltweiten neuen Medienkultur, zu deren Entwicklung Japan einen wichtigen Beitrag leistet? Da in kaum einem anderen Land die Wirkung der neuen Medien auf die Gesellschaft und Kultur, auf Wirtschaft und Alltagsleben so stark ist wie in Japan, könnte daraus für die Japanforschung die Notwendigkeit entstehen, selbst zu einer transkulturellen Wissenschaft zu werden – in dem Maß, in dem ihr Untersuchungsgegenstand (die japanische Gesellschaft und Kultur) sich als moderne Informations- und Mediengesellschaft internationalisiert und transkulturell wird. Es gibt in der Tat bereits Ansätze in diese Richtung, analog zu der Bezeichnung Cool Japan für die japanische Populärkultur von einer Cool Japanology zu sprechen[4].

Die Japanforschung muss heute die japanische Gesellschaft und Kultur nicht nur in einem national-kulturellen Bezugsrahmen untersuchen, sondern auch als Teil einer weltweit entstehenden Informations- und Mediengesellschaft. Die japanische Populärkultur wäre also zu verstehen als lokale Manifestation der kulturellen Globalisierung, und eine Aufgabe ihrer wissenschaftlichen Erforschung müsste sein, in dieser transkulturellen Perspektive kritisch zu untersuchen, worin ihre Japaneseness liegen könnte und ob diese überhaupt noch eine Relevanz und

4 Dies bezieht sich auf den Vortrag von Steffi Richter auf der Jahrestagung 2010 des Vereins für sozialwissenschaftliche Japanforschung (VSJF) mit dem Titel: „Cool Japanology – Risks and Opportunities"

Bedeutung hat. Was ermöglicht die transkulturelle Wirkung der japanischen Medienprodukte? Spielt es überhaupt eine Rolle, dass diese kulturellen Produkte von Japanern geschaffen wurden und in einem japanischen sozialen und kulturellen Kontext entstanden sind? Ist es nicht gerade ein Charakteristikum dieser kulturellen Produkte, dass sie die Herauslösung aus einem spezifischen nationalen, kulturellen, sozialen und ethnischen Kontext ermöglichen sollen? Und welche Funktionen haben sie für die Rezipienten in dem jeweiligen sozialen, kulturellen und nationalen Kontext? Solche schwierigen Probleme können sicher nicht im herkömmlichen Bezugsrahmen eines „methodologischen Nationalismus“ (und Kulturalismus) behandelt werden. Es geht vielmehr um die Frage, wie Steffi Richter formuliert:

„How can such a framework be deconstructed and new conceptual approaches be developed for a transnational world, in order to be able to regard/perceive ‚Japan' as a field of local and global development of the late capitalist information and media society?“ (Richter 2010:8)

Dies hat die Konsequenz, dass es für eine Cool Japanology nicht nur darum geht, ein neues Wissen über Japan zu schaffen, sondern auch darum, dass dieses Wissen zugleich relevant ist für andere Hightech-Gesellschaften und -Kulturen (vgl. ebd.:9).

Genderforschung

Es ist aber nicht nur der kulturelle Globalisierungsprozess, der eine trans-kulturelle (und transdisziplinäre) Wissenschaft erfordert; auch der Individualisierungsprozess in modernen Gesellschaften und Kulturen verlangt von der Wissenschaft eine transkulturelle (und transdisziplinäre) Zugangsweise und Methodologie für die Analyse ihrer Untersuchungsgegenstände. Die Wissenschaft muss nämlich in der Lage sein, deren Kulturgebundenheit nicht nur kritisch zu analysieren und zu reflektieren, sondern auch zu überwinden. Sofern diese Gegenstände der Analyse soziale und kulturelle Konstruktionen sind, geschieht dies durch Dekonstruktion.

Eine der wichtigsten dieser kulturellen und sozialen Konstruktionen ist Gender. Gerade für Japan gilt, dass Gender und die Genderordnung konstitutiv waren für den Modernisierungsprozess[5]. Würde man nun Gender und die Genderordnung so eng an eine bestimmte – hier die japanische – Kultur und Gesellschaft gebunden thematisieren und analysieren, dass sie als quasi naturgegeben erscheinen, dann wäre eine solche Analyse kulturalistisch bzw. kulturrelativistisch in einem radikalen Sinn. Letztlich wären japanische Weiblichkeit oder Männlichkeit inkommensurabel, wie ja in dieser Sicht die japanische Kultur in der Tat als ein-

5 Vgl. hierzu Getreuer-Kargl 1997 und Mae 2002

malig und unvergleichbar behauptet wird. Wenn aber die Vergleichbarkeit einer gegebenen spezifischen Kultur und Genderordnung mit anderen akzeptiert wird, kann man in dieser moderat kulturrelativistischen Position den Konstruktionscharakter von Gender auf der Basis der jeweiligen Kulturgebundenheit erkennen. Die Genderwissenschaft selbst versteht sich dann so, dass sie von einer sozusagen neutralen, zentristischen Position aus die verschiedenen Genderformen und -ordnungen vergleichend zu ihrem Untersuchungsgegenstand macht. Da die Individuen aber die ‚Trägerinnen und Träger' der jeweiligen Genderform sind, kommen sie in dieser Sicht nicht als selbstbestimmte Individuen in den Blick, sondern nur als durch die jeweils kulturspezifische Genderform bestimmte.

Eine transkulturelle Genderwissenschaft dagegen, die sich zugleich als transdisziplinär versteht, ist offen für die jeweilige konkrete Problemlage, kann sie durch Multiperspektivität nicht nur in ihrer Vielfalt und Heterogenität, in ihren Fragmentierungen und Partikularisierungen erfassen, sondern öffnet sich auch für die konkreten Individuen und deren Anspruch auf Autonomie und Selbstverwirklichung. Die transkulturelle Genderwissenschaft geht von *diesen* Individuen im Sinne der Menschenrechte aus und nimmt erst dann ihre Kulturalisiertheit durch Normen, Verhaltensmodelle etc. kritisch in den Blick. Im Folgenden soll der Ansatz einer transkulturellen Genderwissenschaft am Beispiel des japanischen *Gender-free*-Konzepts kurz skizziert werden.

Das *Gender-free*-Konzept

Das *Gender-free*-Konzept ist in Japan als eine Konsequenz aus dem Paradigmenwechsel von der herkömmlichen Frauenpolitik zur Genderpolitik entstanden. Es wurde zuerst in der Erziehungspraxis der Schulen angewandt, damit Kinder nicht nach bestimmten festgelegten Gendernormen erzogen werden. Die Verfasserinnen und Verfasser des Handbuchs „Für die junge Generation der Lehrer/innen – Ist Ihre Klasse *Gender-free*?" (1995) haben den Begriff *Gender-free* als japanisierten Anglizismus von der amerikanischen Erziehungswissenschaftlerin Barbara Houston übernommen, ihm aber eine weiterentwickelte Bedeutung gegeben. Houston selbst benutzte den Begriff im Sinne von *gender-blind* und plädierte stattdessen für eine *gender-sensitive* Erziehung (Houston 1985:366). Bei dieser Begriffsübernahme scheint es sich also um ein „produktives Missverständnis" im Sinne der Komparatistik zu handeln. Durch das Miss-verstehen wurde aus dem kritisch gemeinten Begriff das neue, produktive und innovative Konzept *Gender-free* geschaffen, das mehr bedeutet, als die ur-sprünglichen Kategorien *gender-blind* oder *gender-sensitive* beinhalten. Diese Entstehung des *Gender-free*-Konzepts könnte man als einen transkulturellen Prozess bezeichnen, aus dem eine neue, innovative Kategorie entstanden ist.

Die Intention des *Gender-free*-Konzepts weist über das herkömmliche Konzept der Geschlechtergleichstellung im Sinne des Gendermainstreaming hinaus – aber in welchem Sinn und in welche Richtung? Man muss hier vorsichtig sein und sollte *Gender-free* nicht im Sinne von ‚Befreiung von Gender' oder gar ‚Auflösung von Gender' verstehen. Es geht weder um die Uniformierung der Geschlechter, noch um die Verneinung der Geschlechtsunterschiede, wie die erbitterten Gegner den Vertreterinnen und Vertretern des *Gender-free*-Konzepts unterstellen. Vielmehr geht es um die Freisetzung der Individuen von kultureller und sozialer Fremdbestimmung. Die Differenzsetzungs- und Bestimmungs- oder Definitionsmacht einer spezifischen Kultur und Gesellschaft soll überwunden werden. Durch die Individualisierungs- und Globalisierungsprozesse ist in den heutigen modernen Gesellschaften diese Entwicklung längst in Gang gekommen.

Hier hat die Wissenschaft eine entscheidende Bedeutung: Trägt sie durch ihre Begriffsbildung und durch das von ihr geschaffene Wissen zu einer Verfestigung der vorgegebenen kulturellen und sozialen Form ihrer Untersuchungsgegenstände bei, oder ermöglicht sie durch öffnende Begriffe und Theorien, Methodenvielfalt, Perspektivenwechsel, Dekonstruktionen etc. einen hegemoniefreien Diskursraum? ‚Hegemoniefrei' heißt auch: *diversitätssensibel,* d.h. offen für Diversität, und in diesem Sinn für Komplexität. Diese Offenheit und Komplexität kann nicht erreicht werden durch Generalisierung im Sinne eines Universalitätsanspruchs oder durch Relativierung im Sinne einer Festschreibung von Differenzen. Vielmehr muss die Wissenschaft kulturübergreifende und -durchdringende Analyse- und Verstehenspotenziale freisetzen oder entwickeln, durch die die bestehenden Differenzen, Partikularitäten, Fragmentierungen, Hybridisierungen etc. in einer durchgehenden Struktur aus offenen Begriffen, vielfältigen Methoden und wechselnden Perspektiven erfasst werden können. Als ein Beispiel dafür sehe ich die Genderwissenschaft mit ihrem dekonstruktivistischen Ansatz. Durch diesen Ansatz konnte sie einerseits ein kulturdurchdringendes, -transzendierendes, -vergleichendes und -übergreifendes Analysepotenzial entwickeln; andererseits konnte sie die Individualität aus allen genderbezogenen kulturellen und sozialen Bestimmungen und Festlegungen freisetzen. Damit trägt sie entscheidend zur Selbstermächtigung der Individuen bei, frei mit diesen Genderbestimmungen umzugehen.

Dies entspricht der Intention des japanischen Partizipationsgesetzes von 1999, das auf eine Gesellschaft zielt, in der Frauen wie Männer gleichermaßen frei von allen Genderbestimmungen je nach ihrer Individualität an allen Lebensbereichen partizipieren können. Und das gilt über die Genderdifferenz hinaus auch für andere Differenzen wie Ethnizität, Alter, Behinderung, sexuelle Orien-tierung et cetera. Mit dieser Erweiterung der Genderforschung im Sinne des Prinzips der Intersektionalität[6] und des Diversity-Konzepts wird die Idee einer transkulturel-

6 Der Begriff der Intersektionalität wurde 1989 von der amerikanischen Juristin Kimberlé Crenshaw geprägt. Mit Hilfe der Metapher einer Kreuzung (*intersection*), an der sich die verschiedenen Differenzkategorien wie Klasse, Ethnie und Geschlecht überschneiden, machte Crenshaw deutlich, dass beispielsweise die Diskriminierung schwarzer Frauen nur unter Berücksichtigung des Zusammenwirkens dieser Faktoren erfasst und ihr auch nur auf diese Weise entgegengewirkt werden könne

len Wissenschaft deutlich, in der es um ein neues Verständnis von Differenz und einen neuen Umgang mit Differenzen geht. Eine solche transkulturelle Wissenschaft hat nicht eine spezifische Kultur (und Nation) als Bezugsrahmen, sondern die entstehende globale Zivilgesellschaft.

Literatur

Crenshaw, Kimberlé (1989): Demarginalizing the Intersection of Race and Sex: A Black Feminist Critique of Antidiscrimination Doctrine. In: The University of Chicago Legal Forum, S. 139-167

Fischer, Bernd (2005): Multi, Inter, Trans: Zur Hermeneutik der Kulturwissenschaft. In: Internet-Zeitschrift für Kulturwissenschaften 15, http://www.inst.at/trans/15Nr/01_1/fischer15.htm (Zugriff 06.06.2011)

Fuchs, Martin (2007): Diversity und Differenz. Konzeptionelle Überlegungen. In: Krell, Gertrude et.al. (Hg.): Diversity Studies. Grundlagen und disziplinäre Ansätze. Campus Verlag, Frankfurt a.M., S. 17-34

Fukuzawa, Yukichi (1875/1959): Bunmeiron no gairyaku [Abriss der Zivilisationstheorie]. In: Fukuzawa Yukichi zenshû. Vol. 4, Iwanami Shoten, Tokyo

Getreuer-Kargl, Ingrid (1997): Geschlechterverhältnis und Modernisierung. In: Lenz, Ilse/Mae, Michiko (Hg.): Getrennte Welten, gemeinsame Moderne? Geschlechterverhältnisse in Japan. Leske+Budrich, Opladen, S. 19-58

Houston, Barbara (1985): Gender Freedom and the Subtleties of Sexist Education. In: Educational Theory 35, S. 359-369

Kang Sang-jung (1999): Orientarisumu no kanata e: Kindai bunka hihan [Jenseits des Orientalismus: Eine Kritik der modernen Kultur]. Iwanami Shôten, Tokyo

Mae, Michiko (2002): Öffentlichkeit und Privatheit im japanischen Modernisierungsprozess. In: Japanstudien 14, S. 237-266

Mittelstraß, Jürgen (1998): Die Häuser des Wissens. Wissenschaftstheoretische Studien. Suhrkamp, Frankfurt a.M.

Mishima Ken'ichi (1996): Die Schmerzen der Modernisierung als Auslöser kultureller Selbstbehauptung – Zur geistigen Auseinandersetzung Japans mit dem ‚Westen'. In: Hijiya-Kirschnereit, Irmela (Hg.): Überwindung der Moderne? Japan am Ende des 20. Jahrhunderts. Suhrkamp, Frankfurt a.M., S. 86-122

Reckwitz, Andreas (2008): Generalisierte Hybridität und Diskursanalyse: Zur Dekonstruktion von ‚Hybriditäten' in spätmodernen populären Subjektdiskursen. In: Kalscheuer, Britta/Allolio-Näcke, Lars (Hg.): Kulturelle Differenzen begreifen. Das Konzept der Transdifferenz aus interdisziplinärer Sicht.Campus Verlag, Frankfurt/New York.

Richter, Steffi (2010): ‚Cool Japanology' – Risks and Opportunities. Vortragsmanuskript, Jahrestagung 2010 der Vereinigung für sozialwissenschaftliche Japanforschung (VSJF) in Frankfurt a.M.

Spivak, Gayatri Chakravorti (1988): Can the Subaltern Speak? In: Nelson, Cary/Grossberg, Lawrence (Hg): Marxism and the Interpretation of Culture. Macmillan, London, S. 271-313

Namrata Pathak

Higher Education in Science, Research and International Collaboration - Challenges in the Indian Context

Abstract

The health of a nation depends on, among other factors, the health of the state of its ***science and technology****.*

The tradition of science in India, of course, extends back millennia, with Aryabhatta, Bhaskara, Brahmagupta, and others still celebrated for their foundational contributions to the fields of mathematics, astronomy, and chemistry. In the modern era, science and technology have been central to India's development efforts since the nation achieved independence in 1947.

Recent years have seen a growing realization among scholars, policymakers, and other observers that India lags behind other key countries and some of its BRIC partners in research investment and output. Funding for education and research has been a priority and has risen accordingly. The latest Eleventh five-year plan, (2007 to 2012) includes a four-fold increase for education over the previous plan. Overall, as Nature reported earlier in 2009, government spending on science research currently accounts for roughly 0.9% of gross domestic product; by 2012, the figure is expected to rise to 1.2%.

First, education, in general, and higher education, in particular, plays a key role in the realization of India's extraordinary potential and aspirations for economic and technological development. Secondly, precisely because of this potential and its implications for individual advancement, there is an extraordinary demand for higher education among India's young. However, considering both the sheer size of the country and the nature of its development potential, they become exceptionally powerful forces for determining the social, economic, and political dynamics of higher education in India.

Higher education in India has evolved in divergent and distinct streams with each stream monitored by an apex body, indirectly controlled by Ministry of HRD. Under the Constitutional scheme, ''education''is in the concurrent list, and the Union Government and States exercise joint responsibilities.

India is today one of the fastest developing countries of the world with the annual growth rate going above 9%. In order to sustain that rate of growth, there is need to increase the number of institutes and also the quality of higher education in India. Therefore the Prime Minister of India announced the establishment of 8 IITs, seven Indian Institutes of Management (IIMs) and five Indian Institutes of Science, Education and Research (IISERs) and 30 Central Universities in his speech to the nation on the 60th Independence Day. The outlay for education during the 11th Five Year Plan, which runs from the current fiscal to 2012-13, represents a four-fold increase over the previous plan and stands at Rs 2500 billion

Educational Policy

After the country attained independence in 1947, systematic efforts have been made towards preparation of educational policies in India such as; University Education Commission (1948-49); The Secondary Education Commission (1952-53), and the Education Commission (1964-66). The 1968 National educational policy led to the common structure of education throughout the country. Another NPE came in 1986, and was further modified in 1992.

The System of Education in India

The educational structure in India is generally referred to as the **Ten + Two -+Three (10+2+3) pattern**.

- *Primary Education*: Consists of classes I–V in almost all the states of India.(referred to as Elementary education)
- *Middle Education*: This stage comprises of classes VI–VIII.
- *Secondary Education*: Consists of classes IX–X.
- *Higher Secondary Education*: This stage is also known as the senior secondary stage and comprises of classes XI–XII (10+2 pattern) and after passing out from this students can directly get admitted to degree classes in colleges/universities.

*(**NCERT**- National Council of Educational Research & Training, set up in 1961, assists and advice Union Ministry of HRD and State Governments in formulation & implementation of policies and programmes in the field of School Education)*

Levels of Qualification within the higher Education System

There are three principal levels of qualification within the higher education system in India. These are:

- **Bachelor**/undergraduate level (Students in bachelor level education are admitted after 12 years of school education. Bachelors degrees in arts, commerce and sciences require three years of education. In some places there are honours and special courses available) India's higher education system is the **third largest** in the world, after China and the US..
- **Master's**/postgraduate level (normally of two years duration)
- **Doctoral/pre-doctora**l level (M.Phil)
- **Diploma courses**: These are also available at the undergraduate and postgraduate level. At the undergraduate level, the length of these courses varies between one and three years, while postgraduate diplomas are normally awarded after one year's study.

*India's higher education system is the **third largest** in the world, after China and the US*

Indian Education - Major Stakeholders:-

- **Government-** Both Central & State Governments
- **Recognizing Body-** University Grants Commission (UGC- established in 1956)
- **Higher Education Providers-** Universities & Colleges
- **Quality Assurance Bodies-** National Assessment and Accreditation Council (NAAC) and national Board of Accreditation (NAB)
- **Professional Councils-** 12 Professional Councils, namely;
  All India Council of Technical Education (AICTE- 1987), Distance Education Council (DEC), Indian Council of Agricultural Research (ICAR), Bar Council of India (BCI), National Council for Teacher Education (NCTE), Rehabilitation Council of India (RCI), Medical Council of India (MCI), Pharmacy Council of India (PCI), Indian Nursing Council (INC), Dental Council of India (DCI), Central Council of Homeopathy (CCH), Central Council of Indian Medicine (CCIM)
- **Teacher's Association-** All India Federation of University & College Teacher's organization (AIFUCTO), Federation of Central University Teacher's Association (FEDCUTA) and individual Associations at Universities and Colleges

- **Student's Association**- National Students Union of India (NSUI), Students Federation of India (SFI) besides individual Universities and College level associations
- **Open University System**-IGNOU set up in 1985 has a nation-wide jurisdiction in the field of distance education

Some institutions of India, such as the Indian Institutes of Technology (IITs), have been globally acclaimed for their standard of education. Three Indian universities were listed in the times higher education list of the world's top 200 universities — Indian Institutes of Technology, Indian Institutes of Management, and Jawaharlal Nehru University in 2005 and 2006. 6 Indian Institutes of Technology and the Birla Institute of Technology and Science - Pilani were listed among the top 20 science and technology schools in Asia by *Asiaweek*. The Indian School of Business situated in Hyderabad was ranked number 12 in global MBA rankings by the *financial times* of London in 2010 while the All India Institute of Medical Sciences has been recognized as a global leader in medical research and treatment.

Some of the Major Challenges that the country face today are:

According to the United Nations Educational, Scientific and Cultural Organization (UNESCO), India has the lowest public expenditure on higher education per student in the world.

- Educational Policies are in place and are forward looking but they get rapidly enmeshed in deep bureaucracy and politics. The 2005 Supreme Court judgment ordered closure of over 100 Universities & Institutions as a reflection of poor quality control by Government Institutions.
- Last year, the government disclosed disturbing figures about the dwindling number of scientists in ISRO, Department of Atomic Energy (DAE) and Defense Research Development Organization (DRDO).This high level of attrition has been attributed to the remunerative packages offered by the IT, communications ,the corporate world and abroad.
- Brain Drain / Financial Drain/ Intellectual drain v/s Brain share/ Brain Circulation?- it is estimated that the 160,000 Indians studying abroad are spending roughly $4 billion each year outside of India
- Quality Control in Higher Education-
- Lack of capable leadership & competitive and quality faculty members
- Talent crisis/ poor standards/ shrinking resources - A current lack of human resources i.e. the availability of qualified researchers has not kept pace with the increased funding / poor infrastructure support

- Indian science has suffered a lot from an inward-looking crab mentality, a reluctance to share infrastructure, a disregard for scientific ethics, and the lack of a new generation of science leaders.
- Taking into account the billion plus population , the population-institute ratio is close to NIL
- Excessive pressure on scientists to generate income for their labs has forced researchers to deviate from their core competence to cater to the requirements of funding agencies
- Mass opening of sub-standard engineering/ medical colleges and private universities, where for admissions merit is not the criteria but donation and politics is .
- Absence of enough job opportunities thereby increasing number of educated unemployed youth - There is a mismatch between the degree earned and the demand for employment in the market. Hence, we find shortage of skilled manpower in critical fields along with chronic oversupply of unemployable youth of today.

18 TIMES NATION
9th SEPT. 2010
Delhi is also PhD capital of the country
West Bengal Ranks Second; Maharashtra Has Highest No. Of Univs But Is 3rd On List
A Feather In The Cap

- Level of critical thinking, independent thinking and practical skills are almost nil in today's education system
- Over –centralization and lack of autonomy and accountability
- A Wide gap between teaching and research in our education system- delinked…considered as a distraction
- Financial incentives/ salaries are not competitive
- e. learning (ONLINE Education) – A very crucial tool for country like India , is yet to catch up with common masses. We ought to give v. high priority to e. learning, an inexpensive and convenient mode of education.
- Regular University-Industry interaction which is critical to raising funds from corporate sources as well as restructuring the curriculum in tandem with the changing needs of the industry is missing in India.
- Working conditions for women in S& T needs attention
- Inflexible academic structure, uneven capacity across various subjects, eroding autonomy of academic institutions, and the low level of public funding are well known - dysfunctional regulatory environment
- The Reservation System/ policy

> **"IITs slip in Asian university rankings"**
> *QS Asian University Rankings, May 14, 2010*

Privatization of Higher Education, although has contributed to meet the ever growing demand for higher education (post senior secondary stage), yet their qualitative assessment is not that overwhelming (other than some Institutes) thus paving way for massive improvement and ideological commitment.

There is apprehension in the minds of many that unregulated private sector education will also invite 'fly by night operators' who will open bogus universities and colleges and cheat students of their money. Effective surveillance and better regulation needs to be brought in to maintain quality and competitiveness of privatized education sector. Regulatory authorities like UGC and AICTE have been trying very hard to extirpate the menace of private universities which are running courses without any affiliation or recognition. Students from rural and semi urban background often fall prey to these institutes and colleges.

"Lack of funds hampers social science research"

October 5, 2011, Times of India

Indian council of Social Science Research (ICSSR) chairperson's recent presentation to HRD minister Kapil Sibal on the roadmap for social sciences research brings out the yawning gap between the Minister's aspiration to step up research and the ground situation.

During the 11th plan, ICSSR could sanction only 30% of research proposals. ICSSR admits that low funding affected quality.

ICSSR pointed out that out of 2.5 lakh teachers in social sciences, on an average 8,333 teachers require research grants. But it is so far being given to only 693 teachers.

"Experts echo Murthy's view on IITs"
Teachers and Industry blame SELECTION PROCESS for declining standards

October 4, 2011, Times of India

The quality of IITians is under fire again. Four months after Union Minister Jairam Ramesh slammed IIT teachers for their substandard profiles; Infosys Chairman NR Narayana Murthy has criticized the students graduating from the country's premier engineering Institutes. According to Murthy, the quality of students entering IITs has deteriorated over the years and they often lack skills required by the industry. IIT teachers and Industry experts, too, feel, IITians are not formidable anymore. Murthy blamed coaching centers and the current selection process of the IITs for declining standards.

International Collaborations towards Research & Development

Challenges in higher education are no longer only **nation centric**. They have already attained **global dimensions**, particularly after trade in services has been brought under the purview of the **WTO regime**, where **competence** is the cardinal principle of success in international operations which has made it abundantly clear that the country should exploit its excellent **potential** in higher education and training facilities and prepare itself to **export the Indian brand** of education to foreign countries.

A new approach (in the XI Five Year Plan (2007-2012) of Government of India, Planning Commission, 2006), has been suggested for international collaborative programmes to ensure that national priorities are taken care of. The International Collaboration Inputs and activities should be leveraged primarily aiming at complementing and supplementing ongoing national efforts in selected areas of basic research. New initiatives aiming at developing and implementing mega S&T projects both in areas of basic sciences and other areas of need including societal needs also should be given due importance and priority. International collaboration inputs should also be effectively used in developing world class facilities in selected areas in the country as well as for India's participation in major International S&T mega projects/initiatives.

India-China Climate Cooperation Thrives with the "Spirit of Copenhagen"

May 10, 2010

Indian Environment Minister Jairam Ramesh described the "Copenhagen Spirit" as substantially improving ties between China and India and leading to improved cooperation in related ***environmental areas,*** *including* ***hydrographic data, glaciological research*** *and* ***forestry.***

Global Research Report India, The New Geography of Science: Research and Collaboration in India

October 2009

India, like other 'BRIC' group members- Brazil Russia and China, is building on its ***vast resources*** *and potential in becoming a lead economic power.*
Funding for education *and research has been a priority and has risen accordingly.*

Growth in Papers
The rise is even more impressive given that, in 1981, India accounted for just above 14,000 papers in the Thomson Reuters database. The 2007 total constitutes an ***increase of roughly 80%*** *in seven years from 2000.*

Nonetheless, the absolute volume for India is ***still only about half*** *that for countries such as the UK, Germany, China or Japan. This is a surprise given the capacity of its economy. It has typically taken a* ***2.5%, now rising to 3%, share of world outputs.***

India's share of total world activity-proves to be diverse, with Chemistry on top followed by Agricultural Sciences & Pharmacology respectively. India's leadig International research partners in the last decade have been USA, Germany & U.K.

Opportunities and challenges in South–South collaboration

A. Osama, May 2008

Scientific collaboration between developed countries, such as members of the Organization for Economic Cooperation and Development (OECD), and to a lesser extent between developed and developing countries have become increasingly popular since the 1970s and '80s. But ***South–South collaboration*** *between developing countries has only recently emerged.*

Several international scientific organizations, such as the Academy of Sciences of the Developing world (TWAS), Consortium on Science, Technology and Innovation for the South (formerly the Third World Network of Scientific Organizations), the African Union (AU) and the OIC's Standing Committee on Science and Technology (COMSTECH), have started promoting South–South research collaborations

Concrete benefits-

- *South–South collaboration lets countries work together on* ***shared problems*** *such as tropical diseases, agricultural needs or threats from climate change;;*
- *Collaborating countries help each other develop their* ***indigenous capacity*** *to generate manage and use science and technology to address their needs.*

Flip side is-

- *Availability of funding is considerably limited and often such initiatives fail to go beyond mere political slogans.*
- *Also working with scientists from similar institutional backgrounds may deprive collaborating scientists of opportunities to learn from International best*

To ponder over emerging issues (as thrown upon by various contributors):

- What would be the most appropriate level for the collaboration (for example, between countries, between institutions or between individuals)?
- Experiences suggest that Initiatives between developing countries remain critically under-funded, and often fail to go beyond mere political slogans.
- A survey result (AUCC's 2006) demonstrated that there are some barriers to faculty engagement in research collaboration with developing country partners, including lack of funding, lack of institutional recognition of faculty members' efforts, the absence of a coherent government policy framework expressly in support of research collaboration for development, competition with domestic research priorities, and a lack of internal institutional support.
- Whether these collaborations will produce new centers of excellence while leading to creating capacity building for research in developing countries or just more research relevant to developing countries?
- Assessing / measuring impacts of International S & T collaboration, in order to evaluate its effectiveness- for qualitative and long-term outcomes & impacts
- International collaboration leading to Brain-drain or brain-sharing??
- Cultural Diversity/ attitudes/ Communication barriers- inhibiting factors in scientific exchange/ co-operation?
- Commercialization & commodification of higher education- placing undue importance on economic benefits than on academic & scientific contribution of higher education in society
- Risks associated with various kinds of rogue providers and diploma mills
- Quality assurance and accreditation (i.e. standards of education & benchmarking) along with recognition of qualifications and credits.
- Difference in interests, cultural, psychological barriers, political structures, IPRs

No matter, how much International collaboration/ funding support our Indian R & D receives, ultimately it is the commitment, sincerity, achievements, innovations and putting research output to good use, would matter the most!!

SUGGESTIONS for FIXING of ISSUES as raised above:

The time is very opportune for India to make its transition to the knowledge economy – an economy that creates, disseminates, and uses intellect & knowledge to enhance its growth and development, based on scientific research and trained /skilled workforce.

Measures are also needed to enhance the quality and relevance of higher education so that the education system is more demand driven, quality conscious and forward looking, especially to retain highly qualified people and meet the new and emerging needs of the economy.

- Synergy and collaboration must be promoted between national institutes and centres of excellence in the universities, free from bureaucratic obstacles
- Industries may be encouraged to be partners with educational institutions directly for the development of human resources dedicated to their interests. This could happen in the areas of creating infrastructure, faculty sharing and direct support with funds- **PPP**
- The industries belonging to a **specific discipline** or **related disciplines** shall be encouraged to establish state of art R & T centres to develop the necessary specialized **man power**.
- Strong **quality control measures** to assure performance above an acceptable benchmark is essential for the institutions.
- The **Governmental control** in the Universities must be reduced, so that the University autonomy and accountability are strengthened and academic decisions are taken on merit
- Launching lucrative and specific courses for **foreign students**
- Developing **innovative educational programmes** /products, having high potential for raising resources, making use of the institutional autonomy.
- The need of the hour is to inculcate **human values** in the University students, in order to promote *societal* concern and responsible citizenship; so that such an effort is in the interest of the students, society and the nation.
- New forms of governance, especially with regard to the twin issues of **autonomy** and **accountability,** is thus of critical importance for the future of the system.
- Providing a rational **student-teacher ratio**.
- Introducing '**earn while you learn**' scheme for needy students.
- Studying abroad, primarily in the United States and the United Kingdom, has played a major role in expanding and enhancing the pool of qualified Indians. Altogether, 160,000 Indian students study abroad, and it is likely that especially European efforts to attract larger numbers of talented students from abroad (as in the "*Erasmus Mundus*" program are likely to make these numbers grow further)
- Project leaders must have total freedom from unnecessary **red tape**, in order to attract contract research and competitive grants

The Business of Teaching
Quality –conscious players must be incentivised to come into the higher education sector

The Times of India, October 8, 2011

Ex- academics, world class corporates and honest people will never touch education, for they do not want to pay bribes and devise shady methods to bypass no-profit rules.

When you have corruption in infrastructure, you have pot-holed roads. When you have corruption in education, you have pot-holed minds. We are destroying an entire generation by not giving access to the world class education it deserves.

.....when it comes to education, it needs a sense of ethics and quality. Good people must be incentivised to open colleges....

- Measures are also needed to enhance the quality and **relevance** of higher education so that the education system is more demand driven quality concious, and forward looking, especially to **retain** highly qualified people and meet the new and emerging needs of the economy
- To surmount these difficulties, India requires not only massive **rearrangements** in both the provision and the utilization of public as well as private resources, but also profound and durable changes in **institutional cultures** inside and outside higher education

Teaching and Research: Inventing a Connection

Current Science, 10 July, 2009

The barriers between the various disciplines of science are generally impregnable, leaving students with very little opportunity to acquire a taste for subjects which may help them enter areas of interdisciplinary research. Fragmentation begins early, with subjects like biology and computer sciences becoming mutually exclusive .....

Why is there so little teaching in our research Institutions? Is it because senior researchers believe that teaching is a distraction that takes away valuable time for research? Is it because that teaching requires a certain discipline that is constraining?

The segregation of teaching and research may be one of the most limiting and undesirable features of the Indian higher education scene. The IITs and the newly creates IISERs are examples are examples of attempts to promote undergraduate and postgraduate programs in an environment where research is encouraged.

The responsibility for engineering a transformation in arena of higher education must fall not only on universities and governments, but also on research institutions. The time seems opportune to invent a robust connection between teaching and research.

Teaching & research both, go hand in hand and in tandem. A faculty enriches his/her research through ides that sprout and get ignited while teaching with the bright graduate/ PG researchers.

My Experiences:

"From Internationalization of Institutions of Higher Education to Transcultural Science"

A. IFU- International Frauen Uiversitaet, July –Oct 2000, As Lecturer & Tutor, Project Area 'WATER" , University of Applied Sciences, Lower Saxony , Suderburg , Germany, www.vifu.de

Responsibilities:

- Knowledge transfer
- Designing of the Programme
- Conducting Comparative Analysis
- Supervised and moderated discussion groups and workshops
- To lead seminars and preparing recommendations
- Promote Professional and Intercultural Communication

OUTPUT- 2 Chapters in the IFU Publication,' Sustainable Water & Soil management', 2002, *ISBN 3-540-42428-8*

Supervised research Work on 'Water Processing & Rainwater Harvesting"- various kinds of water treatment & Rainwater Quality and Standards, for 12 Post Graduate Students

B. 1st PROUD recipient of Maria Goeppert Mayer -Programme Scholarship ,Im Sommersemester, 2001 , Department of Water Quality and Waste Management, University of Hannover, Germany (www.mwk.niedersachsen.de/ master/ 0,C365318_N293200_L20_D0_I731,00.html)

Output - 2 months of Guest Professorship, 1st May 2001 - 2nd July 2001

Undertook series of Lectures along with R&D of Wastewater Treatment Plant which led to 1 Joint Publication

C. Workshop, Hannover, 21 June, 2001,“ Internationalisierung von Forschung und Lehr“Erfahrungen und Ergebnisse aus internationaler Sicht- An Invited Presentation

D. N. Pathak, one of the 13 women selected for an Exhibition project "Departure - Arrival "of the Department of Science and Culture of the State Government of Lower Saxony, Germany; Concept & Realization: HBK Braunschweig School of Arts, entitled ***"Where is Minerva: Way findings of Successful Women".***

The other 11 women were from Europe and 1 from South Africa. The opening of the exhibition was on the 6th June 2003. Niedersächsischen Land Tag, Hanover, Germany. The pictures from the opening are on the web: http://www.msii.de/minerva/index02.htm. It was a flying exhibition, displayed at various Universities all over Germany. A biography on these women was also released, 6th June 2003

To summarize my overwhelming experience, majorly from Germany and from other countries, let me illustrate it through two diagrams below…

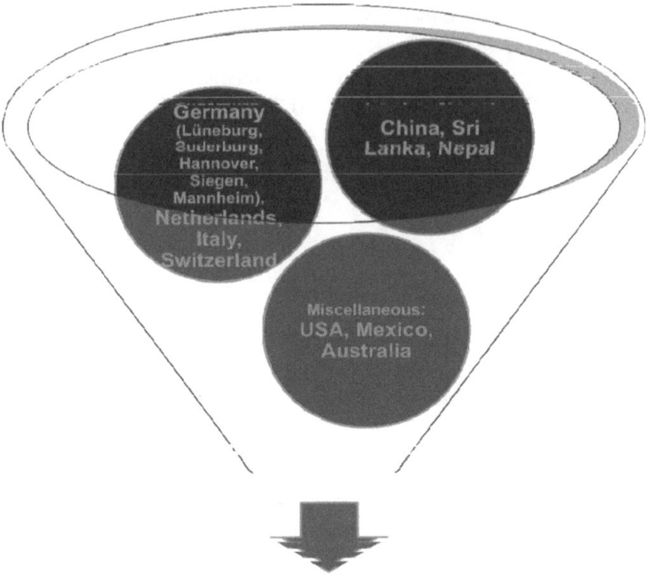

My academic pursuits in the countries above has led to TRANSCULTURAL EXCHANGE thus Expanding my HORIZON

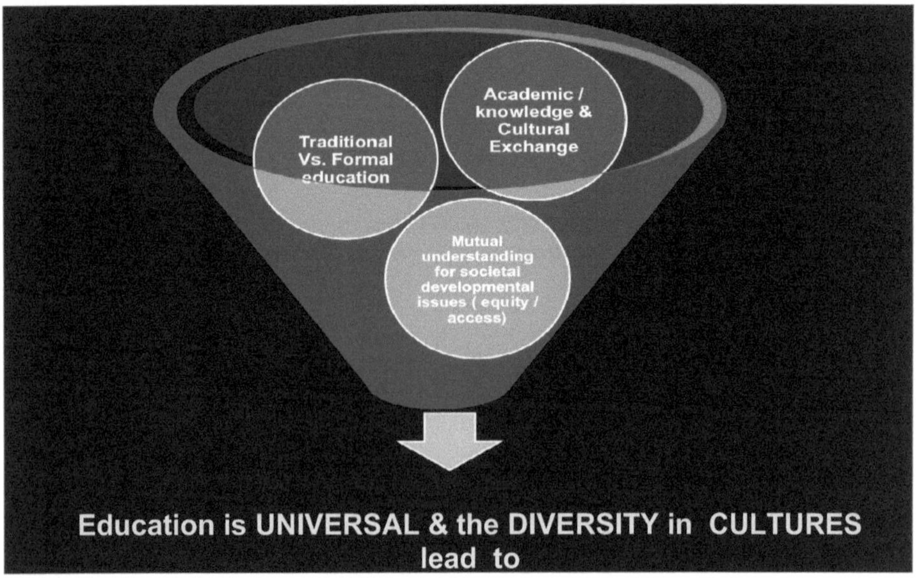

CONVERGENCE & not drawing PARALLELS

References:

Athar Osama, "Opportunities and challenges in South–South collaboration", 14 May 2008, Policy Briefs. http://www.scidev.net/en/science-and-innovation-policy/south-south-cooperation/policy-briefs/opportunities-and-challenges-in-south-south-collab.html

Dirk van Damme, Prof. Dr., Ghent University/ Flemish Interuniversity Council. "Higher Education in the Age of Globalisation- The need for a new regulatory framework for recognition, equality assurance and accreditation", 10-11 September 2001, http://www.unesco.org/education/studyingabroad/highlights/global_forum/presentations/keynote_eng.doc

International Research Collaboration, June 2009, http://www.aucc.ca/_pdf/english/publications/irc_e.pdf

Jonathan Adam, Schristopher King,Vinay Singh, Global Research Report- INDIA, Research and collaboration in the new geography of science, OCTOBER 2009, http://science.thomsonreuters.com/m/pdfs/grr-India-oct09_ag0908174.pdf

K. S. Jayaraman," Indian science is in decline, says prime minister *Nature* 445, 134-135 (11 January 2007) | doi:10.1038/445134b; http://www.nature.com/nature/journal/v445/n7124/full/445134b.html

Report of the steering Committee on Science & Technology for Eleventh Five Year Plan (2007-12), Government of India, Planning Commission, December 2006, http://www.dst.gov.in/about_us/11th-plan/rep-s-t.pdf

Sachi Hatakenaka, "New Developments in International Research Collaboration" (www.bc.edu/bc_org/avp/soe/cihe/newsletter/Number50/p11_Hatakenaka.htm)

U. C. Lavania, Five-point plan to revive and reform Indian science, *Nature* 445, 484 (1 February 2007) | doi:10.1038/445484c; Published online 31 January 2007 http://www.nature.com/nature/journal/v445/n7127/full/445484c.html

11 Draft Report of Working Group on Higher Education, 11th Five Year Plan (2007-12), Government of India , www.planningcommission.nic.in
http://science.thomsonreuters.com/m/pdfs/grr-India-oct09_ag0908174.pdf
http://www.nature.com/nature/journal/v445/n7124/full/445134b.html
http://en.wikipedia.org/wiki/Education_in_India

Higher Education in India Issues, Concerns and New Directions, recommendations Of UGC Golden Jubilee Seminars- 2003, University Grants Commission, New Delhi

Working paper No. 179," Higher Education in India: Seizing The Opportunity", Sanat Kaul, May 2006, www.icrier.org

Higher Education in India: Reflections on Some Critical Issues, Hans N. Weiler, Stanford University,August 2007 http://www.stanford.edu/~weiler/Texts07/Notes_on_Indian_Higher_Education.pdf

India-China Climate Cooperation Thrives with the "Spirit of Copenhagen" http://www.chinafaqs.org/blog-posts/india-china-climate-cooperation-thrives-spirit-Copenhagen

Ida Sabelis[1], Frans Kamsteeg, Harry Wels

Globalization and Diversity – from local quality to global Inspiration

Abstract

World-wide higher education is increasingly characterized by diversity. On the waves of globalization and social equality movements, research groups, teacher and student populations, as well as academic programmes have become more diverse in terms of internal (demographic) composition and diversification of interests and institutional policies. Gender, race-ethnicity, international exchange, but also the augmenting multiplication of scientific (sub) disciplines and the institutional development of higher education are part of this process[2]. While diversity has the potential of enriching the academic community (and possibly in a broader sense, society as a whole), underlying processes are often far from unproblematic. It is therefore inspiring to look at what is going on elsewhere, to compare pitfalls and opportunities, and to develop new perspectives for local problems by exchange on the international level. Both transcultural science and processes of internationalization could benefit from an analysis of the assumptions that feed into the diversity debates in different countries, as well as from the different modes of diversity as developed from local contexts and specific situations.

Introduction

The very concept of diversity suggests difference; and difference frequently is the source of contradiction, inequality and exclusion. Therefore, diversity as a concept already challenges the ideal of a cohesive academic community. The ways in which universities - as traditional academic communities – and other institutes for higher education (HE) deal with - what we term - the quality test provided by the adoption of diversity, are interesting and inspirational for social scientists and higher education managers alike. What can we learn from each other, personally, professionally and on the institutional level? Although important research on the issue is being done at the local/national level (Janssen

1 This article is based on a presentation by Ida Sabelis during the Conference 'From Internationalization of Higher Education Institutions to Transcultural Science', 16-18 September, Leuphana University, Lüneburg, Germany.

2 The concept of diversity is currently used for rather diverse processes, depending on geographical context or disciplinary background. Besides the 'traditional' meaning (see below), all of a sudden, diversity is also used to describe interdisciplinarity and diverse academic systems (as in Van Vught 2008).

et.al 2008, van Vught 2008, Ortiz and Santos 2009), the global nature of the phenomenon and its role as a major source of social change require that research aims be broadened, and assigned an internationally comparative nature. In this article, we therefore report on our involvement in international debates over higher education and diversity in order to enhance those and to gain new inspiration for local contexts.

During an expert seminar, 24 March 2010 at VU University Amsterdam, the possibilities of a comparative research project in three different national contexts were explored: colleagues from the Netherlands, South Africa (SA), and the United States of America (USA) (University of California Los Angeles, UCLA) gathered to exchange views and experiences, in order to set up a joint research project. In all three countries institutions of higher education experience the pressure of an increasing influx of citizens from diverse backgrounds. Needless to say, this pressure is different in nature in South Africa's post-apartheid situation compared to multi-ethnic California, or to the Dutch post-immigration context. Furthermore, in all three countries research and research supported policies in this field are increasingly popular, though the scope and development of both are not on the same level, nor inspired by the same discourse/s. Several schemes of insight were developed during and after the 2010 meeting. The most important result was the composition of a preliminary framework further to build upon.

The invitation to present and discuss the preliminary results of the Amsterdam meeting in Lüneburg, Germany, during the international conference 'From Internationalization of Higher Education Institutions to Transcultural Science' in September 2010, provided an opportunity to share the Amsterdam experience with other European colleagues. In addition, contextualizing the debate in terms of 'transcultural science' provided a different scope again to reflect on the opportunities and the pitfalls involved in the ongoing tension between making our institutions 'a better place for all' (cf. Thomas 1991) and the neoliberal developments of higher education in the European context (cf. Archer 2007). Moreover, discussing diversity in yet another country triggered curiosity about an additional local source of inspiration.

This paper thus entails reflection on the results of both meetings. First, we sketch the background of our involvement, including attention to the process character of the project. Second, we problematize the differences within the debates in terms of international differences and overlap. And finally we present preliminary conclusions, or a consideration of the ongoing dialectical process of developing diversity globally while living, perhaps even managing diversity locally, each of us in our own little place in the world.

Analyzing an ambiguous concept

The main conclusions of the Amsterdam seminar were firstly, that it is indeed important to view diversity as an asset in higher education, but that internationally speaking, comparative research as suggested (and desired) has been rather absent until now. Secondly, that diversity managers in higher education need a better understanding of the complex diversity processes at stake in order to adequately and effectively develop and implement diversity policies. And thirdly, that the different national and institutional contexts show fascinating similarities as well as differences which from a scientific perspective are worth more in-depth study; from different disciplinary perspectives, and preferably also in multi-lateral research teams. The question is what a design for such a research project might look like; and what conditions can be agreed upon to discuss diversity from a frame of reference that is both flexible and yet provides guidance for the broad input to be expected in terms of both national (regional) and disciplinary input.

By implication, the concept of diversity is broad and indistinct; it has analytical as well as normative connotations, which is no doubt due to the fact that it has been employed as much by policymakers as by researchers. Furthermore, it is a concept closely linked to identity. Both diversity and identity are often explained by framing them together with specifying adjectives (cultural–, religious –, ethnic –, racial –), or nouns (gender -, language - , age -)[3]. It seems that in HE all of these are relevant, though in varying degrees per context, i.e. per country or region. This is a reason why, for analytical purposes, we might do well to adopt a multi-dimensional or intersectional approach (Benschop & Doorewaard 1998, Acker 2006) for analysis.

Also from a normative perspective, 'diversity' has varying meanings, generally linked to the pervasive consequences of the power play of normality and its negative conception of difference, leading to processes of stereotyping and othering (Pickering 2001). Diversity then becomes, or continues to be, a problem. From a positive connotation, while reframing difference into equality, diversity is directly linked to quality. Consequently, diversity becomes an asset (Brink 2010). Dealing with diversity from a normative perspective then might benefit from the same multi-dimensional approach the other perspectives require (see Figure 1). We gain inspiration here from the comprehensive overview of paradigms as presented, among others, by Thomas and Ely (1996). A more recent, critical review of diversity in the context of national policy discourse is offered by Louise Archer (2008). In her!! discussion of the discourse of "widening participation" in HE in the UK, Archer criticises the different goal – settings of diversity in the paradoxical context of neoliberalism and the development, like in

3 For one of the roots of dealing with multiple differences both conceptually as well as analytically, see also Lida van den Broek (1988) *Am Ende der Weißheit.* Berlin: Orlanda Verlag. Further theorized into the concept of 'intersectionality' by among others Crenshaw 1991, Benschop & Doorewaard 1998, Acker 2006

wider Europe, of a more uniform academic setting: (new) universities becoming competitive players, also internationally, to secure further existence (their survival?) by making their own money. Especially in Europe universities traditionally were funded by the government. Currently, there is a tendency to decrease funding, while at the same time more students are encouraged to enter HE. Archer's critique illustrates the paradigm debate over diversity in this context. The debate ranges from pleas for social justice (the fairness, or equity paradigm), via the striving for access of specific groups (i.e. implying control under the promotion of access for formerly-excluded groups and other forms of legitimacy) all the way to abandoning dichotomous thinking in terms of inclusion (diversity at work as a holistic device). While it seems already difficult to agree upon the paradigms that are at stake in the different debates, the expansion of HE in terms of its economic survival seems largely counterproductive to 'diversity as an asset'. For instance, while internationalization helps to expand the pool from which to attract a very diverse student population, economic expansion is always aiming at efficiency, while saving of time and money implies uniformity of demands. Thus, neoliberalization runs counter to the option of creating safe spaces and taking time for diversity (Ghorashi 2010) as a process that is inevitable in our global context.

Diversity perspectives

The fact that the diversity concept involves both analytical and normative connotations should, however, not create a divide between those interested in science or reflection, and those who struggle with policy design and implementation. To the benefit of both, and bridging the divide between the two lines of thought, we envision expansion of international cooperation in research which is broad by implication, detailed in its elaboration, and for the time being: engaging in process more than in facts and figures. Diversity cannot be termed a new asset, but by implication diversity is a theme that suggests ongoing adaptation, flexible action, and dealing with the unexpected all the time. Others entering the organisation confront the *status quo*. Demands for change of improvisation always emerge unexpectedly. Consecutively, this leads to various sub questions and to subprojects, especially to feed local experiences into the bigger scheme. Figure 1 serves to summarize this line of reasoning.

Fig. 1: Three complementing perspectives on diversity

I	**The diversity of diversity**: the analysis of the concept in an international HE context	Scientific interest theoretical underpinning of the HE research, embedded in conceptual debates and his torical analysis: mapping the terrain
II	**Diversity as quality**, the quality of diversity: towards a process approach in HE	HE policy and management interest: reframing/mapping the problem focus into an asset
III	**Diversity in the political arena**: the politics and policies of diversity	Societal interest exploring the civil (social) benefits (social capital) of a diversified HE sector and beyond HE spreading to wider circles of interest.

It is the huge variance in the conceptualization of the diversity concept in HE contexts (themselves having very different features) that makes for the relevance of this perspective. As mentioned, not only diversity as an identity issue is meant here, but increasingly also the disciplinary and paradigm based dimensions. Consider for example the vast differences in the organization of secondary education between the USA and SA on the one hand, and Europe on the other. Despite the Bologna Convention[4] that served to introduce a more comparable and general (coherent) system of HE in Europe, the respective countries still largely cherish their own systems[5]. And, obviously, within the academic community competition has evolved past the disciplinary borders. Hence diversity is being applied to the various academic fields as well, materializing among other things in fierce debates over epistemologies and methodologies to the extent that we sometimes have difficulty to understand each others' professional habits[6].

---

4 The Bologna Process is named after the place where the treaty was agreed: the University of Bologna in the Italian city of Bologna. In 1999 the Bologna Declaration was signed by Ministers of Education from 29 European countries. It serves the longstanding purpose of harmonizing HE in Europe, and adapting HE to a more global system – also with the aim of providing better opportunities for international exchange for students of the (mainly Western) world.

5 Our experience with the Dutch and the German systems at least show that institutions have largely moulded the traditional programmes into the new format. And for good reasons: redesigning programmes takes a lot of time and effort; both were not abundantly provided during the change processes. Furthermore, academic institutions are big and slow, whereas the 'change' usually came 'over night' as a managerial asset. And finally, reliance on the (known and proven) quality of the old programmes was only 'natural'- considering the ambiguity of the change process.

6 Not unexpectedly, there is another paradox here: while interdisciplinarity (and even *trans*disciplinarity) is being promoted from the assumption that we should cross borders and combine forces in order to overcome differences and to better understand each other in a globalizing world, whereas market-driven competition on the institutional level seems to evolve more around the 'traditional' divides, e.g. the natural sciences vs. the social sciences. Yet, this is another topic and shall be discussed elsewhere.

The different admission procedures for students in HE in the respective nations constitutes another angle from which to analyze the problem. This perspective makes it possible to trace the discourses of and around diversity. Moreover, it challenges us to become each others' 'mirrors': by discussing what seem to be local problems, we can both detect similarities in the process and help each other to detect 'blind spots' that we wouldn't become aware of except via comparison. Nothing is as strong as wonder over the others' habits when it comes to discovering new ways of dealing with old problems.

From the second perspective, we look at HE as a dynamic field, where knowledge aimed at problem-solving in the broadest sense is being produced in the academic arena. Institutions are challenged to include contesting views, and to turn inequalities into quality issues. Studying, or rather mapping how institutions manage to cater to these transformative opportunities, is a fascinating research topic that may activate institutional management as well as academics to demonstrate the added value for the sector, and for the community at large. The demand for higher education and qualified professionals differs from one country to the next, but e.g. the challenge to reconcile academic standards and flexibility on admission procedures, is a pressing issue that requires solid research input. Of course, a certain type of class related issues are linked to academic reputation. This implies that competition between countries can be fierce. On the other hand, if we regard diversity as a process of opportunities, short term competition could be transformed into mutually complementing or matching assets. Although we are aware of the fact that, especially on the structural levels, it is often hard to abandon the 'old ways'[7].. Serious engagement with diversity inevitably requires a flexible way to look at the ways 'we are used to do things around here'. A market strategy aiming at individual gain by universities might, from a diversity perspective, be turned into a complementary strategy through which in due time all institutions benefit instead of competing with each other to the brink of extinction.

Finally, diversity in HE is not an isolated phenomenon, nor can it be studied in isolation. Institutions from this sector are part of a civil society that is differently phased and shaped in the US, SA, the Netherlands, and Germany – and the UK and Australia, according to Louise Archer (2008). As education is generally believed to be one of the prime contributors to social transformation, studying the vicissitudes of the concept as policy, practice, and process has added value for the respective societies. One of the questions that can be raised in this context is, whether diverse universities e.g. generate social capital within and beyond their boundaries, and what kind of impact might this have on their environments? After all, diversity (development) is not just an asset for HE; it is important in different ways in the respective countries – depending on the country's history in coping with differences, and the diverse diversity dimensions that prevail. For instance, in some countries racism (and a history of race related issues) is more

7 Implying the neoliberal idea of market-like competition in academic life, see e.g. Parker & Jarvis 1996, Archer 2007, Nelson 2010

prominent than gender. Along these lines, the history of diversity in USA from the nineteen fifties on was intertwined with issues of race. In the Netherlands, and to some extent in Germany, the liberation movements of the 1960s were more inspired by issues of class and power. In sum, both the history of diversity and the diverse foregrounding aspects in the different national and institutional contexts feed into the debates, and probably determine into which societal areas strategies have more of a chance for success.

From whatever angle we look at diversity, it will always require a view that is dynamic and focused on process (Maré 2010). Such a perspective naturally flows from Beall's argument (1997) that a distinction between 'difference' and 'diversity' is insightful, because how we conceptualize distinctions between people affects the way in which we understand them and treat them. In Beall's case it is through development projects; in our case via the relationship between staff and students, and between and among each other; the multiple formal and informal interactions that are involved in that relationship, and the responsibilities that are implied in those relationships – in other words: 'diversity' within tertiary education institutions. As nouns these two words are similar; as verbs they are not. And it is this distinction, as illustrated by the acts of 'differentiating' and of 'diversifying', that Beall then employs in her own writing. The former is usually a top-down process, utilising categories that seem obvious, and that are largely perceived as unchanging and homogeneous. In Beall's words this implies 'categorisation, prioritisation and potential hierarchies; at worst it can imply discrimination or even social engineering' (1997:9). The latter, diversifying, refers to processes of change, rather than '*identities*'; '... in the shift from analysis to action. It is arguably important that planning, management, partnerships and activism interact creatively with *diversity*, which is a more dynamic and flexible concept than the static one of *difference*'(ibid.).

Research: mutually supporting projects

The extensive and comparative venture of an international discussion about diversity in order to be inspired locally(and to obtain strategies for action), requires an encompassing research subject that needs to be further developed into sub questions, leading toward a rich research design. In the discussions we had during the Amsterdam seminar several options have been suggested. These serve as 'working questions' and obviously need refinement, but they are helpful to start expressing the 'engaged scholarship'.

Levels of investigation

A dynamic perspective on diversity in HE is strengthened by adopting a layered design that distinguishes the various levels in which research should be done. Within the social construction of reality paradigm (often attributed to Berger & Luckmann 1967) man is presented as in constant interaction with his/her structural environment. Others have made extra distinctions in both the actor and the structural domain. Layder (1993) proposes the individual (the self), interpersonal (situated activity), institutional (setting), and contextual level for social research. In her study on diversity Walker (2005) applies the research map to show the pervasive presence of race in all levels of South African society (2005:42). This research map may be a useful tool for our programme, as researchers may want to lend themselves to exploration at one or more of the four levels described (Figure 2). Moreover, in a multi-researcher programme like we envisage, researchers could well use material gathered by others at the same or other levels, but in different places, or with the application of different levels of abstraction.

Fig. 2: Levels of research on Diversity in Higher Education

Level	Research	Sources
Context: macro-social formation – the state, society	State policy towards 'diversity' in general and in HE institutions specifically. Social organization of education.	Legislation and policy documents; parliamentary debates; speeches
Setting: direct? social organisation of individual universities	Description and history of the specific institution, with primary focus on issues of diversity; policy and policy-making and execution (eg orientation, language policy, accommodation policies; cases of conflict and ways of resolution;	Observation meetings; shadowing leaders; focus groups; formal interviews; discourse analysis. Critical incidents approach
Situated activity: activity and meaning making (everyday life of institutional inhabitants)	Student counseling services; religious practices and accommodation; campus life; teaching environment; home environment	Observation meetings and informal activities; shadowing; focus groups; semi-structured interviews
Self: "unique psycho-biography" of each individual	Quantitative and qualitative: who are the staff and students; how do they experience the institution in relation to issues of diversity; what do they understand diversity to mean, and what could it mean; how would they go about achieving their goals; etc	Management information; questionnaires; interviews; participant observation and diaries; life histories

When elaborating the different levels in order to grasp possible themes and topics, we can connect different types of research project to the sources of fields of investigation. Obviously, these are open for subthemes and topics to be added, according to researchers' interest, capacity and expertise.

First of all, and most inspiring, there is the assessment that diversity issues differ across countries. But *how* is this so? What differences are inspirational, or invite reflection? What are the main diversity issues in SA, Dutch, US higher education policies and practices, and how can these be compared fruitfully? A second layer is that of the setting: the institution/s involved. As mentioned before, the diverse settings may differ tremendously in terms of institutional traits and traditions. For instance, the relative isolation of South Africa's higher education during *apartheid* accounts for a currently different institutional development in mergers and cooperation between HE institutions from the already sketched development of European universities following the Bologna agreement. The urge and the pace with which mergers have been managed, the extent to which cooperation between institutions has been forced upon them, or not, may have a profound influence on the plays of power and politics within the institutes – and thus also on the ways in which types of diversity are surfacing today. Obviously, this has impact on the third level, the everyday interaction, between staff, staff and students and among student groups from different background, or identity marker/s. In an ethnographic report on campus life in Texas, USA, (Duivenvoorde, 2007) the institutional conditions of the university under study all met the formal demands for a diversity climate as we would wish for. Everyday life however, showed distinct traits of Texas' history with ethnic difference, a profound gender bias in the *curriculae*, and a gap between what students said they took for granted and how they for instance formed groups of friends. And finally, there is the level of individual identities, histories and daily interaction. Obviously, this level is sometimes hard to distinguish from the third. After all, diversity and identity are being acted out, and meaning attributed in interaction, discussion, and discourse.

Options for a programme structure

An internationally comparative approach to the diversity issue in HE exceeds the possibilities a single researcher has. Ideally, it would consist of a group of principal researchers, one from each country, completed with a group of senior researchers, post–docs, and PhD students (full/part-time). Or, we might benefit from the course of action that triggered this paper in the first place: a network of participants, each building upon the experiences from former meetings or publications, and adding to the whole by referring to the former meetings from new discussions and debates. In order to build the integrated research programme of Dutch, German (European), North American and South African partners, it seems only pragmatic to further develop funding proposal/s aimed at the national research councils and foundations of the respective countries, as well as the European Community and other sponsoring agencies. Such a programme would, in parallel to a thorough and overarching research design and elaborated sub projects, include separate sections on leadership and coordination, administration, communication and dissemination, archiving of data, ethical clearance, etc. During the Lüneburg conference, we ended on a positive note for this venture, while agreeing upon the importance of the addressed levels. We decided that is it both very inspiring and fruitful to look at the differences between (our) countries. Mirroring and probing daily experiences in our institutions on diversity issues, and taking time not to jump to conclusions too easily, leads to exchange of ideas and to mirroring diverse solutions in their national and institutional contexts. For instance, the pros and cons of the development into the bachelor / master system, and comparing our expectations and fears, leads to discussion on the international level. How do we differ and how are we alike in the problems and options we face and experience? Have we learned from each other, or are we reinventing the wheel? What are the pitfalls and options of all these institutions on their way to become international HE institutes? What implications can we see from this development for internal (e.g. gender, class, age-related) developments and external demands (e.g. language skills, loss of ethnic detail, gain of a broader view)? And what is needed on an everyday basis, to obtain space and time to 'step aside and create a safe space' for reflection about the diversity process? What types of intersectionality, the crossing and combination of diversity aspects, are visible, to be expected, under the surface in our different settings? As always, time ran out before we could intensively go into these issues. However, scheduling and coherently summarising what is at stake, and what we may expect from the international exchange, i.e. defining preliminary common ground to start working from, is already an achievement.

Considerations

From whatever angle we look at diversity in Higher Education, it all seems so logical, so rational. So, why does it not 'happen'? There is one thing in the contemporary processes that is striking, especially through the experience of discussing issues of diversity on a global level. Apart from diversity being a contemporary challenge / problem, the very nature of diversity demands the creation of time and space for communication, negotiation and redefinition of what is at stake. And this has to happen over and over again, as there is always the risk that we lean back, longing for quiet reliance on what we already knew. However, the consequence of adopting a diversity perspective is that, in an ever changing context, we have to practice what we preach. The very process of working towards a diverse workforce, dealing with diverse student populations and coping in a context of ever-different institutional demands, is both the means as well as the end of the operation. The 'global' limits that which we could obtain in terms of inspiration from elsewhere (rendering Marsians a matter to deal with as soon as they appear). The local remains the sometimes muddy practice we are dealing with on a daily basis. These two belong together, however. The use of the term *transcul-*

tural science as taken from the discussion in Germany, suggests a step ahead from the notion of implementation of diversity policies and its concomitant processes of change on all levels. Adopting the transcultural dimension as a goal implies a genuine desire to transcend the suggested expansion in internationalization and reach further into a future in which difference is more of a uniting quality.

Finding ourselves in the luxurious circumstance that we can escape time and space by also virtually discussing, exchanging and sharing experiences, there is no real reason why we should not grasp the opportunities. The transcultural debates on the issue of diversity are only starting. This is why we cannot do more than sketch the developing frames of understanding that should enhance and feed the debates to come. Or, on a positive note, we can finish this piece by saying: to be continued.

References

Archer, Louise (2007) 'Diversity, equality and higher education: a critical reflection on the ab/uses of equity discourse within widening participation', Teaching in Higher Education, 12/5: 635-653.

Beall, Jo (1997) 'Valuing difference and working with diversity', in Jo Beall (ed) A City for All: valuing difference and working with diversity. London & New Jersey: Zed Books.

Berger, Peter & Thomas Luckmann (1967) The social construction of reality, New York: Anchor Books.

Brink, Chris (2010) Quality and Equality in Higher Education. Keynote Address at the Conference "Diversity 2010: Making a Difference". Amsterdam, 22-23 March 2010

Broek, Lida van den (1998) Am Ende der Weissheit. Vorurteile überwinden. Ein Handbuch. Berlin: Orlanda Verlag.

Crenshaw, Kimberlé (1991) 'Mapping the Margins: Intersectionality, Identity Politics, and Violence against Women of Color', Stanford Law Review, Vol. 43/6 (Jul., 1991): 1241-1299; http://www.iref.uqam.ca/prog_trois_cycle/Textes/Crenshaw_Mapping_Margins.pdf.

Cross, Michael (2004) 'Institutionalising campus diversity in South African higher education: Review of diversity scholarship and diversity education.' Higher education 47: 387-410

Dekker, Paul, Peter Ester and Henk Vinke (2003) 'Civil society, social trust and democratic involvement.' In: Wil Arts, Jacques Hagenaars en Loek Halman (eds), The cultural diversity of European Unity. Leiden/Boston: Brill, pp. 217-253

Duivenvoorde, Marieke van (2007) The True 'Spirit of Aggieland, Amsterdam: MA Thesis, Faculty of Social Sciences.

Duncan, Norman (2005) '"Race", racism and the University: some personal observations and reflections', Inaugural lecture, Psychology, School of Human & Community Development, University of the Witwatersrand, Johannesburg.

Ghorashi, Halleh (2010) Cultural diversity: the greatest challenge of our time. Keynote lecture at the Seminar Diversity in Higher Education, 24 March 2010, VU University Amsterdam

Layder, D (1993) New Strategies in Social Research. Cambridge: Polity Press.

Jansen, Jonathan (2008) 'South Africa' chapter 13 in Damtew Teferra and Jane Knight (eds.) Higher Education in Africa: The international dimension, Massachusetts, USA & Accra, Ghana: Center for International Higher Education, Boston College Chestnut Hill, Association of African Universities: 387-420

Jansen, Jonathan (2009) Knowledge in the blood. Confronting race and the apartheid past. Cape Town: UCT Press

Kortram, Lucy (2009) Multiculturele competentie-ontwikkeling [multi-cultural competency development], Amsterdam: Onderwijscentrum VU University Amsterdam

Maré, Gerhard (2010) '"Broken down by race": questioning social categories in redress', paper presented to HSRC workshop on 'A South (African) Dream? Negotiating affirmative action for social cohesion in the transformative state: policy, platitudes, progress and prospects'. Pretoria.

Nelson, Cary (2010) No University is an Island. Saving academic freedom, New York and London: New York University Press.

Ortiz, Anna M. And Silvia J. Santos (2009) Ethnicity in College. Advancing Theory and Improving Diversity Practices on Campus. Sterling, Virginia: Stylus

Parker, Martin & David Jary (1995) 'The McUniversity: Organization, Management and Academic Subjectivity', Organization 1995/ 2: 319-338

Pickering, Michael (2001) Stereotyping : the politics of representation, Basingstoke: Palgrave.

Phillips, Anne (2007) Multiculturalism without Culture. Princeton & Oxford: Princeton UP.

Solórzano, D.G. (1998) 'Critical Race Theory, Race and Gender Microaggressions, and the experience of Chicana and Chicano Scholars.' Qualitative Studies in Education, 11(1): 121-136.

Soudien Report (2008) 'Report of the Ministerial Committee on Transformation and Social Cohesion and the Elimination of Discrimination in Public Higher Education Institutions'

Thomas, Roosevelt Jr. (1991) Beyond Race and Gender. Unleashing the Power of your Total Workforce by Managing Diversity, New York: Amacom.

UKZN (2008) 'Submission by the University of KwaZulu-Natal to the Ministerial Committee on "Transformation, elimination of discrimination and social cohesion' in Public Higher Education Institutions'

Vught, Frans van (2008) 'Mission Diversity and Reputation in Higher Education', Higher Education Policy, 2008/ 21: 151–174

Walker, Melanie (2005) 'Race is nowhere and race is everywhere: narratives from black and white South African university students in post-apartheid South Africa', in British Journal of Sociology of Education 26(1).

Vathsala Aithal

Provincialising Europe – Challenges Regarding Transculturality of Sciences

1. Europeanization and the Sciences

In the first half of the 20th century philosophers like Edmund Husserl and Martin Heidegger spoke of the "Europeanization of Mankind". The assumption was that only European thinking was capable of theoretical insights and universal science. Also, it was maintained that it is inevitable that all cultures on earth would be embraced by the universality of the mode of thinking and reasoning claimed by Europe. History seems to prove them right.

With „provincialising Europe" we are not referring to the historical region „Europe" – this has since long been provincialised, mainly in the 19th or 20th century. Rather, our concern is with theories and concepts, modes of thought and reasoning that are rooted in the intellectual (and theological) traditions of Europe and that determine thought in *all* continents. As Ayla Neusel elaborates in this volume, our concern is with the great categories state, nation, citizenship, the public and the private, etc. that emanate directly from European thinking and largely characterize European experiences. It is not our aim to totally discard these categories by saying „We have our own categories". This would mean that we fall back to cultural nationalism. Rather, our effort would be to fill these categories with the experiences of the colonized states and so come to a better understanding. We are interested in the critic of European thought from the margins, from outside and from below. Postcolonial and subaltern perspectives are useful here. In fact, we owe a lot to European thought.

There has been considerable and profound criticism on this penetration of European thinking from very diverse directions, i.e. from feminist theory or environmental theory or critique of science. In some strands of development theory, severe criticism of Eurocentrism was formulated. Some of this was further elaborated by post-colonial critics. In recent years, there is some debate on transculturality of sciences that seems to indicate an opening.

One remark will be made regarding the meaning of the word transculturality. It could mean a situation that is already there (i.e. what we do is transcultural science). It could also mean *making* science transcultural. There is an ambiguity: a goal to be achieved or a descriptive characterisation of the state of the art as it is now. We will give respect to this ambiguity, acknowledging that in some instances transculturality is already at work.

In order to understand this we want to discuss the theses of Wolfgang Welsch who has written extensively on this issue (2010).[1] He is critical of the traditional concept of single cultures that was paradigmatically and most influentially developed by Johann Gottfried Herder in the late 18th century. According to Welsch, the notion of culture is outdated as it suggests social homogenisation, ethnic consolidation and intercultural separation.

Welsch identifies two levels: societal and individual. At the macro-level, he defines the characteristics of cultures today as diverse and versatile. According to Welsch, cultural conditions are characterized by mixes and permeations. Also, the external networking of cultures is the order of the day. At the micro-level he sees major changes in individuals: There is a transcultural formation of individuals. An individual today does not have only one homeland, but there are many countries that he has as reference. Also, cultural identity can no longer be equated with national identity.

Welsch proposes two meanings of „trans". At one level, it has the meaning of transversal: determinants of culture *pass through* all cultures. In the second understanding of "trans" is has the meaning of „beyond"; it has a focus on the future, exceeding the notion of culture on the whole. He suggests to discard the notion of culture altogether. For us, Welsch is interesting insofar as he dismisses the ideas of cultural purity which in our understanding is a myth. Before we examine the concept of transculturality with regard to sciences we want to take stock of how, 80-90 years after Husserl and Heidegger proposed their ideas on the Europeanization of the Earth, the sciences have advanced.

2. Orientalisms in the Sciences

2.1 Philosophy and the native informant

Edward Said's groundbreaking work called "Orientalism" is important here (1978). Ever since he put forward his thesis on Orientalism numerous studies have shed light upon the constructions of the "Other". They do not only deal with images and projections of the "Other". More than that, as many have analyzed it, they deal with the *exclusion* of these others – people of the non-Western world.[2]

What we are concerned with here is not so much the exclusion of the "Other" in material terms but rather the exclusion from theory. To be more specific, we are interested in the mechanisms of *how* the Other is excluded from theory; how the subaltern – the marginalized in the society having no access to structures of mobility – is not there in theory; how theorizing from the perspective of the subaltern is characterized by epistemological problems and limitations. While it is

---

1 Welsch: 2010; There are many versions of his article, see also: http://www2.uni jena.de/welsch/Papers/transcultSociety.html (access on 22.07.2011)

2 We are aware that West, North etc. are constructions.

not surprising that in natural sciences this is not an issue at all - it is stunning that the exclusion in the humanities, the social sciences and political sciences is taken for granted. Goonatilake (1998), Nandy (2000) and Alvares (1991) and other scholars have elaborated on this extensively.

Despite the continuing criticism from intellectuals from the South this exclusion is the order of the day. Let us take the example of Jürgen Habermas, *the* philosopher and intellectual of the "project of modernity". Habermas admits self-consciously that his famous and leading theory of communicative action – which undoubtedly has universalist claims – does not consider and accommodate the peoples of the so-called "Third World". In his "Culture and Imperialism" Edward Said refers to an interview that Habermas gave (1984: 336):

Much of Western Marxism, in its aesthetic and cultural departments, is similarly blinded to the matter of imperialism. Frankfurt School critical theory, despite its seminal insights into the relationship between domination, modern society and the redemption through art as critique, is stunningly silent on racist theory, anti-imperial resistance, oppositional practice in the Empire. And lest that silence be interpreted as an oversight, we have today's leading Frankfurt theorist, Jürgen Habermas, explaining in an interview (originally published in the New Left Review) that the silence is deliberate abstention; no, he says, we have nothing to say to 'anti-imperialist and anti-capitalist struggles in the Third World', even if, he adds 'I am aware of the fact that this is a eurocentrically limited view."

What is shocking is that Habermas – even after being confronted with the "lapse" – has taken the liberty to not rectify this in his later works. This clearly shows the self-image of a Western intellectual, not to say a proto-type of modern thought, firmly anchored in the ethnocentric projection of a time and space bound model for all (European Enlightenment). On the other hand, it is helpful for our argumentation that Habermas admits the lapse straightforwardly whilst propagating everywhere the ethics of rationality and offensively standing by his eurocentric view. In his case at least we know what we are at when we use his theory. With other philosophers it is much more difficult to identify the Eurocentrisms and chalk out the exclusions so clearly. In other cases one has to literally detect the subtle forms of exclusions as they are less evident.

Sanctioned Ignorance

But it is not only for Habermas that Said identifies such major omissions. It is also for the majority of the representatives of French theory that he identifies a rather limiting and limited perspective. Said goes on (1983: 339):

All the major French theoreticians except Deleuze, Todorov, and Derrida have been similarly unheeding, which has not prevented their ateliers from churning out theories of Marxism, language, psychoanalysis, and history with an implied applicability to the whole *world.*[3]

In the following, we will analyze selected figures that are used in certain disciplines to construct an entity that implies totality for all cultures.

2.2 The Three Wise Men and the *native informant*

While the ostentive omission has the advantage that it makes deficiencies visible it is far more complicated if you have to get into a process to first identify the inclusion, then the exclusion and then in a further step the mechanisms of exclusion. This has been done brilliantly by Gayatri Chakravorty Spivak. By way of deconstruction Spivak (1999) analyses the oeuvre of the big – male – philosophers of the Occident. Her exercises deal not only with the exclusion but also with the – seemingly – non-existence of the so-called *native informant;* the counterpart in the master discourse, the subaltern. He – or very rarely she – is a blank. However, he/she can be generated by a text on cultural identity that can only be in the West (or by a discipline of the Western model). He or she is seemingly not there, but he or she is needed, and that is why he is being coded as "man" in the name of the *native informant* – only to be excluded thereafter.

To illustrate this Spivak does not choose cosy texts of anthropology since this discipline in its unique way celebrates the *native informant* (see 1999: 16ff.). She prefers to look at the texts of the great philosophers and traces back the inclusions and exclusions in their thought. She finally comes to the conclusion that this process serves the purpose of defending the *civilising mission* successfully. She detects that the texts take it for granted that the male "European" - less often the female European - is the human norm that offers descriptions and prescriptions. But these texts, that *seem* to manage without the *native informant*, do not contain a reference to him or her, he or she is nevertheless there and being needed. Spivak illustrates that in the texts of the "Three Wise Men" of the European tradition – Hegel, Kant and Marx – the native informant is not there but nevertheless s/he is essential. That is why s/he is included in the first place and then to be excluded in the second place. In Kant, the native informant is needed to activate the autonomy of the reflexive judgement. In Hegel he is needed to prove that the "Geist" moves from the unconscious to the conscious. And in Marx s/he is needed to enhance normativity to the mode of production. Spivak elaborates further that from a post-colonial perspective the "new" subaltern is the "Third World Woman" who is treated as a collection of "rural data".

---

3 Said, op. cit. emphasis mine

These moves in philosophy have had great effects on other disciplines. The core concept underlying the major pieces of intellectual thought in the West have produced similar figures that contain supplementing aspects. Whether in environmental sciences, social sciences and humanities, in feminist theory or educational sciences we find the same structure.

2.3 Economics and the figure of the *poor*

The figure stands as an example for other cultures, societies, economies. It is basically the development-oriented fields that nurture the discourses. In this context it is important to look at the orientalisms within the discipline of economics. Mehmet (1995) in his study shows that the mainstream economic theory is a part of the "western" economics and consequently Europe-centric with an implicit nationalist bias and prioritizing capital. With regard to development theory Arturo Escobar and Ralph Carmen have worked out the parallels between imperialisms and the so-called "development aid".

As Rahneema has shown the US with Truman consolidated their power by calling half of the world population underdeveloped and poor. Since then, the figure of the "poor" was cultivated. Poverty, to say it in Foucauldian sense, has become an organising object of a new problematisation.

2.4 Social Sciences and humanities: the figure of *India*

Since the 19th century India has been an object of investigation in the humanities as well as social sciences. It is important to analyse the epistemological instruments with which the studies on India have been conducted. Two major directions can be observed in Europe as well as in North America: There are the debates in philology, philosophy and literature studies on the one hand, and the debates in development theory and policy on the other. It can be said for Europe as well as North America that these debates have been running in a parallel way, without much knowledge of each other. On the one side we have the "mystical" India and on the other side the "poor" India, while both are constructions. Edward Said's thesis that the West needs the Orient to constitute itself applies to India in a special way.

In the mystic construction of India there has been an overemphasis on the mythical and religious aspects of the Indian society. There has also been a relative neglect of the "rationalist" and "analytical" characteristics. In this context religion has a great relevance. As Nussbaum and Sen have stated, in this imagination of India, the religious notions have been provided with more mystical features than the religious imaginations of other cultures.

Nussbaum and Sen (1989) suppose that the attempt to understand a country is accompanied by the desire to identify an essence. The fascination lies in the fact that India could be even more mystical than their own society. They state that this interpretation – the mystical India – is nourished by a *certain* reading of the intellectual contributions to the world heritage of thought, of imagination and creativity. Nussbaum and Sen assume that the volume of religious literature in India is much bigger than in other countries, possibly much bigger than all the religious texts outside India taken together. The parallel development mainly in the social sciences foregrounds India as being poor. Much of the research work in the social sciences deals with the question of poverty in India. However it must be said that it is largely inspired by the assumptions in economic theory as well as development theory. The "Othering" in this field oscillates between spirituality and poverty.

2.5 Environmental Sciences: The figure of *water*

In the discourses on sustainability "nature" has been conceptualised as a commodity and a resource that is available in abundance and that can be used endlessly. This conceptualisation has overridden the idea of the ontic entity between man and nature.

In similar terms "water" has also been constructed as a resource. However, "water" is not just a resource, but has economic, political, cultural and social importance. Especially in India all these dimensions influence the daily life of the whole population until today. Despite the modernisation move India is still an agrarian society relying upon irrigation water. Due to this dependency a highly intricate and differentiated system of water management and distribution has evolved over centuries in the form of tanks. Apart from the economic aspect there is the political aspect where the use was regulated by political processes of negotiation. However, these processes can hardly be described with categories like "oriental despotism" or "hydraulic societies". Rather than looking "from above" that meant control over water was control over people, it is high time to reverse the perspective. Recent studies however show that the irrigation systems were managed by cooperating communities and not by dominating bureaucracies, and decentralised maintenance and use – and less centralised control – was the characteristic of the old irrigation systems. A view "from above" has given way to a view "from below".

Socially, water is crucial for the structuring of Indian society. Classifications of purity and impurity play an important role in the social stratification of the society; they determine the status in the caste system which is the structuring principle of Indian society. Caste differences are maintained by the question of access to and use of water. The higher in the hierarchy, the "more pure". Since centuries those are considered as "impure" who have been assigned to professions that deal with, foulness, feces and death. This is why these people were called "untouchables". Even today, this notion is still prevalent more in rural areas but also in urban areas. In daily life this can mean that members of the "lower" castes have no access to water. Today these people fight for recognition and call themselves dalits, literally "oppressed", denoting the political dimension of their struggle. One of their major concerns is equitable access to water.[4]

In terms of culture, the idea that the five elements – fire, water, earth, wind and ether – were the ones to be created at the beginning. They are manifestations of the All-in-One which is why they are to be protected. The ontic entity between man and nature has found its expression in the sanctity of nature. Rules and regulations evolved to ensure that they were preserved and protected. It has been argued that despite all these factors the water crisis is severe in India. But the point I want to make is that the figure of *water* as an exploitable resource has contributed to the water crisis, nationally and internationally. It would be a worthwhile study for India that examines what would be the state of the water resources without the influence of the aspects discussed above.

2.6 Feminist theory: the figure of the *woman*

In the last two decades feminist theory has made major advances in relating to the Other. While there have been openings with regard to race and ethnicity leaving behind its white, middle-class orientation, feminist theory has largely been universalist in its constructions of woman. Mohanty (2003) has worked out the homogenizing and universalizing tendencies in feminist theory. In her analysis of feminist literature she has articulated her profound and convincing critique of Western feminism with its reductionistic understanding of the diverse experiences of Third World women and its colonial gaze on them. The result of this is the construction of the "Third World Woman".

What Mohanty has elaborated on the US-American and British literature finds its reflection in feminist research in gender and education with reference to the Third World. As I have shown elsewhere (see Aithal 2004: 61ff.) in this literature we find the construction of women in the Third World as poor and illiterate. Among the two dozens of studies conducted in the last two decades there is not to be found a single study that looks at women in the Third World engaged in higher education. I have also shown that there is a parallel move in feminist research in Germany: While there is an exclusion of the Third World Woman there is also the process of exclusion of the migrant women living in Germany. The woman "out there" can shake hands with the woman "at the doorstep" (ibid.).

4 For a more detailed discussion see Aithal (2004)

2.7 Educational Sciences: the figure of the *illiterate*

More than 60 % of the world are considered as illiterate, the majority of the population being women. But to say that they are all without knowledge, without relevant knowledge, ignores and devalues their knowledge base and sets to work a process of "Othering".

A similar process is initiated to rehabilitate the illiterate through non-formal education. There is an underlying assumption that only formal education imparts relevant knowledge. The categories "formal" and "non-formal" had to be introduced so that the dominant discipline could exist, be reinforced and consolidated. The hidden agenda is to privilege the school as a hegemonic institution in knowledge production.

3. Knowledge in the Context of Orientalism

The major questions in our context are: What is knowledge? What is perceived, accepted and recognized as knowledge by the dominant system? In West Africa the *griots* are treated with great respect as they are considered "walking libraries". It is said that when an old man dies, it is a whole library that vanishes. Can we say that the knowledge of the Indios in Latin America is not relevant? How about the knowledge of the *adivasis* in India, the indigenous peoples and peasants all over the Third World.

Knowledge is produced in structures of asymmetry. Though economic globalisation and restructuring is taking place all over the world there is still a distinction between the South and the North. There is an inbalance of power relations. The geo-political positioning determines which knowledge is seen and valued.

Subsequently, knowledge is being disseminated in structures of affiliation. Higher education systems in countries of the South are modelled after the formal colonial states. Scientific production in these countries is not acknowledged or not accounted for. Scholars in the South do not have easy access to relevant journals. The North-South relations being exploitative and with increased dependency there is greater invisibility of knowledge production in the South, i.e. only 1/3 of all scientific production from Africa is being indexed.[5] Needless to say, that ranking systems to judge the performance of universities reinforce the unjust structures.

This brings us to the question of knowledge flow. In the geopolitical dimension theories travel from north to south. While almost all households in the world,

5 My thanks to Prof. Johann Groenewald from Stellenbosch University, South Africa for this information. As Coordinator of the Flagship Project: Graduate School and African Doctoral Academy at Stellenbosch University, he gave a presentation on North-South imbalances in the visibility of scientific research from Africa at the Annual Conference of the European Access Network on "Student Diversity in Higher Education: Conflicting Realities" from 20-22nd June 2011 at VU University Amsterdam.

even in remote areas, have access to CNN, it is not the case vice versa. Whatever knowledge is being produced (and has been produced over time) it does not find its way to the North. Knowledge does not flow freely from South to North. Even less so do theories. Gayatri Spivak has called this phenomenon „restricted permeability“.[6]

Epistemic cultures

There are very interesting debates on epistemic cultures, "cultures of knowledge" that are determined by fundamental convictions and out of which result models for reality. While there are those who discuss epistemic cultures on disciplinary lines there are others who look at the space of epistemic cultures (lab, library, etc.). In our context it is notable that there was a process of industrialisation of knowledge: Capitalist European modernity has lead to a rupture between empirical-scientific knowledge and wisdom. This process has marginalised or made extinct certain epistemic cultures and has increased the cognitive asymmetry in humankind (Rounet-Betancourt 2009). This e*pistemic violence* is rooted in history. According to Spivak (1999) the history of colonialism is inscribed into the knowledge formation of the West. What is on the agenda is the questioning of truth claims of hegemonic thinking that have in a process of "worlding the world" conquered the entire planet (Spivak 1990: 7). There is a need to reconceptualise the notion of knowledge altogether.

Eurocentrism

The criticisms on the dominant mode of knowledge production are manifold. On the one hand, there are the profound critiques of science from a feminist perspective (Narayan/Harding 2000). Critiques are put forward from intellectuals from the South, critiques from a postcolonial perspective (i.e. Spivak 1999) as well as by migrant intellectuals. The fundamental critique is that knowledge production is largely Western-based. This is even the case in fields that claim to avoid this bias, i.e. the field of intercultural learning. At the Technical university of Berlin in the context of a larger project aiming to improve higher education teaching one study was conducted to examine how courses on intercultural learning were actually "intercultural". Interestingly, hardly any of the courses used literature that was non-European. Out of 60 references only one was from outside Europe. Needless to say, there was no sensitivity toward an intercultural curriculum (see Basu 1999: 268f.). Even today university courses on intercultural communication are largely devoid of scholarly publications produced in the non-Western world.

To sum up we have demonstrated the universalist claims of the sciences in several aspects. When we criticize the universalist tendencies I am not against universalist claims as such. What I am concerned about here is the question of uni-

6 The concept was presented by Gayatri Spivaj at her lecture on "Challenge of History" on 10.8.2000 in the project area "Migration" ifu 2000, Hannover

versalism and hegemony and the relationship between the two. Serge Latouche (1996: 125) has aptly brought the judgement of practices into the tension between universalist claims and hegemony. He elaborates that for the Hindus it is monstrous to eat meat. For them this is more shocking than for the Westerners the idea that widows are burnt on the pyre of their husbands. It is clear, he says, that if India had conquered the world the burning of widows would be an aspect of human rights, and the murdering of cows would be forbidden as a violation of respect to life. As a kind of thought-experiment this example causes irritation and could be a point of departure for new modes of thought.

4. International Women's University *(ifu)* as a Space of Transcultural Sciences

The "International Women's University" (ifu) was held in a specific historical context. There was a paradoxical process going on. The discourse on internationalisation was accompanied by a parochialisation of higher education. Since reunification in the 1990s inward looking tendencies could be observed in Germany. The higher education scenario was largely monocultural and monolingual. An increasing number of highly reputed internationally oriented advanced study programs were being abolished. It is in this context that the visionary project with its emphasis on internationality, interculturality and interdisciplinarity was organised. *Ifu* brought ca. 1000 women from 150 countries together, to study, theorize and network. 2/3 of the participants came from Third World countries. It was interdisciplinary in many ways: It brought students, scholars, NGO-representatives and artists together. Rather than having courses along disciplinary lines ifu offered different project areas like body, city, migration, water, work that could be dealt with in different ways. As I have elaborated elsewhere, with the composition, the conceptual frame and the openness to creativity in reasoning it created a space for transculturality (Aithal 2000; 2002).

5. Preconditions for Transcultural Sciences

5.1 Western cultures as learning cultures

By applying Transculturality to knowledge systems and scientific production Welsch has developed his theory further. According to him, the disciplines have been conceptualised – just like cultures – as separate entities. However, the division and separation of disciplines in the science cosmos is outdated (see Welsch 2010: 57ff.). Just like his understanding of transcending culture his plea is for transcending disciplines. He suggests to make transdisciplinarity into a structural principle – not *against* the disciplines but *within* themselves. The themes of modern times, as he says, cannot be analyzed with one discipline alone. Education today consists of knowledge and competence of cross-connections of knowledge fields. In society, it is important to have connections and penetrations of different cultural patterns. Likewise, according to Welsch, at the academic level it is important to have connections between different epistemic cultures (see Welsch 2010: 59 f.).

We are very much sympathetic to Welsch's theses. Interestingly, neither the concept of transculturality nor that of transdisciplinarity of Wolfgang Welsch has a focus on the epistemic cultures of the South. In the context of power relations a radical change is needed. Western societies should – rather than being lecturing cultures – become learning cultures (Lepenies 1997). To take an example: In India, the classical *dhvani*-theory has a highly differentiated set of aesthetics. The Bollywood movies that are becoming more popular in the West, are framed after this theory. It would be worthwhile to use the *dhvani*-theory to analyze situations in arts or sciences in the West. With regard to transculturality there is a new kind of poverty. It is not poverty in economic terms like GNP, poverty line and per capita income. (Serge Latouche 1996). The South – people and the cultures – do have knowledge, even theories, but the North does not see and acknowledge it. It is denial of value and refusal of recognition. The major question remains: What are the steps to be taken so that epistemic cultures can encounter each other in structures of asymmetry?

5.2 The social dimension of transculturality

One of the preconditions for transcultural sciences is that it is rooted in the social reality. Here we need to look at the knowledge produced by grass-roots movements, like indigeneous movements, environmental movements, women's movements, to name only a few. In the Indian context we have the numerous *adivasi*-movements that assert their right to live according to the knowledge developed and sustained over hundreds of years. The environmental movements point out the pitfalls of modernisation and plead for a holistic view of nature. The People's Science Movements work toward a new understanding of knowledge as micro-knowledge, the scientific knowledge of the people. Alternative science paradigms in the Third World are there in the fringes.

And there are feminist scholars who - in solidarity with the women's movements - foreground women's concerns in their research in order to make a contribution to theorizing gender. For example, based upon findings from field work on gender it is suggested to reconceptualize the notion of self as dividuum (Niranjana 1994).

5.3 The transcultural university

Today there is a lot of talk about internationalisation and transculturality. But that is mainly about international exchange of students, increasing cooperation amongst researchers but not the content. In concrete terms university transculturality would have to be a cross-section category in all fields of the higher educational system. Curriculum, teaching materials, teaching methods need to become transcultural. Most important, it is the teaching body (professors and lecturers) that needs to become transcultural. In the curriculum, each and every theme should be interrogated: How has the history of colonisation transformed the mind-set? It would be important to have more scholars from the South in Northern universities giving them the chance to bring in their perspectives. The sanctioned ignorance that Jürgen Habermas claims is a luxury that scholars from the South often cannot afford to have. Only when transcultural sciences flourish will we recognize what the sciences today are – products of provincial Europe.

5.4 The transcultural scholar

This new mode of scientific endeavour would necessitate a new type of scholar. S/he would move freely in the web of disciplines, would be able to synthesize, correlate, entangle and disentangle theories. S/he is highly sensitive to power structures and is self-reflexive about his/her complicity. Someone who is well-versed in different thought systems, who switches easily between them (as multilinguals do, code-switching between different languages) and so create a new kind of knowledge – that is truly a transcultural scholar.

Literature

Aithal, Vathsala (2004): Von den Subalternen lernen? Frauen in Indien im Kampf um Wasser und soziale Transformation. Königstein/Ts.,Ulrike Helmer Verlag

Aithal, Vathsala (2000): *ifu* – an Intercultural Innovation on Higher Education? In: Sabine Kunst et al. (eds.): Sustainable Water and Soil Management. Heidelberg, Springer Verlag, p. 9-19

Alvares, Claude (1991): Decolonizing History. Technology and Culture in India, China and the West. 1492 to the present day. Goa; The Other India

Fornet-Betancourt, Raul (ed.) (2008): Begegnung der Wissenskulturen im Nord-Süd Dialog; The Encounter of Knowledge Cultures in the North-South Dialogue. Frankfurt/M., IKO-Verlag für Interkulturelle Kommunikation (Dokumentation des XII. Internationalen Seminars des Dialogprogramms Nord Süd)

Goonatilake, Susantha (1998), Towards a Global Science. Mining Civilizational Knowledge. New Delhi; Vistaar

Groenewald, Johann (2011): Accessing the global knowledge economy: the long-term role of African partnerships like PANGeA. Paper presented at the Annual Conference of the European Access Network on "Student Diversity in Higher Education: Conflicting Realities" from 20-22nd June 2011 at VU University, Amsterdam (unpublished manuscript)

Latouche, Serge (1996): The Westernization of the World: Cambridge, Polity Press.

Lepenies, Wolf (1997): Über Benimm und Erkenntnis. Über die notwendige Rückkehr der Werte in die Wissenschaften. Die Sozialwissenschaften nach dem Ende der Geschichte. Zwei Vorträge. Frankfurt am Main, Suhrkamp

Mehmet, Ozay (1995): Westernizing the Third World. The Eurocentricity of Economic Development Theories. London and New York, Routledge

Metz-Göckel, Sigrid (in cooperation with Vathsala Aithal et al.) (2002): Die Evaluation des ifu-Studienprogramms. In: Sigrid Metz-Göckel (ed.). Lehren und Lernen an der Internationalen Frauenuniversität (ifu). Ergebnisse der wissenschaftlichen Begleituntersuchung, Opladen: Leske und Budrich, p. 111-258 (Schriftenreihe der Internationalen Frauenuniversität „Technik und Kultur" Bd. 3)

Mohanty, Chandra Talpade (2003): Feminism Without Borders: Decolonizing Theory, Practicing Solidarity. Durham and London, Duke University Press

Nandy, Ashis (2000): Recovery of the Indigenous Knowledge and Dissenting Futures of the University, In: Sohail Inayatullah and Jennifer Gidley (eds.): The University in Transformation: Global Perspectives on the Futures of the University. Westport, CT, Bergin & Garvey p. 115-123

Narayan, Uma/Harding, Sandra (eds.) (2000): Decentering the Center. Philosophy for a Multicultural, Postcolonial, and Feminist World.

Niranjana, Seemanthini (1994), »On Gender and Difference: Towards a Re-Articulation«, In: Social Scientist, Vol. 22, Nr. 7 - 8, July - Aug., p. 28-41

Nussbaum, Martha/Sen, Amartya (1989): Internal Criticisms and Indian Rationalist Traditions, In: Micael Krausz (ed.): Relativism, Interpretation and Confrontation. Notre Dame, IN: University of Notre Dame Press p. 299-325

Rahnema, Majid (1993), »Armut«, In: Wolfgang Sachs (ed.):Wie im Westen, so auf Erden: Ein problematisches Handbuch zur Entwicklungspolitik. Reinbek bei Hamburg, Rowohlt, p. 16 – 46

Said, Edward W. (1984): Culture and Imperialism. Vintage. London

Said, Edward W. (1978): Orientalism. Pantheon Books, New York

Spivak, Gayatry Chakravorty (1990): The Post - Colonial Critic. Interviews, Strategies, Dialogues, ed. by Sarah Harasym, New York, Routledge

Spivak, Gayatry Chakravorty (1999): A Critique of Postcolonial Reason. Toward a History of the Vanishing Present. Cambridge, Massachusetts, Harvard University Press

Welsch, Wolfgang (2010): Was ist eigentlich Transkulturalität? In: Lucyna Darowska, Thomas Lüttenberg, Claudia Machold (eds.) (2010): Hochschule als Transkultureller Raum? Kultur, Bildung und Differenz in der Universität. Bielefeld, Transcript, p. 39-66

Karen van Dyck

Transkulturelle Literatur und Übersetzungen[1]

Das vergangene Jahrzehnt war für mich geprägt durch meine Forschung und meine Schriften über die multilinguale Literatur der griechischen Diaspora (Van Dyck 2000; 2008; 2010). Gleichzeitig habe ich mich weiter meiner Lebensaufgabe gewidmet, der Übertragung griechischer Gedichte ins Englische (Van Dyck 2009a und 2009b). Diese meine beiden Hauptinteressensgebiete, Literatur in der Diaspora und Übersetzen, haben sehr viel gemeinsam. Beide richten sich auf Bewegungen zwischen Sprachen und Kulturen, und dem Verhältnis zwischen diesen beiden Formen von Austausch. Auf den folgenden Seiten möchte ich auf die Beziehungen zwischen diesen Gebieten eingehen, und ganz speziell auf die Lehren, die die multilinguale Literatur der Diaspora für Übersetzer bereit hält. Der Blickwinkel, den ich auf den translingualen Aspekt des transkulturellen Austausches richten kann, ist mein Beitrag zu diesem Band.

I

Im gesamten 20. Jahrhundert wurde das Studium der Literatur eingerichtet als das Studium der Literatur **eines** Landes, vornehmlich verfasst in **einer** Sprache: amerikanische Literatur auf Englisch, griechische Literatur auf Griechisch, deutsche Literatur auf Deutsch. In den letzten Jahrzehnten haben jedoch unsere Ansichten über die Literatur den Beginn einer Verschiebung durchgemacht, in Anpassung an die vielen multilingualen Texte, die sich nicht eins zu eins in eine Nationalsprache einsortieren lassen. Zwar ist es eine relevante Tatsache, dass es Länder gibt, in denen Literatur in zwei oder auch mehr Sprachen oder Sprachregistern hervorgebracht wird, doch mein Augenmerk gilt einem anderen Phänomen, dass sich zwar im Herzen unserer transkulturellen Lebenswelt befindet, doch viel weniger Aufmerksamkeit auf sich gezogen hat: Literatur, die ganz offensichtlich in **einer** Sprache geschrieben wurde, doch unter dem Einfluss einer **anderen** steht und sich dieser zweiten bedient, um etwas zu tun, das sie ohne diese nicht tun könnte.

---

1 Für die Einladung zu dieser Diskussion bin ich sehr dankbar, ganz besonders da ich dadurch teilhabe an einer Initiative, die seit der Internationalen Frauenuniversität schon mehr als ein Jahrzehnt lang Zeichen gesetzt hat in dem Bestreben, Theorie in Praxis umzusetzen. Dafür danke ich Frau Professor Dr. Christa Cremer-Renz, Dr. Bettina Jansen-Schulz, Karin Beck, und Johanna Flügge, wie auch den wunderbaren Dolmetscherinnen, dort oben in der Kabine, die mir die Teilnahme ermöglichten, Hilla Widemann und Dr. Martje Postma, die auch diesen Vortrag ins Deutsche übersetzt hat. Lawrence Venuti danke ich für seine hilfreichen Kommentare.

Wir denken ja sofort an die Werke von Conrad, Kafka und Nabokov, als Beispiele für das, was wir transkulturelle Literatur nennen können.[2] Die Gedichte der Olga Broumas sind ein weiterer interessanter Fall. In ihrem Band *Beginning with O* (Der Anfang ist O) beschreibt sie, wie das Griechische in ihrem Englischen anwesend ist „like a curviform alphabet/that defies/decoding“ (*wie ein bauschiges Alphabet /dem Entziffern/nicht liegt).* Sie zieht einen doppelten Bogen vom Buchstaben O zum O-mega und wieder zurück.“Wie winzig sind die Spuren“, schreibt sie, „die nachbleiben, zerrieben in unserer Sprache“(23). „Unsere“ bedeutet hier sowohl Englisch als auch Griechisch.

Mein Anliegen ist, dass wir uns in unseren Curricula fortbewegen können von einer angeblichen Internationalisierung der Literatur und Kultur, hin zu einer mehr zeitgemäßen Untersuchung nach der Art und Weise, in der Literatur und Kultur interagieren, indem wir uns solchen Fällen zuwenden. Das ist meine Reaktion, sowohl auf die Tendenz, eine jeweilige nationale Literatur für sich allein zu betrachten, als auch die Literatur kleinerer Sprachgebiete in das Fachgebiet „Weltliteratur in Übersetzungen“ zu verbannen. In den letzten Jahrzehnten wurde dieses Thema mit kritischem Nachdruck im Kontext der Vergleichenden Literaturwissenschaft aufgenommen (David Damrosch, Gayatri Spivak), und bei den Übersetzungswissenschaften (Susan Bassnett, Lawrence Venuti), doch auch hier möchte ich herausfinden, ob es nicht möglich wäre, die Frage der Komparatistik aus dem Fachbereich Englisch in den Vereinigten Staaten, Fachbereich Griechisch in Griechenland, oder Fachbereich Deutsch in Deutschland herauszulösen.[3]

Das Ziel sollte dabei sein, alle Sprachen und literarischen Zeugnisse in diese Diskussion einfließen zu lassen, ohne dass die jeweilige Landessprache festlegt, was verglichen werden kann, und was nicht. Um sich „das Globale“ in verantwortlicher Weise vorstellen zu können, müssen wir die spezifischen Aspekte erforschen, wie und wann Sprachen einer anderen Sprache nachgeben, und sich auf einander beziehen. Kulturelle Manifestationen, die in den Zwischenräumen zwischen zwei oder mehreren Sprachen entstehen, sind kraftvolle Kunsterzeugnisse, und gleichzeitig kraftvolle Lehrwerkzeuge. Sie

2 Selbstverständlich wäre zu diskutieren, inwiefern und in welchem Maße Kafkas Deutsch, oder Conrads oder Nabokovs Englisch sich anderer Sprachen bedient haben. Der Aufsatz von Stanley Corngold bestreitet die These, dass Kafkas Deutsch mit Jiddisch, oder dem sogenannten tschechischen Dialekt des Deutschen zu tun hat (Corngold 1994). Genau wie viele sagen würden, dass Conrads Englisch wenig mit Polnisch zu tun hat, oder Nabokovs mit Russisch. Doch der Punkt ist für mich, dass die Sprache dieser Autoren ihren Nährboden hat in der Beziehung zwischen zwei verschiedenen Sprachen ihren Nährboden hat. Indem ich diese Autoren zusammenstelle, lenke ich die Aufmerksamkeit auf einen metaphorischen Sinn jener Art und Weise, in der Literatur gebildet wird, innerhalb und parallel zu anderen Literaturkreisen und Sprachen, in dem Prozess, den Deleuze und Guattari „Deterritorialisierung“ und „Reterritorialisierung“ genannt haben, in ihrem Aufsatz über die Literatur kleinerer Sprachen (1986).

3 Die Vortragsreihe von Emily Apter bei der Princeton University Press ist ein wichtiger Versuch in diese Richtung.

berichten uns von den Beziehungen zwischen zwei Kulturen, die monolinguale Darbietungen oft übergehen. Sie helfen uns, zu verstehen, was von einem Kulturkreis in einen anderen wandern kann, und was nicht, und warum. Es gibt reichlich Beispiele dafür in allen Bereichen griechischer Kultur, von Liedern bis Reden, von *stand-up comedy* bis zu Fernsehspots und Literatur. Die Volkslieder der griechischen Gemeinschaften in Süditalien mit ihrer lexikalischen und syntaktischen Mischung aus Griechisch und Italienisch sind ein gutes Beispiel. Der Wortschatz ist italienisch, doch die Struktur der Sprache ist griechisch.[4]

Oder schauen wir uns die berühmte Schmähschrift des Sprachwissenschaftlers Yannis Psycharis aus dem 19. Jahrhundert gegen das Griechisch der Puristen an. Seine *Reise*, dem Anschein nach von Paris nach Konstantinopel, ist zugleich eine Reise zwischen den Sprachen, bei der Französisch und Deutsch erscheinen, und mit verschiedenen Registern des Griechischen vermischt werden. Auf einer Seite des Werks wechseln sich das griechische und das lateinische Alphabet bei jedem zweiten Buchstaben ab (Van Dyck 2005). Oder die seit den achtziger Jahren populären scherzhaften Redewendungen, die auf Griechisch einen bestimmten Sinn ergeben, doch gleichzeitiges wie Sätze einer anderen Sprache klingen, und in dieser eine andere Bedeutung haben:

καφασάκι γαι μούρα (Japanisch), griechische Aussprache, deutsch notiert: Kawasaki ja mura, griechische Bedeutung: Kawasaki, ein Beerenkörbchen,

(japanische Wiedergabe und Bedeutung *nicht wiederzugeben),*

Βόλο-Λαμία με κάρο (Italienisch)griechische Aussprache, deutsch notiert:

Bolo-Lamia me caro, griechische Bedeutung: Von Bolo nach Lamia, mit dem Auto, italienisches Gegenstück: Bolo la mia me caro - mein Führerschein ist mir lieb

Για για, μπείτε! ρηχά είναι! (Deutsch)deutsche Aussprache: Bitte, bitte, rieche eine! Der Satz fürs Englische ist:

Να η Σπάρτη! (na i Sparti!). Während es im Griechischen: „Hier ist Sparta!" bedeutet, klingt es im Englischen wie „nice party" (ni-ce party) (Van Dyck 2010, 12 – 13).

Dies ist erheiternd, weil es immer erheiternd ist, wenn zwei Sachen gleich klingen, aber sich auf verschiedene Dinge beziehen. (Stichwort Parodie). Aber es ist zusätzlich witzig, weil 'parties' nicht gerade das sind, wofür Sparta berühmt war. Diese Hybrid-Ausdrücke (Griechisch-Italienisch, Griechisch-Französisch, Griechisch-Englisch) deuten an, dass es Übersetzungsmöglichkeiten gibt, die darstellen, wie Sprachen interagieren, anstatt sich gegenseitig zu ersetzen. „Nice party" ist ja tatsächlich nicht griechisch. Um den Witz zu verstehen, muss der Zuhörer die Klänge hören als Griechisch und Englisch zugleich, und separat. Diese Kreuzbestäubung zwischen zwei oder mehr Systemen, und diese

4 Die von der Peloponnesischen Folklore Stiftung herausgegebene CD zur Hellenischen Musikalischen Tradition in Süditalien enthält sowohl Lieder aus griechisch-sprachigen Dörfern wie albanisch-sprachigen.

Erschaffung eines Ortes der Gleichheit inmitten eines radikalen Unterschieds ist der Ort, wo das Translinguale wichtige Modelle für das Übersetzen/Übertragen bieten kann, und damit letztendlich für die Art und Weise, wie zwei Kulturen sich annähern und zusammenleben können. Wir wollen uns nun der Literatur zuwenden, um im Detail zu erforschen, wie dies funktioniert.

II

Literatur, die durch die Beziehung zwischen verschiedenen Sprachen strukturiert ist, ist wichtig, da wir von ihr etwas über die Begrenzungen nationaler Literatur, über die Literatur im Allgemeinen, aber auch über Theorie und Praxis des Übersetzens lernen.[5]

Die translinguale Literatur zeigt uns, dass eine Übersetzung fremd klingen kann, es kann z.B. Englisch französisch machen, oder Griechisch französisch. Aber damit sie das erreicht, und nicht als unbeholfen abgelehnt wird, muss sie eine eigene Logik für den Text entwickeln, die weder griechisch, noch englisch noch französisch ist. Multilinguale Autoren von Nabokov bis Broumas sind oft ebenfalls Übersetzer. Ihr Werk hat einen doppelten Anspruch: wenn die Literatur nicht ganz in einer Sprache und literarischen Tradition beheimatet ist, brauchen Übersetzungen sich auch nicht um eine nahtlose Passform zu bemühen. Diese können ebenfalls mit der Art und Weise experimentieren, wie Sprachen interagieren und sich gegenseitig verändern. Sie können eine Sprache von der anderen abhängig machen. In seinem Aufsatz über die Aufgaben des Übersetzers erinnert Walter Benjamin uns daran, dass gute Übersetzungen eine Sprache für immer verändern. Hölderlins Übersetzungen griechischer Tragödien, machten z.B. die deutsche Sprache griechisch (1988, 80-81). Antoine Berman diskutiert die Frage, wie Chateaubriands Milton dem Französischen einen englischen Anstrich verleiht (1999). Tatsächlich sind die Übersetzungen von Olga Broumas der Werke des Dichters und Nobelpreisträgers Odysseus Elytis in sich multilingual, wenn die Dichterin sie jedoch laut vorliest, liest sie oft eine Zeile auf Griechisch, die nächste auf Englisch, und so weiter, sodass ihr Publikum sich in einer Welt befindet, die sowohl griechisch als auch englisch ist. Solche Beispiele weisen auf eine besondere Art der Übersetzung hin, nicht Übersetzen im Allgemeinen, sondern jene Art, auf die eine multilinguale Literatur uns einstimmt und die ich diskutieren möchte. Ich spreche mich aus gegen das Aufspalten der Literatur nach Landesgrenzen: Heimatländer, neue Länder, ethnische Gruppierungen, in meinem Falle Griechenland, Amerika, oder das

5 Zum Thema Mehrsprachigkeit und Übersetzen, vgl. Jean-Jacques Lecercle (1990), besonders sein Kommentar zu Louis Wolfson „Le schizo et les langues“. Vgl. ebenso John Johnstons Diskussionsbeitrag zu Wolfson in seinem Artikel „Translation as Simulacrum“ (in Venuti 1992, 41 – 56), und ebenfalls Jeffrey Mehlmans Rezension dieses Buches (1972).

griechische Amerika. Lieber möchte ich, dass wir uns die Literatur ansehen, auf ihre Bewegung zwischen Sprachen und Kulturen hin, wie sie eine Sprache in eine andere hineinbettet, auf ganz spezifische Weise. Zum Beispiel schafft Broumas Klangmuster im Englischen, die die mehr offene Vokalisierung des Griechischen erfordern. Dies ist zudem, so meine These, eine Möglichkeit, alternative Arten der Übertragung und Re-Kontextualisierung des Ausgangstextes zu entwickeln, Methoden, eine Übersetzung in einer Sprache heimisch zu machen, oder ihr fremd, und die zwischen den entgegengesetzten Polen und außerhalb derselben liegen. Eher als etwas gleich oder andersartig zu machen, ist das, was in translingualen Texten geschieht, eine Erschaffung von etwas Gleichem im Namen des Unterschiedes. Wenn Broumas das englische O im griechischen O.mega einschliesst oder englische und griechische Zeilen in ihre Übersetzungen hineinmischt, verbindet sie die beiden Sprachen, entfremdet aber gleichzeitig beide Sprachen von sich selbst.

Was hat die selektive Art und Weise, in der die translinguale Literatur etwas aus einer Sprache entleiht, um damit eine andere ins Spiel zu bringen, einer literarischen Tradition zu bieten?[6]

III

Als erstes betrachte ich einen griechisch-französischen Roman zu, der die Beziehung zwischen einer transkulturellen Gestaltung und einer Übersetzung auf sehr eindringliche Weise dramatisiert, danach wende ich mich dem Beispiel der griechisch-amerikanischen Literatur zu, um dem Klein-Klein der Mischung von Sprachen nachzugehen, und wie diese sich auf die Literatur und die literarische Übersetzung auswirkt.

In seinem kürzlich erschienenen Roman Ξένες λέξεις (Fremde Worte) überträgt der griechisch-französische Autor Vassilis Alexakis die Bewegung zwischen den Kulturen auf die Bewegung zwischen den Sprachen. Alexakis wohnt in Paris, hat aber seit Jahrzehnten seine Romane vom Griechischen ins Französische und vice versa übertragen. In diesem letzten Roman bringt er eine dritte Sprache in die Gleichung ein: Sango, eine afrikanische Sprache.

Indem der Protagonist des Romans versucht, diese Sprache zu erlernen, erlernen auch die Leser die Grundlagen dieser Sprache. Die Absicht des Buches ist es, den Lesern des Buches soviel Sango beizubringen, dass sie am Ende des Buches den letzten Abschnitt auf Sango lesen können. Ich zitiere aus Alyson Waters Übersetzung: „Baba ti mbi a kui. Mama na baba ti mbi a gue....“ (2006, 215)

6 Hier bin ich anderer Meinung als Derrida, zu seiner Feststellung in *The Ear of the Other*, dass das Einzige, was eine Übersetzung nicht leisten kann, die Übertragung mehrerer Sprachen in ein linguistisches System ist. Joyces Finnegan's Wake und Borges' Pierre Menard sind die Beispiele, die er gibt. Mir erscheinen diese als genau die Art multilingualer Texte, die wir uns ansehen sollten, auf der Suche nach Möglichkeiten, unsere Übersetzungen offener für andere Sprachen zu machen.

Aufgrund dieses Experiments nimmt der Roman im Vergleich zu Alexakis' früheren Werken eine Sonderrolle ein, es kann aber auch für eine Ausweitung und Intensivierung dessen stehen, was er und viele andere als multilinguale Autoren und Übersetzer schon immer getan haben. Die Romane von Alexakis, ob sie nun von Griechenland auf Griechisch handeln, und dann ins Französische übersetzt werden, oder über Frankreich auf Französisch geschrieben, und dann ins Griechische übersetzt werden, stellen ein Zusammentreffen der griechischen und französischen Kultur dar, durch das Medium der Sprache. Mit der Einführung einer dritten Sprache benennt er die doppelte Sprache, die in seinem Werk von Anfang an angelegt ist. Dieser Roman lehrt uns Sango, genau wie seine früheren Romane uns bestimmte Versionen von griechischem Französisch und französischem Griechisch lehren. Da seine Romane schon jeweils Übersetzungen sind, bietet das Werk des Alexakis eine gute Gelegenheit, über die Lehren, die aus der transkulturellen Literatur für das Übersetzen zu ziehen sind, nachzudenken. Was es nahe legt, ist, dass Übersetzungen, wie eine Literatur zwischen zwei Sprachen geschrieben, ihre Leser neue Sprachen lehren kann. Der Erfolg einer Übersetzung liegt nicht in ihrer Unsichtbarkeit, sondern in ihrer Fähigkeit, die Beziehung zwischen zwei linguistischen Systemen sichtbar oder doch wenigstens verfügbar zu machen, sei sie auch noch so provisorisch und unterbewusst.

IV

Alexakis' Texte helfen uns, mehr allgemein über die Beziehung der Literatur der Diaspora und dem Übersetzen nachzudenken, und die Literatur der Diaspora als eine multilinguale Literatur zu definieren, die sich für die Erzeugung von Bedeutung aus mehr als **einer** Grammatik, Syntax und **einem** Wortschatz speist. Aber um nun darüber zu sprechen, wie Sprachen interagieren, und sich aufeinander auswirken, und wie dies unsere Sicht des Übersetzens ändern könnte, wende ich mich dem speziellen Fall von Texten auf Griechisch und Englisch zu.

In meinen Forschungen untersuche ich eine große Bandbreite von Texten, die auf Englisch und Griechisch geschrieben wurden, sowohl in Amerika als auch in Griechenland, die aber alle einen Zwitterstatus haben, eine Prägung von anderswo. In seinen Erinnerungen beschreibt Elias Kulukundis diese Prägung. Er spricht darüber, wie ihm das Schreiben seines ersten Buches *The Feasts of Memory* geholfen hat, ein Gleichgewicht zu finden zwischen seinen beiden Leben als Amerikaner und als Grieche. Für ihn ist das Schreiben in der Diaspora eine synthetische Praxis, die die Arbeit mit griechischen Steinen und englischem Mörtel bedeutet. Er schreibt:

Da es mir in keiner Weise möglich war, Griechisch zu sprechen, und ich in keiner Weise Griechisch sein konnte, und nicht sprechen, außer wenn ich schrieb, wurde mein Buch für mich zu der Möglichkeit, mein Leben zusammenzufügen. Es war der Ort, wo meine Welten zusammenkamen. Ich schrieb auf Englisch, doch ich benutzte griechische Wörter, und griechische Gedanken, ich gab ihnen ihre griechische Bedeutung im Kontext der englischen Sprache. In meiner Arbeit mit griechischen Steinen und englischem Mörtel baute ich mir eine Schafhürde in den Bergen und barg mich im Schutz früherer Generationen, weit weg vom Chaos und der Verwirrung, die mitgekommen waren mit der Auswanderung meiner Eltern.[7] Für Kulukundis ist Schreiben die Möglichkeit, eine Sprache und Kultur einer anderen nahezubringen.

Die Art und Weise, in der Griechisch ins Englische einfliesst, oder Englisch ins Griechische, kann im Inhalt gelegen sein, in der Vermittlung von Bräuchen oder Erfahrungen. Dies ist der Fall in dem Roman *Middlesex* von Jeffrey Eugenides, in dem das Leben zwischen der griechischen und der amerikanischen Kultur eine Metapher ist für sein Leben zwischen den Geschlechtern, und umgekehrt. Häufig geschieht dieser Übergang von einer Sprache in die andere nicht auf der Ebene des Inhalts. Klänge, Wörter, Ausdrücke, sogar syntaktische Strukturen werden übertragen und neu verwendet. Wörter erscheinen, transkribiert und dennoch fremdartig, und damit führen sie den Leser in die neue Sprache ein, durch den neuen Kontext. Dies gilt für den Roman von Alexakis, und auch für den von Kulukundis, in dem nicht zu übersetzende Wörter wie ξενιτειά (Xeniteia, Heimweh) in den Text hereinbrechen und ihre Bedeutung erst im Verlaufe des Buches erhalten. Transliteration und das Einbetten nicht erklärter Wörter einer fremden Sprache im Text, gehören zu den meistbenutzten und faszinierendsten Techniken der Literatur der Diaspora.[8]

Doch es gibt auch noch weniger deutlich erkennbare Übernahmen von Eigenheiten einer Sprache in eine andere, eine Vorliebe für Vokale, der genussvolle Gebrauch von Reimwörtern, die freie oder gebundene Wortstellung – und die Übertragung dieser Merkmale in eine andere Sprache. Und es geschehen andere Dinge, wenn wir aus dem Griechischen ins Englische gelangen, oder umgekehrt. Was die Transliteration angeht, sind es die Namen griechischer Gerichte, die üblicherweise in der amerikanischen Literatur nicht übersetzt werden, sondern so stehen bleiben, *Moussaka, Bachlava,* während es im Gegenzug die englischen Wörter für Computer und aus der Popkultur sind, die sich vermehrt in griechischen Texten finden. Dennoch scheinen die Mechanismen und die Art und Weise, in der eine Sprache sich einer anderen einprägt, konsistent zu sein, oder wenigstens erkennbar, auch wenn sie sich oft in Ausmaß oder Ausrichtung unterscheiden; es sind diese Strukturen der Bewegung, und ihre selektiven Mechanismen, die sich als nützlich erweisen können.

7 Dieses stammt aus einem unveröffentlichten Manuskript *Bold Coasts* (Kühne Küsten), S. 83

8 Deutlich erkennbar in den Werken afrikanischer Autoren wie Chenue Achebe und Ngugi Wa Thiong'o, doch auch bei französischsprachigen Schriftstellern wie Patrick Chamoiseau.

Meine Arbeit befasst sich mit Griechen, die in Amerika schreiben, wie Elia Kazan, Eugenides und Broumas, aber auch mit der Literatur von Griechen, die in Griechenland leben und über Amerika schreiben, wie Alexandros Papadiamantis, Manolis Triandaphyllides, und Thanasios Valtinos. Ich schaue auch auf Bücher von griechischen Schriftstellern, die auf Englisch schreiben, wie Kay Cicellis und ebenso auf in Griechenland lebende amerikanische Schriftsteller, wie James Merrill. Ich schließe sogar die Werke von Autoren ein, die nicht explizit über Amerika schreiben, sondern sich der amerikanischen Sprache in ihrem Griechisch bedienen, wie Margarita Karapanou und Katerina Angelaki-Rooke. Aber mehr noch als mich auf die Ethnizität oder Muttersprache eines Autors oder einer Autorin zu richten oder als Texte nach der Art von Wanderung zu kategorisieren, die sie beschreiben (Diaspora, Immigration, Emigration, Repatriierung, Exil, Expatriierung, Reisen), erforsche ich die Strategien dieser Texte für ihre Wanderwege zwischen den Sprachen. Was an einer anderen Sprache ermöglicht es ihnen, zu tun, was ihnen sonst nicht möglich wäre, z.B. abstrakter zu sein, Wiederholungen zugunsten der Kontinuität einzusetzen und Dauer und Singularität für Aspekte der Zeit, Mobilität einzuschränken oder zu ermöglichen? Mein Ziel ist es, diese Nahtstelle der Transaktion zu kodifizieren, nicht als irgendein graues Gebiet, nicht als „Hybridität“ oder „Bindestrich-Land“ an sich, noch nicht einmal als „krummes“ Englisch oder „krummes“ Griechisch, da auch hier alle Arten von „krumm“ bis „komisch“ auf einen Haufen geworfen werden, sondern um die speziellen Formen des Gebens und Nehmens zu umreißen, die zu bestimmten Zeiten in der Geschichte zwischen Sprachen vor sich gehen.[9]

V

Durch das Importieren einer Sprache in eine andere erhalten wir nicht nur Hinweise darauf, wie wir uns andere Welten vorstellen müssen, sondern auch eine faktische Wiedergabe der fremden Klänge und Sichtweisen anderer Orte. Die Wiedergabe von Wörtern oder Sätzen aus einer anderen Sprache, so schreiben, dass ein Dialekt oder Akzent hörbar wird, oder ein visuelles Spiel mit einem anderen Alphabet, sind sicherlich nicht eine solch sinnliche Erfahrung wie das Anhören von Musik, oder das Betrachten eines Gemäldes oder eines Films, aber als Schriftbild ist es überraschend erfahrbar und überzeugend. Wir spüren

9 In Anbetracht von Hana Wirth-Neshers Schriften zu den Sprachen der Jüdisch-Amerikanischen Literatur, interessiere ich mich für die Entdeckung der experimentellen Seite griechisch-amerikanischer Literatur. Der Titel von Wirth-Neshers Studie *Call it English* unterstreicht die Vielfalt der mehrsprachigen Autoren, indem sie sich bezieht auf den Titel von Henry Roths epischer Darstellung des Lebens auf der Lower East Side, *Call it Sleep*. Evelyn Ch'iens Studie *Weird English (*Krummes Englisch) setzt auch die Art und Weise, wie Schreiben zwischen den Welten Hybrid-Wörter erschafft. Doch während Wirth-Nesher uns zeigt, wie die Ausgangs- und Zielsprache auf einander einwirken in einem endlosen Möbiusstreifen der Übersetzung, erläutert Ch'en die spezifischen Merkmale jener Fremdsprache, die im Englischen wirksam sind.

das Andernorts-Sein, wenn wir Irini Spanidou's surreal-klingende wortwörtliche Übersetzungen griechischer Sprichwörter in ihrem Roman *God's Snake* lesen, oder dem willkürlichen Gebrauch einzelner griechischer Wörter in den Werken von Olga Broumas und Eleni Sikelianos[10]nachgehen.

Lassen Sie mich nun mein besonderes Augenmerk auf jene zeitgenössischen Autorinnen richten, die Griechisch in ihr Englisch einbringen, und auf eine spezielle Eigenheit, die sie haben: ihr Augenmerk auf den Klang der griechischen Sprache. Die Bedeutung der mündlichen Tradition in der modernen griechischen Literatur, in der Anthologien bis heute mit Volksliedern beginnen, kann durchaus als Klischee gelten, doch wenn diese Besessenheit von der mündlichen Wiedergabe und dem Klang der Sprache ins Englische übertragen wird, geschieht etwas richtig Originelles. Ich werde ein paar Beispiele geben, wie Autorinnen Griechisch mittels des Klanges ins Englische hineinbringen, und auch wie sie diese Techniken in ihren Übersetzungen nutzen.

Irini Spanidous Romane folgen einem aufschlussreichen Weg: ihr erster Roman, *God's Snake,* handelt von Griechenland und wurde fast ganz griechisch aufgesetzt, danach von der Autorin ins Englische übersetzt, manchmal im wörtlichen Sinne. Ihr zweiter Roman *Fear* handelte von Griechenland, war aber ganz und gar auf Englisch geschrieben. Und ihr neuester Roman, *Before,* der von Amerika handelt, kommt daher in einer ziemlichen flachen amerikanischen Tonart, wobei geringfügige griechische Spuren an entscheidenden Augenblicken aufblitzen. Zum Beispiel hören wir den Singsang der griechischen Intonation im flehentlichen Bitten der Mutter an ihren Sohn, ganz zum Schluss:

....sie sagte, „du bist ein guter Junge, deiner Mama willst du nicht weh tun, krank wie sie ist, hör mir zu, ich will das jetzt sagen, wenn du groß bist, gehst du zurück nach Griechenland, na phyges, na phyges..... “ (2007, 203)

Für die jüngere griechisch-amerikanische Dichterin Eleni Dikelianos ist Griechisch nicht ihre erste Sprache wie für Broumas und Spanidou, dennoch setzt es auch ihrem Werk einen Stempel auf. In der Biographie ihrer Urgroßmutter Eva Palmer Sikelianos hören wir die leichtflüssigen Alliterationen des Griechischen, in dem Sprechgesang ihres sound-scat zu diesem am allerwenigsten übersetzbaren Wort des Griechischen, „alafroiskitos“, ein Wort, das ihr Urgroßvater, der Dichter Angelos Sikelianos, berühmt gemacht hat. Sie schreibt auf Englisch: „Alafroiskitos, the Seer, the shadowless one...“ nimmt die Klänge der Vokale und Sigmas des griechischen Wortes auf, und ihren Zusammenklang, und gibt es dann im Englischen wieder als „seer, the shadowless one...“

10 Für eine Diskussion über die Art und Weise, wie Spanidou's *God's Snake* sich der griechischen Sprache bedient, vgl. meinen Artikel (20000).

Das Prinzip der Homophonie, in dem ein Wort in zwei Sprachen gleichzeitig beheimatet sein kann, ist ein Schlüsselelement in der Dichtung der Sikelainos. In einem Vortrag, den sie einmal vor meine Studenten an der Columbia Universität hielt, verteilte sie eine Seite von Gertrude Steins *Tender Buttons,* übersetzt ins Französische. Sie sagte uns nicht, wer die Texte geschrieben oder übersetzt hatte. Dann bat sie uns, die französischen Klänge so umzustellen, dass daraus englische Wörter würden, und unsere eigenen homophonen Übersetzungen herzustellen. Als wir reihum unsere Gedicht-Übersetzungen vorlasen, waren wir alle überrascht, wie sehr sie nach Gertrude Stein klangen. Die Entdeckung war für uns alle, wie stark die Bedeutung von Gedichten inhärent ist an ihren Klängen, ganz besonders im Fall der Stein, und dass dies noch immer spürbar war, auch nach dieser zweifachen Bearbeitung. Auch in weniger auffälligen Übersetzungen macht Sikelianos Gebrauch von Klängen. Als wir „The Free Besieged“ des griechischen Dichters Dionysos Solomos übersetzten, wollte sie an mehreren Stellen den Originalklang des Griechischen in unsere Übersetzung einbringen. Ein Beispiel ist, wie wir im freien Versmaß ein Äquivalent des Reimes ABAB schufen, und die tiefen Uuuu-Klänge des Originals mit Halb-Reimen und Wiederholung des Wortes „sound“ wiedergaben:

Resounding
in enemy air
another sound sounds
like an echo there.
They hear it as sounds
with a horrible blast
that lasts for hours
and the world thunders.
(Van Dyck 2009b, 406)

Widerhall
im Feindesland
lauter der Schall
Wie die Echowand.
Das Wummern im Ohr
sein Schreckensgesicht
kein danach kein davor
Die Welt birst und bricht.
(Postma 2011)

VI

Es sind jedoch das Oeuvre der Olga Broumas, und ihr Aufruf für „eine Politik der Transliteration“, die am stärksten Überlegungen zur Übertragung griechischer Klänge in das Englische hervorrufen. Ihre Gedichte machen Gebrauch vom Griechischen, um mehr Farbe in die Vokale des Englischen zu bringen. Sie möchte den deutlich artikulierten Klang der griechischen Klänge Omega und Alpha wiedergeben, im Gegensatz zu dem eher klanglosen „h“ in der durchschnittlichen amerikanischen Aussprache[11]. Wie sie in einem anderen Vortrag zu meinen Studenten sagte:

Der einzige Grund dafür, dass meine Gedichte so sind wie sie sind, ist der Klang.

11 Im amerikanischen Englisch klingen die Wörter „got“, „what“ und „mud“ alle gleich. Das O, das A und das U haben alle den gleichen Klang.

Wenn ich ein „a“ spreche, dann spreche ich es als „ah“ (wie in „father“). Ich spreche nicht es nicht als „uh“. Für mich klingt „American“ wie „A-me-ri-can“. Als ob ich mit Akzent sprechen würde. Ich habe keinen Akzent, aber ich *höre* die Vokale, und ich *sehe* die Vokale, und wenn ich schreibe, ist mir bewusst, was die Vokale tun. Wenn deine Vokale für dich als Autor alle als „uh“ dastehen, dann wirst du nur vorhersehbare Reimklänge haben, falls du überhaupt welche hast. Aber wenn du dir deiner „a“s bewusst bist, dann wirst du dir all deiner „a“s bewusst sein.

Diese Ausrichtung ist klar vorhanden in ihrem Gedicht „Artemis“, das ich vorher schon zitiert habe „is the curviform alphabet/that defies/ decoding, appears/to consist of vowels, beginning with O, the O-mega, horseshoe, the cave of sound“ scheinbar bestehend aus Vokalen, *beginnend mit O, dem O-mega, dem Hufeisen, der Höhle des Klanges.* In diesem Gedicht bekommen wir durch die Form des Buchstaben O-mega - *Hufeisen, Höhle des Klanges* - und durch das Enjambement, den Verssprung im O-mega die Aussprache des mehr offenen O des Griechischen vorgegeben. Doch ihr Interesse gilt nicht irgendeinem Versuch, erneut in diese Höhle hineinzugelangen, um Trost in irgendeiner mythischen matriarchalen Vergangenheit zu finden, sondern vielmehr der Anwendung der Vokale, um damit eine neue Sprache erfinden zu können. Dieser Akt der Transliteration wird damit zur Grundlage ihrer Strategie, die ihren Ausdruck in den letzten Zeilen findet:

> I am a woman committed to
> a politics
> of transliteration, the methodology
>
> of a mind
> stunned at the suddenly
> possible shifts of meaning – for which
> like amnesiacs
>
> in a ward of fire, we must
> find words
> or burn. (1977, 23-4)

Ich bin eine Frau, betraut
mit der Politik
der Transliteration, der Methodologie

der Gedanken -
überwältigt durch
plötzlichen Wandel
der Bedeutung - für den
wir wie Wortlose
in einer Feuerwand Worte
finden müssen
oder verbrennen.
(Postma)

Diese Strategie der Transliteration, aus der Kenntnis zweier Sprachen erwachsen, ist ein Merkmal der Gedichte von Broumas auch in ihren folgenden Werken. Nach den „fragments .....mangled into our language" *Fragmenten......hineingerieben in unsere Sprache,* aus *Beginning with O,* finden wir einen griechischen Witz, aufgeschrieben auf Englisch, in ihrer Kollektion *Pastoral Jazz,* wo die griechischen Worte „futbol" und „Eleutheria" nicht übersetzt werden.

There is a joke it goes in Greece
that summer there was a *futbol*
match and the husband had
lost his lady. BITCH! He shouted
after her WHORE WOMAN HEY YOU
BITCH! Greece is civilized
the cop said call your wife
by name. I can't
the man said. Call her name
the cop said. Not allowed
the man said. Call her name I said the cop
said if you don't the man stood in the Greek *futbol*
stadium he said
ELEUTHERIAAAAAAAAAA (1983, 10)

Der Witz lebt davon, dass die Leser wissen, dass der Name der Frau „Eleutheria" ebenfalls „Freiheit" bedeutet. Dieses Gedicht spielt in der Zeit der Junta, als Broumas ein Teenager war, und Worte wie „Eleutheria" offiziell der Zensur in Griechenland unterlagen, in öffentlichen Räumen wie Fußballstadien. Ebenso wie in dem Gedicht „Artemis", stellt Transliteration für Broumas die Aufgabe dar, die Klänge der Muttersprache in die neue Sprache einzufügen – also nicht 'soccer' oder 'football', sondern 'futbol' – und, indem sie das tut, wirbelt sie vorgefasste Meinungen über das, was Griechisch oder Amerikanisch ist, durcheinander. Broumas nutzt auch die Praxis, einen griechischen Klang zu nehmen, und diesen in ihren Übersetzungen in die englische Sprache hineinzubringen. Wie schon erwähnt, bewegt sie sich zwischen den Sprachen hin und her, wenn sie ihre Übersetzungen von Elytis liest, verliest einen Satz im Original und danach in ihrer Übersetzung, und schafft damit ein derartiges inter-linguistisches Netz, dass es unmöglich ist zu unterscheiden, wo das Griechische aufhört und das Englische beginnt. Ein anderes Mal erklärte sie vor meinen Studenten:

„Ich versuche, dem Originaltext so nahe wie möglich zu bleiben, was die Tonalität angeht. Meine Methode für die Übersetzung der Texte von Elytis war, ihm ein Tonband zu schicken, er schrieb mir dann wieder mit den Worten, „Du hast das Gedicht erfasst“. So verschieden die beiden Sprachen Griechisch und Englisch auch sind, es ist möglich, dies zu tun......Auch wenn sie nicht die gleiche Anzahl an Silben haben, haben sie doch die gleichen Tonsilben. Also, auch wenn eine Zeile länger ist,......ist das Lied noch da......Zum Beispiel lautet der griechische Text in dieser Zeile von Elytis' Gedicht Το μονόγραμμα (Das Monogramm) lautet: „αλλά θέλω της ξέσκεπης όρ□ιας θάλασσας τον καλπασμό „. Das sind sehr viele Silben. [Übersetzung Karen van Dyck] „I want the uncovered standing sea's full gallop.“ Das ist viel kürzer, doch enthält noch - „ξέσκεπης όρθιας □αλασσας τον καλπασμό“, „uncovered standing sea's full gallop“ . (Ich will die Wogen des stehenden Meeres im vollen Galopp*).*

Die Übersetzungstechnik von Broumas beruht auf dem Finden einer Schnittstelle zwischen den beiden Sprachen, von etwas das gleich ist, dem Hang zur Alliteration auf „S“, oder das zufällig silbengebundene metrische System, um es dann sanft in Richtung der Ausgangssprache zu schieben, in der Vergriechischung des Englischen. Wir sehen, wie sie ξέσκεπης in dem Ausdruck „standing seas“ homophonisch wiedergibt, auch wenn die Buchstaben ein wenig verschoben sind, oder wie sie das Metrum beibehält, auch wenn das Griechische mehr Silben enthält. Ihr Interesse ist es, etwas Gleiches zu schaffen, doch anders(artig).

Doch am stärksten kennzeichnete sie ihre eigene Art, die Sprachen Griechisch und Englisch in ihrer Arbeit zu mischen, als sie vor kurzem damit begann, in die andere Richtung zu übersetzen: aus dem Englischen ins Griechische. So erzählt sie die Geschichte, wie sie dem amerikanischen Dichter Stanley Kunitz zu Ehren seines 100. Geburtstages ein Gedicht übersetzte. Verschiedene Dichter wurden gebeten, das selbe Gedicht in verschiedene Sprachen zu übersetzen. Sie gab sich große Mühe, bis sie endlich mit einer Version zufrieden war, die ihr gefiel. Dann geschah etwas Lustiges, dass sie wie folgt beschreibt:

„.....ein paar Monate später musste ich irgendwo hin, und ich nahm das Gedicht mit, weil ich es vorlesen wollte, denn die Veranstaltung war auch zu Ehren des Dichters Kunitz, und ich suchte nach der letzten Fassung, und durchblätterte die

Seiten auf meinem Schreibtisch und nahm sie hoch. Und ich sah sie mir an und dachte:"Halt, stop, dies ist meine erste Fassung", und ich las sie, und ich dachte, „Aber dies ist perfekt! Wozu habe ich mir all' diese Stunden um Stunden Mühe gegeben", ich seh' es mir an, und hier und da und dort – es ist einfach wunderbar „Unglaublich, dass das meine erste Fassung war", ...Bis es mir dämmerte: Es war das Original, auf Englisch. Es war das Originalgedicht auf Englisch. Aber ich steckte so sehr darin, in dem Gedicht in meinem Inneren, dass ich nicht länger mehr eine Vorstellung davon hatte, wessen Gedicht es war oder in welcher Sprache geschrieben."

Während meiner Beschäftigung mit der Dichtung von Olga Broumas und Übersetzungen ging mir auf, dass die Erschaffung eines Textes, der in der neuen Sprache weder ganz aufgenommen noch von ihr abgewiesen wird, dem Dichter die Aufgabe stellt, kleine Elemente aus einer Sprache in die andere zu überbringen, in homöopathischen Dosen, oder wie einen Pfropfen, oder wie eine Organtransplantation. Bei all diesen Vorgängen wird Fremdartiges benutzt, um dem System eine Starthilfe zu geben, um neue Lebensweisen zu finden. Im Falle amerikanischer Autoren griechischer Herkunft, ganz besonders der Frauen, scheint der Klang der Muttersprache einer der zentralen Aspekte zu sein, den sie in ihrer neuen Sprache wiederfinden möchten. Literarische Übersetzungen können aus der Selektivität ihrer Aufmerksamkeit lernen. Auch ohne die extreme Form homophoner Übersetzung sehen wir, wie Sikelianos und Broumas sich auf das Sigma in ihrer Aufnahme des Griechischen ins Englische einstimmen - „shadowless seer", „standing seas". Dies ist eine Art, etwas aus einer Sprache in die andere zu übertragen, um eine andere Gestalt zu schaffen, im Namen der Gleichheit. Und selbstverständlich entgeht diesen Autoren-Übersetzern niemals das Potential der Differenzierung. Dabei ist es von Belang, ob es um eine kleinere Sprache geht, die Auswirkungen hat auf eine größere, oder umgekehrt. Gleichheit und Homogenität, oder *omogeneia,* wie Griechen sich selber nennen, wenn sie im Ausland leben, die *omogeneia* von Astoria oder Melbourne, sind Prinzipien der Machtlosen. Große Länder mit viel Einfluss können sich eine gewisse Diversität und Heterogenität erlauben. Der Fokus auf die Tradition und den Klang, ebenso wie auf das Homophonische und die Homogenität ist eine Weise, Solidarität zu projizieren und sich einen festen Stand zu erobern. Dabei ist dieser Prozess jedoch immer in der Gefahr, ein Klischee seiner selbst zu werden. Diese Beispiele zeigen, wie durch die Fokussierung auf die materielle Gestalt der Sprache die Komplexität in den Vordergrund gerückt werden kann. Ihre Identität beruht auf ihrer Dichtung, nicht auf ihrer politischen Ausrichtung.

VII

Texte wie die von Broumas, Spanidou und Sikelianos, angesiedelt innerhalb nationaler Kulturen, wenn auch eher marginal, in der Nähe des Ortes, wo das Vertraute auf das Fremde trifft, sind Vorschläge von Übersetzungen, die sich auf andere Sprachen beziehen, ohne sich zu verlieren. Sie bieten uns einen workshop für die Art und Weise, auf die verschiedene Sprachen und Kulturen sich annähern können, ohne der Versuchung der Gleichmacherei zu unterliegen, und dennoch das Prinzip der Gleichheit als leitendes Prinzip zu wahren. Was wir lernen, ist, dass zwei Sprachen näher zusammengebracht werden, nicht dadurch, dass wir alle Aspekte einer Sprache in eine andere hineintragen, und ebensowenig, indem wir schlichtweg Analogien suchen, durch die Papadiamantis zu Dickens wird, und Seferis zu Eliot, sondern indem wir einen Aspekt oder zwei herauslösen, und eine Logik des Austausches herstellen. Um erfolgreich zu sein, und nicht unbeholfen, muss eine Übersetzung wie ein Gedicht von Broumas, oder ein Roman von Alexakis oder Spanidou seine Leser vorbereiten. Sie muss ihnen die Möglichkeit bieten, die neuen Regeln im Verlauf eines Werkes oder mehrerer Werke zu erlernen, um diese neue Hybrid-Sprache verstehen, und sie sich sogar selber vorsprechen zu können. Und dies ist die Lehre, die eine derartige Literatur Übersetzern zu bieten hat: eine Technik des Übersetzens, die die Fremdheit des Originals zunichte macht oder aber sich dieser ganz und gar hingibt, ist nicht gewillt die Selektivität der Strategien anzunehmen, die die Literatur der Diaspora benutzt, um Elemente zu importieren, die in beiden Sprachen funktionieren können.

Die Aufmerksamkeit für translinguale Literatur und deren Lehren für das Übersetzen bietet auch wichtige weitere Verzweigungen für unser Verständnis des interkulturellen Austausches im Allgemeinen. Wenn wir die Möglichkeit kultureller Translation durch die Praxis der linguistischen Translation lesen, können wir transnationale und trans-ethnische Zugehörigkeiten beschreiben und uns vorstellen, die nicht in den Rahmen der festgelegten Schablonen von Separatismus oder Assimilation passen, die „homogeneia“ der Diaspora, im Gegensatz zum Schmelztopf der Immigration, zum Beispiel. Es liegt etwas Beispielhaftes in der Toleranz der multilingualen Literatur und deren Übersetzungen. Diese Texte lehren uns, nicht kommensurable Erfahrungen miteinander zu verbinden. Mit den Worten Walter Benjamins „liebevoll und im Detail“...Wir lernen, dass eine gute Übersetzung, wie ein guter Einwanderer, sich nicht nur in die neue Kultur einfügt, sondern etwas zurückgibt, und die Bedingungen dessen, was in jener Kultur akzeptabel ist, verbessert. Am Ende anzufangen „mit O, dem O-/mega“, bedeutet, dass wir Möglichkeiten hervorbringen, in den Räumen zwischen Sprachen und Kulturen zu leben, nicht als Utopia, sondern als eine reale, tägliche Praxis der Übersetzung, die beschrieben werden kann, wenn wir ihr nur die Zeit und Zuwendung widmen, die ihr gebührt.

Literatur

Alexakis, V.& Waters, A. 2006. Foreign Words, Iowa City, IA, Autumn Hill Books.
Berman, A. 1999, La Traduction et la Lettre, ou l'Auberge du lointain. Paris: Seuil.
Broumas, O.1977. Beginning with O, New Haven, CT, Yale University Press. 1983. Pastoral Jazz, Port Townsend, WA, Copper Canyon Press.
Ch'ien, E.-N.-M. 2004. Weird English, Cambridge, Mass., Harvard University Press.
Corngold, S. 1994. Kafka and the Dialect of Minor Literature, College Literature, 21:1, 89 – 101.
Deleuze, G.& Guatari, F. 1986. Kafka: toward a minor literature, Minneapolis, University of Minnesota Press.
Derrida, J., Levesque, C. & McDonald, C. 1985. The ear of the other: otobiography, transference, translation, New York, Schocken Books.
Lecercle, J.-J. 1990. The violence of language, London ; New York, NY, Routledge.
Mehlman, J. 1972. Portnoy in Paris. Diacritics, 2, 21-28.
Spanidou, I. 2007. Before, New York, Knopf.
Van Dyck, K. 2000. Greek Poetry Elsewhere. Gramma: Journal of Theory and Criticism, 8, 81-98. ---2005. Tracing the Alphabet in Psycharis' Journey.In:Farinu, G. (ed.) O Psiharis kai i epohi tu: zitima glossas, logotehnias kai politismu.Thessaloniki: Institute for Modern Greek Studies, Manolis Triandafillidis Foundation, 135-151.
Van Dyck, K. 2008. "The Language Question and the Diaspora," in The Making of Modern Greece: Nationalism, Romanticism, and the Uses of the Past (1797-1896), eds. Rodney Beaton and David Ricks, Ashgate, 189-98.
Van Dyck, K. 2009a.The Scattered Papers of Penelope: New and Selected Poems by Katerina Anghelaki-Rooke, Minneapolis, Minnesota, Graywolf.
Van Dyck, K. 2009b.The Greek Poets: Homer to the Present, co-edited with Constantine, P., Hadas, R. & Keeley, E. New York, Norton.
Van Dyck, K. 2010. Literature between Languages and the Question of Translation,Athens, America College of Greece, 61 pages.
Venuti, L. 1992. Rethinking Translation: Discourse, Subjectivity, Ideology,London; New York, Routledge.
Wirth-Nesher, H. 2006. Call it English : the languages of Jewish American Literature, Princeton, N.J., Princeton University Press.

Khin Ni Ni Thein, Brigitte Urban

Transcultural Science from the Perspective of international Organisations

Abstract

This communication is the first of a series of dialogues on "Transcultural Science" conducted by the authors. The Team experienced and involved in the process of internationalization to transculturalisation in the higher education landscape in Europe and Asia over the last decade - the first author was the ifu Visiting Professor in the area Water and the second author was one of the promoters and local deans of ifu in 2000 - continuously exchange thoughts and dialogues on transculturalisation. This paper recounts the projects of International Organizations that are active in transcultural science, research and education, including LEUPHANA University with a particular focus on the journey of ifu since 2000.

Three big issues of our time are Food, Fuel and Finance. The escalating food prices, lack of clean fuels, declining economies with overproduction further deteriorate the natural, social, and spiritual environments. Water scarcity, increasing amounts of solid waste (not only on earth but also in the universe) and climate change, all those threaten sustainability as well as our very existence. The ideas of the transnational and transcultural have been put forward in recent years as conceptual frameworks that enable us to develop a "new interdisciplinarity" which can be named as a "transdisciplinary" way of learning and doing research in the 21st century. The reason to develop a "new interdisciplinary = transdisciplinary" concept, however, is that the interdisciplinary approach at present is still the domain of specific knowledge compartments which does not free itself to look for the holistic solution in the very root of human psychology, such as culture and religion/spirituality. Like any other new tool or new method, users should have faculty to use them. To this end the authors advocate a spiritual transformation in order to perform transcultural research and education, which will help cultivate three dimensions of intelligence in the learning process: scientific intelligence, emotional intelligence and spiritual intelligence. The four pillars of learning, 1. Learning to know, 2. Learning to do, 3. Learning to live together, and 4. Learning to be, as proposed by UNESCO[1] are used as basic principles for this communication. The Green Growth philosophy of UNESCAP and the practice of reduce, reuse and recycle with special attention given to the reduce factor were brought to mind when introducing an industry and university relationship. A mind-map is drawn for possible transcultural research, especially

1 Delors, Jacques *et al.* 1996. *Learning: The Treasure Within*. Paris: UNESCO

in the area of Water and Ecology, in the context of a future ifu, and a possible strategy has been proposed for the Leuphana University, to play a leading role in transcultural sciences, research and education.

1. Introduction

This communication is the first of a series of dialogues on "Transcultural Science" conducted by the authors. The first author was the ifu Visiting Professor in the area Water. The second author was one of the promoters and local deans of ifu in 2000. Both continuously exchanged thoughts and dialogues on transculturalisation over the last decade. This paper recounts the works of International Organizations that are active in transcultural science, research and education, including the Leuphana University of Lueneburg, with a particular focus on the journey of ifu since 2000.

1.1 Interconnected problems

Three big issues of our time are Food, Fuel and Finance. These can be seen as big interconnected problems under the light of Globalisation. Escalating food prices, lack of clean fuels, declining economies, increasing solid wastes not only on Earth but also in the universe (see photo) and global warming are parts and parcels of our daily insecurity. These are in fact results of our current and recent past systems – i.e., social, economic and education systems - and a sign of breakdowns of these systems that we have. Our education system establishes our value system. Our value system defines our life style and daily decision making process. Collective decisions guided by an unhealthy value system do more damage than a single decision when it comes to environmental degradation and life style changes. Climate Change occurs both by nature and by human activities. The latter causes it more rapidly than the former. The magnitude and frequency of damages caused by Climate Change have also been threatening our very existence and sustainability!

1.2 The root cause shared by globalisation

Climate Change is global. The damages caused by climate change and extreme weather conditions are felt both locally and globally. However, locals suffer more than others. Poor people suffer more than rich people do. Developing countries and the least developed countries take a longer recovery time than developed countries do. We often use models that narrowly focus on the last element in a chain of causation. In this example we may blame climate change or poverty as root causes of suffering across the globe. Just like modern medicine tends to treat symptoms as causes and loses sight of the deep roots of disease.

This trend can also be seen in the domains of education and research. Students try to accquire top marks rather than understanding. High grades will ensure them higher paid jobs and hence they can withstand the pressures brought to bear on present-day-individuals by consumerist, materialist, impersonal, synthetic, superficial, now-focused, me-focused, diversion-addicted and age, illness and death-phobic societies whose values are promulgated by the family, the mass media, corporations, politicians and profit-motivated educational institutions.

1.3 Attempts for change

Holistic models look for first causes which are complex, "internal", multi-layered and multi-dimensional. Again, it was not only the authors who think about a change to be better. There are many like-minded people who attempted to bring about a change. The divergence of several attempts brought several key shifts in perspective that can help us to stop operating from crisis to crisis, and begin to think and act in a more integrated, more effective manner. We all started from national and disciplinary learning and education that we got from our own villages and compartments. From there, we extended our learning and education to be internationally oriented and then worked at internationalization. Once we actually exercised internationalization in our learning and education programs, we faced very many obstacles and lessons were learned. Similar experiences were gained in the areas of transition from disciplinary courses to interdisciplinary[i] courses. Hence the ideas of the transnational and transcultural have been put forward in recent years as conceptual frameworks that enable us to develop new interdisciplinary (or indeed transdisciplinary) epistemologies of the global, the local, and the "glocal".

In transdisciplinary education students should learn to exercise "valuing" rather than learning about "values" as a bag of virtues brought by international colleagues. Valuing brings into focus the life-long experience of those colleagues and enrich those processes. Awareness-raising is one of education's key functions. Valuing cannot be taught as imposed objective knowledge but has to be skillfully revealed and developed as a valued experience of fellow human beings, shared in common. Valuing is a process that issues from the innate goodness of people. It is the recognition of one's own value in the scheme of things and the inherent value of the scheme itself and a valuing of how one contributes to it. Everyone is capable of it and engaging in it often.

2. Basic and long-term solutions: Transdisciplinary Education

Disciplinarity, multidisciplinarity, interdisciplinarity, and transdisciplinarity are like four arrows shot from but a single bow: Knowledge (Basarab Nicolescu, President of CIRET). Transdisciplinary Learning is a process of reconciliation of heart and mind – a meaningful reintegration of intellectual intelligence, emotional intelligence and spiritual intelligence. Transdisciplinary Learning happens individually from the innermost part of our understanding and good will to fellow human beings, the planet Earth and the next generations.

Transdisciplinary education originated in the inexhaustible richness of the scientific spirit, which is based on (i) questioning, (ii) rejection of all *a priori* answers, and (iii) certitude contradictory to the facts. At the same time, it revalues the role of deeply rooted intuition, of imagination, of sensitivity, and of the body in the transmission of knowledge. (Basarab Nicolescu, President CIRET).

The process of learning begins at home, followed by the formal primary education at school. The supporting mechanisms for every child to get access to education have been ensured by the 1948 Universal Declaration of Human Rights and UNESCO as a special agency of the United Nations.

2.1 The Universal Declaration of Human Rights and Education For All [EFA](Source: UNESCO)

The 1948 Universal Declaration of Human Rights stated the right to education in Article 26 as follows: elementary education is to be compulsory and free; technical and professional education is to be made generally available; and higher education is to be equally accessible to all on the basis of merit (United Nations, 1948). This Article charges nations with a significant duty, one that many still cannot fulfill, even sixty years later (Susan D'Antoni, Education on the move series, 2009).

2.2 UNESCO's Four Pillars of Learning as basic principles

The UNESCO's Four Pillars of Education are 1. Learning to know, 2. Learning to do, 3. Learning to live together, and 4. Learning to be.

Learning to Know

Since knowledge is multifarious and capable of virtually infinite development, any attempt to know everything becomes more and more pointless. In fact, after the basic education stage, the idea of being a multi-subject specialist is simply an illusion. The initial secondary and university curricula are therefore partly designed around scientific disciplines with the aim of giving students the tools, ideas and reference methods which are the product of leading-edge science and the contemporary paradigms. Such specialization must not exclude general education - not even for future researchers who will work in specialized laboratories. A truly educated person nowadays needs a broad general education and the opportunity to study a small number of subjects in depth. This two-pronged approach should be applied right through education. *Learning to know implies learning how to learn by developing one's concentration, memory skills and ability to think.* From infancy, young people must learn how to concentrate - on objects and *on other people*. (Source: UNESCO)

Learning to Do

From certified skills to personal competence: The major part played by knowledge and information in manufacturing industry renders obsolete the notion of specialist skills on the part of the workforce. The key concept now is one of "personal competence". There is a growing trend among employers to evaluate potential employees in terms of their personal competence rather than certified skills which they see as merely demonstrating the ability to perform specific physical tasks. This personal competence is assessed by looking at a mix of skills and talents, combining certified skills acquired through technical and vocational training, social behaviour, personal initiative and a willingness to take risks. (Source: UNESCO)

If we add a demand for personal commitment on the part of employees in their role as change agents, it is clear that this kind of personal competence involves highly subjective innate or acquired qualities, often referred to as "people skills" or "interpersonal skills" by employers, combined with knowledge and other job skills. Of these qualities, communication, team and problem-solving skills are assuming greater importance. The growth of the service industries has resulted in an increase in this trend. (Source: UNESCO)

Learning to Live Together

Education should adopt two complementary approaches. From early childhood, it should focus on the discovery of other people in the first stage of education. In the second stage of education and in lifelong education, it should encourage involvement in common projects. This seems to be an effective way of avoiding conflict or resolving latent conflicts. Moreover, whether education is provided by the family, the community or the school, children should be taught to understand other people's reactions by looking at things from their point of view. Where this spirit of empathy is encouraged in schools, it has a positive effect on young persons' social behaviour for the rest of their lives. For example, teaching youngsters to look at the world through the eyes of other ethnic or religious groups is a way of avoiding some of the misunderstandings that give rise to hatred and violence among adults. Thus, teaching the history of religions or customs can provide a useful reference tool for moulding future behaviour. Recognition of the rights of other people should not be jeopardized by the way children and young people are taught. One of the essential tools for education in the twenty-first century will be a suitable forum for dialogue and discussion. (Source: UNESCO)

When people work together on exciting projects which involve them in unaccustomed forms of action, differences and even conflicts between individuals tend to pale and sometimes disappear. A new form of identity is created by these projects which enable people to transcend the routines of their personal lives and attach value to what they have in common as against what divides them. In sport, for example, the tensions between social classes or nationalities can eventually be welded into a spirit of solidarity by the commitment to a common cause. (Source: UNESCO)

Learning to Be

The report *Learning to Be* (UNESCO, 1972) expressed the fear of dehumanization of the world, associated with technical progress and one of its main messages was that education should enable each person to be able to solve his own problems, make his own decisions and shoulder his own responsibilities. At its very first meeting, the Commission powerfully re-asserted a fundamental principle: education should contribute to every person's complete development - mind and body, intelligence, sensitivity, aesthetic appreciation and spirituality. All people should receive in their childhood and youth an education that equips them to develop their own independent, critical way of thinking and judgment so that they can make up their own minds on the best courses of action in the different circumstances in their lives. (Source: UNESCO)

The reason to develop “new interdisciplinary = transdisciplinary” is that the interdisciplinary at present, however, is still in the domain of specific knowledge compartments which does not free itself to look for the holistic solution in the very root of human psychology such as culture and religion/spirituality. Like any other new tool or new method, users should have faculty to use them. To this end the authors advocate a spiritual transformation in order to perform transcultural research and education, which will help cultivate three dimensions of intelligence in the learning process: scientific intelligence, emotional intelligence and spiritual intelligence. The four pillars of learning as stated above are basic principles for this communication. (Source: UNESCO)

The aim of development is the complete fulfillment of man, in all the richness of his personality, the complexity of his forms of expression and his various commitments - as individual, member of a family and of a community, citizen and producer, inventor of techniques and creative dreamer. This human development, which begins at birth and continues all through a person's life, is a dialectic process which is based both on self-knowledge and on relationships with other people. It also presupposes successful personal experience. As a means of personality training, education should be a highly individualized process and at the same time an interactive social experience.

2.3 Transcultural research as a new normal

The emergence of a global culture that contains the jewels of many traditions will be a defining characteristic of the 21st century. Successful leaders will be those who develop the ability to create inclusive, collective, and people-centered environments by tapping into the assets of many traditions. This transformation requires an understanding of our interconnectedness which is the one based on the Buddhist Philosophy that “Every living being is interconnected to one another.” In the past compartmental thinking, tunnel views, and narrowly focused approaches which yielded fast results in economic development were very popular and became normal. After so many decades the long-term effects of green house gasses, global warming, conflicts over natural resources, financial breakdowns, an unprecedented flow of refugees and economic migrants have shown us vividly that such “normals” are very “abnormal”, when compared to nature and humane practices. The global future lies before us as a highly uncertain and contested landscape with numerous socio-economic, political, and climate disasters and uncertainties along the way. The risk of accepting ‘abnormal’ as ‘normal’ is very high. This is a real danger of socio-ecological origin. The ‘new normal’ should be a practice toward a civilization of enhanced human well-being and environmental resilience. A fundamental shift in the learning process, in education and research is found to be an urgent necessity for assuring a sustainable future. In other words, it is a hopeful opportunity for creating a quality of life for everyone, world of enriched lives with harmony, happiness, human amity, and a healthy ecosphere.

Transcultural research, education and learning are based on holistic view. Holistic view in a way that knowledge of *transdisciplinary learning* and *transculturalization* are combined to achieved deeper understanding of the problems and issues. The term *transculturalization* was coined by the Cuban anthropologist Fernando Ortiz and refers to a multi-directional and endless interactive process between various cultural systems. It is a process of mutual interaction existing between cultures, despite the unequal distribution of power characteristics of transcultural relations. (Source: Wikipedia)

Many students and participants learn from each other when they are thrown in together to work on a common project. They are bound to understand each other's explanations, reasoning and ways of expression. Different explanations, reasoning and ways of expression come out of an internal process that uses their own background knowledge, education, life-long experience, culture, customs, religion and belief. Many times we found out that even for the same conclusion, the paths to reach that conclusion are very different and based on a different set of values. The greater the diversity of the group, the more efforts are needed to put in to obtain understanding among all participants and to reach meaningful options and results. It is a very sophisticated and laborious process.

However, preparation and development of sophisticated and sustained transcultural and historical research and education initiatives are very necessary. Thus transcultural research seems to be a positive approach to reach a better world where everyone can understand the prevailing situations and everyone can contribute to the well-being of humans and a healthy ecosphere. Education policy and human values are interrelated as well as environment and human security. *Transcultural learning, education and research* set the atmosphere for those projects that engage participants in collaborative efforts to explore diversity and image-creating in education; to reveal historically invisible and/or unrecognized voices; to illuminate the educational foundations of discrimination and school achievement; and to conceive of as yet unimagined forms of human community and education.

2.4 Aspects of International Organisations on transcultural science

Politics without principles, Wealth without work, Pleasure without conscience, Knowledge without character/virtue, Commerce without morality, **Science without humanity,** andWorship without sacrifice are seven social sins. (Mahattama Gandhi)

International organizations include UN organizations, international NGOs, international professional associations, international financial institutions, international interest groups, multinational corporations, universities, academic institutions and research institutions around the world. Transcultural education, research and trainings are more common and popular in the medical field due to its multinational medical industry and human-direct services. Transcultural education and learning through transcultural research projects become popular in the fields of water and environment, landscape planning and flood protection and resilience more recently. The international organizations, UN agencies and environmental INGOs such as IUCN, WWF, etc. advocated the need for transcultural research and transcultural learning. Many leading universities established research groups to act upon those principles. One of the frontiers in this task is the relationship between Industry and University. In the past, traditional and conservative minded professors did not encourage any form of "Industry and University Relationship", rather discouraged it. In the new millennium the role of the private sector in every corner of life has been acknowledged. The relationship between Industry and University must be forged in an accountable and transparent manner under the guidance of CSR (corporate social responsibility) on the one hand and Academic Freedom and the Four Pillars of Educational principles on the other. Instead of privately owned, profit driven, money-oriented universities, it is desirable to establish not for profit, people-centered, public-private-partnership model educational institutions. These are the state-of-the-art opinions and aims of international organizations. Therefore Green Economy and Green Growth are high on the agenda of the United Nations Economic and Social Commission for Asia and the Pacific (UNESCAP) and it has advocated all the national governments in the Asia and the Pacific region to implement Green Growth as a regional policy. It is most obvious that Green Economy (GE) and Green Growth (GG) cannot be achieved without proactive participation of the private sector. The private sector is grossly split up in two divisions, one division believes in and practices CSR (corporate social responsibility) and another division only understands profit in the form of money. Therefore the role of private companies which practice CSR is very important. The well-known universities of good reputation should set up relationships with private sector companies. In doing so, they ought to use three yardsticks, GE, GG and CSR to measure the reputation of their private sector counterparts. At the end of the day the private sector is the main employer of the graduates-to-be from the universities. They also need to employ the graduates who already understand the crucial role of a clean corporate image and brand name.

Another aspect of international organization is connectivity. International organizations advocate and promote networking relationships and collaboration to empower people and they develop capacity by creating an environment for collaboratively developing, freely sharing and rapidly publishing scholarly content on the web. One of these initiatives is called OERu (Open Education Resources university) and there are many universities which offer Open Course Ware to the public. Authors, teachers and learners are invited 'to create, rip, mix and burn textbooks, courses and learning materials from a globally accessible, open-access repository'. At present, *Connexions* has one of the highest levels of use of Open Educational Resources on the web, with16 million hits per month representing 600,000 visitors from 196 countries (Thierstein and Baraniuk, 2007).

It is also important to bring to mind the three big issues of our time, Food, Fuel and Finance again in this context, which were explained in the first part of this paper. Already. Those interconnected problems are overwhelming our daily life. Hence the centrality of transcultural education as a building block for the construction of education purposes, policies, and practices for the newly interdependent and communicative world of the twenty-first century becomes more obvious.

Climate change, political instability and financial crises elsewhere shake our human society in unprecedented ways. At the same time, the emergence and possibilities of new technologies, tools and research findings such as Nanotechnology, biotech, stem cell research, tissue generation, more and more wider use of ICT, varieties of different energy production, including renewable energy and nuclear energy, efforts to promote and practice the 3Rs (Reduce, Reuse and Recycle), responsible consumption patterns, green infrastructures in all sectors, etc. help us to create a better world. Hence we are living in both deeply dangerous and exquisitely promising times.

As for the role of Youth, social media and networking websites accommodate more young people than adults. Young people are growing up with an unprecedented awareness of their connections to one another. They feel immense disparities of wealth and poverty, privilege and status. They also observe that they speak different languages, inhabit different nations, worship at different altars, respect different kinds of authority, live in relative states of conflict and/or cooperation, and conceive of their roles as men and women in particular ways.

International organizations try to give the message that education should give knowledge to young people that conflict is inevitable on the one hand, and on the other hand preventable. It should also make them aware that intuition and reason are both important foundations of human learning as important as learning to read and write, study history, geography, literature, mathematics, or science. They also promote human values such as love, tolerance, and co-existence rather than fear diversity. They encourage the instructional practices of teachers to help students to cultivate dignifying identities, transcend stereotypes, and engage in a search for common ground.

In conclusion, all the above messages are pointing out the need for the promotion of transcultural science.

3. Spiritual Transformation and transdisciplinarity

Sustainability is defined in such a way that we should leave a livable world to our next generations. The concept of sustainable development and sustainability is born of those noble considerations and good will. Spiritual Transformation of individuals from within came up simultaneously and independently with the notion that we need transdisciplinarity, which was followed by advocacy and practice. This is what we would like to highlight in this paper. "Spiritual transformation" appears in all of us with greater or lesser degrees. We only need to reflect and look into the innermost part of our heart and soul. It is there and it is the only awareness that we can rely on.

The Process of internationalization to transculturalisation began in the mid- 20th Century. Contributors among others are Universities, the United Nations (UNESCO in particular), other International organizations in the forms of Professional Associations, Interest groups and Civic Groups, INGOs, NGOs, Green Business Groups, a few National Governments, and Interfaith Groups, etc.
CEE and CSE in India, the WIN Project in Germany and IRN also play a part in it.

Transdisciplinary education originated in the inexhaustible richness of the scientific spirit, which is based on: (a) questioning, (b) rejection of all *a priori* answers, and (c) certitude contradictory to the facts. At the same time, it revalues the role of deeply rooted intuition, of imagination, of sensitivity, and of the body in the transmission of knowledge. (Basarab Nicolescu, President CIRET)
Transdisciplinary education and transdisciplinary research provide room for universal sharing of knowledge and emergence of a new tolerance. Today's world has three sicknesses: (1) disorientation of education, (2) the loss of meaning, and (3) the universal hunger for meaning. Transculturalization is an evolution against sickness! (Basarab Nicolescu, President CIRET)

Our daily life style, over-production and over-consumption also contribute to the sickness and we need to seriously follow 3R- (reduce, reuse, recycle) campaigns. However, even if it sounds good, most people do reuse and recycle but forget about **reduce.** To reverse the trend of over-consumption and over-production, we need to consciously **reduce** our own consumption pattern and differentiate between the "need" and the "greed". Even if we can only do just that, it is already the beginning of spiritual transformation.

4. The Process of internationalization to transculturalisation in the higher education landscape in Europe and Asia over the last decade

Highlighted Contributions

(a) *International Women's University "ifu"*, 15th of July to 15th of October, 2000, encompassed six project areas: Body, City, Information, Migration, Water, Work.

(b) *The Maria-Goeppert-Mayer-Programme* ~ is an expression of a strategy to promote international cooperation and enable long-term development of science in international dialogue. The aim of the program is directed toward gender research in teaching and research (eg through study programs, development and integration of modules for courses), to anchor structurally and to enhance interdisciplinary approaches and encourage young scientists.

(c) *Project Area Water, International Women's University "ifu"*~ the reason why this is relevant today and in future basically consists of three key threatening issues to our very existence and sustainability. These are:

- Water scarcity
- Climate change
- Increasing amounts of solid waste (not only on earth but also in the universe)
-

Certificate Awarding Ceremony, Suderburg, Project Area Water, ifu 2000

5. An ifu journey: Evidence-based selected transcultural research projects in Asia and Africa led by Prof. Brigitte Urban (selected examples only)

- DAAD, IPSWaT supported: Water Resources Management in Tropical and Subtropical Regions program has participants from more than 40 countries around the world.
- UGANDA: Assessment of Environmental Impacts of Aquatic Weeds in Equatorial Lakes (Uganda) using Remote sensing technology and developing strategies for the mitigation and utilization of weed biomass (Pilot area: Lake Kyoga). This project is a Master Thesis study carried out by Ms. Dalia Farghaly in 2009. This work was supported by the Planning Sector in cooperation with Owen Dam, Nile Water Sector at Egyptian Ministry of Water Resources and Irrigation. She later won the LEUPHANA Ph.D. scholarship.
- INDIA: "The Ecological inter-linkages between Terrestrial & Coastal Environments in the Indian & Western Pacific Region" this project has been carried out from 2005 to 2009 with the joint support from the Department of Science and Technology, Ministry of Science and Technology, Government of India and Government of Germany.

Summary of the Project:
This project has been officially recognised by the head of the Federal State of Lower Saxony as a model of transcultural research between India and Germany in 2010. An Interdisciplinary, transcultural Research in SE India and on the Andaman Islands. The main research questions are:- (1) impact of natural processes on the ecological evolution of coastal zones (event history, climate change), (2) anthropogenic impact found on coastal zone ecology (resources water, soil and sediment, fauna and flora), and (3) the implications for Integrated Coastal zone management and land-use planning

Project Leads:
Prof. Dr. Brigitte Urban, LEUPHANA Germany
Prof. Dr. Ramesh Ramachandran, Institute for Ocean Management, Anna University, Chennai, India

Cooperating Partners:
Leibniz Centre for Tropical Marine Ecology, Bremen, Germany
Leibniz Institute for Applied Geophysics, Hannover, Germany

Duration:
2005-2009

6. Interdisciplinary, transcultural Research in SE India and on the Andaman Islands

Collaboration with international organisations, projects and institutions under this project are:

- Monsoon Asia Ecosystem Research Network (Vietnam, Thailand, India, Bangladesh, Indonesia, Malaysia, Sri Lanka, Jordan);
- Land-Ocean Interaction of the Coastal Zone (LOICZ) – IGBP & IHDP;
- Centre for Women´s Empowerment, Anna University, Chennai, India;
- Institute for Environmental Geology, Madras University, Chennai, India; and
- School of Geography and Environmental Science, Monash University, Australia

7. Ecological Interlinkages between terrestrial and coastal environments in the Indian Western Pacific Region Project

Outcomes:

- Joint supervision of:
    - Diploma, Master and PhD students (3 LEUPHANA, 1 LIAG, 5 Anna University)
- Outreach and extension visits of:
    - Indian and German young and senior scientists
    - Dissemination of results through – Journal publications (9) & conferences – e.g. :

- Shaping the Earth´s Surface: Dynamics and Changing Environments. Kongress der Geologischen Vereinigung, Potsdam (2006)
- International Conference on Climatic Changes and their impacts on the coastal zone and River Deltas: Vulnerability, Mitigation and Adaptation?" Alexandria, Egypt, (2007)
- INQUA Conference „Quaternary Research and Global Change", Cairns, Australia, (2007)
- The Oceans in the Earth´s System International Conference 2007 and Annual Meeting of the Geologische Vereinigung, Bremen (2007)
- International Palaeopedology and Geomorphology Conference, Anna University, Chennai, (2008)
- International Workshop on Deltas (LOICZ): Coastal Vulnerability and Management, Anna University, Chennai, India, (2009)

8. Ecological interlinkages between terrestrial and coastal environments in the Indian Western Pacific Region Project

This project, the Land-Ocean Interaction of the Coastal Zone (LOICZ), is the core project of the International Geosphere-Biosphere Programme (IGBP) and the International Human Dimensions Programme on Global Environmental Change (IHDP).

LOICZ study sites are located all over the global coastal zone

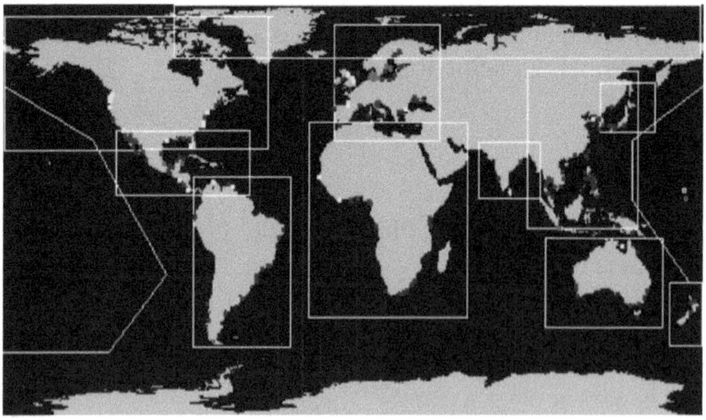

The project Ecological interlinkages between terrestrial and coastal environments in the Indian Western Pacific Region utilized the LOICZ – approach, which addresses the following issues such as: vulnerability of coastal regions and natural disasters, impact of climate change on coastal eco-systems, impact of biogeochemical fluxes on coastal zones, contribution of anthropogenic activities on these fluxes, and sustainable socio-ecological management of coastal regions. As for the methodology, the LOICZ methodology is applied by independent research groups and projects all over the world. Flux information can be extrapolated to the global coastal region. This is a major strong point of this approach. As coastal eco-systems occur all over the world with distinct characteristics, LOICZ offers a standardized methodology for assessing fluxes, given the limited accessibility of the data.

9. Importance of Alumni in a transcultural science learning process

The importance of alumni in a transcultural research and transcultural science learning process is the central point of the whole activity as well as its success. The cultural diversity and diverse home background were observed even when the students came from the same country or the region. We often found students from the same country sharing their different views and different backgrounds while analyzing the matters at hand in the course of their transcultural research. We as observers and teachers witnessed a newly born understanding and better conclusions after heart to heart discussions among participants coming from their different parts of the world and/or those who came from the same country with different ethnic origins and different cultural values. The Leuphana Ph.D. students are part of diverse alumni communities. In our presentation we mentioned the Leuphana Ph.D. students with their country of origin and research subjects/topics. They are the transcultural research group members who particularly belong to a single but sizable project, hence it can be said that only a tip of the iceberg is accounted for. The contributions continued in many ways with our Alumni in their home land, however, this is done on an individual level. We need to energize the DAAD Alumni Network, which consists of (i) regular DAAD alumni, (ii) ifu alumni, and (iii) Leuphana alumni bodies.

10. List of Other International Organizations active in Transcultural Science and Research

(i) The International Women University mentioned at UCLA International Institute

(ii) Kids in the Courtyard of UCLA Campus in USA: Beam Me Up, Nini

An Indonesian-inspired event for children was held on Sunday, September 26, 2010 at the Fowler Museum, UCLA Campus, Los Angeles, USA. The story goes like this. *Nini Towok* is a Javanese goddess who cultivates cotton in the heavens and sends her thread to Earth in the form of moon-beams. In the hall there was a free, drop-in workshop for kids of all ages. Falling yarn came out of the ceiling. Participants, both adults and kids, created a map of the stars from skeins of colorful yarn, and kids were encouraged to bring their favorite elderly women relatives and call them 'Nini', which is an Indonesian term of respect for an older woman. They especially received a free moon cake. This is one of many transcultural learning events across the world! Source website: www.fowler.ucla.edu/events/100926Kidsin Courtyard

(iii) Achievements in United Nations

UN Secretary General Mr. Ban Ki-moon keeps his promises in big and significant ways:

- Water is a Human Right: millions of like-minded water professionals worked through many successive World Water Forums with enormous difficulties and in July 2010 the UN GA declared that Water is a Human Right!!
- UN Water: Moud Barlow was appointed as First ever Senior Advisor to UNSG for Water affairs
- UN WOMAN Chief was appointed as former President of Chili on 14th Sept 2010
- UN Top Official in Asia and the Pacific: Dr. Noeleen Heyzer from Singapore was appointed as Executive Secretary of UNESCAP in August 2007.
- UNESCO Top Official: Director General of UNESCO is a woman (Bulgarian)
- This is one of the obvious reasons that ifu should live and be more energetic in future

(iv) Professional Associations, Civic Groups, INGOs, Green Business Groups and National Governments

- *M-POWER NETWORK: Mekong Program on Water, Environment and Resilience, www.mpowernet.org*
- Asian Institute of Technology (AIT) http://www.ait.asia
  - Myanmar Cyclone Nargis (May 2008) related studies in Asian Institute of Technology
  - M.Sc. and Ph.D. theses at AIT are numerous, adding other contributions by universities around the world
- Happy Society (IRAH) http://www.happysociety.org
- International University College GROUP T, Leuven – http://www.groept.be
  The distinct effort of the International University College GROUPT Leuven can be named as 5Es engineering philosophy. 5Es stands for Engineering, Environmenting, Enterprising, Educating, and Ensembling.
- Water, Research and Training Centre (WRTC) Myanmar http://www.wrtcmyan.org

11. Conclusion and recommendations for continuation of 'ifu as a summer institute'

Way forward mind-map

'ifu (International Women University) as a summer institute' or at least the ifu spirit and an adapted action plan should live on inside the Research Framework of the Current Leuphana workplan.

If it is the case, or the idea could be accepted by the Leuphana community, the general purpose of this research team/group will be: the promotion of transcultural research and education which is based on already successful internationalization activities and programmes; stimulation of research topics by leading scientists in Leuphana and their closely knitted network, especially the ifu and Leuphana Alumni across the Globe; actively seeking research funds from EU and respective national governments to form the research clusters such as a South and Southeast Asian cluster, a Central and Eastern European cluster, an African and Latin American cluster, etc. primarily based on the strong relationship between Alumni who live in the respective continents and Professors and Scientists at Leuphana; transcultural research and each education team/group may want to reach this goal by permanent communication in congresses and conferences, a newsletter, being a forum for researchers and educators in the field,(of transcultural research) and working as a pressure group to put the field on diverse agendas. The diverse agendas include that of the UN General Assembly, the UN agencies' thematic conferences/consultative groups/world summits on issues that have mega impacts on humanity, congresses and annual meetings of international associations and professional associations, etc.

As a follow-up of plan proposed above, a research consortium in Myanmar consisting of 29 senior researchers and leading public intellectuals from all walks of life has been formed on 29 July 2011. A research and training institute called ICEWE (Institute for Civil, Earth and Water Engineering) has been established in May 2011 and already obtained permission from the Myanmar government to start working. This is just an example of an activity carried out by one of the ifu alumnae in the South. There will be many more, once we set up the organization.

Our Motto: "Cleverness without virtue will destroy mankind, ecosystems and the Earth"

References

SEAMEO: http://seameo.org/
Brunei Darussalam: http://www.moe.gov.bn
Cambodia: http://www.moeys.gov.kh
Indonesia: http://www.pdk.go.id
Malaysia: http://www.moe.gov.my
Philippines: http://www.deped.gov.ph
Singapore: http://www.moe.gov.sg
Thailand: http://www.moe.go.th,
http://www.moe.go.th/websm/news_nov06/news_nov361.htm
Vietnam: http://www.moet.edu.vn
SEAMEO INNOTECH: http://www.seameo-innotech.org/
SEAMEO SEAMOLEC: http://www.seamolec.org/
World Population Prospects: http://esa.un.org/unpp/
United Nations. 1948. *Universal Declaration of Human Rights*. New York,
United Nations. (Adopted and Proclaimed by General AssemblyResolution 217 A [III] of10 December 1948.)

Daniel Fischer, Gerd Michelsen, Horst Rode

Nachhaltigen Konsum fördern in Bildungseinrichtungen

Transdisziplinäre Interventionsentwicklung zur Veränderung (hoch-)schulischer Konsumkultur

Der Begriff des nachhaltigen Konsums hat seit seiner „Erfindung" Mitte der 1990er Jahre eine steile Karriere hinter sich und wird heute in der Wissenschaft, der Politik und der breiten Öffentlichkeit diskutiert. Dabei wird oftmals unterlassen zu explizieren, was er im jeweiligen Verwendungskontext bezeichnen soll.

„Eine verbindliche definitorische Grundlage dessen, was unter 'nachhaltigem Konsum' verstanden werden soll, ist noch immer nicht verfügbar. Vielmehr steht dieser Begriff – so wie der Begriff der Nachhaltigkeit selbst – nach wie vor für vielfältige Interpretationen und Definitionen offen. Die gegenwärtige Beliebigkeit, mit der dieser Begriff ausgefüllt werden kann, erscheint bedenklich." (vgl. Lübke 2003:107)

Es gehört vielfach fast zum guten Ton, in Artikeln und Handreichungen zum nachhaltigen Konsum die „Unschärfe" und schlechte „Fassbarkeit" des Begriffs zu beklagen. So zutreffend diese Diagnose auch sein mag, so birgt sie doch ein substanzielles Problem: Wie soll sich etwas, das so schwer zu bestimmen ist, gezielt fördern lassen?

Als ein Ausgangspunkt für eine gemeinsame Verständigungsgrundlage wird vielfach auf die weithin geteilte sogenannte „Oslo-Definition" nachhaltigen Konsums Bezug genommen. Dieser Definition zufolge werden nachhaltige Produktion und nachhaltiger Konsum verstanden als

„die (Produktion) und die Nutzung von Gütern und Dienstleistungen, die elementare menschliche Bedürfnisse befriedigen und eine bessere Lebensqualität hervorbringen, wobei sie gleichzeitig den Einsatz natürlicher Ressourcen, toxischer Stoffe und Emissionen von Abfall und Schadstoffen über den Lebenszyklus hinweg minimieren, um nicht die Bedürfnisbefriedigung künftiger Generationen zu gefährden." (vgl. Spangenberg 2003:124)

Mit der in der Bestimmung aufgegriffenen Anforderungs-Trias, zugleich elementare menschliche Bedürfnisse befriedigen, die Lebensqualität verbessern und den Naturverbrauch und Schadstoffeinträge für heutige und zukünftige Generationen minimieren zu wollen, werden konstitutive Zielperspektiven benannt und verankert. Die weitläufig geteilte allgemeine Definition der Leitidee „nachhaltiger Konsum" bietet damit einen Ausgangspunkt für die Auseinandersetzung mit dem Thema, bedarf jedoch zur Konkretisierung weiterer Ansätze, um diese Ziele inhaltlich auszudifferenzieren und Strategien der Zielerreichung zu entwickeln. Die Ausgestaltung solcher Ansätze und Strategien wird dabei kontrovers diskutiert. Der breite Zuspruch zu der Oslo-Definition nachhaltigen Konsums wird vor diesem Hintergrund auch damit erklärt, dass diese selbst als politische Konsens-Definition derart abstrakt und interpretierbar sei, dass sich in ihr auch konkurrierende Konzepte vereinen lassen.

Die heterogene und zum Teil kontrovers geführte Diskussion um eine angemessene Bestimmung und Ausgestaltung nachhaltigen Konsums speist sich aus der allgemein anerkannten Problembeschreibung, wie sie die auf der Weltkonferenz für Umwelt und Entwicklung im Jahr 1992 in Rio de Janeiro beschlossene Agenda 21 entfaltet hat (BMU 1997). In dem Abschlussdokument werden die nicht-nachhaltigen Konsumgewohnheiten und Produktionsweisen insbesondere in den Industrieländern als die Hauptursache für Umweltbelastungen und sich verschärfende Armut und Ungleichgewichte benannt.

1. Nachhaltiger Konsum als Bildungsherausforderung

Die Veränderung nicht-nachhaltiger Konsummuster ist ein zentraler Auftrag, den die auf der Weltkonferenz für Umwelt und Entwicklung im Jahr 1992 in Rio de Janeiro beschlossene Agenda 21 der internationalen Staatengemeinschaft für das 21. Jahrhundert mit auf den Weg gegeben hat (BMU 1997). Bildungsprozessen wird dabei für die Herbeiführung eines Wandels in Richtung nachhaltiger Konsummuster von Beginn an eine gewichtige Rolle beigemessen. Die in Kapitel 36 der Agenda 21 geforderte „Neuausrichtung der Bildung auf nachhaltige Entwicklung" ist gemäß dem Durchführungsplan der so genannten Rio+10 Konferenz in Johannesburg im Jahr 2002 „von entscheidender Bedeutung" für das Gelingen einer nachhaltigen Entwicklung (Ziffer 116) und führte mit Blick auf nachhaltigen Konsum unter anderem zur Einrichtung einer eigenen Task-Force zur Bildung für nachhaltigen Konsum im Rahmen des Marrakech-Prozesses[1]. Die bildungspolitischen und alltagsweltlichen Diskurse richten sich damit primär auf das Ziel, nicht-nachhaltiges Konsumverhalten durch Bildung zu verändern.

Bildungseinrichtungen wie Universitäten wirken dabei in doppelter Weise auf das Konsumverhalten von jungen Menschen. Zum einen leisten sie durch konsumbezogene Bildungsangebote einen Beitrag zur Reflexion und bewussteren Gestaltung des Konsumverhaltens. Zum anderen sind sie auch Orte, an denen konsumiert wird, z.B. in Campus-Cafés oder der Mensa. In den Mittelpunkt rückt damit die Fragestellung, wie sich informelle Lernräume im universitären Kontext für gezieltes und beiläufiges Lernen im Sinne eines nachhaltigen Kon-

1 Der Marrakech-Prozess setzt das in Johannesburg beschlossene Zehn-Jahres-Rahmenprogramm für nachhaltigen Konsum und Produktion um. Seit der von der UN organisierten Startkonferenz in Marrakech im Juni 2003 wird der Prozess von UNEP und UN-DESA geleitet. Im Abstand von zwei Jahren finden internationale Konferenzen statt, auf denen über den Fortschritt des Prozesses berichtet wird.

sums gestalten lassen. Konsumorte auf dem Campus bilden einen „Erfahrungsraum für Nachhaltigkeit“ (vgl. Stoltenberg 2000:90). Ein gestaltendes Vorgehen steht dabei der Herausforderung gegenüber, jene alltagsweltlichen mit wissenschaftlichen Problembezügen zu vereinbaren und Projekte in enger Kooperation mit Praxisakteurinnen und -akteuren zu realisieren. Nicht zuletzt vor dem Hintergrund dieser zentralen Herausforderung im Kontext einer Bildung für nachhaltige Entwicklung erhielt das UNESCO-Arbeitspapier »Educating for a Sustainable Future« aus dem Jahr 1998 den Untertitel „a transdiciplinary vision for concerted action” (UNESCO 1998).

2. Ansätze zur Bildung für nachhaltigen Konsum

Ein Ansatz zur systematischen Verknüpfung formalen und informellen Konsumlernens wurde im Rahmen des Forschungs- und Entwicklungsvorhabens BINK (Bildungsinstitutionen und nachhaltiger Konsum) entwickelt[2]. Das Vorhaben wurde vom Bundesministerium für Bildung und Forschung (BMBF) im Rahmen der Sozial-Ökologischen Forschung (SÖF) für den Zeitraum von 2008 bis 2011 gefördert und federführend vom Institut für Umweltkommunikation (INFU) an der Leuphana Universität Lüneburg geleitet. Ziel des Vorhabens war es, Beiträge von Bildungseinrichtungen zur Förderung eines nachhaltigen Konsums bei Jugendlichen und jungen Erwachsenen auszumachen und weiterzuentwickeln. Modellhaft waren sechs Bildungseinrichtungen als Praxispartner in das Projekt eingebunden: zwei allgemeinbildende und zwei berufsbildende Schulen sowie zwei Hochschulen. In einem transdisziplinär-partizipativen Prozess, an dem neben Praxisakteurinnen und -akteuren auch Sozial-, Erziehungs-, Umweltwissenschaftlerinnen und –wissenschaftler sowie Umweltpsychologinnen und -psychologen beteiligt waren, wurden systematisch Interventionsmaßnahmen entwickelt, die vor Ort umgesetzt und evaluiert wurden. Ziel der Maßnahmen war es, in den beteiligten Praxiseinrichtungen eine nachhaltige Konsumkultur zu etablieren, die die Konsumkompetenz junger Menschen fördert und nachhaltiges Konsumverhalten ermöglicht. Im Vordergrund standen dabei die Lebensbereiche Ernährung, Mobilität und Energie.

2.1 Im Fokus: (Hoch-)schulische Konsumkultur

Im Projekt BINK wurde von der Kernthese ausgegangen, dass Bildungseinrichtungen eine je spezifische Kultur mit eigenen Ordnungen ausprägen, die bestimmte Konsumpraktiken fördert und andere sanktioniert und damit als organisationaler Rahmen die sich entwickelnden Konsummuster junger Menschen mit prägt. Um die spezifische Konsumkultur einer Bildungseinrichtung analytisch zu beschreiben und empirisch zu erfassen, wurde aus Forschungen zur Organisati-

2 siehe auch: www.konsumkultur.de (Zugriff 06.06.2011)

onskultur, zur Schulkultur und zur Konsumkultur ein Analyserahmen entwickelt, mit Praxispartnern kommunikativ validiert und schließlich als Ausgangspunkt für die Planung von Interventionsmaßnahmen genutzt (Fischer 2010a).

In Anlehnung an Scheins Modell der Organisationskultur (Schein 2004) unterscheidet der Analyserahmen zur bildungsorganisationalen Konsumkultur dabei sechs Domänen auf drei Ebenen (vgl. Abb. 1).

Abb. 1: Analyserahmen bildungsorganisationaler Konsumkultur (Fischer 2010a)

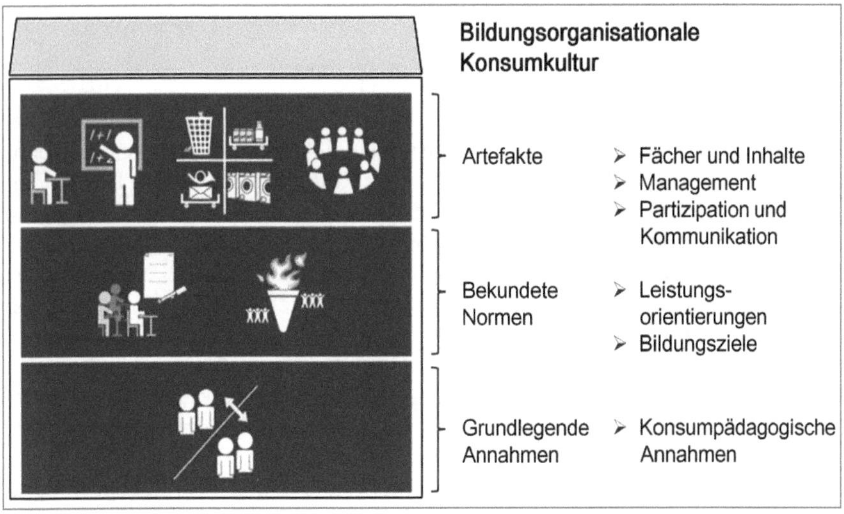

Die oberste Ebene der Artefakte beinhaltet die Domänen *Fächer und Inhalte*, *Management* sowie *Partizipation und Kommunikation*. Artefakte in diesen Domänen sind prinzipiell sichtbar (z.B. Lehrveranstaltungen oder Forschungsprojekte zum Thema Konsum, die hochschulische Solaranlage oder ein Feedback-Kasten in der Cafeteria), jedoch ohne weitere Kenntnis der Bildungseinrichtung und des Kontextes nicht unmittelbar zu interpretieren. So kann ein Feedback-Kasten in der einen Einrichtung Ausdruck eines kundenorientierten Bemühens um eine Qualitätsverbesserung des Mensaessens sein, in einer anderen Einrichtung jedoch nur Relikt einer vertraglichen Pflichterfüllung des Pächters ohne jegliche Konsequenzen im Hinblick auf eine tatsächliche Veränderung des Mensaessens. Artefakte sind somit lediglich als sichtbare Spitze des organisationalen Eisbergs zu verstehen, deren Bedeutung sich erst bei genauerer Betrachtung des sich unter der Wasseroberfläche befindlichen größeren und tragenden Teil erschließt.

Auf der mittleren Ebene sind Werte und Normen angesiedelt, die sich im Hinblick auf Konsum in den Aspekten *Leistungsorientierungen* und *Bildungsziele*n manifestieren. So unterscheiden sich Bildungseinrichtungen beispielsweise darin, wie sehr das Thema nachhaltiger Konsum an der Einrichtung als Bildungsauftrag wahrgenommen, mit welchen Zielen es verbunden und in welche notenrelevante Prüfungsroutinen es integriert wird. Bekundete Normen bilden gewissermaßen eine Vermittlungsebene zwischen Artefakten oberhalb und den grundlegenden Annahmen unterhalb der Wasseroberfläche.

Grundlegende Annahmen sind verdichtete, unbewusste und unhinterfragte Erfahrungswerte, die aus Interaktionserfahrungen mit der hochschulischen Umwelt gewonnen wurden. In *konsumpädagogischer Sicht* beziehen sich diese beispielsweise auf Annahmen von Lehrenden über Werthaltungen und Konsumeinstellungen junger Menschen oder auf Annahmen über die grundsätzliche Wirksamkeit von Hochschule auf die Konsumorientierungen junger Menschen. Da konsumpädagogische Annahmen unhinterfragt und handlungsleitend sind, üben sie eine präformierende Funktion auf hochschulische Interaktionsprozesse aus, in denen auch über Anerkennung und Ablehnung über Konsumpraktiken ausgedrückter Identitätsentwürfe verhandelt wird.

2.2 Transdisziplinäre Interventionsentwicklung

Veränderungsprozesse hin zu einer nachhaltigen Konsumkultur an Bildungsinstitutionen erfordern partizipatives Vorgehen und Berücksichtigung spezifischer organisationaler Kontexte. Welche Interventionen zielführend sind, untersucht *BINK* systematisch unter Beteiligung aller relevanten Akteursgruppen der Institution – etwa Lehrpersonal, Verwaltung, Schülerinnen, Schüler, Studierende – sowie deren Umfeld wie Umweltgruppen und Zulieferer.

Das gewählte Vorgehen ist an den Ansatz der partizipativen Interventionsplanung (Matthies 2000) angelehnt und lässt sich im Ansatz der transdisziplinären Forschung verorten (Fischer 2010b). Wenngleich ein breites Spektrum divergierender formaler und informaler Definitionen des Transdisziplinaritätsansatzes existiert (Zierhofer & Burger 2007), besteht weitgehende Übereinstimmung darin, dass sich ein transdisziplinäres Vorgehen von einem rein (inter-)disziplinär ausgerichteten dadurch unterscheidet, dass die Problemdefinition zwischen einer wissenschaftlichen und einer lebensweltlichen Problemstellung vermittelt wird und die Problembearbeitung den Einbezug von nicht-wissenschaftlichen Akteurinnen und Akteuren in den Prozess der Wissensgenerierung voraussetzt (Hirsch Hadorn et al. 2008, Luks & Siebenhüner 2007). Die Entwicklung von Interventionen zur Veränderung der bildungsorganisationalen Konsumkultur kann dabei als eine transdisziplinäre Problemstellung aufgefasst werden, die sich aus dem wissenschaftlichen Erkenntnisinteresse an Prozessen nachhaltiger Organisationsentwicklung und dem praktischen Interesse an der Schaffung eines Erfahrungsraums für Nachhaltigkeit in der eigenen Bildungseinrichtung speist. In die Formulierung von Zielen und konkreten Maßnahmenideen flossen so neben dem zuvor skizzierten theoretisch abgeleiteten Analyserahmen auch praxisbezogene Wissensbestände über die lokalen Kontexte der Einrichtung sowie konsumbezogene Sichtweisen und Perspektiven auf das Handlungsfeld Konsum ein. Die

Wissenschaftlerinnen und Wissenschaftler kommentierten die von den Praxispartnerinnen und –partnern entwickelten Ziele und Maßnahmen aus erziehungswissenschaftlicher, umweltpsychologischer und soziologischer Sicht.

Als Ergebnis lag am Ende des Zielklärungsprozesses ein ausgearbeitetes Maßnahmenpaket vor, das aus mehreren ausgewählten Interventionen bestand, die an verschiedenen Aspekten von Konsumkultur ansetzen. Die operative Ausgestaltung und Umsetzung sowie die Praxis-Evaluation der Maßnahmen lag in den Händen der beteiligten Praxispartnerinnen und -partner. Die Wissenschaftlerinnen und Wissenschaftler im Projekt speisten wissenschaftliche Erkenntnisse aus ihren Disziplinen in die Zielarbeit ein und unterstützten die Veränderungsprozesse vor Ort moderierend und strukturierend.

2.3 Case Example: Transdisziplinäres Projektseminar

An der Leuphana Universität Lüneburg, die selbst als Praxispartnerin im Projekt BINK mitwirkte, wurde im Wintersemester 2009/2010 im Leuphana Bachelor, Major Umweltwissenschaften (3. Semester) als eine Intervention zur Förderung einer nachhaltigen Konsumkultur ein transdisziplinäres Projektseminar konzipiert und durchgeführt (Fischer & Rieckmann 2010). Die übergeordnete Zielsetzung des Projektseminars war es, Studierende zur selbstständigen Planung und Gestaltung informeller Lernsettings zu befähigen, die den Erwerb von Gestaltungskompetenz im Handlungsfeld Konsum ermöglichen und anregen. Einen Schwerpunkt des Seminarkonzepts bildete der Ansatz, die entwickelten Planungen für informelle Lernsettings in eigenen Forschungs- und Entwicklungsprojekten in Zusammenarbeit mit Praxispartnerinnen und –partnern praktisch zu erproben und evaluativ zu begleiten. Ein Auswahlkriterium für die Wahl der Praxispartnerinnen und -partner bestand darin, dass die Studierenden ihre Arbeiten mit konsumrelevanten Anbietern aus dem unmittelbaren universitären Nahbereich durchführen sollten. Die Eingrenzung erfolgte auch vor dem Hintergrund der Zielsetzungen, zum einen für die Lernwirkung von Angebotsstrukturen in dem organisationalen Bildungskontext Universität zu sensibili-sieren und zum anderen die Ergebnisse der Arbeiten auch in einem gemeinsamen und geteilten Rahmen sichtbar werden zu lassen. Die weitere Eingrenzung potenzieller Anbieter erfolgte aus der Festlegung auf die Konsum-Handlungsfelder „Ernährung“ und „Mobilität“.

Im Anschluss an einführende Sitzungen, in denen die wissenschaftlichen Grundlagen des Konsumentenlernens und des Konzepts „Nachhaltiger Konsum“ thematisiert wurden, erarbeiteten die Studierendengruppen in einem Planungsworkshop gemeinsam mit ihren Praxispartnerinnen und Praxispartnern eine gemeinsame Problemstellung, die mit dem Projekt bearbeitet werden sollte. Die fortgeschrittenen Projektideen und Planungen stellten sich die Gruppen anschließend gegenseitig vor. Als praktische Produkte entstanden sieben Projekte, die nachhaltigen Konsum an zentralen Konsumorten der Leuphana Universität Lüneburg sichtbar machten: unter anderem wurde in der Mensa ein Veggie-Day durchgeführt, der für eine klimafreundliche und fleischarme Ernährung warb. Im Campus-Café versperrte eine Holzbarriere den routinierten Griff zu den Papier-Cafébechern. Verdutzte Kundinnen und Kunden lasen darauf, welch Einsparpotenziale der Umstieg auf Keramik-Tassen bietet. Einen Anstoß zu einem grundsätzlichen Hinterfragen unseres Umgangs mit den Dingen lieferte eine Studierendengruppe, die in einem ungenutzten Raum auf dem Campus einen Umsonst-Laden einrichtete und dessen Eröffnung groß bewarb. Der Laden „Die Zwiebel" existiert noch heute und ist inzwischen über die Grenzen der Hochschule hinaus bekannt.

3. Ergebnisse und Ausblick

Das Projekt BINK hat sich zum Ziel gesetzt, modellhaft neue Lernwege zum nachhaltigen Konsum in Bildungseinrichtungen auszumachen und zu erproben. Die Erfahrungen, die von den Beteiligten beim Beschreiten dieser Wege gemacht wurden, sind dabei sowohl von wissenschaftlichem als auch von praktischem Interesse. In wissenschaftlicher Hinsicht stellt das im BINK-Ansatz zentrale Verknüpfen formalen und informellen Konsumlernens eine kaum beforschte Perspektive dar. Folglich haben sich begleitende empirische Untersuchungen zum Ziel gesetzt, das bislang weitgehend unerforschte Zusammenspiel formalen und informellen Konsum-Lernens in Bildungseinrichtungen zu untersuchen. Bildungseinrichtungsübergreifend wurden dazu mehrere Alterskohorten zu ihren Konsumorientierungen und ihrer Wahrnehmung der bildungsorganisationalen Konsumkultur befragt. Diese wurden mit Sichtweisen von Lehrenden und Hinweisen aus einer Kompetenzmessung gespiegelt, um Aufschlüsse darüber zu gewinnen, welche Zusammenhänge zwischen spezifischen organisationalen Ausprägungen bzw. Veränderungen und individuellen Dispositionen bestehen. Die Wirksamkeit der aktiven Auseinandersetzung mit Fragen nachhaltigen Konsums in verschiedenen Bereichen der Bildungseinrichtung wird komplementär auch über eine Befragung der beteiligten veränderungswilligen Schlüsselakteurinnen und -akteure vor Ort, den so genannten *change agents*, erfasst und untersucht.

Um die Erkenntnisse in die Breite zu tragen, werden die Forschenden die Projektergebnisse praxisnah aufbereiten und interessierten Praktikerinnen und Praktikern als Leitfaden zur Verfügung stellen. Parallel dazu entsteht ein Fortbildungskonzept, das darauf abzielt, weitere *change agents* in Bildungseinrichtungen zu qualifizieren. Die ausgebildeten Akteurinnen und Akteure können dann Veränderungsprozesse in Richtung einer nachhaltigen Konsumkultur einleiten. Ein Film über das Projekt *BINK* wird die Projektergebnisse in der Öffentlichkeit bekannt machen und somit für den Transfer der entwickelten Maßnahmen sorgen (Barth/Fischer/Michelsen 2010).

Literatur

Barth, Matthias/Fischer, Daniel/Michelsen, Gerd (2010): Bildung für nachhaltigen Konsum. Gaia - Ecological Perspectives for Science and Society 19, S. 71

Bundesministerium für Umwelt, Naturschutz und Reaktorsicherheit (1997): Agenda 21. Konferenz der Vereinten Nationen für Umwelt und Entwicklung im Juni 1992 in Rio de Janeiro. Dokumente, Bundesministerium für Umwelt, Naturschutz und Reaktorsicherheit, Berlin

Fischer, Daniel (2010a): Educational Organizations as »Cultures of Consumption«: Cultural Contexts of Consumer Learning in Schools. Presentation at the Pre-Conference of ECER 2010, Helsinki, Finland

Fischer, Daniel (2010b): Transdisciplinarity: A New Perspective for Partnership in Education? The Case of Sustainable Cultural Change in Educational Organizations. In: Masson, Philippe/Baumfield, Vivienne/Otrel-Cass, Kathrin/Pilo, Miranda (Hg.): (Re)Thinking Partnership in Education / (Re)penser le partenariat en Education (bilingual publishing), Book Edition, Lille, S. 154-194

Fischer, Daniel/Rieckmann, Marco (2010): Higher Education for Sustainable Consumption. Concept and Results of a Transdisciplinary Project Course. Journal of Sustainability Education 1

Hirsch Hadorn, Gertrude/Biber-Klemm, Susette/Grossenbacher-Mansuy, Walter/ Hofmann-Riem, Holger/Joye, Dominique/Pohl, Christian/Wiesmann, Urs/Zemp, Elisabeth (2008): The Emergence of Transdisciplinarity as a Form of Research. In: ebd. (Hg.): Handbook of transdisciplinary research. Springer Verlag, Berlin, S. 19-39

Lübke, Volkmar (2003): Informationskonzepte für einen nachhaltigen Konsum. In: Schwarz, Michael/Linne, Gudrun (Hg.): Handbuch Nachhaltige Entwicklung. Wie ist nachhaltiges Wirtschaften machbar? Leske+Budrich Verlag, Opladen, S. 107-118

Luks, Fred/Siebenhüner, Bernd (2007): Transdisciplinarity for social learning? The contribution of the German socio-ecological research initiative to sustainability governance. Ecological Economics 63, S. 418-426

Matthies, Ellen (2000): Partizipative Interventionsplanung – Überlegungen zu einer Weiterentwicklung der Psychologie im Umweltschutz. Umweltpsychologie 4, S. 84-99

Schein, Edgar H. (2004): Organizational culture and leadership. Jossey-Bass, San Fracisco/California

Spangenberg, Joachim H. (2003): Vision 2020: Arbeit, Umwelt, Gerechtigkeit – Strategien für ein zukunftsfähiges Deutschland. In: Spangenberg, Joachim H. (Hg.): Vision 2020. Arbeit, Umwelt, Gerechtigkeit – Strategien für ein zukunftsfähiges Deutscland. Oekom Verlag, München, S. 19-144

Stoltenberg, Ute (2000): Lebenswelt Hochschule als Erfahrungsraum für Nachhaltigkeit. In: Michelsen, Gerd (Hg.). Sustainable University. Auf dem Weg zu einem universitären Agendaprozess. VAS, Frankfurt/Main, S. 90-116

UNESCO (1998): Educating for a Sustainable Future. A Transdiciplinary Vision for Concerted Action. Paris

Zierhofer, Wolfgang/Burger, Paul (2007): Disentangling Transdisciplinarity. An Analysis of Knowledge Integration in Problem-Oriented Research. ScienceStudies 20, S. 51-74

Sacha Kagan

The transcultural and artscience: The 'Karamoja Campaign' as an attempt at transdisciplinary action research

Abstract

What could a "transcultural science" look like? I will explore this question through a discussion of an inter- and transdisciplinary project that I coordinated at the Leuphana University Lüneburg in 2008 and 2009: the so-called "Karamoja campaign" - dealing with issues of unsustainable development in a semi-pastoral region of East Africa. I will especially focus on the artistic dimension of that project, under the light of theoretical considerations on 'cultures of sustainability'. The main argument to be unfolded in the following pages is that, to become transcultural, transdisciplinary research may benefit greatly from viewing itself as "artscience" and from untiringly seeking transversal pathways – *des chemins de traverse.*

1. A definitional basis: from inter- to trans-disciplinarity, from inter- to trans-culturality

1.1 Transdisciplinarity and transculturality

It may be helpful to consider the definitions of two terms recently growing in popularity, the "transdisciplinary" and the "transcultural," alongside each other, as did Basarab Nicolescu in his *Manifesto of Transdisciplinarity* (Nicolescu 2002).

Nicolescu proposes the following definitions, to distinguish between multi-, inter- and transdisciplinarity:

"Multidisciplinarity concerns studying a research topic not in just one discipline but in several at the same time [...] Any topic in question will ultimately be enriched by incorporating the perspectives of several disciplines" (Nicolescu 2002: 42-43).

Interdisciplinarity "concerns the transfer of methods from one discipline to another" (ibid: 43). It allows epistemological transfer between disciplines but it also contributes to the "disciplinary big bang" i.e. to the contemporary explosion of disciplines, which poses a challenge that only transdisciplinarity may address: For Nicolescu, "transdisciplinarity concerns that which is at once between the disciplines, across the different disciplines, and beyond all discipline" (ibid: 44).

Transdisciplinary research requires a complex integration of knowledge, both beyond the universalist and yet fragmented claims of science under Modernity, and beyond the postmodern deconstruction of relativism and social constructivism. In transdisciplinary research, "several levels of perception" encounter "several levels of reality." For a researcher, and more widely for any "reflective practitioner" (Schön 1983), this does not only mean that any single method, and any single discipline, are insufficiently covering the complexity of reality: It means also that any single cultural background, and any single mode of knowing reality, is limited to perceiving only a few of the multiple possible levels of reality.

This is where Nicolescu introduces the transcultural: Transdisciplinarity involves the emergence of a transcultural communication. Nicolescu values multi- and intercultural exchanges across the world, but also points at their limitations:

"The multicultural helps us discover the face of our own culture in the mirror of another culture [but] the multicultural and the intercultural by themselves do not assume the kind of communication between all cultures that presupposes a universal language founded on shared values, but they certainly constitute important steps toward the act of transcultural communication. The transcultural designates the opening of all cultures to that which crosses through them and transcends them" (Nicolescu 2002: 104).

Nicolescu defines the transcultural as an experience across and beyond cultures.

"Each culture is the actualization of a potentiality of the human being, in a specific place on Earth and at a specific moment in history. Different places on Earth and different moments in history actualize different potentialities of the human being, that is, different cultures. It is the open totality of the human being that constitutes the 'place without place' of that which crosses and transcends cultures" (ibid: 105).

The transcultural is in no way aiming to realize the unification of all cultures on one plane, just like the transdisciplinary is not leveling multiple levels of reality under the pan-optical view of one level of perception.

Along the spirit of transdisciplinarity, transculturality *"both enables the dialogue between all cultures and prevents their homogenization" (ibid: 108).*
Transcultural vision allows not a uniform unity but an "open" unity of knowledge.

"In effect, the complex plurality of cultures and the open unity of the transcultural coexist in the transdisciplinary vision. The transcultural is the spearhead of transdisciplinary culture. Different cultures are the different facets of the human being. The multicultural allows the interpretation of one culture by another culture, the intercultural permits the fertilization of one culture by another, and the transcultural assures the translation of one culture into various other cultures, by deciphering meaning that links them, while simultaneously going beyond them" (ibid: 107).

However, the transcultural (because it is "going beyond them") is maybe not exactly about 'translating' cultures, but more about transiting and traversing them, as Koefoed's definition suggests more sharply.

1.2 The transcultural as extra-cultural

Approaching the term from a different theoretical background than Nicolescu (cf. Koefoed 2008), Oleg Koefoed understands transculturality as

"that which operates within the cultural, yet due to its form and substance goes beyond the cultural itself; offering the players in the cultural spheres a field or form in which to step out of their specific culturality and into a suspension of this. In other words, this definition differs from the one suggested by Ortiz in 1940 [...] whereby 'transculturation' marks the introduction of foreign (cultural) elements in another culture and the transformation of the latter through the work of the former. So my definition differs by focusing on the extra-cultural, rather than the extra-mono-cultural" (Koefoed/Kagan/Dieleman 2011).

Koefoed's discussion can be interpreted as pointing at the difference between the mere bridge of the inter- (cultural/disciplinary) and the suspended 'path without a path' of the trans-(cultural/disciplinary).

In Koefoed's own elaborate terminology, the transcultural is about "sustensions": suspended tensions between "virtualities", i.e. the imaginary, with possibilities and impossibilities, and "actualities", i.e. what emerges as the 'actual' real world (cf. Koefoed 2008). From this perspective, he suggests that

"sustensive eventalities may be said to depend upon the presence of sustainable transculturalities. Dependant, in other words, on the role played in any event by the combinations of elements that emerge or are brought into the event, from the virtuality of the event itself" (Koefoed/Kagan/Dieleman 2011).

1.3 Transversals

Leaving the abstract terminology of the philosopher Oleg Koefoed, I may dare to ask: What is this “transcultural” that manages to go “beyond” the cultural, to come from “beneath” the cultural and yet to be continually bathed in the cultural? Although no definitive answer to this question is possible, I want to advance a few possibilities: The transcultural may be nourished by different transversal streams that co-constitute humanity together with the cultural level:

- social structural transversals (partly specific to our species, and partly shared with other animal species);
- cognitive transversals (some specific to the homo sapiens species, and some shared with certain other species);
- biological transversals (some related to complex multicellular auto(eco)poïetic processes, some related to the interplay between proteins, genes and sometimes viruses);
- and to some extent, physical transversals (structuring the physical world and, a fortiori, human beings).

These few 'transversals' as I just called them, can be compared and contrasted to the modernist notion of 'universals' (which is still to be found for example in the field of evolutionary psychology). Both terms are grasping at a relatively similar reality, but they are not inter-changeable. Turning away from 'universals' and preferring to look for 'transversals' marks a commitment to complexity, i.e. to the complex interrelations between different emerging logics beneath and beyond the cultural level, yet forming, together with the cultural level, the open unity of the human condition. (By 'complex interrelations' I mean, after Morin (1977), the combining and contrasting of unitary, complementary, competitive, and antagonist relationships.) Furthermore, the terminology of “universality” unduly carries the old modernist assumption that certain universals may be 'true always and everywhere', while transversals have both a limited validity (e.g. one species, and/or activated only under specific conditions), and a contextual relevance (i.e. they emerge as realities, and come to make sense, in each specific cultural context). Transversals are more relational, and less essential, than universals.

1.4 A sensibility to complexity

The challenges of transdisciplinarity, of transculturality and of considering several levels of reality through several levels of perception, may be met, if the researcher/practitioner cultivates a certain sensibility to complexity, which I proposed to define as “aesthetics of sustainability” and as a “sensibility to patterns that connect” fostering “cultures of sustainability” (cf. Kagan 2010a, Kagan 2011). Such a sensibility requires not only an integration of multiple perceptive skills brought by a diversity of scientific, humanistic, artistic, and professional (i.e. crafts-like) disciplines, but also more generally, an integration (yet no uniforming) of two modes of knowing that Edgar Morin (1986) discussed as the uni-duality of *Logos* and *Mythos*: On the one hand, Logos covers the domain of what Gregory Bateson called "conscious purpose" (cf. Bateson 1973: 414), echoing Max Weber's "Zweck-Rationalität" and involving means-ends calculations, narrow-efficient shortcuts, classical logic, clear and distinct ideas, and abstract concepts. On the other hand, Mythos covers a wider, partly subconscious domain involving the senses, polysemic intuitions, the symbolic, unclear connective notions, and concrete contexts.

In terms of research and educational practice, the challenge of this uni-duality has already been explored and discussed with various resourceful approaches, such as systems thinking, experiential learning, embodied cognition, action research, 'Gestaltungskompetenz', complexity theories, dia-logics, fuzzy logics, and others (e.g. in art, the 'social plastic' of Joseph Beuys), the discussion of which lies beyond the limited scope of the current article. I will therefore limit myself now to the discussion of one single project, with a special focus on its integration of scientific and artistic work, illustrating concretely how a transversal practice of an "artscience" may foster a sensibility to complexity.

I adopt the notion of 'artscience' from Hans Dieleman, who himself adopted it from David Edwards (2008).[1] With that term, Dieleman points at ways of moving beyond the limitations of disciplinary methods in the scientific world, by integrating art and science (cf. Dieleman 2007). His discussion of "artscience" and of what he calls "artful doing and artful knowing" contribute to a definition of transdisciplinarity (while his article shows some skepticism vs. the keyword 'transdisciplinarity' as used in academic institutions).

2. Inter- and transdisciplinary research at the Karamoja campaign

2.1 The Karamoja Campaign

In the years 2008 and 2009, I coordinated together with David Knaute (of the French NGO ACTED), an awareness-raising campaign across Europe about the situation of the Karamoja region. The campaign included a one year-long research process involving five European universities and several African and European organizations, with numerous events, among which four international conferences and a research panel at the first world conference of humanitarian studies (WCHS), two artistic interventions, a documentary film and a final book publication (see www.karamoja.eu, pageview 06.06.2011). Karamoja is a semi-arid region in Northeast Uganda, bordering Kenya and Sudan. The region counts probably around a million inhabitants, among which are semi-pastoralist Karimojong and Pokot tribes, with cattle herds and goats. While their traditional, semi-nomadic way of life is jeopardized, both tribes have also been involved in increasingly deadly armed cattle-raids. Karamoja has been a region in crisis for

1 In the meanwhile, the term has been taken up by several others. My goal here, however, is not to make a recension of different recent uses and interpretations of the term.

more than 30 years by now, plagued by small arms (AK-47), a demographic explosion, climate change, border conflicts and difficult development issues. All of these factors together raise the issue of an unsustainable development course pursued by the different actors involved in the region (cf. Eds. Knaute/Kagan 2009). The research process at the 'Karamoja campaign' aimed to uncover the complex issues of the region's unsustainable development, in their multiple dimensions (ecological, historical, cultural, economic and political). In order to reach an inter- and transdisciplinary level of analysis, we followed principles of systems thinking and we used the "syndrome approach" as an analytical tool.

2.2 The Syndrome Approach as an exploratory tool

"If one only treats the local and partial symptoms one at a time, looking at one domain at a time, one will not manage to go very far in terms of proper and effective long-term solutions for more sustainable developments of societies," argued the promoters of the syndrome approach (Lüdecke/Petschel-Held/Schnellhuber 2004).

In a complex world, issues of (un-)sustainable development can only be understood when the interactive dynamics of changing ecological, economic, social and cultural contexts are understood together. This is why the Karamoja campaign had to be integrative as well as inter- and transdisciplinary, and had to base itself on systems thinking approaches.

Systems thinking asserts that the only way to fully understand why a problem occurs and persists is to understand the interacting parts in relation to the whole 'system' they belong to, and to further explore complex interactions between different systems.[2]

The Syndrome Approach (Syndromansatz) was developed from 1993 onwards by the German Advisory Council on Global Change (WBGU) and further developed afterwards by the Potsdam Institute of Climate Research (PIK). It identifies functional patterns (or "clinical pictures") of interaction between humans and nature and describes key processes driving spirals of unsustainable development. In order to achieve this, a syndrome analysis combines knowledge about the environment, population, economy, social organization, as well as the technologies and cultures shaping a typical pattern of unsustainable development in a certain region. Sixteen different types of syndrome have been identified by the WBGU.

However, none of the syndromes described by the WBGU and PIK do sufficiently take into account the specific issues related to the interface between sedentary agricultural societies and pastoralist nomadic societies.

2 The space of this article does not allow me to further introduce systems thinking and complexity theories. On their relevance in the context of arts and culture, cf. Kagan 2011.

We thus developed a specific "Karamoja Syndrome" which highlights, among its key dimensions, the role of the loss of pastoral mobility in destabilizing the region's complex ecological, socio-economic and cultural balance (cf. Kagan/ Pedersen/Ollech 2009).

2.3 Of (semi-)nomads, sedentary cultures and borders

It is not accidental, that the specific features of nomadic cultures were ignored in the original syndrome research (e.g. in the Sahel Syndrome). It is also not surprising that the now-classical discourse of the "tragedy of the commons" was based on a misconceived condemnation of the land management of commons by nomadic people. It misrepresented the value of dynamic, mobile communal land management and favoured the ideological imposition of sedentary, privatized-capitalist land ownership (for a deconstruction of Hardin's "tragedy of the commons" as a Trojan horse of classical economics, see Knighton 2009).

Metaphorically speaking, the fenced-off territory, for the sake of good-old modernist management, expresses fear of the transversal path, made as a transgressive deed. This is the famously narrow-minded view of Robert Frost's neighbor with his "good fences make good neighbors" discourse in *Mending Wall*. To put it in concrete terms, sedentary cultures often put up fences and borders against the transhumance paths of nomadic and semi-nomadic, pastoralist cultures.

Within Europe, the long-distance transhumance of e.g. sheep herders is hindered and neglected, and its practice has dramatically declined. However, without transhumance, the resilience of Europe's biodiversity to the threats of climate change is reduced: Nomadic pastoralism over long distances facilitates zoochory, i.e. the dispersal of seeds by animals across long distances. Zoochory is indispensable to the adaptation of numerous plant species in times of climate change, allowing them to migrate (cf. Beckmann/Garzon Heydt 2009).

In the case of Karamoja, the erection of international borders and of internal borders between regions inside Uganda destabilizes the sustainability of pastoralist land management, as does the encroachment of common grazing land by sedentary agriculture. These phenomena frequently occur in combination with others, such as the institution of "nature protection" areas by the government, and worsening armed conflicts which are a threat to mobility. The loss of dry season pastures and the loss of pastoral mobility as a consequence cause overgrazing by the pastoralists. Then, the pastoralists are accused of causing a "tragedy of the commons". However, the crisis is caused by the disruption of a complex and dynamic multi-year cycle of grazing across the land, which was previously in place.

It was this issue which led the students doing the research at the Karamoja campaign to interrogate the notion of borders, as a transversal issue affecting African as well as European pastoralists. But beyond pastoralists, they considered it an issue touching upon several aspects of Modernity's unsustainable development. This issue was one among several explored by the students, but, unlike some of the other issues addressed, borders and mobility became the central focus of one of the artistic interventions conducted at the Karamoja campaign: *Caution Border.*

3. A trans situ art installation: *Caution Border*

3.1 *Caution Border*

The art installation/intervention *Caution Border* was the result of a cooperation between on the one hand, the students in my Karamoja seminar at Leuphana University Lüneburg, and on the other hand the students in the Karamoja team at the CCC (Critical Curatorial and Cybermedia) research-based postgraduate study programme at Geneva University of Art and Design, tutored by Sylvain Froidevaux.[3]

Before the conception of Caution Border, the CCC team contributed to the international Karamoja Conference in Lüneburg (24-25 October 2008), both with a visual investigation of unmarked borders between Switzerland and France, and with a paper presentation on cattle rustling, black markets and 'subversive sociability' in an African postcolonial context (cf. Froidevaux 2009). In parallel to the conference in Lüneburg, and in the days preceding and following it, the students from the universities of Lüneburg, Geneva, Bordeaux, Groningen and Prague, met international experts as well as guests speakers from Karamoja. They discussed their perspectives gained in months of research on Karamoja, and brought them together. From the international and interdisciplinary context of these conference days the concept of a specific art intervention/installation emerged within a few weeks, to be implemented in and around some of the European Commission's buildings in Brussels, on January 23rd 2009:

The installation *Caution Border* consisted of barriers placed in busy areas in order to complicate people's movement through them. This included:

- customised yellow caution tape with the text "This is not a natural border";
- so-called "wet signs", also yellow, on which the text "caution wet floor" was replaced by "caution border";
- yellow flyers (distributed to passers-by), which were printed with the pictogram reproduced on the wet signs, showing a man attempting to cross a border, and the text "this is not a natural border".

3 The names of the students involved in *Caution Border* are, in Geneva: Kasia Boron, Giulia Cilla, Gael Lugaz, Urduja Manaoag and Eva May: in Lüneburg: Ines Gödecken, Margaretha Kühneweg and Jenny Wehrstedt. The project also benefited greatly from the research, logistical and managerial support by David Knaute, from ACTED, Paris

Written on the back of the flyer there were three questions: "Do you have problems at the border? Do borders protect you? Are borders natural?" These questions relate directly to some issues raised in relation to the situation of pastoralist people in Karamoja. But they are transversal questions as well, which the passers-by could, and did relate to other instances where borders point at specific issues. As expressed by the CCC team:

"The aim of the intervention was to stimulate a reflection on borders by confronting the public with a concrete experience of them. Wet signs are a familiar sight in corridors, but when they warn us of a border instead of a wet floor, something seems to be wrong. As the public physically negotiates these obstacles, an environment is created where the spectator may question his or her notions of borders. The obstacle-installation also included a caution tape warning us that this border is not natural. But what is a natural border anyway? The thought of a border being build up in a corridor, and then called natural is absurd. And by stating this, the group was aiming at making the public consider how natural any kind of border actually is (Political borders? Colonial? Social? Cultural? Etc.)" (Froidevaux et al., in Eds. Knaute/Kagan 2009: 508).

During the two days in Brussels, the wet signs, caution tape and postcards were also used for public interventions downtown, at the Saint-Hubert Galleries, and cutting across the Grand-Place. The work was also invited at the "Burning Ice Festival" at KAAI Studio Brussels, where *Caution Border* was installed in the exhibition rooms – and once it made an impromptu appearance on the main stage during a performance.

3.2 Trans situ art

In the months following the Brussels event, I re-enacted the *Caution Border* installation/intervention at different locations across Europe, allowing a site-adaptive relevance to emerge each time:

- At the World Humanitarian Studies Conference, at the University of Groningen (Netherlands) in February 2009, the installation evoked the situation in Karamoja as well as other borders-related issues in the field of development.
- At the student-organized conference "Lebenswert - Die Konferenz zur Nachhaltigkeit", at the Leuphana University Lüneburg, in March 2009, the installation was re-enacted and discussed by a group of students who had not taken part in the Karamoja campaign directly.

- Placed at the main entrance of the Anthropology Museum in Brno (Czech Republic)on the occasion of the 'Native and Indigenous Film Fest' in May 2009, the installation was embedded into discussions on the rights of indigenous peoples and the violations of these rights by national governments.
- Alongside COP15 ("Conference of Parties" i.e. the UN's Climate Change Summit) in Copenhagen in December 2009, I installed Caution Border, with the support of a few friends, at several locations: At the entrance of the central train station in Copenhagen, partly blocking the entrance for about half an hour; and for a couple of days in two Copenhagen neighborhoods (Mozart square and Norrebrohallen) which were relatively unaffected/ left aside by all the other COP15-related events (whether in regard to the official conference, cultural events or civil society actions). In this context, the installation raised strong concerns about the situation of future climate refugees, both among passers-by at the central train station and on Mozart square (at the station: official delegates at COP15, including a delegate from Uganda who was passing by; on Mozart square: people from the neighborhood, including some with immigration backgrounds and a specific sensibility to the topic).
- The installation was also re-enacted in small scale for the conference "from the internationalisation of higher education to transcultural science" at Leuphana University Lüneburg in September 2010, allowing an exchange with conference participants during the World Café session. This exchange was the stimulus for writing of the present article.

While the tradition of "In Situ" in art points to the importance of the local context for the relevance of an artistic intervention, I propose here the notion of "trans situ" art, to point at the relevance of mobile, transferable "kits": types of installations which can bring transversal issues across in different contexts, neither to impose a universalist or limitatively subjective artistic discourse, nor to limit itself to a single local context, but to stimulate transversal and trans-local reflexive exchanges between participants.

At the EU Commission, for example, Caution Border was placed at the main entrance lobby of the EU's External Cooperation DG, right in front of a standing European flag. In this specific micro-local context, the installation reminded the passers-by of the EU's own contradictions, with the yellow tape in front of the flag symbolizing 'fortress Europe'. A few hours later, installed in the public spaces of Brussels, *Caution Border* called forth, to some people, the burning Flemish/Wallon situation, and the threat of an implosion of Belgium caused by mounting intolerance and xenophobia, especially in Flanders. The very same night at the KAAI studios, the installation then evoked the borderlessness of the climate change process and the borderfullness of our incapacity to deal with it. In all of these cases, the installation, as soon as it captured some attention, did raise relevant questions about different aspects of our unsustainable development path.

And it did so in a transversal, transcultural way: relevant in its contextualized relation to specific cultures and intercultural situations, suggesting 'transversals' rather than 'universals'.

3.3 Traversing: walking across

Of course, this kind of art installation/intervention is only one among many possible forms of artscience action-research. Another especially insightful starting-point, for the Karamoja campaign and beyond it, could have been: walking. In Karamoja, walking is the typical way for the pastoralists to enact and update their knowledge of the region's ecology, and in doing so, they adapt their dynamic land management to an evolving context. For them, like for other indigenous groups, walking is an attentive practice, at the heart of a learning-process about the land, as well as it is a necessity for survival.

More generally speaking, walking is not only an everyday practice characterizing the human being (as a transversal, common feature to all humanity), but also a very rich form of "action research", i.e. of knowing by doing: Walking allows embodied learning, i.e. not only the abstract, disembodied learning of the classroom and the schoolbook. Walking-based practices put things learned in context, a local one and an ecological one, embedded in real geography and not only in a conveniently virtual one. Thanks to the slower rhythm, the walker heightens his or her attention. Walking across places involves moving, exchanging, comparing, and constitutes a potentially transversal, transdisciplinary practice.

Walking is also sometimes a social and political practice, reshaping the realities of shared spaces and the fiction of public space, accompanying political expressions and the articulation of democracies, as Gandhi's famous "Salt march to Dandi" illustrated (cf. Kagan 2010b). Walking allows both exchanges with a variety of others and personal introspection for oneself. Finally, walking is an ordinary activity, low-tech rather than high-tech, accessible to all, and open to non elite-wisdoms from all human groups.

This is the reason why the theme of walking was selected for the first edition of the International Summer School of Arts and Sciences for Sustainability in Social Transformation (ASSiST) which I directed, in Gabrovo, Bulgaria, on August 21-27 2010. This school, aiming to explore transdisciplinary methodologies, included 7 days of workshops (mostly based on walking practices), semi-open space sessions and other activities, which I do not have the space to discuss here (but interested readers can visit the ASSiST website at http://assist2010.ning.com and read Kagan2010c).

Farewell

The beauty and richness of transversals comes from the beauty and richness of the complexity they unveil. As argued by the ecological artist David Haley, "we must learn not to be afraid of complexity." Only then will we be able to reach the transcultural. I will therefore close this text with a short poem by David, embracing complexity:

It is the real world

„A real world situation

This is disjuncture

We must learn not to be afraid of complexity

(Haley 2010).

Literature

Bateson, Gregory (1973): Steps to an Ecology of Mind: Collected Essays in Anthropology, Psychiatry, Evolution, and Epistemology. New York: Paladin.

Beckmann, Hubert/Garzon Heydt, Jesus (2009): Transhumance as a tool of species conservation in times of climate change. In Knaute, David/Kagan, Sacha (Eds.) 2009: Sustainability in Karamoja? Rethinking the terms of global sustainability in a crisis region of Africa, PP. 235-262, Köln: Rüdiger Köppe Verlag.

Dieleman, Hans (2007): Art and Science. Cultura21 Webmagazin, August 2007. Available online at: http://magazin.cultura21.de/piazza/english/art-and-science.html, pageview 06.06.2011

Edwards, David (2008): Artscience: Creativity in the Post-Google Generation. Cambridge: Harvard University Press.

Froidevaux, Sylvain (2009): Cattle raiding and black market: From sociocultural practice to subversive sociability in African postcolonial context. In Knaute, David/Kagan, Sacha (Eds.) 2009: Sustainability in Karamoja? Rethinking the terms of global sustainability in a crisis region of Africa, PP. 288-297, Köln: Rüdiger Köppe Verlag.

Haley, David (2010): Economy and the Art of Complexity . ESA Research Network Sociology of Culture Midterm Conference: Culture and the Making of Worlds (October 19, 2010). Available at SSRN: http://papers.ssrn.com/sol3/papers.cfm?abstract_id=1694440, pageview 06.06.2011

Kagan, Sacha (2010a): Cultures of Sustainability and the aesthetics of the pattern that connects. Futures: The journal of policy, planning and futures studies, vol. 42, n. 10.

Kagan, Sacha (2010b): Walking in the history and art history of Europeans: a very brief introduction. In Kagan, Sacha (Ed.) 2010: Walking in life, art and science : a few examples, PP. 5-37, Lüneburg: Leuphana University Lüneburg (electronic publication). Available online at: http://www.leuphana.de/fileadmin/user_upload/Forschungseinrichtungen/ikkk/kultursoziologie/files/Booklet_12082010_gut.pdf, pageview 06.06.2011

Kagan, Sacha (2010c): Walking for social and ecological transformation. Culture360.org: Connecting Asia and Europe through Arts and Culture. Available online at: http://culture360.org/perspectives/walking-for-social-and-ecological-transformation/, pageview 06.06.2011

Kagan, Sacha (2011): Art and Sustainability: Connecting Patterns for a Culture of Complexity. Bielefeld: transcript Verlag.

Kagan, Sacha/Pedersen, Liv/Ollech, Sally (2009): The Karamoja Syndrome: transdisciplinary systems research informing policy and advocacy. In Knaute, David/Kagan, Sacha (Eds.) 2009: Sustainability in Karamoja? Rethinking the terms of global sustainability in a crisis region of Africa, PP. 143-211, Köln: Rüdiger Köppe Verlag.

Knaute, David/Kagan, Sacha (Eds.), (2009): Sustainability in Karamoja? Rethinking the terms of global sustainability in a crisis region of Africa. Köln: Rüdiger Köppe Verlag.

Knighton, Ben (2009): Can notions of common property and the common good survive? The consequences of classical economics for Karamojong nomadic pastoralists. In Knaute, David/Kagan, Sacha (Eds.) 2009: Sustainability in Karamoja? Rethinking the terms of global sustainability in a crisis region of Africa, PP. 384-419, Köln: Rüdiger Köppe Verlag.

Koefoed, Oleg (2008): Zones of Sustension: an exploration of eventality, culturality, and collective intuition in life and work. In Kagan, Sacha/Kirchberg, Volker (Eds.) 2008: Sustainability: a new frontier for the arts and cultures, PP. 59-92, Waldkirchen: VAS – Verlag für akademische Schriften.

Koefoed, Oleg/Kagan, Sacha/Dieleman, Hans (2011 - upcoming): Sustensive Intercultural Chronotopes. In Koefoed, Oleg/Kromann, Joakim/Paulsen, Michael/Ydesen, Christian (Eds.) 2011 (upcoming): Learning from the Other - intercultural metalogues. Århus: Århus University Press/NSU Press.

Lüdecke, Matthias K.B./Petschel-Held, Gerhard/Schnellhuber, Hans-Joachim (2004): Syndromes of global change: the first panoramic view. Gaia 13: 42-49.

Morin, Edgar (1977): La méthode, volume 1: La nature de la nature. Paris: Seuil.

Morin, Edgar (1986): La méthode, volume 3: La connaissance de la connaissance. Paris: Seuil.

Nicolescu, Basarab (2002): Manifesto of Transdisciplinarity. Albany : State University of New York Press.

Schön, Donald (1983). The Reflective Practitioner: How professionals think in action. London: Temple Smith.

Gesa Jones, Tim Kawalun, Andrea Japsen, Petra Dehm,
Karin Beck, Eva-Maria Silies, Ursula Zipperer

Der Innovations-Inkubator Lüneburg: Förderung von Wissenschaft und Wirtschaft im Geiste der Lissabon-Strategie der Europäischen Union

„Die Menschen sind Europas wichtigstes Gut und müssen im Zentrum der Politik der Union stehen.[...]Europas Bildungs- und Ausbildungssysteme müssen sich auf den Bedarf der Wissensgesellschaft und die Notwendigkeit von mehr und besserer Beschäftigung einstellen." (Europäischer Rat 2000: 8)

1. Einleitung

Mit dem EU-Großprojekt Innovations-Inkubator beschreiten die Europäische Kommission, das Land Niedersachsen und die Leuphana Universität Lüneburg gemeinsam neue Wege und zeigen, wie die europäische Strukturpolitik der Zukunft aussehen könnte. Das europaweit einmalige Vorhaben soll die Wirtschaftskraft in der Region nachhaltig stärken, indem es wissenschaftsbasierte Wirtschaftsentwicklung ermöglicht. Mit einem Gesamtinvestitionsvolumen von knapp 100 Millionen Euro zielt der Innovations-Inkubator auf drei Kernaufgaben ab:

- Die Schaffung und Sicherung von Arbeitsplätzen in zukunftsträchtigen Branchen,
- die Stärkung des Forschungs- und Entwicklungspotenzials insbesondere von kleinen und mittleren Unternehmen der Region,
- die Bereitstellung von hochqualifizierten Absolventinnen und Absolventen für den regionalen Arbeitsmarkt.

Hierfür setzt das EU-Großprojekt bis 2015 mehr als 50 Innovationsprojekte in insgesamt 16 aufeinander abgestimmten Teilmaßnahmen an der Leuphana Universität Lüneburg um. Die Bandbreite an Formaten ist groß: Sie reicht von Master- und Promotionsarbeiten zu regionalwirtschaftlichen Fragestellungen über anwendungsorientierte Forschungsprojekte für kurzfristig realisierbare Problemlösungen für kleine und mittlere Unternehmen bis hin zu großen, international besetzten Forschungskooperationen, den so genannten Kompetenztandems.

Gerade die Orientierung einer Vielzahl von Projekten an internationaler Spitzenforschung erhöht die Durchschlagkraft der wissensbasierten Wirtschaftsentwicklung entscheidend: Allein in den Kompetenztandems forschen rund 120 internationale und nationale Wissenschaftlerinnen und Wissenschaftler. Zudem ermöglicht der Inkubator 20 internationale Gastprofessuren mit eigenständigen Forschungsprojekten mit regionalwirtschaftlichem Bezug.

Dieser Beitrag geht der Frage nach, wie die Leuphana Universität Lüneburg mit dem Innovations-Inkubator die in der Lissabon-Strategie der Europäischen Union verankerten Ziele der europäischen Strukturpolitik zugunsten regionaler Wirtschaftsförderung mittels international orientierter Forschung konkret umsetzt. Dazu werden zunächst die wichtigen rechtlichen und politischen Hintergründe dargestellt wie die Lissabon-Strategie, die europäische Regionalpolitik und die Rahmenbedingungen des Projektgebietes.

Anschließend liegt das Hauptaugenmerk auf der Veranschaulichung der einzelnen Teilmaßnahmen des EU-Großprojektes und ihres internationalen Bezuges. Nach einem kurzen Zwischenfazit schließt der Beitrag mit einem Ausblick auf die angestrebten Wirkeffekte.

2. Hintergrund

Vorbilder des Konzepts wissenschaftsbasierter Wirtschaftsförderung sind gelungene, durch Universitäten maßgeblich vorangetriebene Regionalentwicklungen insbesondere durch die US-amerikanischen Hochschulen Stanford, Harvard, Massachusetts Institute of Technology (MIT) und die Duke University. Sie schufen zum Teil bereits seit den 1950er Jahren erfolgreich ein gründungsfreundliches regionales Umfeld.

2.1 Lüneburg verwirklicht die Lissabon-Strategie

Die Zielvorgaben europäischer Strukturpolitik sind seit Beginn des neuen Jahrtausends eng verknüpft mit der vom Europäischen Rat im März 2000 in der portugiesischen Landeshauptstadt verabschiedeten Lissabon-Strategie. Im Mittelpunkt der Sondertagung stand die Intention,

„ein neues strategisches Ziel festzulegen, in dessen Rahmen Beschäftigung, Wirtschaftsreform und sozialer Zusammenhalt als Bestandteil einer wissensbestimmten Wirtschaft gestärkt werden sollen." (Europäischer Rat 2000:1)

Die teilnehmenden Staats- und Regierungschefs erkannten als Defizite innerhalb der Europäischen Union unter anderem eine zu niedrige Beschäftigungsquote, die strukturelle Langzeitarbeitslosigkeit, ausgeprägte regionale Disparitäten hinsichtlich der Arbeitslosigkeit und ein unterentwickelter Dienstleistungssektor sowie Qualifikationsdefizite insbesondere im Bereich der Informationstechnologie. Als neues strategisches Ziel für den künftigen Weg wurde – zunächst datiert bis zum Jahre 2010 – das ambitionierte Vorhaben deklariert,

„die Union zum wettbewerbsfähigsten und dynamischsten wissensbasierten Wirtschaftsraum in der Welt zu machen – einem Wirtschaftsraum, der fähig ist, ein dauerhaftes Wirtschaftswachstum mit mehr und besseren Arbeitsplätzen und einem größeren sozialen Zusammenhalt zu erzielen." (ebd.:2)

Um dieses Ziel zu erreichen, beschloss der Europäische Rat eine übergreifende Strategie, in deren Rahmen u.a. der Übergang zur wissensbasierten Wirtschaft und Gesellschaft durch eine verbesserte Forschungs- und Entwicklungspolitik vorbereitet und durch Investitionen in Menschen bzw. „Köpfe" realisiert werden sollte. Die Strategie sieht folgende thematische Schwerpunkte als wesentliche Bestandteile vor:

- Schaffung eines europäischen Raumes der Forschung und Innovation,
- Schaffung eines günstigen Umfelds für die Gründung und Entwicklung innovativer Unternehmen, insbesondere kleiner und mittlerer Unternehmen (KMU),
- Bildung und Ausbildung für das Leben und Arbeiten in der Wissensgesellschaft,
- Mehr und bessere Arbeitsplätze für Europa: Entwicklung einer aktiven Beschäftigungspolitik mit einer Aufwertung des lebenslangen Lernens und einem Ausbau der Beschäftigung im Dienstleistungsbereich (vgl. ebd.:4ff.).

In Göteborg vereinbarte der Europäische Rat im Juni 2001 darüber hinaus in seinen Schlussfolgerungen eine Strategie für nachhaltige Entwicklung, mit der das politische Engagement der Europäischen Union für wirtschaftliche und soziale Erneuerung ergänzt und der Lissabon-Strategie eine Umweltdimension hinzugefügt wurde (Europäischer Rat 2001). Für die Entstehung des Innovations-Inkubators Lüneburg ist neben den oben genannten Prinzipien der Lissabon-Strategie besonders ein in den integrierten „Leitlinien für Wachstum und Beschäftigung (2005-2008)" beschriebener Ansatz von wesentlicher Bedeutung. Dort sind in Leitlinie 8 („Förderung aller Formen der Innovation") „Schaffung und [den] Ausbau von Innovationspolen und -netzen sowie Inkubatoren, die Universitäten, Forschungseinrichtungen und Unternehmen auch auf regionaler und lokaler Ebene zusammenbringen" (Europäische Kommission 2005:19), als Zielvorgabe explizit verankert. Mit diesen auf höchster europäischer Ebene beschlossenen strategischen Vorgaben wurden die Rahmenbedingungen für relevante Politikfelder und damit auch für die europäische Regionalpolitik abgesteckt.

Der Innovations-Inkubator Lüneburg setzt die in der Lissabon-Strategie der Europäischen Union verankerten Prinzipien und Zielsetzungen der gegenwärtigen europäischen Strukturpolitik zugunsten zukunftsfähiger regionaler Wirtschaftsförderung in einem EU-Großprojekt um.

2.2 EU-Regionalpolitik: Wirtschaftliche Entwicklung

Bereits seit den frühen 1970er Jahren betreibt die Europäische Union eine eigenständige Regionalpolitik. Insbesondere durch die Aufnahme neuer Mitgliedsstaaten nahmen die sozioökonomischen und sozialräumlichen Disparitäten innerhalb der EU zu. Diesen teilweise erheblichen Unterschieden sollte strukturpolitisch begegnet werden (vgl. Schoneweg 1994:64, Seidel 1995:297).

In der Schaffung gleichwertiger Lebensverhältnisse in allen Teilräumen der Europäischen Union besteht das Hauptziel der europäischen Regionalpolitik. Die zuständige Generaldirektion „Regionalpolitik" der Europäischen Kommission verfolgt die Aufgabe,

„den wirtschaftlichen, sozialen und territorialen Zusammenhalt (Kohäsion) durch Verringerung der Entwicklungsunterschiede zwischen Regionen und Mitgliedsstaaten zu stärken." (Generaldirektion „Regionalpolitik" 2009)

Mit der Umsetzung dieser Maßgaben leistet die Regionalpolitik einen Beitrag zur allgemeinen Wirtschaftsleistung der Europäischen Union (vgl. ebd.). Hierzu bedient sich die Kommission insbesondere der EU-Strukturfonds, die nach den Agrarfonds den zweitgrößten Anteil des EU-Haushaltes ausmachen.
Für die aktuelle Förderperiode 2007–2013 wurden die EU-Strukturfonds neu ausgerichtet; in diesem Zeitraum stehen europaweit insgesamt 308 Milliarden Euro bereit. Folgende Ziele wurden definiert:

- *„Konvergenz"*
- *„Regionale Wettbewerbsfähigkeit und Beschäftigung"*
- *„Europäische territoriale Zusammenarbeit (ETZ)"*

Im Sinne des Abbaus räumlicher Disparitäten strebt das Ziel „Konvergenz" die wirtschaftliche Entwicklung und Strukturanpassung der am wenigsten entwickelten europäischen Mitgliedsstaaten und Regionen an. Betroffen sind Regionen mit einem Pro-Kopf-Bruttoinlandsprodukt (BIP) von unter 75 Prozent des Gemeinschaftsdurchschnitts der EU-25 sowie sogenannte Übergangsregionen („phasing out regions").

Zu diesen Übergangsregionen mit einem Pro-Kopf-Bruttoinlandsprodukt von unter 82,19 Prozent des Gemeinschaftsdurchschnitts auf Basis der EU-25 (was 75 Prozent des EU-15-Durchschnitts entspricht) zählt als einziges westdeutsches Gebiet auch die Region Lüneburg/Niedersachsen. In der vergangenen Förderperiode wurde das Konvergenz-Ziel zum Ziel 1 deklariert und bindet aktuell über vier Fünftel des Budgets der EU-Strukturpolitik (vgl. Bundesministerium für Wirtschaft und Technologie (BMWI) o.J.).

2.3 Regionale Rahmenbedingungen: Das Konvergenzgebiet

Das Konvergenzgebiet Lüneburg erstreckt sich über insgesamt elf Landkreise auf eine Gesamtfläche von 15.507 km² zwischen den drei großen norddeutschen Ballungszentren Hamburg im Norden, Bremen im Westen und Hannover im Süden. Mit der Elbe und der ehemaligen innerdeutschen Grenzregion bildet der dünn besiedelte Kreis Lüchow-Dannenberg die Begrenzung des Konvergenzgebietes in östlicher Richtung. Zwar weist dieses Ziel-1-Gebiet mit etwa 1,7 Mio. Einwohnerinnen und Einwohnern eine mit den benachbarten Bundesländern Mecklenburg-Vorpommern und Hamburg vergleichbare Gesamtbevölkerungsgröße auf, doch liegt mit 110 Einwohnerinnen und Einwohnern pro km² die Bevölkerungsdichte knapp unter der Hälfte des Bundesdurchschnitts (vgl. Niedersächsisches Ministerium für Wirtschaft, Arbeit und Verkehr o.J.:2).

Eine besonders anspruchsvolle Aufgabe markiert gerade hier die wissensbasierte Entwicklung der regionalen Wirtschaft, da das vorhandene Netz an Forschungseinrichtungen und -infrastrukturen im Konvergenzgebiet vergleichsweise überschaubar ist. Da die Leuphana Universität Lüneburg die größte Hochschule und zugleich einzige Universität im Konvergenzgebiet ist, kommt ihr im Rahmen der wissensbasierten Regionalentwicklung eine zentrale Rolle zu. In enger Kooperation mit der Leuphana Universität hat das Land Niedersachsen das EU-Großprojekt Innovations-Inkubator Lüneburg vor dem Hintergrund der Ergebnisse einer SWOT-Analyse (Strengths, Weaknesses, Opportunities, Threats) konzipiert. Insbesondere die deutlich unterdurchschnittliche Wirtschaftsentwicklung sowie weitere strukturelle Schwächen in den Bereichen Innovationsfähigkeit der Kleinen und Mittleren Unternehmen, Bildungsniveau der Bevölkerung und Beschäftigungssituation waren dabei die entscheidenden Befunde der Analyse. So betrug das Bruttoinlandsprodukt (BIP) je Einwohnerin bzw. Einwohner im Konvergenzgebiet Lüneburg 2004 mit 19.523 Euro weniger als 75 Prozent des EU-Durchschnitts (vgl. Niedersächsisches Ministerium für Wirtschaft, Arbeit und Verkehr o.J.:2-8). Die erfolgreiche Beteiligung am Innovationsgeschehen fällt im Bereich der Produkt- oder Verfahrensinnovationen im Vergleich zum bundesdeutschen Durchschnitt in der Ziel-1-Region mit ca. 9 Prozent weniger Betrieben deutlich ab. In Bezug auf den Beschäftigtenanteil in Betrieben mit durchgeführten Innovationen ergibt sich diesbezüglich sogar eine negative Differenz von 13 Prozent (vgl. ebd.:34). Desweiteren fällt der Anteil von Beschäftigten mit Hochschulabschluss in der Ziel-1-Region Lüneburg mit 6,5 Prozent sowohl gegenüber dem westdeutschen Durchschnitt als auch im gesamteuropäischen Vergleich niedriger aus. Lediglich Italien, Österreich und Portugal weisen einen geringeren Anteil hoch qualifizierter Erwerbstätiger auf (vgl. ebd.:41).

Die beteiligten Akteurinnen und Akteure gelangten angesichts der hier aufgezeigten Defizite zu der Überzeugung, dass es im Konvergenzgebiet Lüneburg zur nachhaltigen Entwicklung der regionalen Wirtschaft eines EU-Großprojektes mit einer ausreichend großen Schwungmasse bedarf. Als die am besten geeignete Partnerin erschien hierzu die Leuphana Universität Lüneburg. Durch den Innovations-Inkubator Lüneburg soll die Leuphana zum Motor einer regionalen Wirtschaftsentwicklung werden und der gesamten Region einen nachhaltigen Wachstums- und Entwicklungsschub verleihen.

3. Der Innovations-Inkubator: Neue Wege in der regionalen Wirtschaftsförderung

Der Innovations-Inkubator Lüneburg stellt ein konsistentes und ausdifferenziertes Konzept zur regionalwirtschaftlichen Entwicklung des Konvergenzgebiets Lüneburg dar. Insgesamt 16 aufeinander miteinander verbundene Teilmaßnahmen bilden hierfür das Portfolio. Dabei basiert die Konzeption auf dem Ansatz, die Möglichkeiten und Stärken der Leuphana für die Regionalentwicklung zu nutzen und durch die EFRE-Förderung die positiven Effekte für die Region nachhaltig zu verstärken.

Vor allem in den so genannten Schools der Leuphana wird der Innovations-Inkubator umgesetzt: im „Leuphana College“ für das grundständige Studium auf Bachelor-Niveau, der „Graduate School“ für die Master- und Promotionsprogramme und der „Professional School“ für berufsbegleitende Weiterbildung, dem Existenzgründungsservice sowie Transferprojekten. In dem Ausbau und der Förderung dieser Schools in Form zusätzlicher Angebote und Projekte wird auch vor dem Hintergrund der bereits jetzt schon existierenden engen Verzahnung mit der regionalen Wirtschaft besonderes regionalwirtschaftliches Entwicklungspotential gesehen. Komplettiert wird das Maßnahmen-Set des EU-Großprojektes durch querschnittsorientierte Maßnahmen für das Projektmanagement und die Infrastruktur, welche insgesamt die in der SWOT-Analyse aufgezeigten Defizite des Konvergenzgebietes ansprechen.

3.1 Die Teilmaßnahmen des EU-Großprojekts

Die Leuphana Universität Lüneburg beantragt die 16 Teilmaßnahmen nach der Genehmigung des Großprojekts durch die EU-Kommission einzeln beim Land Niedersachsen[1]. In der folgenden Übersicht stellen wir eine Auswahl der beantragten und zum Teil bereits bewilligten Projekte vor.

1 Diese Teilmaßnahmen werden seit 2008 fortlaufend beantragt. Ein Großteil ist beantragt und genehmigt, ein Teil beantragt und eine Teilmaßnahme wird erst noch beantragt werden (Stand Juli 2011)

3.1.1. Kompetenztandems

Das „Herzstück" des Innovations-Inkubators Lüneburg bilden bis zu 14 international besetzte und transdisziplinär ausgerichtete Forschungskooperationen, die als innovative sogenannte Kompetenztandems initiiert werden und auf forschungsbasierte Geschäftsentwicklungen zielen. Internationale Spitzenforscherinnen und Spitzenforscher sollen sich dazu, optional mit ihren Teams, an der Leuphana Universität Lüneburg ansiedeln und in enger Zusammenarbeit mit Forschenden aus der Region Frage- und Problemstellungen der Praxis wissenschaftlich bearbeiten. Mit diesen fachlich breit angelegten, anwendungsorientierten Forschungs- und Transferprojekten sollen ein hohes Innovationspotential für die Region Lüneburg realisiert und ca. 120 zusätzliche internationale und nationale Wissenschaftlerinnen und Wissenschaftler für bis zu drei Jahre rekrutiert werden. Ihre Funktion besteht darin, zusätzliche Forschungsgebiete an der Universität zu etablieren, durch die sich das Angebot der Leuphana Universität Lüneburg an kleine und mittlere Unternehmen und andere Praxispartner aus der Region wesentlich erweitert und das Forschungsprofil der Leuphana Universität Lüneburg deutlich gestärkt wird. Die Kompetenztandems werden durch die signifikante Stärkung der Forschungskraft zur Schaffung und Sicherung dauerhafter regionaler Arbeitsplätze in zukunftsorientierten Branchen beitragen. Schwerpunkte liegen auf den Forschungsfeldern „Digitale Medien", „Gesundheit" und „Nachhaltige Energie". Bereits gestartete Kompetenztandems sind:

- **Moving Image Lab**: In dem Projekt werden Forschungsfragen beantwortet, in denen es um die Medienformate der Zukunft und deren Produktion geht. Erforscht wird zudem, wie sich diese Formate in kreativ-wirtschaftliche Geschäftsmodelle umsetzen lassen und wie diese vermarktet werden können. (www.leuphana.de/inkubator/moving-image-lab)
- **Vernetzte Versorgung – Grundlagen und Evaluierung der Versorgung psychisch erkrankter Menschen**: Das Projekt zielt auf das systemische Verständnis und die Evaluation eines innovativen Versorgungsansatzes in der Psychiatrie, um so die Versorgung psychisch Kranker nachhaltig zu verbessern.
  (www.leuphana.de/inkubator/vernetzte_versorgung)

- **Plattform für nachhaltige Biokerosin-Produktion:** Ziel des Projektes ist die Entwicklung einer nachhaltigen Wertschöpfungskette für Biokerosin und die Gründung eines Dienstleistungsunternehmens auf Basis eines innovativen Geschäftsmodells. (www.leuphana.de/inkubator/biokerosin)

Die Kompetenztandems bestehen dabei nicht nur aus international zusammengesetzten Forschungsteams, sondern orientieren sich in ihrer Arbeit auch an transnationalen Problemstellungen, wie das Beispiel des globalen Bedarfs an Biokerosin verdeutlicht. Sie suchen nach Lösungsansätzen, die für den regionalen Rahmen des Konvergenzgebietes, aber auch für darüber hinausgehende Räume zu neuen und innovativen Geschäftskonzepten genutzt werden können. So werden beispielsweise zunächst für den regional begrenzten Raum neue Konzepte der ambulanten Versorgung von Patienten entwickelt, die dann nach einer positiven Evaluation in andere nationale und ebenso internationale Kontexte übertragen werden können.

3.1.2 Teilmaßnahmen in der Professional School

Die Professional School bildet das Dach für Weiterbildungs-, Existenzgründungs-, Kooperations- und Transferaktivitäten der Leuphana Universität Lüneburg. Dabei vereint sie drei Arbeitsbereiche: Weiterbildung, Kooperationen und Gründungsservice.

3.1.2.1. Implementierung eines Weiterbildungsmodells

Mit ihren Weiterbildungsangeboten geht die Professional School speziell auf die Bedarfe der in der Region ansässigen KMU ein. Mitarbeiterinnen und Mitarbeiter regionaler KMU können sich hier in berufsbegleitenden Master- und Bachelorstudiengängen sowie in Zertifikatskursen weiterbilden. Dadurch wird ein Austausch in zwei Richtungen erreicht: einerseits qualifiziert die Universität Fach- und Führungskräfte wissenschaftlich weiter, andererseits tragen die Unternehmen aktuelle Themen, Fragestellungen und ggf. Lösungsansätze in die Universität hinein. Studierende an der Professional School profitieren von den Kernelementen der Leuphana Weiterbildung.

Neben Fachkompetenzen werden in jedem Studiengang auch überfachliche Lerninhalte wie Führung, Teamentwicklung oder Projektmanagement vermittelt. Eigene, in der Professional School entwickelte Fallstudien stellen Praxisbezug und Handlungsorientierung her. Innovative E-Learning-Konzepte erhöhen die Qualität der Lehre und ermöglichen eine bessere Vereinbarkeit von Weiterbildung und Beruf. Die Weiterbildungsangebote der Leuphana Professional School richten sich an berufstätige Fach- und Führungskräfte mit mindestens zwei Jahren Berufserfahrung, mit oder ohne akademische Vorbildung, die sich durch ihre Berufstätigkeit hohen Flexibilitätsanforderungen gegenüber sehen.

Die Weiterbildungsangebote der Leuphana Professional School werden in die Cluster „Wirtschaft und Management“ sowie „Gesundheit und Soziales“ aufgeteilt. Derzeit werden im Cluster „Wirtschaft und Management“ folgende Studienprogramme bzw. Zertifikatskurse angeboten:

- Der **MBA Manufacturing Management** vermittelt umfassende Kompetenzen für Managerinnen und Manager in produzierenden Unternehmen.

- Der **MBA Performance Management** befähigt Führungskräfte, ihr Unternehmen, ihre Mitarbeiterinnen und Mitarbeiter und sich selbst zu hohen Leistungen zu führen.
- Das **Fernstudium MBA Sustainability Management** qualifiziert zur Umsetzung nachhaltiger Entwicklung und Corporate Social Responsibility.
- Der **M.A. Baurecht und Baumanagement** befähigt dazu, Führungsverantwortung in der Bauwirtschaft an der Schnittstelle zwischen Recht, Ökonomie und Technik zu übernehmen.
- Der **LLM Competition and Regulation** richtet sich an Berufstätige in Rechtsberufen, die sich im Bereich Wettbewerbs- und Regulierungsrecht weiterqualifizieren wollen.
- Die **Studienergänzung Public Relations** bietet Akademikerinnen und Akademikern eine umfassende Qualifizierung für eine Tätigkeit im Bereich Public Relations.
- Das **Zertifikatsstudium Innovationsmanagement** qualifiziert im Innovationsmanagement mit Aspekten wie Projektmanagement, Marketing und Vertrieb, Führungskompetenzen und Persönlichkeitsentwicklung.

Das Studienangebot im Cluster „Gesundheit und Soziales":

- Der **Master of Social Management (Sozialmanagement)** vermittelt umfängliches Wissen für das Management sozialer Einrichtungen.
- Der **Master of Public Health in Prävention und Gesundheitsförderung** qualifiziert für die Übernahme von Fach- und Führungsaufgaben in der Zukunftsbranche Prävention und Gesundheitsförderung.
- Der **Bachelor Soziale Arbeit für Erzieherinnen und Erzieher** qualifiziert berufstätige Erzieherinnen und Erzieher für die verantwortungsvollen Aufgaben in der Sozialarbeit und Sozialpädagogik bei öffentlichen und freien Trägern.
- Der **Bachelor Musik in der Kindheit** ermöglicht Erzieherinnen und Erziehern, in einem dreijährigen Bachelor-Studium Musik zum Schwerpunkt in ihren Einrichtungen zu machen und einen anerkannten Abschluss zu erwerben.
- Der **Bachelor Integriertes Care Management** qualifiziert für Fach- und Führungsaufgaben in der integrierten gesundheitsbezogenen Versorgung für eine alternde Gesellschaft.

Darüber hinaus bietet die Professional School spezielle Angebote für Unternehmen an. In Zusammenarbeit mit der Otto Group wurde beispielsweise der **MBA Strategic Management** entwickelt. In Kooperation mit den vier weltweit führenden Wirtschaftsprüfungsgesellschaften Deloitte, Ernst & Young, KPMG und PricewaterhouseCoopers startet zudem ab Mai 2012 ein Masterprogramm für Wirtschaftsprüferinnen und Wirtschaftsprüfer – der **Master Audit Xcellence**.

3.1.2.2. Case Studies

Durch die Entwicklung und Bearbeitung von „Case Studies“ – forschungsbasierten Fallbeispielen aus der unternehmerischen Praxis für den Einsatz in der Lehre – wird der Austausch zwischen Wissenschaft und Wirtschaft intensiviert, und es werden zusätzliche innovative Formate für die Aus- und Weiterbildung in Graduate School und Professional School geschaffen. Im Rahmen dieses Projekts werden reale Herausforderungen von regionalen Unternehmen und Organisationen ermittelt und zu einer Lehrfallstudie aufbereitet.

Wissenschaftliche Mitarbeiterinnen und Mitarbeiter erarbeiten mehr als zwölf Lehrfallstudien in Kooperation mit regionalen Unternehmen oder Organisationen. Auf Basis des internationalen Forschungsstandes bereiten sie sie als Lehrmaterialien für den Einsatz in der universitären Aus- und Weiterbildung der Professional School auf.

Für die Fallstudien werden Beispiele ausgewählt, die für die kooperierenden Unternehmen und Organisationen von hoher Bedeutung sind und die idealerweise auch für andere Unternehmen der Region als „Best Practice Beispiele“ dienen können. Sowohl bei der Erstellung als auch bei der Lösung der Fallstudien sollen die erfolgskritischen Faktoren systematisch analysiert und den regionalen Akteurinnen und Akteuren zugänglich gemacht werden. Somit tragen die wissenschaftlichen Arbeiten während der Fallstudienerstellung, aber auch die Ergebnisse direkt zur Stärkung der Wettbewerbsposition und Innovationskraft der regionalen Unternehmen bei.

3.1.2.3. E-Learning Content Leuphana Professional School

Das Projekt E-Learning Content entwickelt innovative E-Learning-Bildungsangebote, die sich an die Studierenden der Professional School und direkt an die mittelständische Wirtschaft der Region richten. Mit ihrer akademischen Fundierung decken diese Angebote einen Weiterbildungsbedarf der Unternehmen ab, den sonstige Angebote auf dem Weiterbildungsmarkt nicht erfüllen können.

In ihrem Zuschnitt reichen die Angebote von reinen E-Learning-Einheiten bis hin zu Blended-Learning-Einheiten, einer Verknüpfung von Präsenzveranstaltungen und virtuellem Lernen. Dabei stehen eine Flexibilisierung von Weiterbildung und eine optimale und individuelle Verknüpfung von intensivem Lernen und Berufsalltag im Vordergrund.

3.1.2.4. Verbund- und Entwicklungsprojekte KMU

Die Aktivitäten in diesem Bereich stärken gezielt die regional ansässigen mittelständischen Unternehmen. Die Verbund- und Entwicklungsprojekte leisten zielgerichteten Transfer von Wissen internationalen Niveaus zu kleinen und mittleren Unternehmen durch innovative Formen der Zusammenarbeit und verwirklichen anwendungsorientierte Forschung.

In den Innovations- und Transferverbünden bekommen Unternehmen in vertraulichen Arbeitsrunden Zugang zu spezifischen Themen aus der nationalen und internationalen Forschung und Entwicklung. Durch die Teilnahme an den Innovations- und Transferverbünden haben Unternehmen die Möglichkeit, aktuelle Themen sowie Forschungs- und Entwicklungserkenntnisse mit Praktikern und Wissenschaftlern gemeinsam zu bearbeiten und weiter zu entwickeln. Die Innovationsverbünde eröffnen den mittelständischen Unternehmen eine praxisgerechte und wissenschaftlich fundierte Prozessbegleitung im betrieblichen Alltag.

In dem Innovationsverbund „Nachhaltiger Mittelstand" entwickeln Praktikerinnen und Praktiker, Expertinnen und Experten sowie Wissenschaftlerinnen und Wissenschaftler gemeinsam Lösungen für Nachhaltigkeitsherausforderungen in kleinen und mittelständischen Unternehmen (KMU). Diese Zielgruppe bearbeitet in dem zweiten Innovations- und Transferverbund „Performance Management im Mittelstand" aktuelle Fragen der Personal- und Unternehmensentwicklung.

In themenspezifischen Forschungskooperationen, den anwendungsorientierten Forschungs- und Entwicklungsprojekten, arbeiten Wissenschaftlerinnen und Wissenschaftler der Leuphana gemeinsam mit kleinen und mittleren Unternehmen über einen Zeitraum von bis zu zwei Jahren an unternehmensrelevanten Fragestellungen aus Forschung und Entwicklung. Ein besonderer Fokus liegt auf der kurzfristigen Entwicklung von innovativen und marktfähigen Lösungsansätzen und der Verwertung der Ergebnisse.

Durch bis zu 16 maßgeschneiderte, auf regionale Bedarfe zugeschnittene Forschungs- und Entwicklungsvorhaben dieser Art sollen Forschungsergebnisse schnell in die Praxis umgesetzt und entsprechende Produkt- und Prozessinnovationen in Unternehmen der Region etabliert werden. Beispiele für laufende Forschungsvorhaben sind:

- **SEM-A^2 – Suchmaschinenwerbung:** Analyse der Algorithmen von Suchmaschinen zur Optimierung der Werbemaßnahmen von KMU.
- **Einfach gute Pflege finden:** Untersuchung von Pflegeangeboten und den Beratungsangeboten für Pflegebedürftige und ihre Angehörigen, so dass Verbesserungsmöglichkeiten identifiziert werden können.

- **FeQuan – Sensorsystem zur Früherkennung von Verockerungstendenzen**: Weiterentwicklung eines Sensorsystems zur Identifikation und Überwachung von Tendenzen zur Eisenschlammbildung (Verockerung) in offenen und geschlossenen hydraulischen Systemen bis zur Marktreife. (www.leuphana.de/inkubator/fequan)

Im Inkubator-Forschungsnetz werden Unternehmen, Verbände und andere Hochschulen miteinander und mit der Leuphana zu Forschungsthemen der wissenschaftlichen Weiterbildung vernetzt. Es wird fakultäts- und hochschulübergreifend in themenzentrierten Arbeitskreisen und in enger Kooperation mit Unternehmen und Organisationen an der interdisziplinären Ausrichtung des Forschungsthemas gearbeitet. Schwerpunktmäßig soll erforscht werden, welche zukünftigen passgenauen Wissenstransfer- und Weiterbildungsformate für KMU entwickelt und eingesetzt werden sollten, um langfristig die nachhaltige und flächendeckende Förderung der betrieblichen Innovationsfähigkeit der kleinen und mittleren Unternehmen in der Projektregion zu gewährleisten. Im Fokus der Untersuchungen stehen zunächst Unternehmen der Ernährungs- und Gesundheitsbranche.

3.1.3. Teilmaßnahme Graduate School

Die Teilmaßnahme „Leuphana Graduate School" (1.4) ist in besonderer Weise auf Internationalität ausgerichtet: Die regionale Wirtschaft beschäftigt unterdurchschnittlich wenig Hochqualifizierte und ist vom Fachkräftemängel bedroht. Durch die Aktivitäten im Rahmen dieser Teilmaßnahme verstärkt die Leuphana Graduate School sowohl ihre Forschungsausrichtung als auch ihre Internationalisierung und kann dem regionalen Arbeitsmarkt auf diese Weise vermehrt hochqualifiziertes Personal zur Verfügung stellen. Zudem wird sich die Förderung einer anwendungsorientierten Forschung nachhaltig auf die Innovationskraft der Region auswirken.

Die Leuphana Graduate School mit ihrem vielfältigen Angebot an Master- und Promotionsstudiengängen wurde somit als Instrument identifiziert, um dem Ausbildungs- und Qualifizierungsbedarf im Konvergenzgebiet innovativ zu begegnen. Hierzu werden 20 Inkubator-Promotionsstipendien und 30 Inkubator-Masterstipendien für die Dauer von drei bzw. zwei Jahren bis zum Ende der Projektlaufzeit ausgeschrieben. Die Stipendiatinnen und Stipendiaten werden sich mit regionalspezifischen, auf die KMU ausgerichteten Fragestellungen auseinandersetzen und dabei in ihren jeweiligen Forschungsvorhaben von Inkubator-Gastprofessorinnen und -professoren unterstützt. Diese 15 international zu rekrutierenden, mit einem mittelstandsorientierten Profil ausgestatteten Gastprofessorinnen und Gastprofessoren werden für die Dauer von jeweils ca. 19 Monaten zu Forschungs- und Beratungsprojekten mit KMU aus der Projektregion an die Leuphana Universität Lüneburg kommen.

Darüber hinaus haben die Gastprofessorinnen und -professoren die Aufgabe, sogenannte innovative Studienformate für die Master- und Promotionsstudierenden der Leuphana Graduate School zu entwickeln. Auf diese Weise soll ein attraktives Zusatzangebot außerhalb der regulären Lehre geschaffen werden, welches die Themen regionaler Wissenstransfer, KMU-Bezug, Internationalisierung und Forschungsförderung gezielt anspricht. Die Ergebnisse der Forschungs- und Beratungsarbeiten fließen unter anderem in die Teilmaßnahme „Existenzgründungen" der Professional School ein und beeinflussen unmittelbar das Gründungsgeschehen in der Region.

Durch die den Kompetenztandems (Teilmaßnahmen 1.1 und 1.2) inhärente internationale Komponente und eine damit gesteigerte internationale Sichtbarkeit der Leuphana Universität Lüneburg sollen für die Leuphana Graduate School mehr internationale Promovendinnen und Promovenden gewonnen und zusätzliche Anreize für renommierte Gastprofessorinnen und Gastprofessoren geschaffen werden. Unter Einbindung internationaler Spitzenforscherinnen und Spitzenforscher der Kompetenztandems, aber auch der Gastprofessorinnen und Gastprofessoren, werden gemeinsam mit dem wissenschaftlichen Nachwuchs der Leuphana Graduate School Forschungsprojekte durchgeführt und so Kooperationen mit Unternehmen in der Region sowie internationale Netzwerke aufgebaut. Um im nationalen und internationalen Wettbewerb bestehen zu können, ist eine internationale Vernetzung nicht nur für die Leuphana Graduate School essentiell, sondern auch für die KMU aus dem Konvergenzgebiet.

Seit April 2011 haben drei Gastprofessoren aus Dänemark, Belgien und Italien mit ihren Aktivitäten an der Leuphana Graduate School begonnen. Nach Einleitung der internen Vernetzung steht nunmehr die externe Vernetzung mit dem Konvergenzgebiet an. Für die extracurricularen Lehr- und Forschungsangebote wurde ein Aufgabenprofil erarbeitet, das neben Forschungssprechstunden, englischsprachigen Gastvorträgen und -seminaren sowie Career-Vorträgen auch gemeinsame Workshops des Leitungspersonals der Leuphana Graduate School mit den Graduate Schools bzw. Heimatuniversitäten der Gastprofessorinnen und -professoren vorsieht. Durch die Entwicklung der innovativen Lehrformate und Wissenstransferprojekte steigt das Qualifikationsniveau der Studierenden der Leuphana Graduate School, was wiederum deren Chancen für den späteren Berufseinstieg bzw. für die Wissenschaftskarriere verbessert.

2010 und 2011 wurden neun Promotionsstipendien sowie sechs Masterstipendien vergeben. Die Stipendiatinnen und Stipendiaten beschäftigen sich intensiv mit regionalen Fragestellungen und unterstützen durch die aktive Suche nach Kooperationspartnerinnen und -partnern aus dem Konvergenzgebiet den Transfer von Know-how in die Region. Für die neue Runde der Vergabe der Promotionsstipendien 2012 wurde national und international ausgeschrieben.

Zusammenfassend lässt sich sagen, dass sich durch die erfolgreiche Umsetzung der Teilmaßnahme die Forschungsausrichtung, die Internationalität und der Praxisbezug der Leuphana Graduate School erhöhen werden und dadurch deutlich positive Effekte auf das umgebende Konvergenzgebiet zu erwarten sind.

3.1.4. Teilmaßnahme College

Im Leuphana College, dem Gefäß für das Bachelor-Studium als erster Stufe der Hochschulausbildung, werden die Grundlagen für weitere akademische Qualifizierungen auf höchstem wissenschaftlichen Niveau geschaffen. Darüber hinaus bedient das College auch den regionalen Arbeitsmarkt mit qualifizierten Arbeitskräften und spielt vor dem Hintergrund, dass die Leuphana die einzige Universität im Konvergenzgebiet ist, eine zentrale Rolle auf diesem Gebiet. So können die Studierenden bereits studienbegleitend durch Praktika und Projektstudien Praxiserfahrungen sammeln und ein erstes Netzwerk mit der regionalen Wirtschaft aufbauen. Die Vernetzung des Colleges mit den Kompetenztandems ermöglicht schließlich die direkte Einbindung der Studierenden in die Bearbeitung von international bedeutsamen Forschungsfragen, spezifisches Coaching sowie eine internationale Vernetzung der Studierenden. Beispiele für die Aktivitäten des Innovations-Inkubators im Leuphana College sind:

- Berufung von fünf zusätzlichen internationalen Professuren (Humanities, Psychology, Quantitative Methods, Organisation and Management, Rhetorics)
- Einstellung von internationalen Lehrenden und einer Gastprofessur
- Projektarbeiten und Kooperationsprojekte („Leuphana College-Studien in der Praxis“ im Komplementärstudium)
- Angebote zur Schulung aller Leuphana-Lehrenden in innovativen Lehrformaten (z.B. Workshops zur Didaktik)
- Interdisziplinäre Lehrveranstaltungen
- Verringerung der Gruppengrößen von Seminaren
- Postdoc- und Lehrauftragsergänzungen bzw. Gastvorträge für das Leuphana Semester/Komplementärstudium
- Unterstützung der Startwoche: einzigartige praxisbezogene Einführungszeit mit unmittelbar wirtschaftsrelevanten Themen.

Durch die innovativen Lehrveranstaltungen mit internationalem Charakter werden die Studierenden frühzeitig mit interkulturellen Aspekten des Studiums vertraut gemacht.

3.1.5. Teilmaßnahme Regionale Vernetzung

Die Maßnahmen und Prozesse des Innovations-Inkubators werden durch eine eigene Teilmaßnahme „Regionale Vernetzung“ verstärkt, in der die erforderlichen Strukturen und Formate geschaffen werden sollen, die den Transfer von Wissen und Ideen von der Hochschule in die Region gewährleisten.

Die Teilmaßnahme Regionale Vernetzung sieht sich als Wegbereiter für eine intensive Zusammenarbeit zwischen Wissenschaft und Wirtschaft und bringt die an den zahlreichen Projekten des Innovations-Inkubators beteiligten Wissenschaftlerinnen und Wissenschaftler der Leuphana mit regionalen Akteurinnen und Akteuren aus der Wirtschaft und Öffentlichkeit zusammen. In diesem Zusammenhang gestaltet die Regionale Vernetzung:

- **Kommunikationsstrukturen:** Das Team der Regionalen Vernetzung ist erster Ansprechpartner, wenn es um eine mögliche Zusammenarbeit mit dem Innovations-Inkubator geht
- **Veranstaltungen:** Der Austausch zwischen Wissenschaft, Wirtschaft und Gesellschaft wird durch Arbeitskreise, Praxisnetzwerke, Informations- und Transferforen, Messen sowie Kongresse intensiviert
- **Netzwerke:** Das Team initiiert und begleitet Netzwerke in der Region

Der dadurch entstehende Austausch nützt allen Seiten: Die Wirtschaft kann direkte Bedarfe formulieren, während die Wissenschaft vom Input aus der Praxis profitiert. Dies wirkt befruchtend und impulsgebend für alle Beteiligten.

3.1.6. Unterstützende Infrastruktur

Die infrastrukturellen Voraussetzungen für eine nachhaltige Wirtschaftsentwicklung schaffen schließlich informationstechnologischen Maßnahmen, die Tools für das Projektmanagement und eine regionale Wissensdatenbank insbesondere zum Nutzen von KMU beinhalten, sowie eine bautechnische Teilmaßnahme. Insbesondere mit dem neuen Innovations- und Forschungszentrum als Bestandteil des vom weltbekannten Architekten Daniel Libeskind entworfenen Zentralgebäudes der Leuphana Universität Lüneburg soll ein Ort für die Verstetigung auch internationaler Spitzenforschung in Lüneburg und damit für eine nachhaltige Entwicklung der Region geschaffen werden. Die bereits mit dem Nachhaltigkeits- und Innovationspreis 2009 „Architektur mit Energie" des Bundeswirtschaftsministeriums ausgezeichnete Gebäudeplanung setzt in Umweltfreundlichkeit, Funktionalität, Design und Kreativität neue Maßstäbe für innovative Forschungsinfrastruktur mit globaler Relevanz und Sichtbarkeit.

3.2 Monitoring

Der Innovations-Inkubator Lüneburg unterzieht sich im Rahmen des Monitoring einer umfassenden und unabhängigen Erfolgskontrolle. Als Gradmesser wurde dazu von der EU-Kommission ein umfangreiches und ausdifferenziertes Set überwiegend quantifizierter Input-, Output- und Ergebnisindikatoren vorgegeben. Zu diesen zählen unter anderem die Anzahl neu geschaffener Arbeitsplätze, die Anzahl der Neu- und Ausgründungen kleiner und mittlerer Unternehmen (KMU) sowie die Anzahl der an Projekten beteiligten Wirtschaftsbranchen und Unternehmen. Weitere Messwerte beziehen sich auf die Förderung individueller Aus- und Weiterbildungsangebote, welche vor allem in den Gefäßen „Leuphana College" und „Leuphana Professional School" verankert sind. Mit diesen Indikatoren soll unter anderem der Erfolg der Initiativen zur Schaffung eines höheren Qualifikationspotentials für die wirtschaftliche Entwicklung des Konvergenzgebiets Lüneburg überprüft werden.

Mit der Bundesagentur für Arbeit (BA) konnte ein weiterer starker und renommierter Partner für die Zusammenarbeit auf dem Gebiet des Monitoring gewonnen werden. Zwischen den Projektverantwortlichen und den Vertretungen der BA findet regelmäßig ein enger Austausch zur Bereitstellung und Evaluierung von sozioökonomischen Daten des Konvergenzgebiets Lüneburg statt. Wesentliche Bedeutung kommt in diesem Kontext der von der BA neu eingerichteten Informations- und Kommunikationsplattform „Arbeitsmarktmonitor" zu. Diese wird in der Arbeitsagentur Lüneburg pilotiert und kann durch Grundlagen zu regionalen Strukturmerkmalen wichtige Interpretationshilfen bei der Evaluierung sowohl der Teilmaßnahmen des Innovations-Inkubators Lüneburg sowie dessen Effekt insgesamt und die entsprechenden regionalen Auswirkungen liefern. Dabei steht insbesondere die Transparenz hinsichtlich der Arbeitsmarktentwicklung sowie bezüglich weiterer Strukturindikatoren der Region im Vordergrund. Die BA profitiert von dieser Kooperation durch die Erprobung des Arbeitsmarktmonitors in einer Region, die durch den Innovations-Inkubator Lüneburg erkennbare Impulse hinsichtlich Arbeitsmarkt und Beschäftigte erhalten wird, und durch einen Erfahrungsgewinn betreffs regionaler Effekte von vornehmlich wissensbasierten Großvorhaben.

4. Zusammenfassung

Mit Hilfe des Einsatzes von EFRE-Mitteln und der Forschungsleistung internationaler und nationaler Wissenschaftler verfolgen die Europäische Kommission, das Land Niedersachsen und die Leuphana Universität Lüneburg mit dem Innovations-Inkubator Lüneburg einen innovativen Weg europäischer Strukturpolitik im Geiste der Lissabon-Strategie. Die Verknüpfung international anspruchsvoller wissenschaftlicher Arbeit mit bewusst regional verankerten wirtschaftlichen Interessen stärkt die Konvergenzregion Lüneburg nachhaltig.

Zieht man im Jahr 2011 – dreieinhalb Jahre vor Ende der Laufzeit – ein Zwischenfazit, so sind bereits beachtliche erste Erfolge des EU-Großprojektes vorzuweisen: Die erste Ausgründung – der Dienstleister INOCAS GmbH aus dem international ausgerichteten Projekt „Plattform für nachhaltige Biokerosin-Produktion" – steht im Handelsregister. Das erste Unternehmen – die Harburger Managementgesellschaft IVPNetworks – hat in Kooperation mit dem Projekt „Vernetzte Versorgung" 14 neue Arbeitsplätze eingerichtet. 315 Menschen aus zwölf Nationen und von fünf Kontinenten leisten mit ihrer Forschungs- und Arbeitskraft den entscheidenden Beitrag zum Voranschreiten des EU-Großprojektes. Sie stammen aus Europa (Deutschland, Serbien, Niederlande, England, Österreich, Italien), Asien (Indien), Australien, Nordamerika und Südamerika (Venezuela, Ecuador, Uruguay).

In den kommenden Jahren wird sich die volle Wirkungskraft des Innovations-Inkubators entfalten. Seine Teilmaßnahmen decken die verschiedenen Phasen akademischer Ausbildung, wissenschaftlicher Nachwuchsförderung, praxisorientierter Weiterqualifizierung sowie international besetzter Forschung und Entwicklung ab. Die Maßnahmen adressieren präzise die in der SWOT-Analyse identifizierten strukturellen Schwächen der Zielregion:

- Durch verbesserte Aus- und Weiterbildung wird das Qualifikationsniveau im Konvergenzgebiet deutlich gesteigert; insbesondere den für den regionalwirtschaftlichen Erfolg entscheidenden wissensintensiven Branchen steht hochqualifiziertes Personal zur Verfügung.
- Die eher schwach ausgeprägte Forschungsneigung der KMU wird durch gezielte Kooperationen in Verbund- und Entwicklungsprojekten ausgebaut.
- Im Rahmen der Kompetenztandems werden Ausgründungen und Ansiedlungen forciert, um so die Schaffung und Sicherung dauerhafter Arbeitsplätze zu erreichen. Gleichzeitig wird die Gründungssituation im Konvergenzgebiet weiter verbessert.
- Das gesteigerte Qualifikationsniveau wird gemäß der Erkenntnis, dass Bildung der Schlüssel zu wirtschaftlichem Erfolg im 21. Jahrhundert ist, Produktivität und Einkommensniveau im Konvergenzgebiet spürbar erhöhen.
- Infrastrukturell wird mit der Errichtung eines hochmodernen Innovations- und Forschungszentrums von internationaler Ausrichtung ein Ort geschaffen, der Nachhaltigkeit und Verstetigung des Erreichten sichert.

Die genannten Wirkketten nutzen damit in vollem Umfang die Stärken der einzigen Universität im Konvergenzgebiet, steigern den Grad internationaler Spitzenforschung an der Leuphana und machen den Innovations-Inkubator Lüneburg zu einem effektiven und qualifizierten Instrument der Regionalentwicklung.

Literatur

Europäische Kommission (2005): Mitteilung für die Frühjahrstagung des Europäischen Rates – Zusammenarbeit für Wachstum und Beschäftigung. Integrierte Leitlinien für Wachstum und Beschäftigung (2005-2008). http://ec.europa.eu/growthandjobs/pdf/integrated_guidelines_de.pdf (letzter Aufruf am 08.02.2010)

Europäischer Rat (2000): Schlussfolgerungen des Vorsitzes. Europäischer Rat (Lissabon), 23./24.3.2000. Internet: http://www.bologna-berlin2003.de/pdf/BeschluesseDe.pdf (letzter Aufruf am 08.02.2010)

Europäischer Rat (2001): Schlussfolgerungen des Vorsitzes. Europäischer Rat (Göteborg), 15./16.6.2001. Internet: http://www.consilium.europa.eu/ueDocs/cms_Data/docspressData/de/ec/00200-r1.d1.pdf (letzter Aufruf am 08.02.2010)

Generaldirektion „Regionalpolitik“ (2008): Der Europäische Fonds für regionale Entwicklung (EFRE). Internet: http://ec.europa.eu/regional_policy/funds/feder/index_de.htm (letzter Aufruf am 17.02.2010)

Generaldirektion „Regionalpolitik“ (2009): Auftrag der Generaldirektion „Regionalpolitik“. Internet: http://ec.europa.eu/dgs/regional_policy/index_de.htm (letzter Aufruf am 17.02.2010)

Niedersächsisches Ministerium für Wirtschaft, Arbeit und Verkehr (2007): Operationelles Programm für den Europäischen Fonds für regionale Entwicklung (EFRE) im Ziel „Konvergenz“, Förderperiode 2007-2013

Niedersächsisches Ministerium für Wirtschaft, Arbeit und Verkehr (o.J.): SWOT-Analyse für das Operationelle Programm für den europäischen Fonds für regionale Entwicklung (EFRE) im Ziel „Konvergenz“, Förderperiode 2007-2013

Autorinnen und Autoren

Vathsala Aithal, Dr., M.A. Educatinal Scientist, Researcher; since 2010 Project-Coordinator "ProCareer-Mentoring: Career Development for Students and Graduates with and without Migration Background" at the University of Hildesheim; Research Areas: Transculturality, Empowerment, Internationalisation of Education, Sustainability, **Gender Studies*; international speaker and lecturer

Karin Beck, Dr. studierte in Berlin, Potsdam und Prag Slawische Literaturen und schloss dieses Studium 1996 mit einer Magisterarbeit über zeitgenössische tschechische Literatur ab. Sie promovierte in Slavic Languages and Literatures an der Columbia University in New York 2007 mit einer Dissertation über die Sprachverwendung in Tolstojs Roman "Krieg und Frieden." Sie ist seit September 2009 geschäftsführende Leitung des Leuphana College.

Christa Cremer-Renz, Prof. Dr., Studium der Erziehungswissenschaft, Soziologie, Politologie, Psychologie, Philosophie. Wissenschaftliche Assistentin am Hochschuldidaktischen Zentrum und kooptiertes Mitglied des Fachbereichs Soziologie der Universität Dortmund. Wissenschaftliche Mitarbeiterin am Forschungsinstitut für Arbeiterbildung in Recklinghausen. Seit 1982 Professorin der FH Nordostniedersachsen (NON), FB Sozialwesen für Theorie und Praxis der Sozialarbeit und Sozialpädagogik. 1996–2004 Präsidentin der FH Nordostniedersachsen. 2005-2006 Präsidentin der Universität Lüneburg. Seit 2006 Professorin der Fakultät I und Beauftragte des Präsidiums zur Durchführung ver¬schiedener Projekte; u.a. Leiterin des hochschuldidaktischen Programms für den wissenschaftlichen Nachwuchs der Leuphana Universität Lüneburg. Mitglied des Stiftungsrates der Hochschule für angewandte Wissenschaften Osnabrück.

Petra Dehm, Dr. Dipl. Geographin, Innovations Inkubator Lüneburg, Teilmaßnahmenleitung Graduate School an der Leuphana Universität Lüneburg, Dozentin für Tourismusmanagement an der Hochschule Fresenius, Hamburg Schwerpunkte: Wissenstransfer zwischen Wissenschaft und Wirtschaft im Rahmen der Teilmaßnahme Graduate School des Innovations Inkubators, Vergabe von Master- und Promotionsstipendien, Koordination der Gastprofessuren, Vernetzung mit dem Konvergenzgebiet

Karen van Dyck, Prof. Dr. is Kimon A. Doukas Professor of Hellenic Studies in the Classics Department at Columbia University in New York city. She writes and teaches on Modern Greek literature and culture, gender, diaspora and translation. She is the author of *Kassandra and the Censors: Greek Poetry since 1967* (Cornell, 1998; in translation Agra 2002) and *The Rehearsal of Misunderstanding: Three Collections by Contemporary Greek Women Poets* (Wesleyan 1998) and editor of *The Scattered Papers of Penelope: New and Selected Poems by Katerina Anghelaki-Rooke* (Anvil, 2008; Graywolf, 2009), a Lannan Translation Selection. She is co-editor of *A Century of Greek Poetry* (Cosmos 2004) as well as *The Greek Poets: Homer to the Present* (Norton, 2009). Besides these projects she has published articles on Diaspora literature, the Language Question, translation and multilingualism. She is completing a book on diaspora literature and its lessons for translation. She has directed the Program in Hellenic Studies at Columbia since 1988 and been an active member of the Institute for Research on Women and Gender, the Center for Literary Translation and the Institute for Comparative Literature and Society. She is currently working with the Fulbright commission as a Senior Specialist to design intercultural programs between Greece and the USA.

Waltraud Ernst, Dr. phil., M.A., Studium der Philosophie und Literaturwissenschaft an den Universitäten Tübingen, Bielefeld, Bordeaux und Wien. Seit 2010 Universitätsassistentin am Institut für Frauen- und Geschlechterforschung der Johannes Kepler Universität Linz, Österreich. 2004-2010 Leiterin des Zentrums für Interdisziplinäre Frauen- und Geschlechterforschung der HAWK und der Universität Hildesheim. 2001-2003 Hertha-Firnberg-Forschungsstelle am Institut für Philosophie der Universität Wien, Habilitationsprojekt „Erotische Ökonomien der Wissenschaft". Vorstandsmitglied der Internationalen Assoziation von Philosophinnen (IAPh e.V.). Lehraufträge seit 1996 in feministischer Philosophie und Gender Studies u. a. an den Universitäten Wien, Hamburg, Klagenfurt, Hildesheim, FU Berlin, TU Wien. Lehr- und Forschungsschwerpunkte: Studies of Gender in Science and Technology; Feministische Wissenschafts- und Erkenntnistheorie; Begriffe, Theorien und Methoden der Gender Studies; Ethik und Politik der Globalisierung. Web: http://genderstudies.jku.at/content/view/234/279/

Daniel Fischer, M.A., studierter Grund-, Haupt- und Realschullehrer, Masterstudium Bildungsmanagement und Schulentwicklung in Osnabrück und Wien. Seit 2008 Mitarbeiter im SÖF-Projekt BINK und Doktorand am Institut für Umweltkommunikation, Leuphana Universität Lüneburg. Arbeitsschwerpunkte: Bildung für nachhaltige Entwicklung, nachhaltiger Konsum, Konsumkultur.

Angela Franz-Balsen, Dr. rer.nat., Umweltwissenschaftlerin; Lehre und Forschung zu den Schwerpunkten Umwelt- und Nachhaltigkeitskommunikation an den Universitäten Lüneburg, Luxemburg und Rostock. Spezialisierung auf die Themen Professionalität und Gender in der Umwelt- und Nachhaltigkeitskommunikation. Internationale Aktivitäten zu Gender & Diversity in Higher Education for Sustainable Development. 2006/07 Gastprofessur im Maria-Göppert-Mayer-Programm für internationale Frauen- und Geschlechterforschung. 1999-2011 Generalsekretärin der Deutschen Gesellschaft für Humanökologie (DGH).

Barbara Hartung, Dr., Ministerialrätin, geb. 1955, ist Vorsitzende (von Länderseite) des Arbeitskreises "Chancengleichheit in Wissenschaft und Forschung" der Gemeinsamen WIssenschaftskonferenz. Seit 1999 ist sie eine von zwei Vertreterinnen der BRD in der sog. „Helsinki-Gruppe Frauen in der Wissenschaft" der EU-Kommission. Seit 1994 ist sie als Referatsleiterin im Niedersächsischen Ministerium für Wissenschaft und Kultur zuständig für den Bereich "Gleichstellung", sowie (z.Zt.) für die Betreuung der Universitäten Oldenburg, Osnabrück und Vechta, der Hochschule für Bildende Künste Braunschweig und der Hochschule für Musik und Theater Hannover. Dr. Hartung absolvierte ein Studium der Rechtswissenschaft in Bonn, Freiburg und Göttingen. Nach der Promotion 1981 über das (kriminologische) Thema "Spezialpräventive Effektivitätsmessung" trat sie 1982 in den Niedersächsischen Landesdienst ein und war u.a. im Innenministerium sowie im Ministerium für Bundes- und Europaangelegenheiten tätig.

Bettina Jansen-Schulz, Dr. phil., Studium der Erziehungs- und Sozialwissenschaften, 2004-2011 wissenschaftliche Referentin für Gender-Diversity und Hochschuldidaktik der Leuphana Universität Lüneburg, hier Entwicklung und inhaltliche Implementierung des Konzeptes „Integratives Gendering in Lehre und Hochschuldidaktik"; Entwicklung und Aufbau des Gender-Diversity-Portals gemeinsam mit Studierenden, Mitwirkung bei Entwicklung und Aufbau des hochschuldidaktischen Zertifikatprogramms „Lehren und Lernen in Lüneburg", Weiterbildungsbeauftragte. Projektmanagement und Forschung national und international innerhalb und außerhalb von Hochschulen zu Geschlechterverhältnissen im Bildungswesen und in Technik, Lehre und Genderberatung an vielen Hochschulen im deutschsprachigen Raum; Expertin in mehreren Projektkommissionen zu Gender und Hochschuldidaktik. Mitglied des Hochschulrates der Fachhochschule Lübeck. Selbstständige Wissenschafts- und Unternehmensberaterin (TransferConsult). Seit Oktober 2011 wiss. Referentin für Hochschuldidaktik der Universität zu Lübeck.

Andrea Japsen, M.sc. deutsch-dänisches Magisterstudium „Betriebliche Bildung und Management“ an der Universität Flensburg. 2000- 2005 arbeitete Andrea Japsen als wiss. Mitarbeiterin im Bereich Existenzgründungsforschung und -beratung an der Universität Lüneburg und der FH Nord-Ost-Niedersachsen. Seit 2006 ist sie als Mitarbeiterin im Arbeitsbereich Wissenstransfer und Kooperationen an der Leuphana Universität Lüneburg tätig. Ihre Arbeitsschwerpunkte sind: Beratung von Hochschulangehörigen und Praxispartnern in der Entwicklung von anwendungsorientierten Forschungs- und Transferprojekten sowie Ergebnisverwertung und Schutzrechten. Seit 2009 leitet sie in der Leuphana Professional School zwei Teilmaßnahmen im Transfer- und Forschungsbereich im Innovations-Inkubator.

Gesa Jones, Dipl. Biochem. Seit 2010 Referentin für Marketing, EU-Großprojekt Innovations-Inkubator Lüneburg, Leuphana Universität Lüneburg. Mentee im Mentoringprogramm Wissenschaftsjournalismus für junge Wissenschaftler, durchgeführt von der Robert Bosch Stiftung und dem Stifterverband für die deutsche Wissenschaft bsolventin der School of Design Thinking, Hasso-Plattner-Institut für IT-Systems Engineering, Potsdam

Sacha Kagan, Dr. is Research Associate at the Institute of Cultural Theory, Research, and the Arts (ICRA/IKKK), Leuphana University Lueneburg since 2005, where he is researching the transdisciplinary domain of arts and (un-)sustainability. He is the founding coordinator of Cultura21, International Network for Cultures of Sustainability (http://www.cultura21.net). He is also the founding director of the International Summer School of Arts and Sciences for Sustainability in Social Transformation (ASSiST), and author of books such as "Art and Sustainability: Connecting Patterns for a Culture of Complexity" (transcript Verlag, 2011).

Frans Kamsteeg does research on the impact of the HE merger process that started in South Africa in 2000. One of major political goals for the government in initiating this process was to accomplish transformation of the HE system in term of access, equity and redress of the apartheid legacy. Ethnic and gender diversity are among the main issues at stake when South African HE institutions merge.

Tim Kawalun, Diplom-Geograph, seit 2009 Referent für Strukturfondsmanagement, EU-Großprojekt Innovations-Inkubator Lüneburg, Leuphana Universität Lüneburg. Begleitung aller Antragsstellungsprozesse im Rahmen des Projekts bis zur Einreichung beim Land Niedersachsen. Im Rahmen der Zielerreichungskontrolle Koordination der Erstellung und Kommunikation der regelmäßigen projektbezogenen Berichtsformate. Absolvent der Humboldt-Universität zu Berlin mit dem fachlichen Schwerpunkt Wirtschaftsgeographie.

Silvie Klein-Franke Prof., Dr. rer. nat.: Bereichsleiterin Personal-, Organisationsentwicklung & Change Management in 3 berufsbegleitenden Studiengängen, General Management (deutsch & englischer BS; englischer MS), Management Center Innsbruck (MCI). 16 Jahre internationale, interdisziplinäre Management- und Führungserfahrung an innovativen Schnittstellen verschiedener Hochschulen (in D, A) zur Gesellschaft, u.a. Aufbau und Leitung eines Karriere- und Placement-Centers, Reorganisation eines Sprachenzentrums, Wissensbilanz und Reorganisationskonzept für ein Tropenzentrum, Koordinatorin einer internationalen Frauenuniversität. Freiberuflich als Certified Management Consultant (CMC), internationaler Constantinus-Award 2008 (3.Platz) für ein Programm zur systematischen Kompetenz-Entwicklung von Studierenden, Beratung verschiedener (u.a. Elite-)Hochschulen (DE, AT, CH) und Technikfirmen zu Veränderungsmanagement, Training von Führungs- und interkultureller Kompetenz. EU-Sachverständige zu Gender im FRP 6&7 und für Kompetenzentwicklung in der beruflichen Bildung (Leonardo-Programm). Promovierte Immunbiologin, Studien Diversity Management an den Universitäten Portland, Krems, Witten-Herdecke; Zweitstudium Berufs- und Laufbahnberatung, 1-jährige Ausbildung Affirmative Action; Auslandsaufenthalte in GB, JP, US, TH, IL, AT.

Michiko Mae Prof. Dr. Dr. h.c., Kulturwissenschaftlerin. 1984-1993 Dozentin am Japan-Zentrum der Philipps-Universität Marburg; 1992 Gastdozentin an der Uni Wien; seit 1993 Professorin an der Heinrich-Heine-Universität Düsseldorf (Lehrstuhl Modernes Japan I). Research fellow an der Universität Tokyo (2000; 2007) und Gastprofessorin an der Keio-Universität (2004; 2007; 2008) und an der Ochanomizu-Universität Tokyo (2004). Mitherausgeberin der Reihe „Geschlecht und Gesellschaft“ (VS Verlag für Sozialwissenschaften) Forschungsbereiche: Interkulturalitäts- und Transkulturalitätsforschung, Kulturdiskurs, kulturelle Identität, moderne japanische Literatur, Öffentlichkeits- und Subjektivitätskonzepte im japanischen Modernisierungsprozess sowie Genderforschung bezogen auf Japan und Deutschland in vergleichender Sicht. Veröffentlichungen u.a.: 2007: Transkulturelle Genderforschung. Ein Studienbuch zum Verhältnis von Kultur und Geschlecht (Hg. mit B. Saal) (VS Verlag für Sozialwissenschaften); 1997: Getrennte Welten, gemeinsame Moderne? Geschlechterverhältnisse in Japan (Leske + Budrich); 1993: Die unsichtbare Mauer in Deutschland (mit C. Ueno u. M. Tanaka); 1990: Japanische Literatur der Gegenwart (mit S. Schaarschmidt)

Sigrid Metz-Göckel, Prof. Dr. phil. em., Leiterin des Hochschuldidaktischen Zentrums der Universität Dortmund von 1976 bis 2005. Engagiert in der Frauenhochschulbewegung und Nachwuchsförderung. Initiatorin und Sprecherin des 1. Graduiertenkollegs der DFG zur Frauenforschung und eines Promotionskollegs der Hans-Böckler-Stiftung. Zahlreiche empirische Forschungsprojekte, zurzeit zur Elternschaft von Wissenschaftlerinnen, zum Dropout sowie zur Hochschuldidaktik. Mitglied der Redaktion von "Gender. Zeitschrift für Geschlecht, Kultur und Gesellschaft". Hat die Stiftung 'Aufmüpfige Frauen' 2004 errichtet. Veröffentlichungen zur Hochschul- und Frauenforschung

Gerd Michelsen, Prof. Dr.
Studium der Volkswirtschaftslehre an der Universität Freiburg i.Br., Dr. rer. pol. (Universität Freiburg i.Br.), Dr. phil. habil. (Universität Hannover).
Mitbegründer des Öko-Instituts Freiburg i.Br.; seit WS 1993/94 Professur „Nachhaltigkeitskommunikation“ an der Leuphana Universität Lüneburg; seit September 2005 UNESCO-Chair „Higher Education for Sustainable Development“; B.A.U.M. Wissenschaftspreis (1998); verschiedene ehrenamtliche Tätigkeiten; u.a. Mitglied im UNESCO - Nationalkomitee „Bildung für eine nachhaltige Entwicklung“; Vorstandsmitglied in der Deutschen UNESCO-Kommission und Vorsitzender des Fachausschusses Wissenschaft; Mitglied in verschiedenen Stiftungs- und Projektbeiräten. Zahlreiche Veröffentlichungen u.a. zu Fragen der Bildung für nachhaltige Entwicklung und Nachhaltigkeitskommunikation

Aylâ Neusel, Professorin i.R., Dr.-Ing., ist Hochschulforscherin am Internationalen Zentrum für Hochschulforschung der Universität Kassel. Sie ist seit den 1970er Jahren mit unterschiedlichen Funktionen am Feld Hochschule tätig. Sie war von 1986-1990 Vizepräsidentin der Universität Kassel und von 1999 bis 2003 Präsidentin der Internationalen Frauenuniversität "Technik und Kultur". Sie war und ist in vielen wissenschaftlichen Gremien aktiv, so wurde sie z.B. 2010 in den Beirat des deutschen Hochschulkonsortiums der Deutsch-Tür¬kischen Universität (DTU) in Istanbul berufen. Prof. Dr. Neusel wurde für ihr Engagement vielfach ausgezeichnet, zuletzt wurde ihr 2009 das Ehrenkreuz für Wis¬senschaft und Kunst des Landes Österreich verliehen. Als Hochschulforscherin untersucht sie Fragen zu Strukturen und Entwicklungen im Hochschulsystem, zu Hochschule als Organisation, zum Verhältnis von gender and organisation in higher education, zu türkischen Universitäten im europäischen Hochschulraum.

Namrata Pathak, Dr. Possess 15 years progressive research & development and teaching experience in natural resources management (NRM, esp. water quality/ rainwater harvesting- health & quality Issues, biomass based technologies, gender issues, mycorrhiza in invasive weeds etc). Currently working as Consultant at Centre for Environmental Management of Degraded Ecosystems (CEMDE), one of the Centre of Excellence Laboratories under the Aegis of Ministry of Environment & Forests (MoEF, GoI), at University of Delhi, India .
(Email- pathak.namrata@gmail.com)

Alexander Pfannenberg, MPP, Persönlicher Referent des Präsidenten der Leuphana Universität Lüneburg. Doppelstudium der Internationalen Beziehungen und Betriebswirtschaftslehre an der Universität St. Gallen, anschließend Master of Public Policy (MPP) als McCloy-Stipendiat der Studienstiftung des Deutschen Volkes an der John F. Kennedy School ofGovernment der Harvard University, Schwerpunkte im Bereich Bildungs- und Sozialpolitik sowie Bürgerbeteiligung und politische Kommunikation. 2009 Referent im wirtschaftspolitischen Wahlkampfstab von Frank-Walter Steinmeier und Mitwirkung an dessen Deutschland-Plan.

Horst Rode, Dr. phil., 1987 bis 1998 Mitarbeiter am Leibniz-Institut für die Pädagogik der Naturwissenschaften (Schwerpunkt: schulische Umweltbildung), 1999 bis 2004 Mitarbeiter am Insitut für Erziehungswissenschatfliche Zukunftsforschung an der FU Berlin (Schwerpunkt: Evaluation des BLK-Programms „21" – Bildung fü nachhaltige Entwicklung). Seit 2007 wissenschaftlicher Mitarbeiter am Institut für Umweltkommuni¬ka-tion. Schwerpunkte sind Evaluation der UN-Dekade in Deutschland, Bildung für nachhaltige Entwicklung bei außerschulischen Anbietern, Einstellungen und Wahrnehmungen junger Menschen zur nachhaltigen Entwicklung, Mitarbeit am SÖF-Projekt BINK.

Ida Sabelis, is along-time colleague with Frans Kamsteeg and Harry Wels from the department of Culture, Organization and Management (since 01-01-2011 'Organization Sciences') at the Faculty of Social Sciences, VU University in Amsterdam. Each having their specific field of interest within the study of organizational culture, they decided to join forces for the project 'Diversity and Higher Education'. Together with other colleagues (Halleh Ghorashi and Sierk Ybema) they organized the Amsterdam workshop on Diversity and HE in March 2010 in Amsterdam. *Ida Sabelis* then managed the connection to Leuphana University in Lüneburg, Germany through her background as guest professor there during the summer semester 2008. Ida's fields of interest are gender, time and organisation expressed in the theme of sustainability; and issues of continuity and disruption related to diversity.

Uwe Schneidewind, Prof. Dr. Wuppertal Institut für Klima, Umwelt, Energie GmbH. Seit März 2010 ist Uwe Schneidewind Präsident und wissenschaftlicher Geschäftsführer des Wuppertal Instituts für Klima, Umwelt, Energie GmbH und ist Inhaber der Professur für *Innovationsmanagement und Nachhaltigkeit* an der Bergischen Universität Wuppertal. Von 1986 bis 1991 studierte er Betriebswirtschaftslehre an den Universitäten Köln und HEC Paris. Seiner Tätigkeit als Unternehmensberater bei Roland Berger & Partner folgten Promotion (1995) und Habilitation (1998) an der Universität St. Gallen zu Fragen des strategischen Umweltmanagements. Von 1998 bis 2010 war er Professor für Produktionswirtschaft und Umwelt an der Carl von Ossietzky Universität Oldenburg und von 2004 bis 2008 Präsident der Universität. Prof. Dr. Uwe Schneidewind ist u.a. Mitglied des Club of Rome, Mitglied der Steering Group des STRN-Netzwerkes (Sustainability Transition Research Network), der Enquete Kommission Wachstum, Wohlstand, Lebensqualität des 17. Deutschen Bundestages sowie des wissenschaftlichen Beirats "Wirtschaftswissenschaften für Nachhaltigkeit" des BMBF und leitet die niedersächsische Regierungskommission Klimaschutz.

Eva-Maria Silies, Dr., Forschungsreferentin an der Freien Universität Berlin, bis 2011 als wissenschaftliche Mitarbeiterin im EU Großprojekt Innovations-Inkubator an der Leuphana Universität Lüneburg zuständig für die Koordination der Kompetenztandems. Zuvor wissenschaftliche Mitarbeiterin an der Universität Hamburg und Promotion im DFG-Graduiertenkolleg „Generationengeschichte“ an der Georg-August-Universität Göttingen. Studium der Mittleren und Neueren Geschichte, der Politikwissenschaft und der Medien- und Kommunikationswissenschaft in Göttingen, Tours und Mainz.

Sascha Spoun, Prof. (HSG) Dr., Präsident der Leuphana Universität Lüneburg, Gastprofessor an der Universität St. Gallen. Studium der Wirtschafts- und Politikwissenschaften in Ann Arbor, München, Paris und St. Gallen. 1999 bis 2006 Leiter des Reformprojekts "Neukonzeption der Lehre" an der Universität St. Gallen. Forschungsschwerpunkte: Public Management sowie Ziele, Inhalte, Methoden und Ergebnisse der Hochschulentwicklung.

Parto Teherani-Krönner, Dr. phil. hat nach ihrem Grafik Design Studium an der Hochschule der Künste Berlin an der Technischen Universität Berlin Soziologie studiert und in Umweltsoziologie mit einem human- und kulturökologischen Ansatz promoviert. Nach ihrer Forschungstätigkeit am Wissenschaftszentrum Berlin zur Agrarumweltpolitik konnte sie das Arbeitsgebiet der Frauen- und Geschlechterforschung an der Landwirtschaftlich- Gärtnerischen Fakultät zu Berlin aufbauen und arbeitet jetzt im Fachgebiet Gender & Globalisierung. Mit der Ahfad Frauenuniversität im Sudan hat sie eine Hochschulpartnerschaft mit gegründet, die über eine Dekade durch den DAAD unterstützt wurde. Alljährlich wurden Summer Schools mit Teilnehmer/innen aus überwiegend islamischen Ländern durchgeführt, die abwechselnd in Berlin und in Omdurman Sudan stattgefunden haben. Schwerpunkte ihrer Lehre und Forschung sind die Rurale Frauen- und Geschlechterstudien im inter- und transkulturellen Kontext, Umwelt- und Ressourcenfragen, Ernährungssicherheit und ein neues Konzept zur Mahlzeitenpolitik. Dr. Teherani-Krönner, die im Vorstand der Deutschen Gesellschaft für Humanökologie (DGH) tätig war, ist seit 2008 Mitglied im wissenschaftlichen Beirat dieser Gesellschaft.

Khin Ni Ni Thein, Prof. Dr. Ir.., is Secretary General of the Academic and Management Board of the Institute for Civil, Earth and Water Engineering in Yangon, Myanmar; Senior Advisor to the President at Asian Institute of Technology, and former Vice President for Development and Resources. She also worked for UNESCO in Paris in the capacity of Chief of the Sustainable Water Management Section under the Division of Water Sciences. She is Water Engineer and Hydroinformatician by training. She has acquired a broad range of professional skills in civil and water resources planning and management engineering through her experience in the fields of advisory, consultancy, research and teaching. As for service, she has total 29 years of experience in the water sector, of which 12 years in undergraduate and postgraduate level teaching, 10 years in applied research, 11 years in senior management, and more than 4 years in United Nations. The integrated water resources management (IWRM) of Transboundary Rivers and the multistakeholder processes are her main research interests/expertise. Capacity building, technology transfer, project preparation and result-based management, networking and application of Hydroinformatics through Information and Communication Technology (ICT)) are main areas of her work. She is currently involved in the planning of the Irrawaddy River Rehabilitation process in Myanmar.

Johanna Wanka, Prof. Dr. ist seit dem 27. April 2010 Niedersächsische Ministerin für Wissenschaft und Kultur. Sie wurde am 1. April 1951 im sächsischen Rosenfeld geboren, ist verheiratet und Mutter von zwei erwachsenen Kindern. Die studierte Mathematikerin ist eine Seiteneinsteigerin in die Politik. Sie engagierte sich politisch bereits in der ehemaligen DDR und war Gründungsmitglied des "Neuen Forums" in Merseburg. Die friedliche Revolution von 1989 erlebte sie als Glücksfall der Geschichte. Seit 1994 stand sie als Rektorin an der Spitze der Fachhochschule Merseburg. Im Oktober 2000 wechselte sie als Ministerin für Wissenschaft, Forschung und Kultur in das Land Brandenburg. Dieses Amt übte Wanka bis Oktober 2009 aus. Danach führte sie die Oppositionsfraktion der CDU im Landtag Brandenburg bis zu ihrer Berufung in die Niedersächsische Landesregierung im Frühjahr 2010.

Harry Wels' particular interest in the concept of diversity is related to his organizational ethnographic research in the regional context of South and southern Africa. Diversity issues are highly articulated in South Africa, mainly as a result of its embeddedness in a history of apartheid and South Africa's conscious attempts and policies towards social and cultural transformation since Nelson Mandela became the first democratically elected African president of the country in 1994. *Sabelis, Kamsteeg: Faculty of Social Sciences – department of Culture, Organization and Management / Organization Sciences*

Ursula Zipperer, B.A., M.A., ist Referentin für Marketing an der Leuphana Universität Lüneburg. Zuvor volontierte die Kulturwissenschaftlerin in der Pressestelle des Ministeriums für Schule und Weiterbildung des Landes Nordrhein-Westfalen und arbeitete als freie Journalistin.

FSC
www.fsc.org
MIX
Papier | Fördert gute Waldnutzung
FSC® C083411

Kolibri 360 GmbH
Ferdinand-Jühlke-Straße 7
99095 Erfurt, Deutschland
produktsicherheit@kolibri360.de